プリント形式のリアル過去問で本番の臨場感！

愛知県

中京大学附属中京高等学校

2025年春受験用

解答集

本書は，実物をなるべくそのままに，プリント形式で年度ごとに収録しています。
問題用紙を教科別に分けて使うことができるので，本番さながらの演習ができます。

■ 収録内容

・解答集（この冊子です）

書籍ＩＤ番号，この問題集の使い方，最新年度実物データ，リアル過去問の活用，
解答例と解説，ご使用にあたってのお願い・ご注意，お問い合わせ

・2024（令和６）年度 ～ 2020（令和２）年度　学力検査問題

JN132062

○は収録あり　年度	'24	'23	'22	'21	'20	
■ 問題（一般入試）	○	○	○	○	○	
■ 解答用紙	○	○	○	○	○	
■ 配点						

全教科に解説があります

☆問題文等の非掲載はありません

教英出版

■ 書籍ＩＤ番号

入試に役立つダウンロード付録や学校情報などを随時更新して掲載しています。
教英出版ウェブサイトの「ご購入者様のページ」画面で，書籍ＩＤ番号を入力してご利用ください。

書籍ＩＤ番号　110321

（有効期限：2025年9月30日まで）

【入試に役立つダウンロード付録】
「ラストチェックテスト(標準／ハイレベル)」
「高校合格への道」

■ この問題集の使い方

年度ごとにプリント形式で収録しています。針を外して教科ごとに分けて使用します。①片側，②中央のどちらかでとじてありますので，下図を参考に，問題用紙と解答用紙に分けて準備をしましょう（解答用紙がない場合もあります)。

針を外すときは，けがをしないように十分注意してください。また，針を外すと紛失しやすくなりますので気をつけましょう。

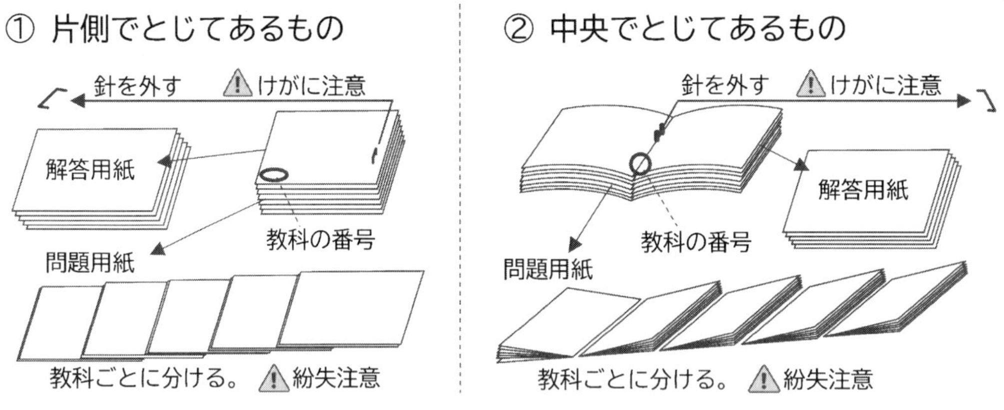

※教科数が上図と異なる場合があります。
解答用紙がない場合や，問題と一体になっている場合があります。
教科の番号は，教科ごとに分けるときの参考にしてください。

■ 最新年度 実物データ

実物をなるべくそのままに編集していますが，収録の都合上，実際の試験問題とは異なる場合があります。実物のサイズ，様式は右表で確認してください。

問題用紙	Ａ４冊子(二つ折り)
解答用紙	Ａ４マークシート

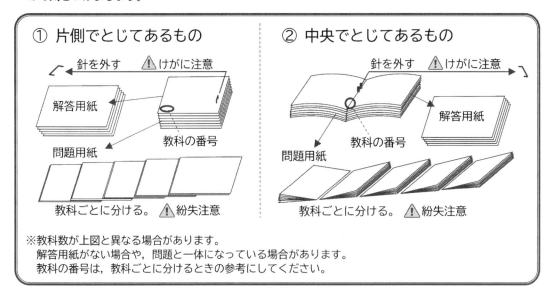

リアル過去問の活用

～リアル過去問なら入試本番で力を発揮することができる～

本番を体験しよう！

問題用紙の形式（縦向き / 横向き），問題の配置や余白など，実物に近い紙面構成なので本番の臨場感が味わえます。まずはパラパラとめくって眺めてみてください。「これが志望校の入試問題なんだ！」と思えば入試に向けて気持ちが高まることでしょう。

入試を知ろう！

同じ教科の過去数年分の問題紙面を並べて，見比べてみましょう。

① 問題の量

毎年同じ大問数か，年によって違うのか，また全体の問題量はどのくらいか知っておきましょう。どのくらいのスピードで解けば時間内に終わるのか，大問ひとつにかけられる時間を計算してみましょう。

② 出題分野

よく出題されている分野とそうでない分野を見つけましょう。同じような問題が過去にも出題されていることに気がつくはずです。

③ 出題順序

得意な分野が毎年同じ大問番号で出題されていると分かれば，本番で取りこぼさないように先回りして解答することができるでしょう。

④ 解答方法

記述式か選択式か（マークシートか），見ておきましょう。記述式なら，単位まで書く必要があるかどうか，文字数はどのくらいかなど，細かいところまでチェックしておきましょう。計算過程を書く必要があるかどうかも重要です。

⑤ 問題の難易度

必ず正解したい基本問題，条件や指示の読み間違いといったケアレスミスに気をつけたい問題，後回しにしたほうがいい問題などをチェックしておきましょう。

問題を解こう！

志望校の入試傾向をつかんだら，問題を何度も解いていきましょう。ほかにも問題文の独特な言いまわしや，その学校独自の答え方を発見できることもあるでしょう。オリンピックや環境問題など，話題になった出来事を毎年出題する学校だと分かれば，日頃のニュースの見かたも変わってきます。

こうして志望校の入試傾向を知り対策を立てることこそが，過去問を解く最大の理由なのです。

実力を知ろう！

過去問を解くにあたって，得点はそれほど重要ではありません。大切なのは，志望校の過去問演習を通して，苦手な教科，苦手な分野を知ることです。苦手な教科，分野が分かったら，教科書や参考書に戻って重点的に学習する時間をつくりましょう。今の自分の実力を知れば，入試本番までの勉強の道すじが見えてきます。

試験に慣れよう！

入試では時間配分も重要です。本番で時間が足りなくなってあわてないように，リアル過去問で実戦演習をして，時間配分や出題パターンに慣れておきましょう。教科ごとに気持ちを切り替える練習もしておきましょう。

心を整えよう！

入試は誰でも緊張するものです。入試前日になったら，演習をやり尽くしたリアル過去問の表紙を眺めてみましょう。問題の内容を見る必要はもうありません。どんな形式だったかな？受験番号や氏名はどこに書くのかな？…ほんの少し見ておくだけでも，志望校の入試に向けて心の準備が整うことでしょう。

そして入試本番では，見慣れた問題紙面が緊張した心を落ち着かせてくれるはずです。

※まれに入試形式を変更する学校もありますが，条件はほかの受験生も同じです。心を整えてあせらずに問題に取りかかりましょう。

中京大学附属中京高等学校

《国　語》

マーク解答

1．①　2．②　3．⑤　4．⑤　5．③　6．①　7．④　8．③　9．①　10．①
11．②　12．③　13．④　14．④　15．③　16．⑤　17．②　18．①

記述解答

A．築」である。　B．非科学的　C．あやしき

《数　学》

マーク解答

ア．⊖　イ．①　ウ．①　エ．②　オ．⊖　カ．②　キ．⓪　ク．⑨　ケ．③　コ．⊖
サ．①　シ．①　ス．②　セ．⊖　ソ．③　タ．②　チ．⑦　ツ．③　テ．⑨　ト．⓪
ナ．⑤　ニ．③　ヌ．⑧　ネ．①　ノ．④　ハ．③　ヒ．③　フ．⑥　ヘ．③　ホ．②
マ．②　ミ．②　ム．⑥　メ．①　モ．⑧　ヤ．⓪　ユ．①　ヨ．②　ラ．⊖　リ．⑥
ル．①　レ．⑧

記述解答

A．$\frac{25}{36}$　B．$\frac{2}{9}$　C．$\frac{7}{36}$

《英　語》

マーク解答

1．④　2．②　3．①　4．③　5．①　6．②　7．⑥　8．①　9．⑦　10．③
11．②　12．②　13．①　14．⑤　15．②　16．①　17．②　18．①　19．④　20．③
21．③　22．③　23．②　24．③　25．③　26．③

記述解答

A．pass　B．bring　C．fall　D．ride　E．stay　F．from　G．for〔別解〕to　H．a voice

《理　科》

マーク解答

1．③　2．①　3．⑧　4．⑥　5．④　6．①　7．⑤　8．⑥　9．③　10．①
11．①　12．①　13．④　14．⑥　15．②　16．⑥　17．③　18．⓪　19．⑥　20．②
21．④　22．①　23．④　24．⑧　25．③　26．⑨

記述解答

A．(電)磁石　B．0.25　C．1012 hPa（下線部はヘクトパスカルでもよい）　D．25

《社　会》

マーク解答

1．② 2．② 3．④ 4．③ 5．① 6．③ 7．④ 8．③ 9．③ 10．①
11．③ 12．② 13．⑤ 14．① 15．③ 16．① 17．③ 18．④ 19．④ 20．④
21．① 22．④ 23．④ 24．① 25．⑤ 26．② 27．④

記述解答

A．菅原道真　B．7時50分〔別解〕7時30分　C．独占禁止法〔別解〕独禁法

2024解説 令和6年度 中京大学附属中京高等学校

《2024　国語　解説》

〔一〕

問一(ア)　偏り　①偏食　②普遍　③一辺倒　④編集　⑤天変地異　(イ)　焦点　①衝突　②焦燥　③招待　④生涯　⑤参照　(ウ)　担う　①単純　②端的　③元旦　④豪胆(剛胆)　⑤負担

問三　「自己倒壊」以外の「『読み』の機能」が、傍線部Aの直後の三段落で、三つ挙げられている。「第一は、『自己の偏りや他者との違いに気づき、多様な他者を「承認」すること』」に③と⑤が、「第二は、『自分の生き方や考え方が間違いではなかったと思い、自己を「補強」すること』」に①が、「第三は、『忘れていた感覚を思い出させて、自己を「再発見」すること』」に②があてはまる。よって、④が適当でない。

問四(ⅰ)　ここでの「アナーキー」(無秩序な状態)とは、正しい読み方が決められているのではなくいろいろな読み方があるということ、つまり「『読み』の多様性」があるということ。ここでの「現実」について、傍線部Bの直後の段落で「『現実的な複数性』～ひとつの正解を求めることは論理的に不可能～何でもありのアナーキズムは論理的には正しいが～現実に存在するのはいくつかの類型的な『読み』である」と説明している。「いくつかの類型的な『読み』」については、傍線部Bの前で「『一般的な読み』、『深読み』、『ちょっと変わった読み』、『独創的な読み』～『明らかな誤読』等々～が解釈共同体のなかに見出《みいだ》される」と述べられている。この内容に、③が適する。

(ⅱ)　傍線部Bの２段落後で「『一般的な読み』は時代の産物であり時代とともに変わりうる～ある時代の『一般的な読み』が『別の読み』にとって代わられる過程こそが、社会の変化、時代の変化を表している」と述べていることから、①のような理由が読みとれる。

問五　①の「セオリー」は、理論、学説という意味。

問六　挿入する文の「『倒壊』だけでなくこのような『構築』の機能」について書かれた部分をさがす。二重傍線部(イ)の直後に「自己の『倒壊』ではなく『構築』である」とあり、この直後に入ると判断できる。

問七　本文最後の段落で「さまざまな物語の形式にふれ、生き方のレパートリーを増やすこと～想像力を豊かにすること～『正解』のないものと向き合うとき～大きな支えになること～『物語』のもつこうした強大な力を伝えることが文学教育の重要な役割のひとつであろう」と述べていることに、②が合致する。①の「『読み手』と『作品』に強制してしまうことが」、③の「解釈共同体を否定することで」、④の「ひとつの正解を求めることは論理的に不可能だと知ることができるという点で」、⑤の「新たな物語が生まれることが～きっかけとなる」は適さない。

〔二〕

問一(ア)　興奮　①更新　②拘束　③興亡　④抵抗　⑤絶好　(イ)　縁側　①延長　②沿岸　③演劇　④縁起　⑤援護

問二　①は、「『キンシクンショウよ』と言っただけで、譲《じょう》は箸も茶碗《ちゃわん》も置いて背筋を伸ばした」から読みとれる。②は、「(静代《しずよ》が)暗誦《あんしょう》させられた日本書紀の一文を口ずさむと、譲はぎょっとして」、譲が「小山先生より上手だね」「小山先生がおっしゃるにはね～正しい歴史じゃないんだって」と言ったことから読みとれる。③は、譲(小学四年生)が静代(小学六年生)に「おねえちゃん、すごいや」と言ったこと、譲が「小山先生がおっしゃるにはね～正しい歴史じゃないんだって」と言ったことから読みとれる。⑤は、「『大丈夫だってば。雷は高いところに落ちるんだよ。だから～安全なんだ』～だがそう言って励ます譲の手も声も震えていた」から読みとれる。④の「静代を試し～自分の正しさを示そうとする、自己中心的な」が適当でない。

問三　「おばあちゃんの宝物」である「金鶏勲章《きんしくんしょう》」は、戦死した息子がもらったもの。その「金鶏勲章」の由来となった神話について、譲が「作り話だから、正しい歴史じゃない」と言ったのである。静代も心の中では「神武《じんむ》天皇のなさった戦だからすばらしいことのように言われるのが～理解できなかった」「その聖戦とやらで片腕をもがれた父～静代にとってはけっして聖戦ではなかった～聖戦とやらが～母の命まで奪ってしまった」と思っていたが、息子の形見の「金鶏勲章」を大切にしているおばあちゃんの気持ちを考えて、譲に「生意気なことお言いでないよ」と注意したのである。この静代の思いやりを察したおばあちゃんの行動なので、③が適する。

問四　「作り話だから、正しい歴史じゃないんだって」という発言を聞いて静代が理解したことを読みとる。「飛行機や戦車の時代の子～そういう意味ではない」と書かれている。自分の担任の浅井先生が「非科学的な話のあとさき(前後)に」「君たちは科学の子よ」と付け加えていた意味がわかった、つまり、「非科学的な話」(作り話)を鵜呑《うの》みにしない態度が「科学」的なあり方なのだと理解したということ。よって、⑤が適する。

問五(3)・(4)　〔【日本書紀】の内容〕と〔【竹取物語】の内容〕を参照。

〔【日本書紀】の内容〕

十二月四日に、天皇の軍がとうとうナガスネヒコを撃つ。何度も戦うが勝つことができない。その時、突然空が暗くなり、あられとみぞれが降った。突然金色の不思議な鵄《とび》がいて、飛んで来て天皇の弓はずに止まった。その鵄は光り輝き、見た目は稲妻のようだった。これによって、ナガスネヒコの兵士は、皆あわてふためき、まぶしくて再び力いっぱい戦うことはできなかった。

〔【竹取物語】の内容〕

(帝は)八月十五日に、多くの役所に命令して、勅使に少将高野《たかの》の大国《おおくに》という人を指名して、宮中の警護の者を合わせて二千人の人を、竹取の翁の家に派遣した。(竹取の翁の)家に到着して、土塀の上に千人、家屋の上に千人、翁の家の使用人などがとても多かったのにあわせて、空いているすきまもなく守らせた。この守っている人々も弓矢を所持していて、母屋の中では、番人が(屋根などから)おりてきて女性たちを守らせる。竹取の翁の妻は、納戸の中で、かぐや姫を抱きかかえて座っていた。

(中略)

こうしているうちに宵も過ぎて、午前〇時ごろ、家の周辺が昼間より明るくなり一面に光って、満月の明るさを十も合わせたほどの明るさで、そこにいる人の毛穴まで見えるほどだった。大空から、人が、雲に乗っておりてきて、地面から約一・九メートルほどの高さのあたりに、立ち並んだ。これを見て、家の内や外にいる人の心は、何かにおそわれたようになって、対戦しようとする気も失せたのだった。やっとで気力を奮い起こして、弓矢を取ってかまえようとするが、手に力も入らなくなって、ぐったりとして何かに寄りかかっていた。中でも気持ちがしっかりしている者が、こらえて射ようとするが、(矢は)ほかの方向に飛んだので、荒々しく戦うこともしないで、気持ちがただもうぼんやりして、互いに目を合わせていた(顔を見合わせていた)。

《2024　数学　解説》

［1］

(1)　与式$=\frac{1}{12}+\frac{1}{2}\times\left(-\frac{1}{3}\right)=\frac{1}{12}-\frac{2}{12}=\mathbf{-\frac{1}{12}}$

(2)　与式$=(0.41+4.59)(0.41-4.59)=5\times(-4.18)=\mathbf{-20.9}$

(3)　与式より，$2(x+9)=3(x+5)$　　$2x+18=3x+15$　　$\mathbf{x=3}$

(4)　$-2x+4y=5$…①，$9x-7y=-39$…②とする。

①×９＋②×２でxを消去すると，$36y-14y=45-78$　　$22y=-33$　　$y=-\frac{3}{2}$

①に$y=-\frac{3}{2}$を代入すると，$-2x-6=5$　　$-2x=11$　　$x=-\frac{11}{2}$

⑸　与式$=\frac{27\sqrt{3}}{3}-2\sqrt{3}=9\sqrt{3}-2\sqrt{3}=7\sqrt{3}$

⑹　**【解き方】接している２つの円の中心を直線で結ぶと，２つの円の接点を通ることを利用する。**

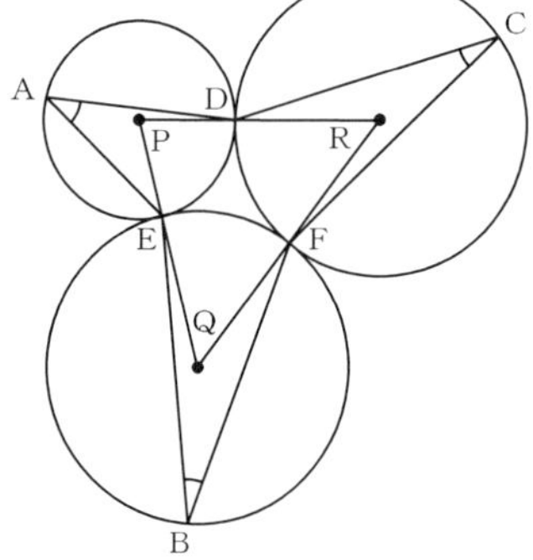

３つの円の中心をそれぞれＰ，Ｑ，Ｒとすると，右図のように△ＰＱＲを作図できる。よって，∠ＤＡＥ＋∠ＥＢＦ＋∠ＦＣＤ＝

$\frac{1}{2}$∠ＤＰＥ＋$\frac{1}{2}$∠ＥＱＦ＋$\frac{1}{2}$∠ＦＲＤ＝

$\frac{1}{2}$(∠ＤＰＥ＋∠ＥＱＦ＋∠ＦＲＤ)$=\frac{1}{2}\times 180^\circ=90^\circ$

⑺　**【解き方】有理数は，分母と分子がともに整数の分数で表すことができる数である(ただし，分母は０ではない)。**

$-3=-\frac{3}{1}$，$\frac{4}{7}$，$1.4142=\frac{14142}{10000}$，$0=\frac{0}{1}$，$\frac{\sqrt{2}}{\sqrt{8}}=\frac{1}{\sqrt{4}}=\frac{1}{2}$だから，

これら５個の数は有理数である。πが有理数ではなく無理数であることは覚えておくとよい。

⑻　直線の傾きは，$\frac{(y\text{の増加量})}{(x\text{の増加量})}=\frac{14-5}{2-(-1)}=3$だから，直線の式を$y=3x+b$とする。この式に(2，14)の座標を代入すると，$14=3\times 2+b$より，$b=8$　　よって，直線の式は$y=3x+8$である。

⑼　**【解き方】(変化の割合)$=\frac{(y\text{の増加量})}{(x\text{の増加量})}$で求められる。**

$y=ax^2$に$x=-3$，$y=18$を代入すると，$18=a\times(-3)^2$より，$a=2$

$y=2x^2$に$x=1$を代入すると，$y=2\times 1^2=2$，$x=6$を代入すると，$y=2\times 6^2=72$となる。

よって，求める変化の割合は，$\frac{72-2}{6-1}=14$

⑽　鷲男さんはＡからＣまで$\frac{5000}{200}=25$(分)かかったのだから，梅子さんが分速50mで進んだ時間は，$(25+x)$分である。梅子さんが分速80mで進んだ時間は，鷲男さんがＣからＢまでにかかった時間よりも10分短いから，

$\frac{3000}{100}-10=20$(分)である。

よって，梅子さんが進んだ道のりについて，$50(25+x)+80\times 20=4500$が成り立つ。これを解くと，$x=33$

⑾　**【解き方】右図Ⅰのように，正六角形は合同な６個の正三角形に分けることができる。正三角形の１辺の長さと高さの比は，図Ⅱのように$2:\sqrt{3}$となる。**

図Ⅰ

図Ⅱ

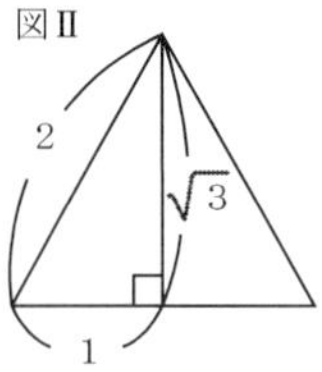

正六角形の１辺の長さは$1+1=2$だから，６個に分けてできた正三角形の１辺の長さも２なので，正三角形の高さは$\sqrt{3}$である。

したがって，正六角形の面積は，$(\frac{1}{2}\times 2\times\sqrt{3})\times 6=6\sqrt{3}$

正六角形の中の６個のおうぎ形の中心角はすべて$60^\circ\times 2=120^\circ$だから，

６個のおうぎ形の面積の和は，$(1^2\pi\times\frac{120}{360})\times 6=2\pi$　　よって，求める面積は，$6\sqrt{3}-2\pi$

［２］

⑴　$y=\frac{1}{2}x^2$にＡのx座標の$x=2$を代入すると，$y=\frac{1}{2}\times 2^2=2$となるから，Ａ(２，２)である。

$y=\frac{1}{2}x^2$にＢのx座標の$x=6$を代入すると，$y=\frac{1}{2}\times 6^2=18$となるから，Ｂ(６，18)である。

⑵　**【解き方】平行な直線は傾きが等しいことから，直線mの式を求める。**

Ａの座標より，直線ℓの傾きは$\frac{2}{2}=1$だから，直線mの傾きも１である。直線mの式を$y=x+b$とし，Ｂの座標を

代入すると，18＝６＋ｂより，ｂ＝12　　よって，直線ｍとｙ軸との交点の座標は(０，12)である。

⑶　**【解き方】ℓ//ｍだから，直線ℓ上の点とＢ，Ｃを結んでできる三角形は，△ＡＢＣと面積が等しい。**

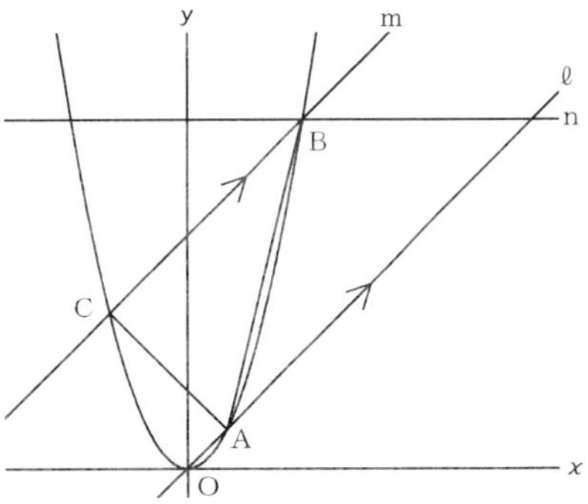

Ｐの位置の１つは，直線ℓと直線ｎの交点である。直線ｎの式はy＝18である。直線ℓの式y＝xにy＝18を代入すると，x＝18となるから，Ｐのx座標の１つは18である。

この点をP_1として，BP_1＝BP_2となるように，直線ｎ上のＢより左側にP_2を取ると，△BCP_1＝△BCP_2となる。

BP_1＝(ＢとP_1のx座標の差)＝18－６＝12だから，

(P_2のx座標)＝(Ｂのx座標)－12＝６－12＝－６

よって，求めるＰのx座標は，x＝－６，18

［３］　**【解き方】xの値が１，２，３，…のときのＸの位置を①，②，③，…，yの値が１，２，３，…のときのＹの位置を[1]，[2]，[3]，…として図にまとめると，右図のようになり，y＝１，６のときのＹの位置は同じである。大小２つのさいころの目の出方は全部で６×６＝36(通り)ある。**

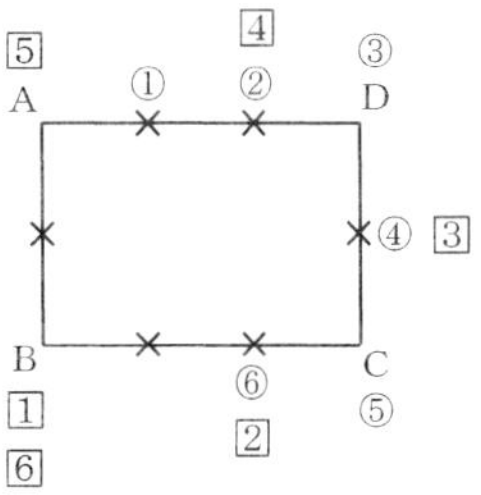

⑴　１－(△ＡＸＹができない確率)で求める。△ＡＸＹができないのは，ＡとＹ，または，ＸとＹが重なるときか，３点Ａ，Ｘ，Ｙが一直線上に並ぶときであり，そのような出方は右表の×印の11通りある。よって，求める確率は，$1-\frac{11}{36}=\frac{25}{36}$

		y					
		1	2	3	4	5	6
x	1				×	×	
	2	○	○		×	×	○
	3				×	×	
	4	○		×		×	○
	5					×	
	6	○	×		○	×	○

⑵　図を使って，xの値ごとに二等辺三角形ＡＸＹができるyの値を１つずつ調べていく。そのような出方は，表の○印の８通りだから，求める確率は，$\frac{8}{36}=\frac{2}{9}$

⑶　**【解き方】△ＡＸＹの面積が３㎠になるのは，(底辺)×(高さ)の値が３×２＝６以上になるときである。また，長方形ＡＢＣＤの面積の$\frac{1}{2}$のときも，面積が３㎠になる。xの値ごとに場合を分けて考えていく。**

x＝３の場合，y＝１，２，６ならば，(底辺)×(高さ)の値が６になる。したがって，この場合の条件に合う出方は３通りある。

x＝４の場合，y＝１，６ならば，△ＡＸＹの面積が長方形ＡＢＣＤの面積の$\frac{1}{2}$になる。y＝２のときの△ＡＸＹの面積は，y＝１，６のときの△ＡＸＹの面積よりも明らかに小さいので，３㎠より小さい。したがって，この場合の条件に合う出方は２通りある。

x＝５の場合，y＝１，６ならば，(底辺)×(高さ)の値が６になる。したがって，この場合の条件に合う出方は２通りある。

以上より，求める確率は，$\frac{3+2+2}{36}=\frac{7}{36}$

《2024　英語　解説》

［１］

問Ａ　１　The number of＋複数名詞「～の数」は単数として扱うから，複数として扱っている②，③は不適当。①，④は動詞が~ingになっているから，進行形〈be動詞＋~ing〉(ここでは現在完了進行形)の④が適当。

２　「そこまで歩いていく代わりに(　　)するのはどう？」という意味の文。instead of の後の walking there「そこまで歩くこと」に着目。それと対になる②taking a taxi「タクシーに乗ること」が適当。　・How about ~ing?「～するのはどうですか？」

3　「悪口を言う人間にはなりたくない」という意味の文。「悪口を言う人間」の部分について，〈「人」を修飾するのに使う主格の関係代名詞は who だから，①が適当。　・say bad things「悪口を言う」

4　「彼らは担任の先生から与えられた指示に従った」という意味の文。「与えられた指示」は〈省略された関係代名詞（＝which/that）＋語句（＝they were given）〉で後ろから名詞（＝instructions）を修飾して表す。「～される」は〈be 動詞＋過去分詞〉の受け身の文で表すから，③が適当。

5　「どこでチケットを買えるか教えていただけますか？」という意味の文。Could you tell me のあとが間接疑問文の語順〈疑問詞＋肯定文〉になっている①が適当。なお，③は where to buy，④は how to buy なら正しい。

問B　A　・pass＋人＋もの「（人）に（もの）を渡す」　・pass by「通り過ぎる」

B　・bring back ～「～を思い出させる／～を元の場所に戻す」　・bring ～「～を持ってくる」

C　・fall「秋」　・fall down ～「～から落ちる」

D　・give＋人＋a ride「（人）を車に乗せる／車で連れて行く」　・ride on a horse「乗馬をする／馬に乗る」

E　・stay「滞在する（動詞）」　stay「滞在（名詞）」

［2］

6　The population of China is larger than that of Japan.：文意：「中国の人口は日本のそれよりも多い」　中国の人口と日本の人口を比較する文。　that of Japan の that は population を指す。　・比較級＋than ～「～よりも…」

7　This small book shows what animals we can see in New Zealand.：文意「この小さな本には，ニュージーランドで見ることができる動物が載っている」　文中に疑問詞を含む間接疑問文。よって，疑問詞（この文では what animals）のあとは肯定文の語順にする。

8　Feel free to ask me any questions.：文意「遠慮せず私に質問してください」　・feel free to ～「遠慮せず～する」　・ask＋人＋もの／こと「（人）に（もの／こと）を尋ねる」

9　Chukyo Senior High School is trying to pursue the best environment for students.：文意「中京高校は生徒にとって最適な環境を追求しようとしています」　「～しようとする」＝try＋to～　・the＋最上級＋○○「最も…な○○」

10　How was the book you borrowed from the library?：文意「あなたが図書館から借りた本はどうでしたか？」　〈省略された関係代名詞（＝which/that）＋語句（＝you borrowed from the library）〉が後ろから名詞（＝book）を修飾する形。　・How was ～?「～はどうでしたか？」（感想を尋ねる表現）

［3］【本文の要約】参照。

11　世界中の食糧危機の原因となるものを答える。①「平和な世界」，③「差別」，④「技術の発展」は不適当。

F　原料を表す熟語の，A is made from B「AはBからできている」より，from が適当。

G　As for ～「～に関して言えば」より，for が適当。なお，As to ～も同じ意味となる。

12　they は「植物由来の原料を使った代用肉製品」を指す。それが人気にならなかった理由となるものを答える。①「多くの人は豆腐が好きではなかった」，③「とてもおいしく，多くの人がもっと食べたいと思った」，④「植物由来の肉は健康的ではないと忠告された」は不適当。

13　「普段食べている肉となんら変わらない」は①「十分においしい」という意味。②「今まで食べた中で一番おいしい肉だ」，③「二度と食べたくない」，④「食べる前にそれがベジミートだと知りたかった」は不適当。

15　×「植物由来の肉の価格が高い唯一の原因は世界中の戦争だ」…本文にない内容。

16　○「豆腐は，アジアの国で発明されたベジミートの一種だ」…第２段落と一致。

17　×「ベジミートは植物由来なので，作るには多くの水が必要だ」…本文にない内容。

18　○「価格はベジミートの問題のひとつだ」…最後の段落の２～３行目と一致。

【本文の要約】

戦争，環境問題，そして① ②経済状況の悪化は，世界中の食糧危機の原因となっています。世界の人口の約 10 パーセントが，十分な食料を得ていないと言われています。この問題を解決するために，新しい食料源を見つける必要があります。今やますます多くの人がベジミートに注目しています。

ベジミートとは，大豆や小麦などの植物②が原料(＝is made from)で，植物由来の「肉」(＝植物性代用肉)としても知られています。この考えはずっと昔からありました。16 例えば２千年以上前，中国人は大豆から豆腐を作り出し，食べていました。近年では西洋で，植物由来の原料を使った代用肉製品を発明した会社もありました。しかしそれらは③ ②味があまりよくなかったために，人気がありませんでした。

そして 2010 年頃になると，技術が十分発達し，本物の肉のような味の製品を作ることができるようになりました。2016 年，*Impossible Food* 社が最初の植物由来のハンバーガーを発売しました。それを食べた人は，「これは私が普段食べている肉となんら変わらない④ ①(＝十分に美味しい)」と言いました。

ベジミートが人気となったもうひとつの理由は，健康に良いということです。2000 年頃，人々は健康に興味を持つようになり，従来の肉よりもa⑤より健康的な(＝healthier)食べ物を求めるようになりました。その時，アメリカ人研究者の中に，ベジミートの方が脂肪やカロリーが少ないということを示した人たちがいました。その結果多くの人々がb⑤植物(＝plant)由来の食べ物を食べ始めたのです。

さらに，それは環境にもやさしい可能性があります。持続可能性⑤に関して言えば(＝As for)，ある調査で，植物性由来の肉の方がc⑤発生させる温室効果ガスの量が少ない(＝generates less greenhouse gas)ということがわかったそうです。また動物由来の肉を作るのと比べると，使う土地も水も少なくて済みます。もし動物由来の肉を食べるのをやめて，野菜由来の肉を食べれば，毎年温室効果ガスを大いに減らすことができるだろうと言われています。

ベジミートは食糧危機の解決策にうってつけのように見えます。18 しかしベジミートにはひとつ問題があります。それは，作るのにたくさんのお金がかかるということです。改善されつつあるとはいえ，d⑤植物(＝plant)由来の肉の価格はいまだに高いのです。

［4］【本文の要約】参照。

19　④「その結果」が適当。①「代わりに」，②「一方」，③「しかし」は話の流れと合わない。

20　what is＋○○＋like「○○はどういうものか」より，③が適当。

21　be good at のあとには名詞や動名詞を置く。　「(人)に〜させる」＝let＋人＋動詞の原形

H　one は前に出た名詞と同じ種類の不特定のものを指す代名詞。ここでは文の前半の a voice を指す。

22　not only A but also B「AだけでなくBも」より，③が適当。

23　①「女性は男性よりも優秀な作家であることを示した」，③「彼女よりもいい物語が書ける人はいないということを示した」，④「女性が思想を共有するのは大事ではないということを示した」は話の流れと合わない。

24　It will be … to 〜「〜するのは…だろう」の文。仮主語の It は to see the new 5,000 yen bills「新しい 5,000 円札を見ること」だから，…の部分は exciting「(ものの性質を表して)わくわくするような」が適当。

25　質問「樋口はいつ亡くなりましたか？」…第１段落２行目と第４段落１行目参照。1872 年に生まれ，24 歳で亡くなったから，亡くなった年は 1896 年である。③が適当。

26　①×「30 年経つ」…2004 年からなので 30 年は経たない。　②×「貧困を描いた」…本文にない内容。
④×「津田梅子から樋口一葉に」…樋口一葉から津田梅子に変わる。

【本文の要約】

樋口一葉は，明治時代と呼ばれる，日本における特別な時代を生きた，有名な日本の作家です。25③彼女は 1872 年東京に生まれました。樋口は多くの短編と小説を書き，たいへん有名で人気になりました。① ④その結果(＝As a result)，彼女は 2004 年以来日本の５千円札の肖像になっています。

樋口はその美しく詳細な作風で知られていました。彼女の物語は様々な人々，とりわけ女性や裕福でない人々の生活がどのようなものであったかを示しました。彼女は彼らが明治時代をどのように生き抜いていったのかを書きました。そして，読者に，実際登場人物たちとそこにいるような感覚にさせるのが得意でした。

26③彼女の最も有名な物語のひとつは，「たけくらべ」（英語タイトル：Growing Up）です。それには，東京で成長する子供たちの物語が書かれています。樋口は彼らの友情，学んだこと，そして成長過程での困難との向き合い方を伝えています。

25③樋口はわずか 24 歳でこの世を去りましたが，26③彼女は多くの素晴らしい作品を残しました。彼女の作品が重要なのは，それが，見向きもされず忘れ去られた人々の生活を表現していたからです。彼女は声を持たない人々に声を与えたのです。

樋口は偉大な作家だっただけでなく，他の女性の良い見本でもありました。彼女が生きていた時代には，女性には物語や思想を共有する機会があまりなかったのです。しかし樋口はこのことを変えました。⑥ ②樋口は女性も素晴らしい作家になれることを示したのです。

樋口一葉の物語は，今でも愛され，読まれ続けています。人々が彼女のことを好きで尊敬する理由は，彼女の文体が美しく，また，彼女が社会に影響を与えるような重要なことについて語ったからです。彼女の物語を通して，読者は他の人々の人生について考え，感じることができるのです。

樋口の一生は短いものでしたが，彼女は日本文学に大きな影響を与えました。彼女の物語は１世紀以上の間，作家および読者を感動させ続けています。2024 年以降は，津田梅子という別の有名な女性に変わるため，樋口一葉が５千円札の肖像でなくなるのは悲しいことです。新しい５千円札を見るのは楽しみですが，樋口一葉はずっと偉大な作家であり続け，彼女の物語は永遠に人の心に残ることでしょう。

《2024　理科　解説》

［１］

⑴　〔質量パーセント濃度(%)＝$\frac{\text{溶質の質量(g)}}{\text{溶質の質量(g)}+\text{溶媒の質量(g)}}\times100$〕より，$\frac{110}{110+100}\times100=52.3\cdots$(%)となる。よって，③が最も近い。

⑵　硝酸カリウムは10℃のとき，水100.0ｇに22.0ｇまで溶けるから，100.0＋22.0＝122.0(ｇ)の飽和水溶液に22.0ｇ溶けていることになり，100.0ｇの飽和水溶液には$22.0\times\frac{100.0}{122.0}=18.03\cdots$(ｇ)より，約18.0ｇ溶けていることになる。また，10℃の水20.0ｇには$22.0\times\frac{20.0}{100.0}=4.4$(ｇ)まで溶けるから，これが水を20.0ｇ蒸発させて10℃に戻したときに出現した結晶の質量である。よって，冷却後の水溶液には約18.0－4.4＝13.6(ｇ)の硝酸カリウムが溶けている。

⑶　ア×…塩化銅は水に溶けると銅イオンと塩化物イオンに電離する〔$CuCl_2 \rightarrow Cu^{2+}+2Cl^-$〕。塩化銅水溶液に電流を流すと，陽イオンである銅イオンは陰極側に移動し，陰極から電子を２個受け取って銅原子となる〔$Cu^{2+}+2e^- \rightarrow Cu$〕。　イ×…電極の種類や電流の向きにかかわらず，塩化銅水溶液に電流を流すと，銅と塩素に分解される〔$CuCl_2 \rightarrow Cu+Cl_2$〕。このとき，水溶液の青色の原因となる銅イオンが減少していくので，水溶液の青色は薄くな

っていく。　ウ×…マグネシウムなどの金属と塩酸が反応したときに発生する気体は水素である。

(4)　タンパク質は，胃液に含まれるペプシン(オ)，すい液に含まれるトリプシン(ウ)，小腸の壁の消化酵素のはたらきを受けて，アミノ酸に分解される。

(5)　①×…地球が誕生したのがおよそ46億年前である。　②×…魚類が誕生したのは古生代(約５億4000万年前～２億5000万年前)の前半だと考えられている。　③×…脊椎動物は，魚類→両生類→は虫類→哺乳類→鳥類の順に誕生したと考えられている。　⑤×…ヒトは魚類のように水中で生活できないので，どのような環境にも適応しているとはいえない。

(6)　図２では，置き時計の短針が鏡のつなぎ目より左側にある。つなぎ目より左側から出た短針の光がつなぎ目の点線と平行に進み，左の鏡で反射した後，さらに右の鏡で反射してつなぎ目の点線と平行に戻ってくることで正面に映って見えるので，短針はつなぎ目より右側に見える。上下の向きは変わらないので，①が正答となる。

(7)　⑤×…電流が流れる向きが＋極→－極であることに注意して，図ｉの左手を図３にあてはめる。⑤のように操作すると，電流の向きは左，磁界の向きは手前になるので，電流が磁界から受ける力の向き(親指の向き)は上になる。よって，光る筋は上に曲がる。

図ｉ

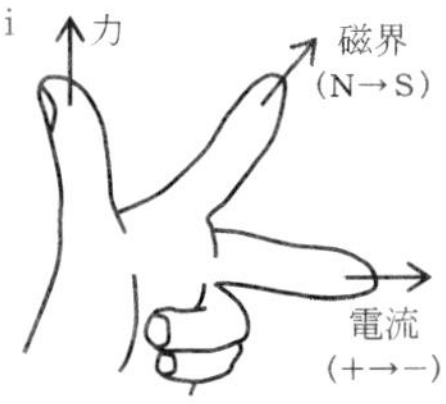

(8)　表より，落下回数が50回増えるごとに温度が1.2℃ずつ上昇することがわかる。高さを2.0ｍの半分の1.0ｍにすると，銅粉がもつ位置エネルギーが半分になるので温度上昇も半分になると考えられる。よって，落下回数50回あたり1.2÷２＝0.6(℃)上昇すると考えて，７℃上昇させるのに必要な落下回数は$50\times\frac{7}{0.6}=583.3\cdots$(回)だから，⑥が最も近い。

(9)　③○…南極と北極を結ぶ直線が地球の自転軸(地軸)であり，自転の向きは北極上空から見て反時計回り(南極上空から見て時計回り)である。このため，北半球にある日本では，南の空を通る太陽やその他の天体は東→南→西の順に動いて見える。また，北の空の天体は地軸の延長線付近にある北極星を中心に反時計回りに動いて見える。

(10)　海岸段丘は，侵食によって平らになった海底が隆起することなどでできる。リアス海岸は，起伏の多い山地が沈降することなどでできる。なお，Ｖ字谷は，川幅がせまく，流れが急な(侵食作用が大きい)川の上流にできやすい。扇状地は，川が山から平地に出て流れが急にゆるやかになる(堆積作用が大きくなる)ことでできる。三角州は，河口付近で，流れが非常にゆるやかな(堆積作用が大きい)ところにできる。

[２]

(1)　菜種油の密度は，〔密度(ｇ/cm³)＝$\frac{質量(g)}{体積(cm^3)}$〕，１Ｌ→1000cm³，0.92kg→920ｇより，$\frac{920}{1000}=0.92$(ｇ/cm³)である。密度が異なるものを混ぜると，密度が大きいものほど下に移動するので，密度が大きいものほど下にあると考えればよい。密度が大きい順に，水銀＞鉄＞菜種油だから，①が正答となる。

(2)　気体は固体よりも分子が激しく動き回るようになるため，体積が大きくなる。ただし，体積が大きくなっても質量は変化しないため，(1)解説の密度を求める式より，密度は小さくなる。

(3)　鉄鉱石(酸化鉄)とコークス(炭素)を混ぜて加熱すると，酸化鉄は還元されて鉄になり，炭素は酸化されて二酸化炭素になる。よって，還元や酸化が起きないものを選べばよい。還元は酸化物が酸素を失う反応，酸化は物質が酸素を受け取る反応であり，電子の受け渡しに着目した反応である。　①○…花火は金属の燃焼(酸化)によって起きる炎色反応を利用している。　②○…水素の酸化によって水ができ，二酸化炭素の還元によってデンプンができる。　③○…鉄の酸化によって発生する熱を利用している。　④×…中和が起きる。　⑤○…陰極では還元によって水素が発生し，陽極では酸化によって酸素が発生する。

(4)　質量比の数値を用いて反応式にある鉄鉱石〔Fe_2O_3〕の質量を表すと，56×２＋16×３＝160となり，二酸化炭素〔$3CO_2$〕は３×(12＋16×２)＝132と表せる。鉄鉱石の160が1000kgであれば，二酸化炭素の132は$1000\times\frac{132}{160}=$825(kg)である。

［３］

(3)　①②③が接眼レンズ，④⑤⑥が対物レンズである。接眼レンズは長いものほど倍率が低く，対物レンズは長いものほど倍率が高い。よって，使用できないのは，最も倍率が低い接眼レンズだから，③である。

(4)　〔顕微鏡の倍率＝接眼レンズの倍率×対物レンズの倍率〕より，１番大きい倍率は15×40＝600(倍)，２番目に大きい倍率は10×40＝400(倍)，３番目に大きい倍率は15×10＝150(倍)である。顕微鏡の倍率が600÷150＝４(倍)になると，視野内のゾウリムシの移動距離は$\frac{1}{4}$＝0.25(倍)になるので，横切るのにかかる時間も0.25倍になる。

(5)　イ×…無性生殖によって生じた個体は，元の個体と全く同じ遺伝子を受け継ぐため，形質も元の個体と全く同じになる。　オ×…スケッチは，細い線と小さい点だけではっきりとかく。線を重ねたり，影をつけたりしない。

［４］

(1)　夏になると海よりも陸の方が先にあたためられるため，大陸側で上昇気流が生じて大陸側で気圧が低くなり，太平洋側で気圧が高くなる南高北低の気圧配置になる。このため，太平洋高気圧の勢力が強まって，小笠原気団が発達する。また，激しい上昇気流が生じると積乱雲が発達する。積乱雲は雷雨をもたらす雲である。

(2)　等圧線は1000hPaを基準に４hPaごと引かれ，20hPaごと太線になる。また，図１で，「高」や「低」の近くに書かれた数値は中心の気圧を表している。例えば，左の低気圧の中心は992hPaであり，Ａを通る等圧線はそれより５本外側にあるので，992hPaよりも４×５＝20(hPa)大きい1012hPaだとわかる。

(3)　台風は太平洋高気圧の西側のふちを沿うように移動する。台風はこの後，中心がＡの北側を通るように北西に向かって移動すると考えられるので，Ａでは台風の中心に向かって吹き込む風の影響を受けて，南寄りの風が吹くと考えられる。

(4)　④×…図２より，台風の発生数・接近数・上陸数のすべてで，増減に関する傾向は見られず，年によってばらばらであることがわかる。

(5)　①×…地震が発生すると，液状化現象が起こることがある。

［５］

(1)　〔抵抗(Ω)＝$\frac{\text{電圧(V)}}{\text{電流(A)}}$〕，100mA→0.1Ａより，$\frac{5.0}{0.1}$＝50(Ω)となる。

(2)　ア×…ｂの抵抗値は不明だが，図２のようにａとｂを直列つなぎにしたとき，回路全体の抵抗値はａよりも大きくなり，図３のようにａとｂを並列つなぎにしたとき，回路全体の抵抗値はａよりも小さくなる。よって，図４のＡは，電圧が5.0Ｖのときの電流が300mAで，ａよりも電流が流れやすい(ａよりも抵抗値が小さい)から，図３の結果だとわかる。　イ×…図４で，グラフの傾きが大きいＡの方が，電圧が同じときの電流が大きいから，電流が流れやすい(抵抗値が小さい)。　ウ×…抵抗値を大きくすると電流が流れにくくなるので，グラフの傾きは小さくなる。

(3)　２つの電熱線を直列つなぎにしたときの回路全体の抵抗値は，各電熱線の抵抗値の和と等しくなる。図４のＢより，図２の回路全体の抵抗値は$\frac{6.0}{0.08}$＝75(Ω)だから，ｂの抵抗値は$75-\overset{\text{aの抵抗値}}{50}$＝25(Ω)である。

(4)　２つの電熱線を並列つなぎにしたとき，各電熱線には電源と同じ電圧がかかる。図４のＡより，Ｐ(回路全体)を流れる電流が300mAのとき，電源の電圧は5.0Ｖだとわかる。よって，ａにも5.0Ｖの電圧がかかるから，表１より，ａを流れる電流は100mAである。

(5)　〔仕事(J)＝力(N)×力の向きに動かした距離(m)〕より，力は60kg→600N，距離は20×15＝300(cm)→3mだから，仕事の大きさは600×3＝1800(J)である。さらに，〔仕事率(W)＝$\frac{仕事(J)}{時間(s)}$〕より，仕事率は$\frac{1800}{15}$＝120(W)である。

《2024　社会　解説》

〔1〕

問1　②　　諸藩の年貢米や特産品は，堂島川・土佐堀川沿いの蔵屋敷で売りさばかれた。

問2　②　　b．誤り。高床倉庫は，弥生時代以降につくられた。c．誤り。石包丁は，弥生時代以降に稲穂を刈り取るために使われた。

問3　④　　国分寺・国分尼寺は，8世紀の奈良時代に聖武天皇と光明皇后によって全国に建てられた。

問4　③　　①誤り。唐の律令にならって，大宝律令がつくられた。②誤り。聖徳太子が四天王寺を建てたのは，6世紀末のことであった。④誤り。日本が朝鮮半島に兵を送ったのは，百済の復興を助けるためであった。

問5　①　　Ⅰ(弥生時代)→Ⅱ(室町時代)→Ⅲ(江戸時代)

問6　③　　①誤り。京都の西陣や博多の特産品は綿織物ではなく絹織物である。②誤り。和同開珎は，飛鳥時代末から奈良時代にかけて日本国内でつくられた貨幣である。④誤り。菱垣廻船が定期的に往復したのは，江戸と大阪の間の南海路である。

問7　菅原道真　　「遣唐使派遣の可否を定められる」とあることから，菅原道真と判断する。遣唐使に指名された道真は，航海の危険と唐の衰退を理由として，宇多天皇に遣唐使の停止を提案した。

問8　④　　X．誤り。菅原道真は9世紀後半の人物だから8世紀に成立した『万葉集』に和歌が収録されることはない。Y．誤り。この和歌は，藤原氏の謀略で道真が大宰府に左遷させられるときに詠んだ和歌である。

問9　③　　①誤り。ルターはドイツで宗教改革を行った。②誤り。イエズス会は，カトリックの一派である。④誤り。天正遣欧使節を派遣したのは，キリスト教を熱心に支持する大友宗麟・有馬晴信・大村純忠である。

問10　③　　狩野永徳の『唐獅子図屏風』は，桃山文化を代表する屏風絵である。

問11　①　　ラジオ放送は1925年に始まった。②誤り。洗濯機，冷蔵庫，白黒テレビ(三種の神器)が普及したのは，1960年代である。③誤り。太陰暦に代わって太陽暦が採用されたのは明治維新の1873年である。④誤り。米などの生活物資が配給制や切符制になったのは1940年頃からである。

問12　③　　①は京浜工業地帯，②は中京工業地帯。

問13　②　　日ソ共同宣言を調印したのは，佐藤栄作ではなく鳩山一郎である。

問14　⑤　　Ⅳ(飛鳥時代)→Ⅰ(平安時代)→Ⅱ(16世紀)→Ⅲ(南北戦争・19世紀)→Ⅴ(明治時代・20世紀)

問15　①　　X．滋賀県(ア)である。織田信長が焼き打ちにした寺院は比叡山延暦寺である。Y．兵庫県(オ)である。山地を削った土で埋め立てた人工島は，ポートアイランドなどである。イは大阪府，ウは京都府，エは奈良県，カは和歌山県。

〔2〕

問1　③　　X．誤り。ユニオンジャックは，かつてイギリスの植民地支配を受けていたことを意味する。Y．正しい。

問2　7時50分〔別解〕7時30分　　経度差15度で1時間の時差が生じるから，日本とメルボルンの経度差は145－135＝10(度)，時差は10÷15＝$\frac{2}{3}$(時間)＝40(分)になる。また，1月は南半球では夏であるから，サマータイムが適用され，標準時間より１時間進んでいる。東経 145 度のメルボルンの方が東経 135 度の日本より時刻は進んでいて，サマータイムも適用されるので，成田空港を出発したときのメルボルンの時刻は，日本の時刻より１時間 40 分進んだ 21 時である。フライト時間は 10 時間 30 分だから，到着時刻は，21 時から 10 時間 30 分後の７時 30 分になる。ただし，設問文にあるように，メルボルンはおおよそ東経 145 度に位置するが，メルボルンが位置するオーストラリア東部は，東経 150 度の経線を標準時子午線としている。よって，サマータイムが適用されたメルボルンの時刻は，日本の時刻より２時間進んでいることになるので，到着時刻は７時 50 分になる。

問３　①　　バンコクはサバナ気候，ケープタウンは地中海性気候である。

問４　③　　春に種をまくのが春小麦，冬に種をまくのが冬小麦である。南半球に位置するオーストラリアは，北半球と季節が逆になるので，冬小麦を５～７月にまいている③がオーストラリアと判断する。

問５　④　　①誤り。19 世紀に入ると，ゴールドラッシュなどによって中国系の移民が増えていた。②誤り。現在ではアジアからの移民が多く，かつてはヨーロッパからの移民がほとんどであった。③誤り。アボリジニのもともと住んでいた土地の所有権が認められている。

〔３〕

問１　④　　①誤り。物流が滞ったことで経済が縮小しただけで，輸送費が下落したわけではない。②誤り。ウクライナ侵攻によって，価格は上昇に転じている。③誤り。ウクライナ侵攻は 2024 年現在でも終結していない。⑤誤り。電気代や食料価格が大きく上がった原因の１つは，円安による輸入物価の上昇である。

問２　④　　アメリカの政策によって円安になり，輸入に頼るニワトリのエサ代などが上昇した。

問３　①　　Ｘ．正しい。インフレーションは，持続的に物価が上昇することである。物価が上昇すると，お金の価値が下がったことになる。Ｙ．正しい。デフレーションは，持続的に物価が下落することである。

問４　④　　技術革新が起こると，供給曲線(右上がりの曲線)は右に移動する。

問５　独占禁止法　　独占禁止法は，公正取引委員会が運用する法律である。

〔４〕

問１　④　　①誤り。衆議院の方が任期が短く解散もある。②誤り。緊急集会の招集は内閣に認められている。③誤り。常会は１月中に召集されるが１月１日と決まってはいない。

問２　①　　条約の承認は国会の仕事である。

問４　②　　天皇の国事行為の１つとして，法律の公布がある。

問５　④　　郵便事業は民営化された。

2023 解答例 令和5年度　中京大学附属中京高等学校

《国　語》

マーク解答

1．⑤　2．②　3．⑤　4．④　5．④　6．②　7．⑤　8．②　9．③　10．③
11．②　12．④　13．①　14．②　15．③　16．②　17．①　18．④

記述解答

A．源氏物語　B．木　C．気後れ

《数　学》

マーク解答

ア．⑤　イ．④　ウ．①　エ．⊖　オ．③　カ．①　キ．⓪　ク．①　ケ．⓪　コ．④
サ．④　シ．⑨　ス．①　セ．②　ソ．①　タ．③　チ．①　ツ．⓪　テ．②　ト．②
ナ．⑤　ニ．⑥　ヌ．⑤　ネ．③　ノ．②　ハ．②　ヒ．⊖　フ．②　ヘ．③　ホ．②
マ．①　ミ．③　ム．⊖　メ．⑤　モ．②　ヤ．④　ユ．⑤　ヨ．⑧

記述解答

A．$\frac{4}{9}$　B．$\frac{2}{3}$　C．$\frac{13}{49}$

《英　語》

マーク解答

1．②　2．③　3．①　4．③　5．④　6．④　7．③　8．③　9．④　10．③
11．②　12．④　13．③　14．②　15．③　16．③　17．③　18．④　19．⑤　20．⑧
21．③　22．①　23．①　24．②　25．①　26．③　27．②　28．⑤　29．③　30．①
31．④　32．①　33．②　34．②　35．④

記述解答

A．take　B．on　C．do　D．right　E．what　F．therapy　G．2

《理　科》

マーク解答

1．②　2．④　3．⑤　4．⑧　5．⑥　6．③　7．③　8．②　9．②　10．③
11．③　12．⑤　13．①　14．⑧　15．⑤　16．③　17．⑦　18．⑤　19．②　20．⑤
21．②　22．②　23．①　24．②　25．⑥　26．①　27．④　28．⑨

記述解答

A．1.6　B．ボルタ　C．0.20　D．反射

《社　会》

マーク解答

1．②　2．②　3．④　4．③　5．②　6．③　7．④　8．④　9．⑤　10．③
11．③　12．①　13．④　14．⑤　15．⑥　16．③　17．②　18．③　19．③　20．⑤
21．①　22．④　23．①　24．⑤　25．①　26．①　27．④

記述解答

A．大正デモクラシー　B．タイガ　C．水力　D．L　E．多文化共生

2023 解説 令和５年度

中京大学附属中京高等学校

《2023　国語　解説》

〔一〕

問一(ア)　緊張　①超過　②連絡帳　③助長　④朝令暮改　⑤張力　　**(イ)**　許容　①要領　②容疑　③掲揚　④動揺　⑤水溶　　**(ウ)**　排除　①徐行　②年功序列　③援助　④自叙　⑤加減乗除

問二　傍線部Ｂの前後に着目する。傍線部Ａと同じ意味の「表現における見る行為の重さが、自分に切実感を増している」ということに触れ、表現者としてどのような目が必要だと考えているのかを、具体的に述べている。「感動のしずめ」としてものを書くときに、「通念だけによりかからずに生者としての感動を、他の誰でもないひとりの人間の生きているしるしとしてあらわすには、感動を促した対象の核心に進入する拭《ぬぐ》われた目が必要になる」とある。ここで述べている内容に、④が適する。

問三(1)　(中略)の後の段落を参照。「あはれは、悲哀にはかぎらず、うれしきにも～をかしきにも、すべて『ああはれ』と思はるるは、みなあはれなり」(「あはれ」という言葉は、悲哀を表すだけでなく、うれしいことにも～興味深いことにも、すべて『ああ・まあ』と感じることは、みな「あはれ」である)、「をかしきうれしきなどと、あはれとを、対へていへることも多かるは～うれしきことおもしろき事などには、感ずること深からず～思ふにかなはぬすぢには、感ずることこよなく深きわざなるが故《ゆゑ》に、しか深き方をとりわきても、あはれといへるなり」(興味深い・うれしいなどと、「あはれ」とを、対立したものということも多いのは～うれしいこと・おもしろいことなどは、感じることが深くない～思いを満たすことができない方面は、感じることがこの上なく深いから、そのように感動が深い方(かなしい・恋しいなど)を取り上げて、「あはれ」といっているのである)と述べていることに、④が適する。

問四　原爆によって「見馴れていた環境のながめ」「あったはずのもの」が突然失われ、「凹凸《おうとつ》乏しい図絵」に見えたのである。変貌《へんぼう》する前の環境にあった「凹凸」とは何か、「図絵」のように平面的で乾いた景色とはどういうことかを考えると、②の「生気のない無機質なものになった」が適する。この話は、「もののありなし」の区別の基準が崩れた話として取り上げられている。突然「あり」が「なし」になって「動転した」(とても驚いて平静を失った)が、自分の内部には「ある」、「記憶の中にしかなくなった事物を追う日が始まった」と続いている。

問五　「環境の変貌の素早さに、ありなしについての～基準が崩れた」筆者が、「記憶の中にしかなくなった事物を追う」中で、「変化と不変について」考えている時に、『去来抄《きょらいしょう》・三冊子《さんぞうし》・旅寝論』の「『不易』と『流行』」に反応したのである。それは、絶えず変化する「流行」のなかにこそ変わることのない「不易」がある、「不易」と「流行」は根元において一つである、といった内容である。「十代の私は～焦っていた。不安のあまり～不変なるものに憧《あこが》れた」とある。「『不易』と『流行』」の考え方は、変わってしまった環境、つまり「二度とこの目で見ることも手で触れることも出来なくなった事物」でも、「自分の内部にはある～愛着～かなしみ～憤りにおいてそれまで以上に強くある」ということを裏づけてくれるものだったということ。よって、⑤が適する。

問六[選択群Ⅰ]　筆者は、「説の享受の論理的な明晰《めいせき》さ」は去来よりも土芳《とほう》がすぐれていると述べ、「三冊子」の引用の後にも「土芳の師説享受を通して想像する」とあるから、②の「土芳の解釈に共感している」と言える。また②は、土芳が「師の風雅に万代不易あり。一時の変化あり。この二つに究《きは》まり、その基一なり～不易を知らざれば実《まこと》に知れるにあらず～千変万化～自然の理《ことわり》なり～これにおし移らずといふは～誠の変化を知るといふことなし」と述べていることを適切に説明している。　**[選択群Ⅱ]**　本文最後の２段落を参照。「芭蕉は～絶えず自力以上のものを見上げ、『流行』『変化』の具体的な姿においてしか顕《あらわ》れない『不易』に想い到《いた》る目の精進に励んだ人であった〜変化し続ける具象をさしおいて到り着くべき不易の観念はなさそうである」ととらえ、その芭蕉の不易流行の解釈をふまえて、「書く、は、具象の見ように始まる〜すべての事物の見方の広さと高さと深さ〜何を、どこまで、どのように見て〜という表現の根幹に関する促しだ」と述べている。ここから、③のようなことが言える。

〔二〕

問一　（ア）　啓発　①敬意　②経過　③啓上　④警告　⑤形勢　　（イ）　興味津々

問二　直前に「関心や好奇心が〜急速に失われていく」「笑顔を作った」という様子が描かれ、後に「表情とは逆に、彼の心のシャッターがしゃーっと閉じていく」とある。とりつくろった笑顔で「……いろいろ読みますね」と答えていることから、具体的に答える気がないが、愛想のない返事にならないように笑顔を作り、適当に受け流そうとしたことがわかる。よって、④の「当たり障りのないことを言うため」が適する。

問三　「きびすを返す」は、「踵《きびす》（＝かかと）」を反対の向きに返すということから、帰ろうとすることを表す。

問四　美希喜《みきき》は、花村《はなむら》(建文)の「いろいろ」という言葉をとらえて、「いろいろってなんですか。例えば」「いろいろって例えばなんですか」と鋭く追及している。それは、後で言っているとおり、「いろいろなんて〜なんか、馬鹿にされているみたい」と感じたからである。ここでの「服をそっと引っ張った」は、袖を引いてそっと注意する「袖を引く」と同じ意味の動作。よって、②の「たしなめるため」が適する。

問五　「木で鼻をくくる」は、無愛想な様子、冷淡にあしらう様子を表す言葉。

問六　美希喜は、花村の「いろいろ」という答えに「なんか、馬鹿にされているみたい」と不快をあらわにした。それについて、「あたしも彼女と同じように感じていた」とあるから、少しすかっとした、胸がすく思いがしたのだと考えられる。よって、③の「痛快」が適する。

問七　「萎縮《いしゅく》する」は、しぼんで縮むこと。勢いや雰囲気などにのまれて気持ちがしぼむことを表す。「あたし」が「古本に萎縮した結果なのかもしれなかった」と思ったのは、花村が「ここにある本があまりにも〜違いすぎて、なんだか気後れしちゃって」と言ったのを聞いたから。「気後れ」は、勢いや雰囲気などに押されて心がひるむこと。

問八　「なんか、馬鹿にされているみたい」と感じて憤っていた美希喜が「小さく息を吐いた。それと一緒に肩が少し下がった」のは、花村の「いろいろ」という答えが、馬鹿にしたからではなくて「なんだか気後れしちゃって」という気持ちからだったのだとわかったからである。「いろいろって例えばなんですか」などと食い下がっていた勢いがここでトーンダウンしたのである。よって、②が適する。

問九　「眉のあたりにもやがかかったような感じ」は、表情がくもったということ。続く花村の言葉が「……そうですねえ。たぶん」と歯切れが悪いことから、自分として特にこれをしたいというものがあるわけではなく、返事に困ったことがうかがえる。よって、①が適する。

問十　都会の起業家の「景色のいいところに家でも買って、毎日、魚でも釣ってのんびり暮らしたらどうですか？」という提案を、もともと「田舎の港街」で漁師をしている人が聞いたらどう思うか。今と同じだ、となるはずなので、④が適する。美希喜がこのエピソードを思い出したのは、花村が言った「緑の多い、空気のいいところに住んで、毎日、好きな本を読んで、少し畑でも作って、犬を飼って」について、「畑」以外、今のままでもかなうことではないかと「あたし」がつっこんだのと同じような話だからである。

《2023　数学　解説》

［１］

⑴　与式$=-18\times(-3)=$**54**

⑵　与式$=\dfrac{2^2-3^2}{2^2-3^2}=$ **1**

⑶　与式$=\dfrac{2}{\sqrt{10}}-1+1-\dfrac{5}{\sqrt{10}}=-\dfrac{3}{\sqrt{10}}=$ $\boldsymbol{\dfrac{-3\sqrt{10}}{10}}$

⑷　解がａ，ｂである２次方程式は，$(x-a)(x-b)=0$ より，$x^2-(a+b)x+ab=0$ となるから，２つの解の和はxの係数の符号を逆にした値と等しい。よって，求める値は**4**である。

⑸　右図のように点を定めると，平行線の錯角より，$\angle PQU=15°$

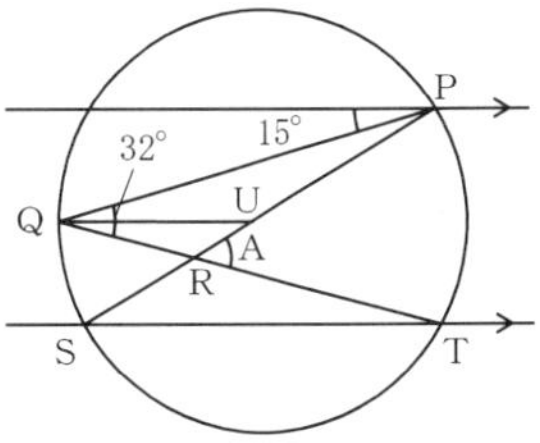

よって，$\angle UQR=32°-15°=17°$ となるので，平行線の錯角より，

$\angle STR=17°$　　　また，$\overset{\frown}{PT}$に対する円周角より，$\angle PST=\angle PQT=32°$

$\triangle RST$について，三角形の１つの外角は，これととなり合わない２つの内角の和に等しいから，$\angle A=32°+17°=$**49°**

⑹　**【解き方】さいころを２つ使う問題では，右のような表にまとめて考えるとよい。**

		小					
		1	2	3	4	5	6
大	1		○			○	
	2	○			○		
	3			○			○
	4		○			○	
	5	○			○		
	6			○			○

２けたの整数が偶数となるのは，十の位に関係なく，一の位が偶数となる場合であり，一の位が２，４，６であればよい。よって，確率は，$\dfrac{3}{6}=\boldsymbol{\dfrac{1}{2}}$である。

２つのさいころを投げたときの目の出方は全部で$6\times6=36$(通り)ある。３の倍数は各位の数の和が３の倍数になるので，２つの目の和が３，６，９，12ならば３の倍数ができる。そのような出方は表の○印の12通りだから，その確率は，$\dfrac{12}{36}=\boldsymbol{\dfrac{1}{3}}$である。

⑺　**【解き方】$(x+y)^2=x^2+2xy+y^2$より，$x^2+y^2=(x+y)^2-2xy$と変形できることを利用する。**

$x=5-\sqrt{3}$，$y=5+\sqrt{3}$のとき，$x+y=(5-\sqrt{3})+(5+\sqrt{3})=10$

$xy=(5-\sqrt{3})(5+\sqrt{3})=5^2-(\sqrt{3})^2=25-3=22$

$x^2+y^2=(x+y)^2-2xy=10^2-2\times22=100-44=$**56**

⑻　**【解き方】$4^2=16$，$5^2=25$だから，$\sqrt{16}<\sqrt{20.5}<\sqrt{25}$より，$4<\sqrt{20.5}<5$である。ここから，４と５のどちらに近いのかを具体的に計算して求める。**

$4.5^2=20.25$だから，$4.5<\sqrt{20.5}$とわかる。これは$\sqrt{20.5}$が４より５に近い数であることを意味するので，最も近い整数は**5**である。

⑼　$3x+y=11$…①，$2x+5y=16$…②とする。

①×５－②でyを消去すると，$15x-2x=55-16$　　$13x=39$　　$x=$**3**

①に$x=3$を代入すると，$3\times3+y=11$　　$y=$**2**

⑽　**【解き方】はじめに準備されたお茶をａ本，スポーツドリンクをｂ本として，連立方程式を立てる。**

はじめに準備された本数について，$a+b=3000$…㋐，

合宿終了時に残った本数について，$\dfrac{100-99.5}{100}a+\dfrac{100-95}{100}b=69$ より，$a+10b=13800$…㋑とする。

㋑－㋐でａを消去すると，$10b-b=13800-3000$　　$9b=10800$　　$b=1200$

㋐に$b=1200$を代入すると，$a+1200=3000$　　$a=1800$　　よって，**②**が正しい。

⑾　**【解き方】この１次関数のグラフは(０，４)を通り，$1\leqq x\leqq a$におけるyの最大値が３で，４より小さいので傾きは負だとわかる。**

この１次関数の式を$y=px+4$ $(p<0)$とすると，$x=1$のときに最大値$y=3$をとるから，これらの値を代入

して，３＝ｐ×１＋４よりｐ＝－１となる。よって，$y=-x+4$である。

⑿　**【解き方】右のように作図する。図形の対称性からＡＧ＝ＢＨだから，∠ＧＨＩ＝90°なので，ＧＩは円の直径でありＯを通る。円の半径は$\frac{1}{2}$ＥＦ＝１だから，△ＧＨＩにおいて，ＧＨ＝１，ＧＩ＝２なので，△ＧＨＩは表紙の次のページに示してある，３辺の比が１：２：$\sqrt{3}$の直角三角形である。したがって，∠ＩＧＨ＝60°である。**

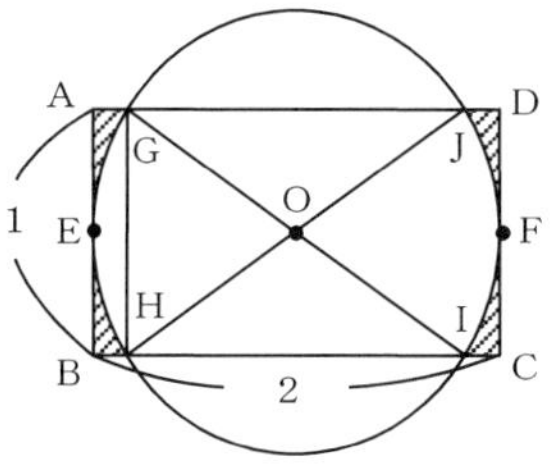

図形の対称性から，△ＯＧＪと△ＯＨＩ，おうぎ形ＯＧＨとおうぎ形ＯＩＪの面積はそれぞれ等しいので，長方形ＡＢＣＤの面積から，△ＯＨＩの面積の２倍とおうぎ形ＯＧＨの面積の２倍を引けばよい。

ＨＩ＝$\sqrt{3}$ＧＨ＝$\sqrt{3}$で，△ＯＨＩの底辺をＨＩとしたときの高さは$\frac{1}{2}$ＡＢ＝$\frac{1}{2}$だから，

△ＯＨＩ＝$\frac{1}{2}\times\sqrt{3}\times\frac{1}{2}=\frac{\sqrt{3}}{4}$

∠ＯＧＨ＝60°より△ＯＧＨは正三角形だから，∠ＧＯＨ＝60°なので，おうぎ形ＯＧＨの面積は，$1^2\pi\times\frac{60°}{360°}=\frac{1}{6}\pi$

よって，斜線部の面積は，$1\times2-\frac{\sqrt{3}}{4}\times2-\frac{1}{6}\pi\times2=$ **$2-\frac{\sqrt{3}}{2}-\frac{1}{3}\pi$** となる。

［２］

⑴　関数②の変化の割合はつねに１なので，関数①でxの値がａからａ＋４まで増加するときの変化の割合について，$\frac{-(a+4)^2-(-a^2)}{(a+4)-a}=1$より，ａ＝**$-\frac{5}{2}$**である。

⑵　**【解き方】直線ＢＣ上にあり，x座標がＡと等しい点をＤとして，△ＡＢＣ＝△ＡＢＤ＋△ＡＤＣと考える。**

関数①，②において，xの値がｂからｂ＋５まで増加するときの変化の割合が等しいから，⑴と同様に，

$\frac{-(b+5)^2-(-b^2)}{(b+5)-b}=1$　　これを解いて，ｂ＝－３

Ａ，Ｂ，Ｃはすべて関数①上の点だから，Ａのy座標は$-(-\frac{5}{2})^2=-\frac{25}{4}$，Ｂの$y$座標は$-(-3)^2=-9$，

Ｃのx座標は－３＋５＝２，Ｃのy座標は$-2^2=-4$なので，Ａ$(-\frac{5}{2},\ -\frac{25}{4})$，

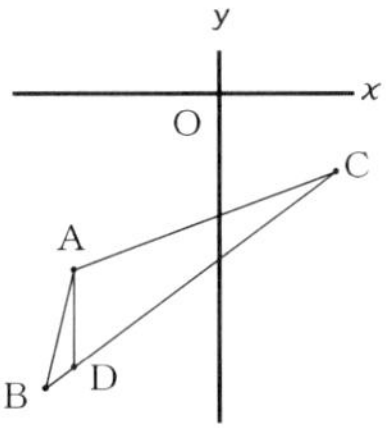

Ｂ(－３，－９)，Ｃ(２，－４)となる。直線ＢＣの傾きは$\frac{-4-(-9)}{2-(-3)}=1$だから，

直線ＢＣの式を$y=x+p$として，Ｃの座標を代入すると，－４＝２＋ｐよりｐ＝－６となるから，$y=x-6$である。よって，Ｄのy座標は$-\frac{5}{2}-6=-\frac{17}{2}$だから，

Ｄ$(-\frac{5}{2},\ -\frac{17}{2})$となる。ＡＤ＝(ＡとＤの$y$座標の差)$=-\frac{25}{4}-(-\frac{17}{2})=\frac{9}{4}$だから，

△ＡＢＣ＝△ＡＢＤ＋△ＡＤＣ＝$\frac{1}{2}\times\frac{9}{4}\times$(ＡとＢの$x$座標の差)＋$\frac{1}{2}\times\frac{9}{4}\times$(ＡとＣの$x$座標の差)＝$\frac{9}{8}\times$(ＢとＣの$x$座標の差)＝$\frac{9}{8}\times\{2-(-3)\}=$ **$\frac{45}{8}$**

［３］

⑴(ｉ)　**【解き方】ℓが正方形ＡＢＣＤと交点を持つのはℓの傾きが図１のℓ_1の傾き以上，ℓ_2の傾き以下の値をとるときである。**

図１

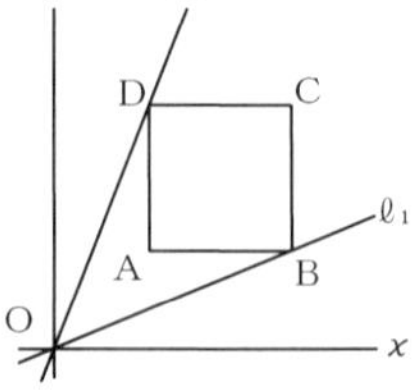

ℓ_1の傾きは直線ＯＢの傾きだから，$\frac{3}{3+c}$(ｃ＞１)であり，つねに分子の値より分母の値が大きいので，傾きは１より小さい。ａ＞１だから，ａ＞$\frac{3}{3+c}$を常に満たす。

ℓ_2の傾きは直線ＯＤの傾きだから，$\frac{3+c}{3}$である。ａ≦$\frac{3+c}{3}$となる場合を考えると，

ｃ＝１，２のとき，$1<\frac{3+c}{3}<2$だから，ａ＝１のときにａ≦$\frac{3+c}{3}$を満たすので，２×１＝２(通り)ある。

ｃ＝３のとき，$\frac{3+c}{3}=2$だから，ａ＝１，２のときにａ≦$\frac{3+c}{3}$を満たすので，１×２＝２(通り)ある。

よって，条件を満たすカードの取り出し方は２＋２＝４(通り)あり，X，Yからのカードの取り出し方は３×３＝９(通り)あるから，求める確率は，$\frac{4}{9}$である。

(ⅱ)　**【解き方】a＝1のとき直線ℓの式は$y=x+b$である。直線ＡＣの式は$y=x$だから，直線ℓはつねに直線ＡＣより上側にある。したがって，直線ℓがＡＤと交わる確率を求める。**

図２

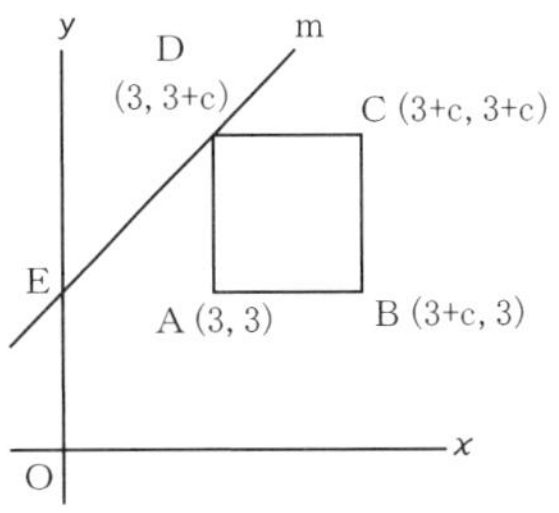

Ｄを通り傾きが１の直線を直線mとし，直線mとy軸の交点をＥとする。

Ｅのy座標はＤのy座標より３小さいから，３＋ｃ－３＝ｃと表せる。

直線ℓが直線mと重なるか直線mより下側を通れば，ＡＤと交わる。

それは直線ℓの切片が直線mの切片以下のときだから，ｂ≦ｃのときである。

そのような(ｂ，ｃ)の値は，(１，１)(１，２)(１，３)(２，２)(２，３)(３，３)の６通りある。よって，求める確率は，$\frac{6}{9}=\frac{2}{3}$

(2)　**【解き方】ｃ＝３のとき，Ａ(３，３)，Ｂ(６，３)，Ｃ(６，６)，Ｄ(３，６)である。ａの値で場合を分けて，直線ℓがＢを通るときとＤを通るときの図を，図３～６のようにかいてみる。**

図３(ａ＝３)

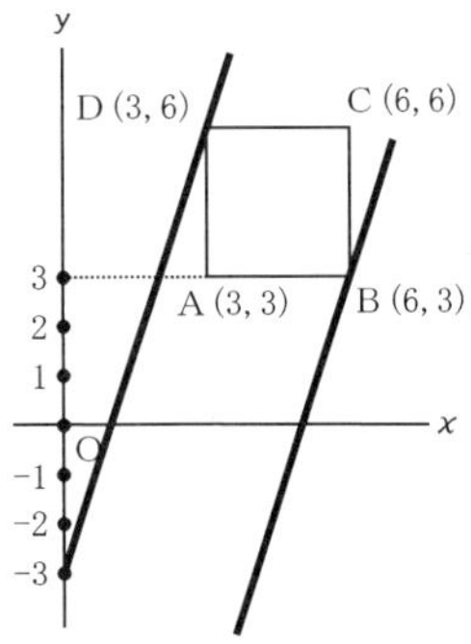

図４(ａ＝２)

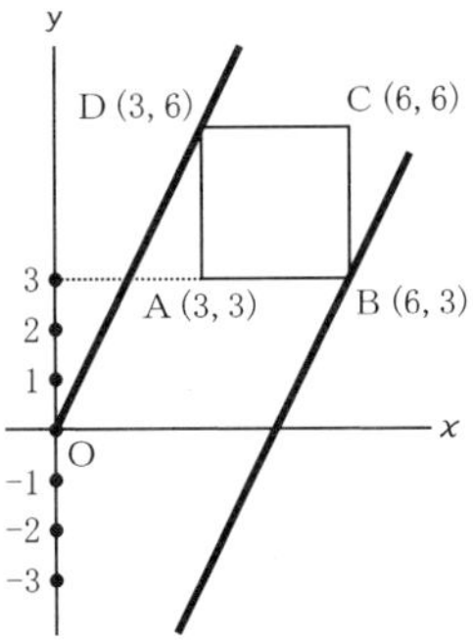

図５(ａ＝１)

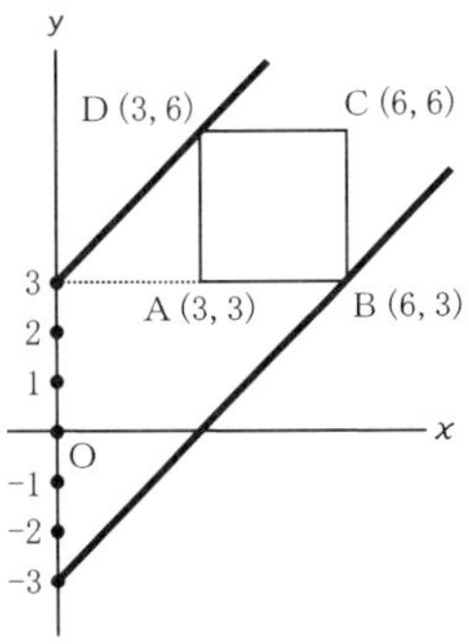

図６(ａ＝０)

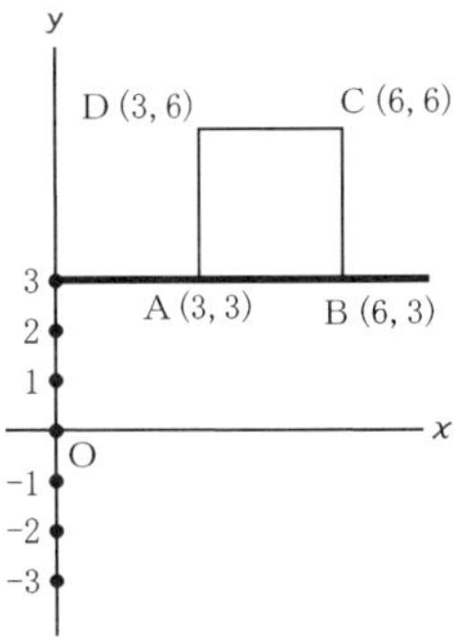

ａ＝３の場合，図３のようになり，２本の太線の間に直線ℓがあれば正方形ＡＢＣＤと交わるので，ｂ＝－３のときが条件に合う。したがって，この場合は１通りある。

以下同様に，ａ＝２の場合はｂ＝０，－１，－２，－３の４通り，ａ＝３の場合はｂ＝３，２，１，０，－１，－２，－３の７通り，ａ＝０の場合はｂ＝３の１通りある。ａが負の数の場合は直線ℓと正方形ＡＢＣＤは交わらない。

X，Yからのカードの取り出し方は７×７＝49(通り)あり，そのうち条件に合うのは１＋４＋７＋１＝13(通り)だから，求める確率は，$\frac{13}{49}$である。

《2023　英語　解説》

［１］

問Ａ　1 has no clothes「１枚の服も持っていない」＝「着るものが何もない」=has nothing to wear　②が適当。

2 直接話法を間接話法に書き換える。「祖父は私に，友達に良くするよう言ったものだ」より，「(人)に～するよう言う」＝tell＋人＋to ～の形にする。③が適当。

3 「誰かが先週彼女の財布を盗んだ」＝「彼女の財布は先週盗まれた」より，受動態〈be 動詞＋過去分詞〉にする。①が適当。

4 「私は 10 年間名古屋に住んでいる」＝「私が名古屋に来て 10 年が経った」より，現在完了〈have/has＋過去分詞＋since …〉「…からずっと～」の形にする。③が適当。

5 「あなたはなぜ名古屋に来たのですか？」＝「何があなたを名古屋に連れてきたのですか？」より，「(人)を(場所)に連れていく」〈bring＋人＋to＋場所〉の形にする。上の文の時制が過去だから，④が適当。

問B A ・It takes＋時間＋to～「～するのに(時間)がかかる」 ・take place「行われる／開催される」

B ・on weekends「週末に」 ・pass on～「～を伝える／継承する」

C ・do one's best「ベストを尽くす」 ・do damage「被害を及ぼす」

D ・right to vote「投票する権利」 ・right away「すぐに」 ・on one's right「右側に」

E ・What about ~ing?「～するのはどうですか？」 ・I don't know what made her angry.「何が彼女を怒らせたのかわからない」

［2］

6 My report about SDGs had twice as many mistakes as Marks.：文意：「SDG s に関する私のレポートには，マイクの２倍の数のミスがあった」 「～の○倍の数の…」＝序数＋as many＋… as～

7 I'm looking forward to going abroad for sightseeing this summer.：文意「この夏，観光のために海外へ行くのを楽しみにしています」 「～することを楽しみにする」＝look forward to ~ing 「～のために海外へ行く」＝go abroad for～

8 This is a picture I found on the Internet.：文意「これは私がインターネットで見つけた写真です」 〈省略された関係代名詞(＝which/that)＋語句(＝I found on the Internet)〉が後ろから名詞(＝picture)を修飾する形。

9 Chukyo Senior High School allows female students to wear pants as uniforms.：文意「中京高校は女子生徒に制服としてズボンを着用することを許可しています」 「(人)に～することを許可する」＝allow＋人＋to~

10 Let me introduce this machine to you.：文意「あなたにこの機械を紹介させてください」 「(人)に～させる」＝let＋人＋動詞の原形 「(人)に～を紹介する」＝introduce～to＋人

［3］【本文の要約】参照。

11 doing so は「そのようにすること」という意味で，ここでは直前の文にある kept cats を変形させた②keeping cats「猫を飼うこと」を言いかえたものである。

12 ・in the history「歴史上で／歴史の中で」

13 ①「お年寄りの手助けをすることができる」，②×「他の動物から何かを守ることもできる」，④「ますます多くの人が彼らの可愛さに気づきつつある」は話の流れと合わない。

14 used horses to～「～のために馬を使った」は目的を表す to 不定詞「～するために」の形。 help injured soldiers recover from～「負傷した兵士が～から回復するのを助ける」は〈help＋人＋動詞の原形〉「(人)が～するのを助ける」の形。よって，②が適切。

F 直前の文から，猫にも人を癒す効果があることがわかるので therapy が適切。

15 主語の the number of dogs kept in Japan「日本で飼われている犬の数」は単数扱いであり，直後の文から，その数が減少していることがわかるから，③が適切。 ・have/has＋been ~ing since…「…からずっと～している」

G 現在飼われている犬の数(＝700 万匹)と猫の数(＝900 万匹)の差を答える。

16 ①「犬と猫が私たちに何をしたか」，②「セラピーアニマルを増やすべきかどうか」，④「日本で飼われている犬の数をどうやって減らすか」は話の流れに合わない。

17 ①は，犬との歴史の方が長いから不一致。②は，脳内物質の存在がわかる前からアニマルセラピーは行われていたから不一致。④は，本文に猫と人間の狩猟との関わりについての記述はないから，不一致。

【本文の要約】

犬と猫は長年，私たちの最良の友達です。犬が１万５千年前に人間と一緒に暮らしていた証拠があると知ったら，あなたは驚くかもしれません。その頃の犬は猟犬としての役割を果たしていました。一方猫は，人間が稲作を始めてから一緒に生活するようになりました。猫は獲物を捕まえるのが上手だったので，エジプトの人々は作物をねずみから守るために，猫を飼っていたと言われています。日本では，仏寺の僧侶が，ほぼ同じ理由で①②そうすること(＝keeping cats)を始めました。彼らは大切なお経にねずみを近づけたくなかったのです。

長い歴史②④の中で(＝in)，人々は犬の素晴らしい能力を見いだし，救助犬，番犬，警察犬として利用しました。しかし最近では犬の別の側面に注目し始めた人がいます。③③犬は素晴らしい癒しの能力を持っています。

アニマルセラピーの歴史は長く，古代ローマ人は馬を使って，負傷した兵士たちがより早く治癒するのに役立てていました。18 世紀には，問題を抱えている人々が，犬としばらく過ごした後に回復したことがわかりました。これがドッグセラピーの始まりです。のちに 2000 年代に，科学者たちはその原因を発見しました。17③動物と一緒にいる時，オキシトシンという化学物質が私たちの脳に放出されます。それは私たちのストレスレベルを下げ，幸せな気持ちにしてくれます。もう一方の最良の友達も，同じ効果を持っており，キャットFセラピー(＝therapy)が生まれました。その数はまだ少ないものの，猫は新しい方法で私たちのために働いてくれています。

時代は移り，環境も変化しました。ある調査によると，日本で飼われている犬の数は 2008 年以来⑥③少なくなっています(＝has been decreasing)。当時日本には 1300 万匹の犬がいましたが，今，私たちと暮らす犬はたった 700 万匹です。一方，猫の数は 900 万匹に増えています。つまり，現在犬よりも猫の方が⑦200 万(＝2 million)匹多いということになります。8③日本でなぜ犬の数が減少したのかはわかっていません。しかしわかっていることがひとつあります。犬や猫を飼うと私たちは幸せになるということです。

［4］【本文の要約】参照。

23　「ポップコーンはチョコレートよりも長い間食べられている」…1948 年に 5500 年前のポップコーンが発見されたのに対し，チョコレートの歴史は 2000 年だから，一致する。

24　「1948 年よりも前に生まれた人はおそらくポップコーンを食べていない」…1948 年に 5500 年前のポップコーンが発見されただけで，その前からポップコーンはあるので，一致しない。

25　「2000 年前のチョコレートの味は今日多くの人が食べているものとは違っていた」…現在は甘いチョコレートが主流だが，2000 年前は辛いものだったから，一致する。

26　「2000 年よりも 1867 年の方が多くの人がチョコレートを食べていた」…本文にない内容だから一致しない。

27，28　They ate it fresh and they used it to make bread and soup.：目的を表す to 不定詞「～するために」の形。

29，30　In 1867 a Swiss chocolate maker named Daniel Peter invented a chocolate candy made with milk.：「～という名前の○○」＝○○＋named ～と「～で作られた○○」＝○○＋made with ～の部分はどちらも〈過去分詞＋語句〉が後ろから名詞を修飾する形。なお，be made with ～は材料や原料が複数ある場合に用いる。

31　ポップコーンとチョコレート発祥の地である④「中央アメリカ」が適切。

32　It was bitter!より，苦みのある①「コーヒー」が適切。

33　C「ありえない！」とD「本気なの？」は会話の流れに合わない。AとBは流れに合うから，「2」が答えとなる。

34　①「考える」，③「勘違いする」，④「うれしい」は会話の流れに合わない。②「感謝する」が適切。

35　相手を誘う表現の①，②と，提案する表現の③は適切。能力を問う④は不適切。

【本文の要約】

食べ物の起源

【ポップコーン】

人々は約 8000 年前に中央アメリカでトウモロコシの栽培を始めました。人々はトウモロコシを多くの方法でア④利用しました(＝used)。生で食べたり，パンやスープを作るために使ったりしました。人々がポップコーンもイ⑤発明した(＝invented)ということを知っていましたか？1948 年に考古学者たちが洞穴の中でポップコーンを発見しました。それは 5500 年も前のものでした！

アメリカの先住民は，火でトウモロコシを料理してポップコーンを作ったのです。彼らは熱いポップコーンをウ⑧食べて楽しみました(＝enjoyed eating)。彼らはまた，それのかざりを作ったりポップコーンネックレスを作ったりするのに使いました！

【チョコレート】

中央アメリカの先住民はまた，約 2000 年前にチョコレートもイ⑤発明しました(＝invented)。彼らはカカオの木の種からスパイシーな飲み物を作りました。まずカカオの種を乾かし，それをペースト状になるまでつぶしました。それからチリ唐辛子と水を加えました。チョコレートドリンクは甘くありませんでした。辛(苦)いものでした！

スペインの探検家たちはアメリカにエ③着いた(＝arrived)時，チョコレートのことを知りました。そしてチョコレートはスペインで人気のドリンクになりました。スペイン人はチョコレートを温め，砂糖とシナモンを入れて飲むのが好きでした。のちにホットチョコレートはヨーロッパ中で人気となり，チョコレート工場がチョコレートキャンディも作り始めました。1867 年，Daniel Peter という名前のスイスのチョコレートメーカーが，ミルク入りのチョコレートキャンディを発明しました。今ではミルクチョコレートは大変人気があり，カカオの木は多くの場所でオ①栽培されています(＝are grown)。

【アイスクリーム】

古代ローマ人は約 2000 年前，山から氷雪を持ってきて果物や蜂蜜に混ぜました。約 1500 年前には中国人が氷とミルクでデザートを作りました。今日私たちが食べている柔らかいアイスクリームはおそらく約 400 年前にヨーロッパでイ⑤発明されました(＝invented)。

【上の英文を読んだ後のＡさんとＢさんの会話】

Ａ：ポップコーンとチョコレートが両方ともカ中央アメリカで作られたなんて全然知らなかったよ。

Ｂ：私も！最初のココアは私たちが知っているココアというよりキ①コーヒーのような味がしたこともびっくりした！

Ａ：いつか飲んでみたいな。

Ｂ：クA私も！／クBいい考えだね！面白いと思うよ！

Ａ：私はローマ人と中国人ケ②に感謝しなくちゃ(＝need to thank)。だってアイスクリームが大好きだもの。

Ｂ：ああ，この話題のせいでお腹が空いちゃった！

Ａ：何か食べコようか(＝①Why don't we/②Shall we/③Would you like to)？

《2023　理科　解説》

［１］(1)　①×…マグマが地下深くでゆっくりと冷えて固まると，大きな結晶ができる。　③×…黒雲母は有色鉱物の１つで火山ガラスではない。火山ガラスはマグマが急激に冷やされて結晶ができずにガラス状に固まったものである。　④×…炭酸カルシウムを多く含む岩石は石灰岩である。　⑤×…花こう岩は同じくらいの大きさの結晶が組み合わ

さったつくり(等粒状組織)をもつ深成岩であるが，図１の岩石は石基と斑晶からなるつくり(斑状組織)をもつ火山岩である。　⑥×…火山灰が固まってできた岩石は凝灰岩である。

(2)　５℃で湿度20%の空気１ m^3 中の水蒸気量は6.8×0.2＝1.36(g)，20℃で湿度60%の空気１ m^3 中の水蒸気量は17.3×0.6＝10.38(g)だから，増えた水蒸気量は１ m^3 あたり10.38−1.36＝9.02→9.0gである。

(3)　初期微動継続時間はＰ波とＳ波の到着時刻の差で，震源からの距離に比例する。図２より，震源からの距離が200kmの地点の初期微動継続時間は25秒だから，初期微動継続時間が30秒の地点の震源からの距離は，$200\times\frac{30}{25}=240$(km)である。

(4)　子葉の数が１枚の被子植物を単子葉類，２枚の被子植物を双子葉類という。イネは単子葉類である。オとキは単子葉類，それ以外は双子葉類である。

(5)　生殖細胞(卵や精子)は，染色体の数が体細胞の半分になる減数分裂によってつくられる。受精卵は卵と精子の核が合体(受精)してできるので染色体の数は生殖細胞の２倍になり，体細胞のもっていた染色体の数と同じになる。受精卵は体細胞分裂をして細胞の数を増やしていく。よって，アは12本，イとウは24本の染色体をもつ。

(6)　融点より低い温度では固体，融点と沸点の間の温度では液体，沸点より高い温度では気体になる。
①×…０℃のとき，液体である物質は水銀とエタノールの２種類ある。　②×…10℃のとき，固体である物質は塩化ナトリウム，パルミチン酸，酢酸の３種類ある。　③○…−60℃から100℃まで加熱したとき，状態変化が起こるのは水銀，パルミチン酸，酢酸，エタノールの４種類ある。　④×…−100℃のとき，エタノールは液体である。
⑤×…40℃から80℃まで加熱したとき，状態変化が起こるのはパルミチン酸とエタノールの２種類ある。

(7)　スタートの高さが同じだから，スタート時に小球がもつ位置エネルギーは等しい。高さが低くなるほど，位置エネルギーが運動エネルギーに変わり，小球の速さが速くなる(同じ高さでの小球の速さは等しい)。レールの長さが等しいから，最初にゴールするのは，最も低い位置(速い速さ)で移動する距離が最も長いＣである。

(8)　40℃と20℃の水100gに溶ける硝酸カリウムの質量の差は63.9−31.6＝32.3(g)である。物質の溶ける量は水の質量に比例するから，40℃と20℃の水15gに溶ける硝酸カリウムの質量の差は，$32.3\times\frac{15}{100}=4.845\rightarrow4.8$(g)である。

(9)　直列つなぎの抵抗の合成抵抗は各抵抗の和である。また，並列つなぎの R_1 Ωと R_2 Ωの抵抗の合成抵抗をＲΩとすると，$\frac{1}{R}=\frac{1}{R_1}+\frac{1}{R_2}$ が成り立つ。右上の並列つなぎの６Ωと12Ωの合成抵抗は $\frac{1}{6}+\frac{1}{12}=\frac{1}{4}$ より４Ωだから，これと８Ωの抵抗が直列につながれた上段の合成抵抗は８＋４＝12(Ω)，10Ω，８Ω，６Ωが直列につながれた下段の合成抵抗は10＋８＋６＝24(Ω)になる。上段(12Ω)と下段(24Ω)の合成抵抗は $\frac{1}{12}+\frac{1}{24}=\frac{1}{8}$ より８Ωだから，回路全体の合成抵抗は12＋８＝20(Ω)である。〔$\text{電流(A)}=\frac{\text{電圧(V)}}{\text{抵抗(Ω)}}$〕より，回路に流れる電流は，$\frac{6}{20}=0.3$(A)である。この0.3Aの電流が上段と下段の抵抗の大きさの逆比の24：12＝２：１に分かれて流れるから，Ｘを流れる電流の大きさは $0.3\times\frac{2}{2+1}=0.2$(A)である。

(10)　炭酸水素ナトリウムは水に溶けると弱いアルカリ性を示し，加熱すると炭酸ナトリウムと二酸化炭素と水に分解する。炭酸ナトリウムは水に溶けると炭酸水素ナトリウムよりも強いアルカリ性を示すので，ブルーベリーに含まれるアントシアニンが青緑色に変化し，ホットケーキの色は青緑色になる。

[２](1)　図１はそれぞれのばねに60gの重さがかかる。図２は２つのばねに合計60gの重さがかかる。図３はＡに120g，Ｂに60gの重さがかかる。図４では，片方のおもりが壁と同じはたらきをするので，それぞれのばねに60gの重さがかかる(図１と同じだけのびる)。よって，のびの長さの合計が最も大きいのは，図３である。

(2)　〔$\text{圧力(Pa)}=\frac{\text{力(N)}}{\text{面積}(\mathrm{m}^2)}$〕である。Ｂは20gで１cmのびるからＸの質量は $20\times\frac{10}{1}=200$(g)であり，Ｘにはたら

く重力は200ｇ→２Ｎである。また，Ｙの面積は(0.04×0.04)㎡だから，机にはたらく圧力は$\frac{2}{0.04\times0.04}$＝1250(Pa)である。

⑶　Ｘの体積４×４×５＝80(㎤)より，Ｘ全体が水中にあるときにはたらく浮力は，おしのけられた水1.0×80＝80(ｇ)にはたらく重力に等しい。よって，Ｂののびは200－80＝120(ｇ)のおもりをつるしたときと同じだから，$1\times\frac{120}{20}$＝６(㎝)である。

図ｉ

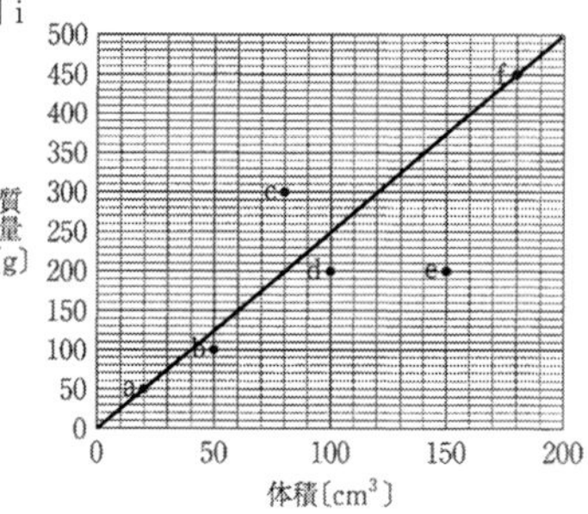

⑷　⑵⑶解説より，Ｘは体積が80㎤，質量が200ｇだから，図ｉのように原点と(80㎤，200ｇ)の点を直線で結ぶ。この直線上にある物体ａとｆは，密度がＸと同じだから，同じ物質でできていると考えられる。

⑸　Ｚの質量は200ｇだから，Ｚが浮いているとき，Ｚがおしのけた水の質量は200ｇであり，その体積は200㎤である。Ｚの外側の底面積は10×12.5＝125(㎠)だから，水の中に入っている部分の高さは，200÷125＝1.6(㎝)である。

［３］⑵　シドニーは南半球にあるので，月は東の地平線からのぼり，北の空で最も高くなったあと，西の地平線へ沈む。

⑷　星は東から西に１時間で15度動くから，Ａがアの位置から90－25＝65(度)動いて，イの位置にくるのは$1\times\frac{65}{15}$＝$4\frac{1}{3}$(時間後)→４時間20分後である。よって，11月８日22時＋４時間20分＝11月９日２時20分である。

⑸　北の空の星は北極星を中心に反時計回りに１時間に15度ずつ動くように見えるから，２時間後には30度動いたイの位置に見える。

［４］⑴　１と２では発熱反応，３と４では吸熱反応が起きる。

⑵　水を電気分解すると，陽極から酸素，陰極から水素が発生する〔$2H_2O\rightarrow2H_2+O_2$〕。よって，120個の水分子が反応すると，120個の水素分子と60個の酸素分子ができる。

⑷　塩化銅水溶液を電気分解すると，陽極(Ａ)から塩素が発生し，陰極(Ｂ)には銅が付着する。塩素は水に溶けやすく空気より重いので下方置換法で集める。

⑸　水溶液中に含まれている金属イオンよりも，イオンになりやすい金属片を水溶液中に入れると，金属片は電子を放出して陽イオンとなって溶け出し，水溶液中にあるイオンは電子を受け取り金属原子となって表面に付着する。逆に，水溶液中に入れた金属よりも水溶液中に含まれる金属イオンの方がイオンになりやすいときは，変化は起こらない。したがって，陽イオンへのなりやすさは，実験１より鉄＞鉛，実験２より鉛＞銅，実験３より亜鉛＞鉄，実験４よりマグネシウム＞亜鉛とわかる。よって，陽イオンへなりやすい順に，マグネシウム＞亜鉛＞鉄＞鉛＞銅である。

［５］⑴　表２より，$\frac{0.2045+0.2010+0.2020+0.1995+0.1927}{5}$＝0.199…→0.20秒

⑵　耳は脳に近いので，耳で受け取った刺激は脊髄を通らず，直接脳に伝わる。

⑶　１秒間に１÷0.20＝５(ｍ)の速さで伝わるから，１時間→3600秒に５×3600＝18000(ｍ)→18.0㎞伝わる。

⑷⑸　最初に空気の振動をとらえるのはアの鼓膜，刺激を受け取る細胞があるのはエのうずまき管である。

⑺　反射は生まれつき備わっていて，意識とは関係なく起こる反応だから，アとウとオが反射の例として正しい。なお，イはレモンを食べた経験によって生じる反応だから，反射ではないと判断する。

《2023　社会　解説》

〔1〕

問1　②　　A．正しい。B．誤り。政府は，普通選挙法実現によって，社会運動が激しくなること，政権や国のしくみが変えられてしまうことなどをおそれ，普通選挙法実現の直前に治安維持法を成立させた。

問2　②　　A．正しい。B．誤り。五・四運動は，ベルサイユ条約の内容に不満を持った北京の学生たちの運動をきっかけにおこった反日運動である。

問3　④　　A．誤り。B．誤り。陸軍将校が大臣の斎藤実や高橋是清らを殺傷した事件が二・二六事件，海軍将校が首相官邸などを襲撃し，犬養毅首相を暗殺した事件が五・一五事件である。

問4　大正デモクラシー　　第一次世界大戦は1914年～1918年であり，大正時代は1912年～1926年である。第一次世界大戦を機に，デモクラシーの風潮が高まる中で，吉野作造は民本主義を唱え，美濃部達吉は天皇機関説を唱えた。

問5　③　　9月1日は防災の日となっている。

問6　②　　ウィルソンは，国際連盟の提唱や十四か条の平和原則を主張したアメリカの大統領。スターリンは，五か年計画を進めたソ連の最高指導者。F・ルーズベルトは，ニューディール計画で知られるアメリカの大統領。ムッソリーニは，ファシスト党を結成したイタリアの独裁者。

〔2〕

問1　③　　株仲間…江戸時代に営業の独占権をもった同業者の集団。蔵屋敷…大阪などに建てられた諸藩の年貢米や特産物を保管する建物。出島…江戸時代にオランダ商館があった長崎の埋め立て地。五人組…年貢納入や犯罪防止に連帯責任を負った農民からなる組織。

問2　④　　版籍奉還…大名に土地と領民を天皇に返させ，旧大名をその領地の知藩事に任命して藩政にあたらせた。富国強兵…経済発展と軍事力強化によって近代国家を目指した明治政府の方針。殖産興業…近代国家を形成するために，新しい産業を育成する明治政府の方針。琉球処分…琉球王国を日本に組み込むために，琉球藩とし，次いで廃藩置県を行って沖縄県とした政策。

問3　④　　摂政…女性または幼少の天皇に代わって政治を代行する役職。管領…室町時代の将軍の補佐役。守護…鎌倉幕府が国ごとに設置した軍事や警察に関する仕事を行う御家人。執権…鎌倉時代の将軍の補佐役。

問4　⑤　　大輪田泊が兵庫の港と呼ばれた。坊津…フランシスコ＝ザビエルが到着した鹿児島の港。

問5　③　　マゼランは，世界一周の途中，フィリピンで命を落とした。コロンブス…新大陸を発見した。バスコ・ダ・ガマ…アフリカ大陸の南端を通る，インドまでの新航路を発見した。フランシスコ＝ザビエル…キリスト教を布教するために1549年に来日したカトリックの宣教師。

〔3〕

問1　③　　インドの人口は，2023年中に中国を抜いて世界1位になると言われている。**あ**はサウジアラビア，**い**はイラン，**え**はロシア。

問2　①　　上海は，季節風の影響を受けて，夏の降水量が多くなる。

問3　タイガ　　ロシア東部の針葉樹林帯をタイガと呼ぶ。Bは広葉樹林，Cは熱帯雨林，Dは砂漠。

〔4〕

問1　④　　イギリスの産出量は約5000万kL，埋蔵量は約400百万kLである。

問2　⑤　　中国は小麦の生産量は世界一だが，人口が多く国内消費量が多いために，輸出量は生産量に比べて少ない。

問3　水力　　発電所の位置が内陸部に集中していることから考える。

〔5〕

問1　⑥　　税金の矢印がBに向かっていることから，Bは政府である。労働力の矢印がCから出ていることから，Cは家計である。

問2　③　　巣ごもり需要によって，屋内で遊ぶ家庭が増えたと判断する。

問3　②　　供給曲線は右上がりの曲線である。バナナの価格が下がると，生産にかかるコストが削減されるため，供給曲線は右にシフトする。

問4　③　　農業と漁業は第一次産業，建設業と製造業は第二次産業。

問5　③　　東京都を中心とした大都市圏と，北海道・沖縄県が塗られていることから判断する。

問6　⑤　　インクルージョン…あらゆる人が多様性を認められ，活躍できる環境。ＬＧＢＴＱ…性的少数者の総称。パートナーシップ…共同関係。日本のパートナーシップ制度は同性愛者による共同生活を指す。ＳＤＧｓ…持続可能な開発目標。

問7　①　　テレワークの推進は働き方改革，ハローワークの設置は失業者対策，児童手当の給付は少子化対策などの取り組みである。

問8　Ｌ　　右図の上側がM字曲線，下側がＬ字曲線と呼ばれる。

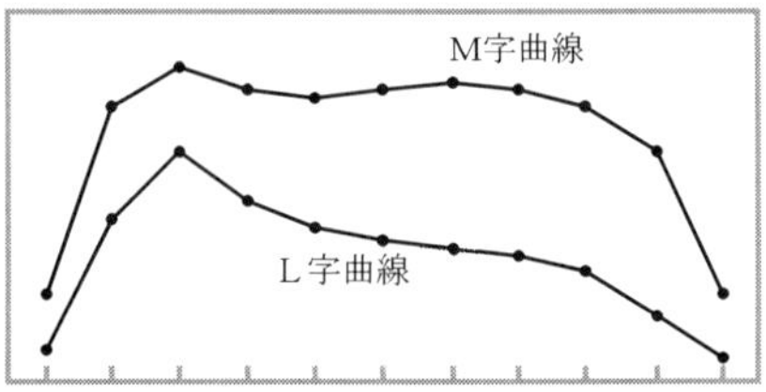

〔6〕

問1　④　　①はリユース，②はエシカル消費，③はリサイクル。

問2　①　　内陸の甲府盆地や長野盆地では，昼夜の気温差は大きくなる。

問3　⑤　　資料2がロシア語の表記であること，資料3が北洋漁業で獲られる魚種が多いこと，資料4が寒さをしのぐための対策であることから考える。

問4　①　　表現の自由は，公共の福祉を優先するために制限されることもあるが，「社会に悪影響があるから」という理由で，国から制限されることはなく，これは国の検閲にあたる。

問5　多文化共生　　多文化共生を尊重している国として，オーストラリアやカナダがある。

問6　①　　②と④は，条数と権利は一致しているが，新しい人権の根拠とはならない。生存権は新しい人権の根拠となるが，条数が誤り。正しい条数は日本国憲法第25条である。

問7　④　　バラク・オバマ…「核なき世界」を訴えたアメリカの大統領。アウン・サン・スー・チー…ミャンマーの民主化運動の元指導者。マララ・ユスフザイ…女子教育の重要性を訴えた人権活動家。ワンガリ・マータイをふくめた4人は，いずれもノーベル平和賞を受賞している。

2022 解答例
令和4年度

中京大学附属中京高等学校

《国　語》

マーク解答

1．②　2．③　3．④　4．⑤　5．②　6．①　7．①　8．①　9．⑤　10．④
11．③　12．④　13．②　14．②　15．①　16．③　17．④　18．②　19．①　20．②

記述解答

A．自分の善良さを疑うこと　B．差異化　C．清／潔　D．話題〔別解〕人気　E．環境〔別解〕状況
F．魚の主が家　G．疫をして死ぬる者

《数　学》

マーク解答

ア．⊖　イ．②　ウ．③　エ．⑤　オ．⓪　カ．③　キ．⑤　ク．①　ケ．①　コ．⑧
サ．②　シ．⑤　ス．⊖　セ．④　ソ．②　タ．①　チ．②　ツ．⊖　テ．④　ト．①
ナ．⑧　ニ．①　ヌ．④　ネ．⊖　ノ．②　ハ．④　ヒ．④　フ．④　ヘ．④　ホ．①
マ．④　ミ．③　ム．③　メ．⊖　モ．①　ヤ．⑦　ユ．⑤　ヨ．④　ラ．⑤

記述解答

A．72　B．$\frac{1}{18}$　C．$\frac{1}{9}$

《英　語》

マーク解答

1．③　2．④　3．①　4．②　5．②　6．②　7．②　8．⑤　9．⑤　10．①
11．②　12．②　13．①　14．④　15．③　16．②　17．④　18．①　19．④　20．①
21．③　22．③　23．①　24．③　25．③　26．⑤　27．⑨　28．③　29．②　30．②
31．⑥

記述解答

A．Dad had such a large safe in his house　B．There may not be anything　C．as old as　D．Cleaning an old house

《理　科》

マーク解答

1．④　2．②　3．③　4．②　5．①　6．①　7．⑥　8．⑨　9．②　10．③
11．③　12．②　13．⑤　14．②　15．③　16．①　17．③　18．④　19．②　20．④
21．③　22．④　23．①　24．④　25．④　26．⑤　27．①　28．①

記述解答

A．4　B．パンゲア　C．RNA

《社　会》

マーク解答

1．②　2．④　3．③　4．③　5．②　6．③　7．③　8．④　9．④　10．①
11．③　12．②　13．⑥　14．③　15．②　16．②　17．③　18．②　19．①　20．②
21．③　22．③　23．②　24．⑤　25．②　26．⑥　27．①　28．③　29．④

記述解答

A．フィヨルド　B．北条政子　C．藤原道長　D．二元代表制

E．法テラス〔別解〕日本司法支援センター

2022 解説 令和4年度 中京大学附属中京高等学校

《2022　国語　解説》

〔一〕

問一（ア）広義　①後世　②広範　③拘束　④控除　⑤光陰　　（イ）偏り　①辺境　②遍在　③偏食　④変哲　⑤編成

問二 Ⅰ　文脈から、前と後を比べて「どちらかというと」という意味を表す語が入るので、④が適する。

Ⅱ　「言うまでもなく」という意味を表す語が入る。いったん当然のことを述べておき、後の「しかし」以降で本当に述べたいことを書いている。よって、⑤が適する。　Ⅲ　直後で、前に述べたことと関係がある、まだ言及していない事柄について述べているので、②が適する。　Ⅳ　直後で話題が変わっているので、①が適する。

問三　傍線部Aの具体例が、直後から３段落目にかけて書かれている。同じ段落に、「京都人は、色々なことを観光者のせいにしてきたところがあるのかもしれない」とあり、３段落目に、「住民は観光から」「その土地らしさ（個性）を見出し育てる」という「部外者の力を借りている」というメリットを得ていると述べている。これらをまとめた①が適する。

問四　設問に「住民と観光者が共生する上での第一歩となる要点」とあることが手がかりとなる。すると、最後の段落に「自分の善良さを疑うことは、共生のスタート地点」とある。

問五　直前に、「部外者が抱く幻想が土地の魅力として投影されている」とある。また、第３段落に、住民は「文化的・社会的個別性を際立たせていく『差異化』と呼ばれるプロセスにおいて」部外者の力を借りていること、第４段落に「観光者のようなアウトサイダーこそが、その土地を差異として経験することができる」とある。よって、①が適する。

問六　問五でも確認したように、住民は「文化的・社会的個別性を際立たせていく『差異化』と呼ばれるプロセスにおいて」部外者の力を借りている。こうしたプロセスを経て抱かれた「幻想が土地の魅力として投影」されることで、たとえば「京都らしさ」というようなものはつくられていく。一方、傍線部Dの「これら」が指すものたちは「差異化」と呼ばれるプロセスを経ておらず、土地の魅力として投影されることもないため、「京都らしさ」を感じられないのである。

問八　④は、「自分の善良さが相手を傷つけうることを知り」という部分が本文からは読み取れない。また、「配慮と共感によって」という部分が、最後の段落の内容と合わない。よって、④が正解。

〔二〕

問一（ア）表彰　①対称　②衝動　③顕彰　④重症　⑤性分　　（イ）刻印　①過酷　②告知　③穀物　④時刻　⑤克服　　（ウ）魅了　①療養　②満了　③領地　④寮　⑤納涼

問二　傍線部Aは、宝良《たから》が七條《しちじょう》の発言に対しておぼえた不快感を表す。②以外は、七條個人に対する不快感を表す言葉である。一方、「疎外感」は自分が仲間外れにされているような気持ちを表し、七條個人に対する不快感とは少しずれている。よって、②が正解。

問四　傍線部Aの直前にある七條の発言に対する不快感を具体的に言い表している。宝良は七條の「話題」「人気」という言葉に反応し、自分にとっては必死につかみとった準決勝進出であったのに、七條にとってはそうではなかったと思うのである。

問五　直後に、宝良が「……変えられるって、何をですか？」と尋ね、七條は自分や友人の体験を含め、それに丁寧に答えていく。それは、車いすテニスをやりたいと思う人が「家から一番近くのテニスクラブで、普通に車いすテニスができるようになること」だったり、車いすテニスそのものが誰にとっても当たり前にあるものになることだったりすることである。つまり、車いすテニスを取り巻く「環境」や「状況」を変えたいと七條は考え、そのために行動をしているのであった。

問六　少し後にあるように、宝良にとって七條はずっと「高みに君臨する存在として見上げるばかりだった」のに、七條の本音やほころんだ横顔に触れることで「初めて同じ人間の温度を感じた」。このことをふまえると、「流れ星」とは、ここでは「めったに見られないもの」をたとえたものだとわかる。よって、①が適する。

問七　七條は、世界ランキング１位の選手であり、宝良にとっては「高みに君臨する存在として見上げるばかり」の存在だった。また、七條の話を聞くことで、彼女が強さだけでなく話題性や人気にこだわる理由は、車いすテニスのことを広く認知してもらい、現在の環境を変えるためであることを知る。つまり、七條は車いすテニスの将来までも見据えて行動しているのである。七條が実力や人気に甘んじることなく、車いすテニスに人生をささげていることを知り、宝良は傍線部Ｄのように感じている。よって、③が適する。

問八　直前の宝良の発言が手がかりになる。宝良は問七の解説にあるような七條の思いを知った。そうした中で、七條から明日の試合に関する「宣戦布告」を受けて、宝良は「虚勢ではあっても目だけはそらさず」、直前にある言葉を返したのである。七條に勝つのは簡単ではないとよく知りつつもこのような言葉を返したということからは、七條の思いを真剣に受け止め、明日の試合に向けて闘志を燃やしていることが読み取れる。よって、④が適する。

〔三〕

問一　直前に「魚を食はで(＝魚を食べないで)」とある。また、最初の一文に、永超僧都は魚がなければ、「斎《とき》、非時《ひじ》もすべて」食べない人だったとある。よって、②が適する。

問二　【古文の内容】の２段落目を参照。①が適する。

問三　「この由《よし》」は、前の行の「その年～まぬかる」を指している。

問四　「魚の主」が得た仏の霊験は、永超僧都に魚を差し上げたという小さな行為によって引き起こされた。こんな小さな善行であっても、これほど大きな霊験が現れるというのである。よって、②が適する。

【古文の内容】

これも今となっては昔の話であるが、奈良の永超僧都《ようちょうそうず》は、魚がない限りは、午前の食事も、午後の食事も食べない人だった。公請《くじょう》を勤めて、都に滞在する長い間、魚(が出なかったので食事)を食べないで、衰弱しきって奈良へ戻る間、奈島《なしま》の丈六堂の辺りで、弁当を(昼食として)食べるのに、弟子の一人が、近辺の家で、魚を求めてきて(僧都に)勧めたのだった。

その魚の主(＝魚を僧都に差し上げた人)が、後に夢に見たことには、恐ろしそうな連中が、近所の家々をまわって印《しるし》をつけていたが、自分の家には印をつけなかったので、(その理由を)尋ねたところ、使いの者が言うことには、「永超僧都に魚を差し上げた家である。それで印をつけない」と言われた。

その年、この村にある家は、ことごとく流行の病気になり死ぬ者が多かった。その魚の主の家は、ただ一軒、そのことを免れたので、僧都のもとへ参上して、このことを申し上げた。僧都はそれを聞いて、褒美の衣服一式をお与えになって帰された。

《2022　数学　解説》

［1］

(1)　与式$=\frac{1}{12}-\frac{1}{4}\times 3=\frac{1}{12}-\frac{3}{4}=\frac{1}{12}-\frac{9}{12}=-\frac{8}{12}=-\frac{2}{3}$

(2)　与式$=(\frac{2\sqrt{6}}{3}+\sqrt{6})^2=(\frac{5\sqrt{6}}{3})^2=\frac{25\times 6}{9}=\frac{50}{3}$

(3)　与式より，$x^2+2x=10x-15$　　$x^2-8x+15=0$　　$(x-3)(x-5)=0$　　$x=3$，5だから，

大きい方の解は，$x=5$

(4)　**【解き方】右のように作図する。**

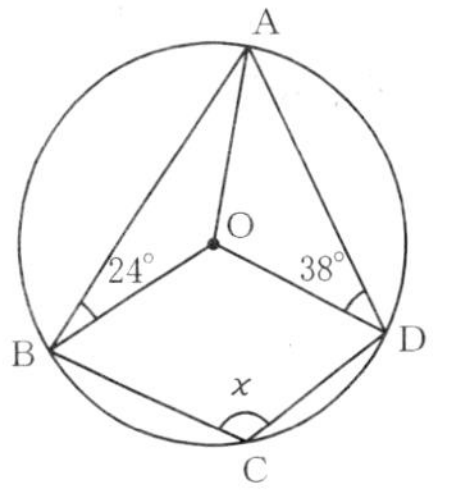

△ABO，△ADOは二等辺三角形だから，∠OAB＝∠OBA＝24°，

∠OAD＝∠ODA＝38°　　∠BAD＝24°＋38°＝62°

四角形ABCDは円Oに内接しているから，対角の和は180°になるので，

$\angle x$＝180°－∠BAD＝180°－62°＝118°

(5)　**【解き方】さいころの目の数の和は，1＋2＋3＋4＋5＋6＝21だから，**

どれかの目の数を24－21＝3大きくしたことがわかる。

奇数の目が出る確率が大きくなったから，偶数の目の数を3大きくして奇数にしたことがわかる。

2，4，6の3つの偶数のうち，4と6のどちらかに3を加えて奇数をつくっても，4以上の目の個数は3個と変わらないので，4以上の目が出る確率が大きくならない。

よって，目の数をかえたのはサ2であり，2＋3＝シ5に変えたことがわかる。

(6)　**【解き方】$a+3=\sqrt{5}$として，両辺を2乗すると，$a^2+6a+9=5$**

$a^2+6a=5-9=-4$

(7)　**【解き方】$\frac{a}{b}<0$より，aとbは異符号であることがわかる。**

また，$a-b>0$より，$a>b$だから，aが正の数，bが負の数になる。

①成り立たない。$a=1$，$b=-2$とすると$a^2+b=1-2=-1<0$になる。

②成り立つ。$a>0$だから，$a^2>0$　　$b<0$だから，$-b>0$　　$a>0$だから$1+a>0$

$-b(1+a)>0$だから，$a^2-b(1+a)>0$

③成り立たない。$a=1$，$b=-2$とすると$(a+b)(a-b)=(1-2)\{1-(-2)\}=-1\times 3=-3$になる。

④成り立たない。$a=1$，$b=-2$とすると$\frac{b}{a(a-b)}=\frac{-2}{1\times\{1-(-2)\}}=-\frac{2}{3}$になる。

(8)　$2x=y$…①，$9x-y=7$…②とする。②に①を代入すると，$9x-2x=7$　　$7x=7$　　$x=1$

①に$x=1$を代入すると，$y=2\times 1=2$

(9)　**【解き方】y軸上の交点は切片，x軸上の交点はy座標が0の点である。**

$y=-\frac{2}{3}x-4$の切片は－4だから，この直線と直線$y=3x+b$がy軸上で交わるとき，切片が等しく，$b=-4$

$y=-\frac{2}{3}x-4$に$y=0$を代入すると，$0=-\frac{2}{3}x-4$より，$x=-6$　　$y=3x+b$が$(-6,\ 0)$を通るから，

$0=-18+b$　　$b=18$

(10)　**【解き方】通学時間が30分以上の生徒数→電車通学をしている生徒数の順に求める。**

通学時間が30分以上の生徒は，200×0.35＝70(人)で，このうち，20%が電車通学をしているから，通学時間が30分以上で電車通学をしている生徒は，70×0.20＝14(人)

(11)　$y=x^2$のグラフと$y=-x+2$の交点を求めるために，2つの式を連立させると，$x^2=-x+2$

$x^2+x-2=0$　　$(x+2)(x-1)=0$　　$x=-2$，1　　点Aのx座標は負だから，$x=-2$

$y=(-2)^2=4$だから，点Aの座標は，$(-2,\ 4)$

$y=-x+2$に$y=0$を代入すると，$x=2$より，$C(2,\ 0)$

$B(-2,\ 0)$だから，$AB=4-0=4$，$BC=2-(-2)=4$

点Dの座標は$(0,\ 2)$だから，右図において，$E(-2,\ 2)$

$V_1=\frac{1}{3}\times 4^2\pi\times 4=\frac{64}{3}\pi$，$V_2=\frac{1}{3}\times 2^2\pi\times 4=\frac{16}{3}\pi$だから，

$V_1:V_2=\frac{64}{3}\pi:\frac{16}{3}\pi=4:1$

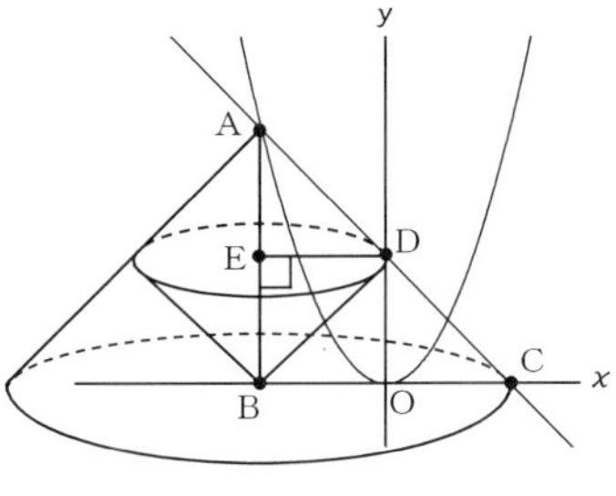

⑿　**【解き方】右のように作図して，おうぎ形OABの面積から，おうぎ形CADと△OCDの面積を引く。**

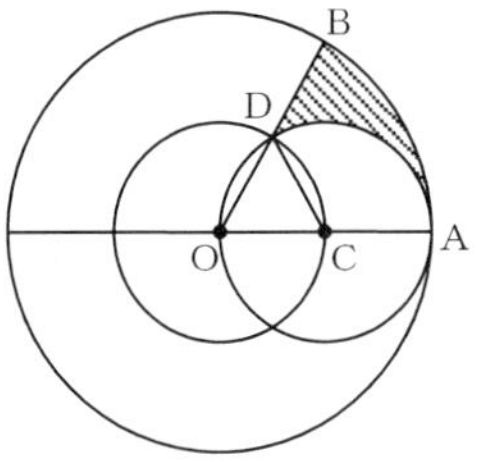

△OCDは，OC＝CD＝DO＝2㎝の正三角形だから，

$\angle BOA=\angle DCO=60^\circ$である。

正三角形の1辺の長さと高さの比は$2:\sqrt{3}$だから，$OC=2$の正三角形OCDの高さは$\sqrt{3}$になるので，$\triangle OCD=\frac{1}{2}\times 2\times\sqrt{3}=\sqrt{3}$

おうぎ形CADは，半径が2，中心角が$\angle ACD=180^\circ-60^\circ=120^\circ$だから，面積は，$2^2\pi\times\frac{120^\circ}{360^\circ}=\frac{4}{3}\pi$

おうぎ形OABは，半径が4，中心角が60°だから，面積は，$4^2\pi\times\frac{60^\circ}{360^\circ}=\frac{8}{3}\pi$

よって，求める面積は，$\frac{8}{3}\pi-\frac{4}{3}\pi-\sqrt{3}=\frac{4}{3}\pi-\sqrt{3}$

[2]

⑴　**【解き方】放物線$y=ax^2$のグラフ上の点で，x座標がpとqである2点を通る直線の傾きは，変化の割合を利用して，$a(p+q)$で求めることができる。**

直線ABの傾きは，$-2(-1+\frac{3}{2})=-1$

⑵　**【解き方】右図の「座標平面上の三角形の面積の求め方」を利用する。**

まず，直線ABの式を求める。直線ABの式を$y=-x+b$とおく。点Aのy座標は，$y=-2\times(-1)^2=-2$だから，$x=-1$，$y=-2$を代入すると，$-2=1+b$　　$b=-3$

直線ABの式は$y=-x-3$だから，直線ABとy軸の交点をDとすると，$D(0,\ -3)$より，$CD=12-(-3)=15$

よって，$\triangle ABC=\frac{1}{2}\times CD\times$(BとAの$x$座標の差)$=$

$\frac{1}{2}\times 15\times\{\frac{3}{2}-(-1)\}=\frac{75}{4}$

座標平面上の三角形の面積の求め方

下図において，$\triangle OEF=\triangle OEG+\triangle OFG=\triangle OMG+\triangle ONG=\triangle MNG$だから，

△OEFの面積は以下の式で求められる。

$\triangle OEF=\frac{1}{2}\times OG\times$(EとFの$x$座標の差)

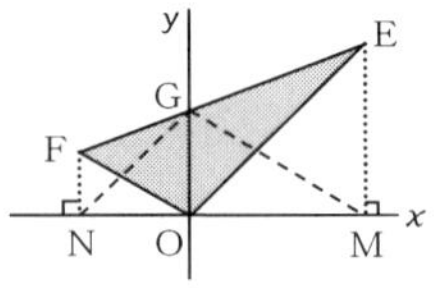

⑶　**【解き方】ABに平行で，点Cを通る直線上に点Pをとれば，△ABP＝△ABCになる。**

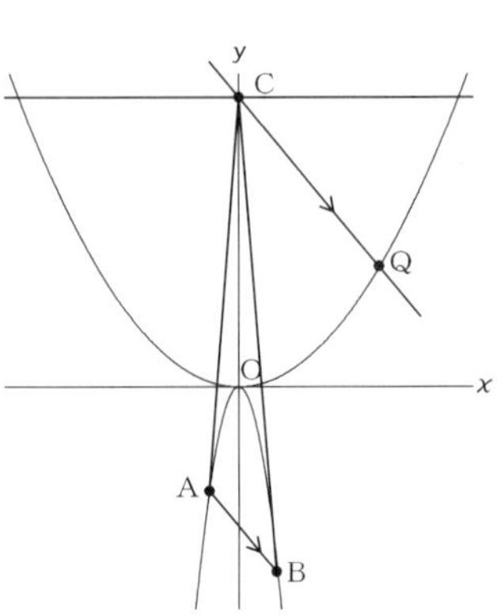

ABに平行で，点Cを通る直線の式は，$y=-x+12$である。

この直線と$y=\frac{1}{10}x^2$のグラフとの交点Qのx座標を求めると，

$\frac{1}{10}x^2=-x+12$より，$x^2+10x-120=0$　　$x=-5\pm\sqrt{145}$

Qのx座標は正だから，$x=-5+\sqrt{145}$

$\sqrt{144}<\sqrt{145}<\sqrt{169}$より，$12<\sqrt{145}<13$だから，Qの$x$座標は

$-5+12=7$より大きく，$-5+13=8$より小さい。線分CQ上にあるx座標が整数の点(点Cを除く)は，1から7までの7個あり，

直線ＣＱの傾きは－１で切片も整数だから，整数xに対するyの値は必ず整数になるので，点Ｐは７個ある。

［３］

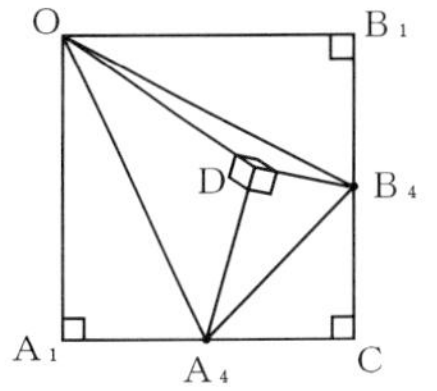

⑴　**【解き方】展開図を組み立てると，右図のような三角すい$\mathrm{D-OA_4B_4}$ができる。**

$\angle \mathrm{ODB_4}=\angle \mathrm{ODA_4}=90°$ だから，ＯＤは$\triangle \mathrm{DA_4B_4}$に対して垂直になるので，

$\triangle \mathrm{DA_4B_4}$を底面としたときの高さは$\mathrm{OD}=\mathrm{OA_1}=\mathrm{OB_1}=12$ にあたる。

$\triangle \mathrm{DA_4B_4}=\triangle \mathrm{CA_4B_4}=\dfrac{1}{2}\times 6\times 6=18$ だから，求める体積は，$\dfrac{1}{3}\times 18\times 12=72$

⑵　**【解き方】$\mathrm{CP}^2+\mathrm{CQ}^2=100$ となれば，$\mathrm{PQ}=10$ になる。**

大小２つのさいころを投げるとき，出る目は全部で$6\times 6=36$(通り)ある。このうち，$\mathrm{CP}^2+\mathrm{CQ}^2=100$ となるのは，$\triangle \mathrm{PQC}$において，直角をはさむ２辺の長さが６と８になるときであり，これらは右表で○印をつけた２通りあるから，求める確率は，$\dfrac{2}{36}=\dfrac{1}{18}$

			小					
		目	1	2	3	4	5	6
		CQ	12	10	8	6	4	2
	目	CP						
大	1	12						
	2	10						
	3	8				○		
	4	6			○			
	5	4						
	6	2						

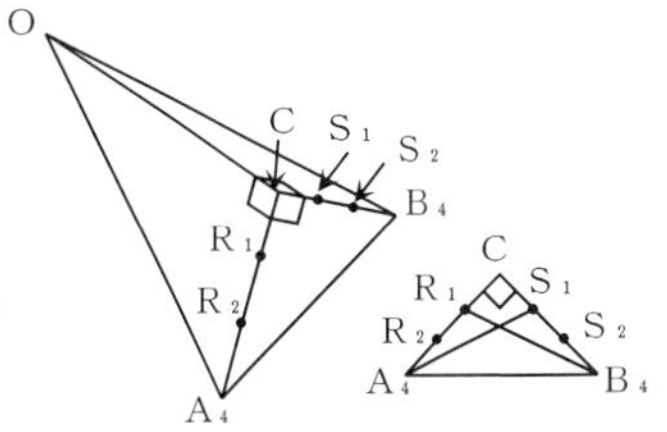

⑶　**【解き方】立体$\mathrm{OA_4B_4C}$と立体ＯＰＱＣは，底面を$\triangle \mathrm{A_4B_4C}$と$\triangle \mathrm{PQC}$としたときの高さが等しいから，体積比は底面積の比に等しい。**

体積の比が３：１だから，$\triangle \mathrm{A_4B_4C}$と$\triangle \mathrm{PQC}$の面積比も３：１である。

$\triangle \mathrm{PQC}$の面積が$\triangle \mathrm{A_4B_4C}$の面積の$\dfrac{1}{3}$になるのは，$\triangle \mathrm{PQC}$が，$\triangle \mathrm{R_1B_4C}$，または，$\triangle \mathrm{A_4S_1C}$になるときである。

つまり，点Ｐが$\mathrm{R_1}$にあるとき，点Ｑは$\mathrm{B_4}$にあり，点Ｐが$\mathrm{A_4}$にあるとき，点Ｑは$\mathrm{S_1}$にあればよい。

このような点Ｐと点Ｑの組み合わせは，右表で○印をつけた４通りあるから，求める確率は，$\dfrac{4}{36}=\dfrac{1}{9}$

			小					
			1	2	3	4	5	6
			C	S_1	S_2	B_4	S_2	S_1
大	1	C						
	2	R_1				○		
	3	R_2						
	4	A_4		○				○
	5	R_2						
	6	R_1				○		

《2022　英語　解説》

［１］

問Ａ　１「このチーズはとても(＝so)おいしかったので(＝that)昨日の晩に全部食べてしまった」より，③that が適切。

２「ここでは先月からずっと雨が降っていないので，湖には水が（　　）」より，④little「ほとんどない」が適切。

３「全ての生徒には学ぶ権利がある」　〈every＋名詞〉は単数扱いだから，この文の動詞は①has が適切。

４「友達が作ったネックレス」を表す関係代名詞は，ものに対してつかう②which が適切。

５「病院に行くのにどの電車に乗るべきか，私はわからなかった」　間接疑問の文。which train に続く語順は，②が適切。文中に疑問詞を含む間接疑問の文では，疑問詞の後ろは肯定文の語順になる。

問Ｂ　６　We have known each other for five years.：不要な語は②with。現在完了“継続”の文。

・have/has known each other「お互いにずっと知り合いである」

７　Many people were injured in the accident.：不要な語は②have。　・be injured in the accident「事故でケガをする」

８　It will be my first trip abroad.：不要な語は⑤to。　・my first trip abroad「私の初めての海外旅行」

９　These photos remind me of my childhood.：不要な語は⑤remember。　・remind＋人＋of～「(人) に～を思い出させる」

10　He is the oldest of us three.：不要な語は①in。〈the＋最上級＋of＋○○《同類を表す複数の名詞》〉「○○《同類を表す複数の名詞》で１番…」の文。

［2］

11　②が適切。①visit は to が不要。③「時」を表す when は未来のことを表す場合でも will は使わない。④おすすめという内容の文ではないから不適切。　・worth ~ing「～する価値がある」

12　②が適切。　・apologize to＋人「(人) に謝罪する」

13　「新聞で知った」と過去時制を表す①が適切。　・according to ～「～によると」

14　「申し出る」を表す④が適切。　・let＋人＋動詞の原形「(人) に～をさせる」

15　「先週よりもかなり良く」を表す③が適切。比較級を強める場合は much を使う。　①less，②more，④good が不適切。

［3］【本文の要約】参照。

A　Dad had such a large safe in his house.：・such a ～＋○○「そんなに～な○○」

B　There may not be anything inside.：・may ～「～かもしれない」

21　話の流れから，妻は自分の方が軽いと言いたいのだから，③が適切。

22　下線部②は，目的を表す不定詞の副詞的用法だから，③「私たちはその電車に乗るために駅まで走った」が適切。①，④は不定詞の名詞的用法，②は不定詞の形容詞的用法。

C　「～と同じくらい…」＝as … as ～

D　この夫婦は夫の，亡くなった父の家を片付けているところだから，1回前の夫の発言の最初の4語（＝Cleaning an old house）を抜き出す。

【本文の要約】

夫：父さんが家にあれほど大きな金庫を持っていたなんて，僕は知らなったよ。生きている時はそれについて何も言わなかったから。

妻：その中には何があるかしら？金？ダイヤモンド？それともお父さんがたくさん持っていた土地の権利書とか！

夫：ア②まさか。父さんが金持ちじゃなかったことは君も知っているだろ？

妻：ちょっと夢見ただけ！だから開けて！

夫：でも鍵がないんだよ…。家を掃除している時に鍵を見なかった？

妻：いいえ，見なかったわ。うーん。金庫を開けてくれるよう専門家に頼みましょうよ！スマホで近所の会社を探してみるわ。

夫：イ④ちょっと待って。ちょっと探させて…。あっ！棚の上の小さな箱が見える？思い出した。父はそこに鍵を保管していたんだった。

妻：ちょっと見て！すごく高いところにあるわ。はしごはあったかしら？

夫：ウ①わからない。そうだ，いい考えがある！僕が君の背中に乗れば届くよ。

妻：あなたが私の上に乗るっていうの？私の方がずっとA③（あなたより）軽い（＝lighter）から，私があなたの背中に乗るわ。

夫：わかった。早く！

妻：やっているわよ！もうちょっとで…。届いたわ！

夫：背中が痛いよ。

妻：まあ…たくさん鍵があるわね。

夫：エ④見せて。この鍵は金庫と同じくらい古く見える！これで試してみよう。

妻：ふう！これで金庫を開けて中身が見られるわね！貴重なものがあるといいわね！さあ，開けましょうよ！

夫：落ち着いて。何も入っていないかもしれないんだよ。深呼吸して。準備はいいかい？

妻：ええ！

夫：ん？

妻：中身は何？教えて，教えて！

夫：本とハガキとアルバム…古いものばかりだ。若い頃の母さんと父さんの写真がたくさんある。

妻：幸せそうね。この写真では手をつないでいるわ。これは多分ハネムーンね！ちょっとこれを見て！赤ちゃんよ！

夫：それは僕だと思うよ。

（しばらくして）

夫：おーい，コーヒーを淹れたよ。

妻：ええ，ありがとう。

夫：古い家を掃除するのは楽じゃないな。それに結局，金庫には何もなかったし！

妻：何を言っているの？あの写真はとても貴重な宝物じゃない！

夫：オ①君の言う通りだ。それと今日は一緒に⑤古い家を掃除して（＝Cleaning an old house）くれてありがとう。

妻：どういたしまして。でも急に真剣になっちゃったのはどうして？

夫：両親が出会って家族になったから僕が生まれたんだ。そして僕は君と出会って家族になった。僕は本当に幸せだよ。ありがとう。

妻：いいえ，私こそあなたに感謝したいわ。あなたのご両親のようにいつも幸せでいたいわね。

夫：僕も。

［4］【本文の要約】参照。

23　直前の文「水分が見えない」理由になる①が適切。

24　・in fact「実際／事実」

25　「上層にあり，羽のように見える雲」，26　「中層にあり，羊の群れのように見える雲」，27　「下層にあり，ベッドのシーツのように空を覆う雲」を，それぞれ絵から探して答える。

28　③が適切。「そしてそれらがより大きな粒に変わる」は「水の粒どうしが合わさる」に続く。

29　②が正しい。　・keep A B「A を B（の状態）に保つ」

30　②が適当でない。他は「アンモニアと呼ばれる」という内容だから適切。

31　⑥が一致しない。第５段落５行目の文の内容と一致しない。

【本文の要約】

雲とは何だろうか？問7①雲は空に浮かぶ水の粒や氷の結晶でできている。雲には様々な種類がある。雲は地球の天気において重要な役割を果たす。

雲はどのように発生するのだろうか？空気は水分で満たされる場合がある。それは海，川，もしくは湖から生じる。だが，たいていの場合，その水分は目に見えない。ア①水の粒が小さすぎて見えないからだ。それらは水蒸気に変わってしまっている。問7②水蒸気が上空にいけばいくほど，空気は冷えていく。そして水蒸気が水の粒や氷の結晶に変わる。これらが雲である。

雲にはどんなタイプがあるだろうか？雲は２つの方法で名付けられる。問7①１つ目の方法は空のどこで見られるかである。上空にある上層の雲もあれば，地表に近い下層の雲もある。イ③実際（＝in fact），問7④下層の雲は地面に接触することさえもある。こうした雲は霧と呼ばれる。中層にある雲は，下層の雲と高層の雲の間で見られる。

問7③もう１つの方法はその形によってである。ウ③巻雲（＝Cirrus clouds）は上層にある雲である。それらは羽のように見える。エ⑤高積雲（＝Altocumulus clouds）は中層にある雲である。これらの雲は羊の群れのように見える。オ⑨層雲（＝Stratus clouds）は最も下層にある雲である。それらはベッドのシーツのように空を覆う。

雨をもたらすのは何だろうか？雲にある水分はほとんどがとても小さい粒の中にある。その粒はとても軽いため，空中を漂う。こうした粒が他の粒と合わさるときがある。③そしてそれらは大きな粒になる。それが起こると，重力によって地球に落ちる。問7⑤私たちはその落ちている水の粒を「雨」と呼ぶ。空気が冷たければ，水は雪に変わる。

ＮＡＳＡはなぜ雲を研究するのだろうか？雲は多くの理由から重要である。雨と雪はそれらの理由のうちの２つに当てはまる。夜，雲は熱を反射し，カ②それで地面はより温まった状態が保たれる。日中，雲は私たちをより涼しくすることができる影をつくる。雲を研究することは，ＮＡＳＡが地球の気候をより理解する助けとなる。ＮＡＳＡは雲の研究のために宇宙にある衛星を利用する。ＮＡＳＡは他の惑星の雲も研究している。問7⑥火星には地球上の雲に似た雲がある。だが他の惑星に水分でできた雲があるわけではない。例えば木星はアンモニアと呼ばれるガスでできている。

《2022　理科　解説》

［1］

⑴　④〇…物体を焦点距離の２倍の位置に置くと，反対側の焦点距離の２倍の位置に置いたスクリーンに，物体と同じ大きさの実像が映る。この凸レンズの焦点距離は10cmだから，ａ＝20cmの位置に物体を置けば，ｂ＝20cmの位置に実像ができる。

⑵　②〇…光源側から見たとき，実像は物体と上下左右が反対向きに映る。

⑶　凸レンズの下半分を，光を通さないカバーで覆っても，像の形や大きさは変わらないが，凸レンズを通過する光の量が減るので像が暗くなる。

⑷　方眼用紙の１目盛りの長さを２cmなどとして，図ｉのような作図をすれば，像の大きさを求めることができる。また，方眼用紙がなくても，計算により求めることができる。図ｉにおいて，ＡＢ＝ＣＧ＝８÷２＝４(cm)，ＡＣ＝ＢＧ＝30cm，ＣＦ＝10cmであり，ＤＥ＝$x$cm，ＦＤ＝$y$cmとする。△ＣＧＦと△ＤＥＦは相似だから，x：y＝４：10であり，５x＝２y…①となる。また，△ＡＢＣと△ＤＥＣは相似だから，x：(10＋y)＝４：30であり，15x＝20＋２y…②となる。①と②を連立方程式として解くと，x＝２cm，y＝５cmとなるから，実像の大きさはx×２＝４(cm)である。

図ｉ

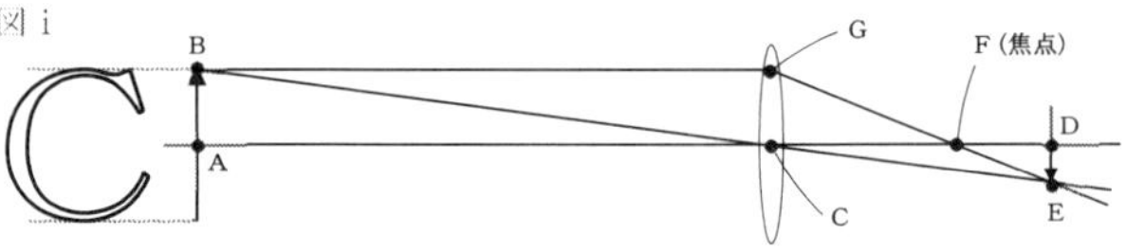

［2］

⑴　①〇…コイルの中の磁界が変化することでコイルに電流が流れる現象を電磁誘導，このとき流れる電流を誘導電流という。図１のようにコイルにＳ極を近づけると，コイルの右端がＳ極になるから，図ⅱの右手をあてはめることで，検流計には＋側の端子から電流が流れ込むことがわかる。

図ⅱ

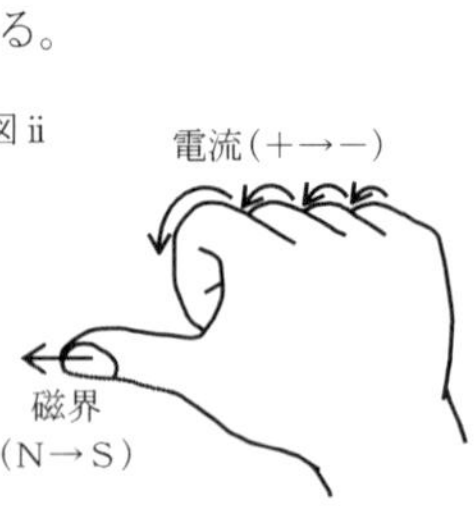

⑵　⑥〇…検流計の針の振れ幅が小さくなったということは，誘導電流が小さくなったということである。磁石の動きを遅くしたり，磁力が弱い磁石を使ったりすると，磁界の変化が小さくなり，誘導電流が小さくなる。なお，コイルの巻き数を少なくしても，誘導電流は小さくなる。

⑶　⑨〇…コイルの右端にできる極と導線のつなぎ方に着目する。図２と図３では，コイルの右端にできる極がＮ極で，導線のつなぎ方が図１と同じだから，検流計の針は図１と反対向きに振れる。また，図４と図５では，コイルの右端にできる極がＳ極で，導線のつなぎ方が図１と反対だから，検流計の針は図１と反対向きに振れる。

(4)　②○…発光ダイオードは＋側から電流が流れ込んだときだけ点灯する。図６では，誘導電流の向きが図１と同じだから，電流が＋側から流れ込む発光ダイオードＡだけが点灯する。また，磁石を動かし続けなければ(磁界が変化し続けなければ)電磁誘導は起こらないので，Ｓ極を近づけた後，何もしなければ，誘導電流は流れない。

(5)　③○…Ｕ字形磁石の間を通る導線を流れる電流が受ける力の向きを求めるには，磁界の向きと電流の向きを図ⅲの左手にあてはめればよい。Ｎ極を近づけたときには，電流の向きが図１のときと反対だから，Ｕ字形磁石の間を通る導線を奥から手前に向かって流れる。よって，このとき導線はＤ向きに傾く。Ｎ極を遠ざけたときには，電流の向きが反対になり，導線が傾く向きも反対(Ｃ)になる。

図ⅲ

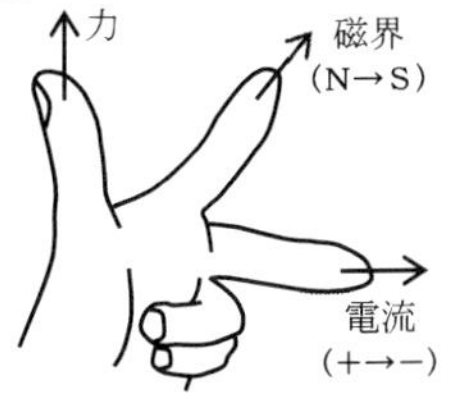

［３］

(1)　③○…図２のように，上盤(断層の右側)が上にずれている断層を逆断層という。逆断層は，横から押す力がはたらくとできる。

(3)　⑤○…太平洋プレートは海のプレート，北アメリカプレートは陸のプレートである。海のプレートは陸のプレートを引きずり込むようにして，陸のプレートの下にもぐり込んでいく。

(4)　②○…１年で９㎝移動するから，2770万年では９×2770万＝２億4930万(㎝)→2493km移動する。

［４］

(1)　③○…ＢＴＢ溶液は，酸性で黄色，中性で緑色，アルカリ性で青色を示す。pHの値は中性のときが７で，酸性が強くなるほど７より小さくなり，アルカリ性が強くなるほど７より大きくなる。

(2)　①○…塩酸は酸性，水酸化ナトリウム水溶液はアルカリ性の水溶液である。よって，中性になったあと，さらにアルカリ性のＢを加えていくと，ＢＴＢ溶液は青色になる。

(3)　③○…Ａ100㎤とＢ80㎤が過不足なく反応するから，Ａ100㎤に含まれる水素イオンとＢ80㎤に含まれる水酸化物イオンの数が等しい。このときの水素イオンと水酸化物イオンの数をそれぞれx個とすると，10㎤に含まれる水素イオンと水酸化物イオンの数の比は，Ａ：Ｂ＝$\frac{10}{100}x$：$\frac{10}{80}x$＝４：５となる。なお，過不足なく反応する体積比が，Ａ：Ｂ＝100：80＝５：４だから，同体積に含まれる水素イオンと水酸化物イオンの数の比はその逆比と等しく，Ａ：Ｂ＝４：５であると考えることもできる。

(4)　④○…ＡとＢは体積比５：４で過不足なく反応し，ＢとＣは体積比３：10で過不足なく反応する。また，純水を混ぜても水素イオンや水酸化物イオンの数は変わらない。　ア．Ａ50㎤とＢ40㎤が反応するから，Ｂが残る(アルカリ性)。　イ．Ｂ20㎤とＣ$\frac{200}{3}$㎤が反応するから，Ｃが残る(酸性)。　ウ．Ａ12.5㎤とＢ10㎤が反応するから，Ａが残る(酸性)。　エ．Ａ60㎤とＢ48㎤が反応し，Ｂ12㎤とＣ40㎤が反応するから，Ｂが残る(アルカリ性)。

(5)　②○…Ａ40㎤とＢ32㎤が反応し，Ｂ18㎤とＣ60㎤が反応するから，Ｂを32＋18＝50(㎤)を加えると中性になる。

［５］

(1)　①と③は単子葉類，②はシダ植物，④は双子葉類，⑤はコケ植物である。

(2)　③○…双子葉類の根は主根と側根からなり，茎の断面では維管束が輪状に並ぶ。

(3)～(5)　Ａ～Ｄで蒸散が起こった部分と水の減少量をまとめると表ｉのようになる。葉の表側からの蒸散量＝Ａの水の減少量－Ｃの水の減少量＝2.8－2.4＝0.4(mL)，葉の裏側からの蒸散量＝Ａの水の減少量－Ｄの水の減少量＝2.8－0.7＝2.1(mL)，茎からの蒸散量(Ｘ)＝Ｄの水の減少量－葉の表側からの蒸散量＝0.7－0.4＝0.3(mL)である。

表ｉ

	A	B	C	D
葉の表側	○			○
葉の裏側	○		○	
茎	○	○	○	○
水の減少量(mL)	2.8	X	2.4	0.7

○…蒸散が起こる

［6］

⑶　⑤○…電気を通さない液体としてエタノール(水溶液)，砂糖水，純粋な水を覚えておこう。

⑷　①○…実験１より，Ｅがエタノール水溶液である。実験２より，ＡとＤが水酸化ナトリウム水溶液か食塩水のどちらかであり，ＢとＣがうすい塩酸かアンモニア水のどちらかである。水酸化ナトリウム水溶液とアンモニア水はアルカリ性だから，赤色リトマス紙につけることで，ＡとＤのうち青色に変化した方が水酸化ナトリウム水溶液であり，ＢとＣのうち青色に変化した方がアンモニア水であると区別することができる。

⑸　①○…炭酸水は二酸化炭素の水溶液(酸性)であり，水溶液中にイオンがあるので電気を通すが，気体が溶けた水溶液なので水分を蒸発させると何も残らない。

《2022　社会　解説》

〔1〕

問1　②　　①の第一次石油危機は1973年，③のサンフランシスコ平和条約締結は1951年，④の朝鮮戦争は1950年のことである。

問2　フィヨルド　　氷河で削られてできた深い峡谷であるフィヨルドは，スカンディナビア半島・南アメリカ大陸南部のパタゴニア地方などに見られる。

問3　④　　問２の解説参照。

問4　③　　右図を参照。

問5　③　　日本(東経135度)と本初子午線の中間点より，西側に西アジアは位置するから，東経50度線と判断する。

問6　②　　ア(1950年)→エ(1967年)→ウ(1975年)→イ(1989年)

問7　③　　第一次世界大戦は1914年から1918年まで続いた。日中戦争は1937年に始まりそのまま太平洋戦争に突入した。第二次世界大戦は，1939年から1945年まで続いた。シベリア出兵は1918年，世界恐慌は1929年のことである。

問8　③　　平和主義・交戦権の否認・戦争の放棄・戦力不保持などが日本国憲法第９条にある。

問9　④　　気温の変動が１つだけ違うイは南半球のリオデジャネイロである。エは夏に乾燥し冬に雨が降る地中海性気候だからアメリカ西海岸のロサンゼルスである。地中海性気候は，地中海沿岸・アフリカ大陸南端・北アメリカ大陸西海岸・オーストラリア大陸南部に広がる。また，アとウを比べた場合，明らかにアの冬の気温が低いことから，アをモスクワ，ウを東京とも判断できる。

〔2〕

問1　④　　大塩平八郎の乱は1837年に起きた。①は1804年，②と③は1808年である。

問2　①　　②卑弥呼が得た称号は「親魏倭王」であり，魏の王から授かった。③小野妹子は，隋の煬帝に手紙を渡した。④高句麗遠征を行ったのは唐であり，唐と大和朝廷は同盟を結んでいない。

問3　③／北条政子　　源氏の将軍が三代で途絶えたのを契機に，政権を奪回しようとした後鳥羽上皇は，北条義時打倒を掲げて挙兵した。北条政子の呼びかけに集まった鎌倉幕府の御家人の活躍により，幕府方が勝利し，朝廷の監視と西国武士の統制のために，京都に六波羅探題が置かれ，関東の御家人が西日本の地頭に就いた。

問4　②　　オランダはバタビア(現インドネシアのジャカルタ)に進出し，アジアとの交易の拠点とした。

問5　⑥　　イラクのクウェート侵攻を受けて，1991年の多国籍軍によるイラク空爆から湾岸戦争が始まった。

問6　藤原道長　　『小右記』にある「この世をば　わが世とぞ思ふ　望月の　欠けたることも　なしと思へば」には，藤原道長の自信にあふれた思いが読み取れる。

問7　③　　Ⅱ(紀元前3世紀)→Ⅵ(11世紀)→Ⅲ(13世紀)→Ⅳ(16世紀)→Ⅰ(19世紀)→Ⅴ(20世紀)

〔3〕

問1　②　　モンゴルの遊牧民が使用する移動式のテントのゲルである。

問2　②　　D国はチリだから，銅の輸入量が多いことに着目する。①はアメリカ合衆国(C)，③はロシア(B)，④はオーストラリア(A)。

〔4〕

問1　③　　古宇利島は沖縄県にある。①は神奈川県，②は鹿児島県，④は北海道。

問2　②　　桂浜は高知県にある。①は佐賀県，③は静岡県，④は徳島県。

問3　①　　高千穂峡・日向国から宮崎県である。②は鹿児島県，③は和歌山県，④は北海道。

問4　②　　銀山温泉・花笠まつりは山形県である。①は岩手県・宮城県，③が秋田県，④は東北地方太平洋側。

〔5〕

問1　③　　地方議会議員・都道府県知事・市町村長などの任期は4年である。

問2　③　　国会と内閣の関係と同じとあることから判断する。内閣を首長，国会を地方議会とすると，内閣(首長)は，不信任決議が可決した場合，10日以内に議会を解散しない限り，総辞職(失職)となる。

問3　②　　選挙権年齢は満18歳以上，地方議会議員・市町村長・衆議院議員の被選挙権年齢は満25歳以上，都道府県知事と参議院議員の被選挙権年齢は満30歳以上である。

問4　二元代表制　　議会の中から内閣を組織する議院内閣制と対照的な制度である。

問5　⑤　　大野元裕氏は埼玉県知事，神奈川県知事は黒岩祐治氏である。

問6　②　　ルソーが正しい。ルソーは人民主権と公共の福祉を唱えた。①はモンテスキュー，③はロック。

問7　⑥　　役職者の解職・解散など，個人の生活に著しく影響を与える請求については有権者の3分の1以上，それ以外については50分の1以上と覚えておこう。

〔6〕

問1　①　　令状を発行するのは，検察ではなく裁判所である。

問2　③　　検察官が裁判にかけなかった(不起訴とした)ことのよしあしを審査するのが検察審査会である。検察審査会で起訴相当となった事案は，再度検察官による審査が行われ，起訴・不起訴を判断する。そこで不起訴となった事案は，再度検察審査会にかけられ，再び起訴相当となれば，検察官にかわって指定弁護士が起訴する。

問3　④　　裁判員は20歳以上の国民から6人がくじで選ばれ，3人の裁判官とともに重大な刑事事件の第一審を担当する。被告人の有罪・無罪を審議し，有罪となればその量刑まで審議決定する。

問4　法テラス〔別解〕日本司法支援センター　　地域差による法トラブルの解決への難しさを解消するために全国に法テラスが設置されている。

中京大学附属中京高等学校

《国　語》

マーク解答

1．② 2．③ 3．② 4．⑤ 5．② 6．③ 7．② 8．④ 9．⑤ 10．②
11．① 12．② 13．⑤ 14．② 15．① 16．④ 17．① 18．① 19．② 20．⑤

記述解答

A．45　B．多数決　C．確執　D．わかる　E．自分が～れない（下線部は鎌倉のでもよい）　F．鴨長明

《数　学》

マーク解答

ア．⊖ イ．① ウ．④ エ．⑦ オ．④ カ．⑧ キ．① ク．① ケ．③ コ．⑥
サ．⑦ シ．② ス．② セ．⑤ ソ．② タ．① チ．① ツ．⑦ テ．⑤ ト．⑥
ナ．⓪ ニ．② ヌ．① ネ．② ノ．⓪ ハ．⊖ ヒ．② フ．⓪ ヘ．① ホ．⑦
マ．⑤ ミ．⓪

記述解答

A．$\frac{4}{9}$　B．$\frac{-3\pm3\sqrt{33}}{8}$　C．$\frac{5}{2}$　D．②　E．$\frac{515}{48}\pi$

《英　語》

マーク解答

1．② 2．③ 3．② 4．② 5．③ 6．④ 7．② 8．⑤ 9．⑦ 10．③
11．⑦ 12．③ 13．⑧ 14．⑥ 15．② 16．① 17．⑤ 18．⑨ 19．④ 20．③
21．④ 22．⑤ 23．① 24．③ 25．① 26．② 27．② 28．② 29．③ 30．②
31．① 32．④ 33．⑤ 34．② 35．① 36．②

記述解答

A．February　B．popular　C．ambulance　D．afternoon　E．expensive
F．3番目…know　5番目…day　G．3番目…you　5番目…happened　H．For more than　I．get to the back

《理　科》

マーク解答

1．① 2．⑤ 3．② 4．② 5．① 6．③ 7．① 8．⑤ 9．① 10．②
11．⑦ 12．③ 13．④ 14．⑤ 15．① 16．⑤ 17．① 18．④ 19．④ 20．②
21．③ 22．④ 23．③ 24．②

記述解答

A．右図　B．3：2　C．染色体　D．1.4　E．チバニアン

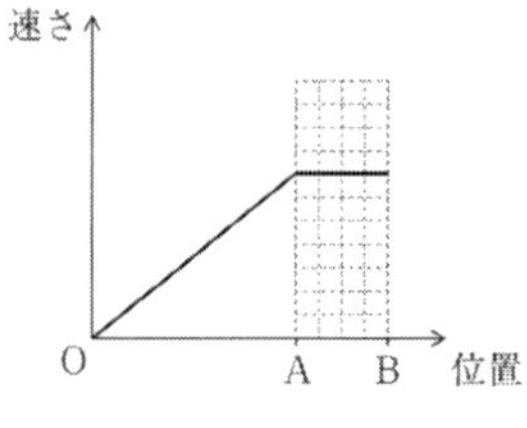

《社　会》

マーク解答

1．①　2．④　3．①　4．③　5．④　6．③　7．③　8．①　9．③　10. ①　11. ③
12. ①　13. ②　14. ③　15. ④　16. ④　17. ⑦　18. ②　19. ③　20. ⑧　21. ④　22. ①
23. ③　24. ②　25. ⑤　26. ⑧　27. ⑥　28. ②　29. ③　30. ④

記述解答

A．イラン〔別解〕イラン・イスラム共和国　B．宋〔別解〕北宋　C．石田三成　D．軽減税率

←解答例は前のページにありますので，そちらをご覧ください。

《2021　国語　解説》

〔一〕

問二　ゴアとネーダーが票の取り合いをしている間に、第三者であるブッシュが利益を得た、つまり、大統領選挙で勝ったのである。この第三者が利益を得るという意味を表す、②が適する。

問三　人々の意見を適切に集約するという大切な目的のために多数決を行っているのに、多数決の「性能が悪い」せいでその目的が果たされないというのである。つまり、末端のつまらないこと(多数決という方法)にこだわって、大切なこと(意見を適切に集約すること)が疎かになっている。よって、このことを表す、⑤が適する。

問四　傍線部Aにある「神託」とは、「形式の抜け殻」となり、単なる儀式のようになってしまった多数決での投票の結果をたとえた言葉である。そうではなく、「人々の声」、つまり、適切な方法で人々の意思を集約したものが大事であり、それを知るために「性能のよい集約ルール」が必要なのだということ。よって、②が適する。

問五　Xは「普通の多数決」で最多の票数を獲得した人物である。例に挙げられた、二〇〇〇年の大統領選で最も多くの票を獲得し大統領となったのはブッシュなので、③が適する。

問六　Yのボルダ得点を計算する。図表より、Yを１位に選んだ人は７人いるので３点×７＝21 点、２位に選んだ人は 10 人（４人＋６人）いるので２点×10＝20 点、３位に選んだ人は４人なので１点×４＝４点である。よって、21 点＋20 点＋４点＝45 点となる。

問七　第一段落で、「そもそも多数決で、多数派の意見は常に尊重されるのだろうか」と問題提起を行っている。また、この文章では「多数決」というキーワードが繰り返し出てきていて、その問題点について述べ、解決策を示している。

問八　この文章では、最初に「『多数決』という言葉の～大切と言われるわけだ」と一般論を提示し、続けて、「そもそも多数決で、多数派の意見は常に尊重されるのだろうか」と問題提起を行っている。次に、二〇〇〇年のアメリカ大統領選などを例に挙げ、「多数決で、多数派の意見は常に尊重される」わけではないという筆者の主張を裏付ける説明をしている。その後、この例を踏まえて、多数決という仕組みの問題点を指摘し、ボルダルールという多数決の問題点を解決できる分析方法を紹介している。こうした内容をまとめた②が適する。

〔二〕

問二　適当でないものを選ぶことに注意する。傍線部Aの直前に「幼稚な駄々をこねたりもしない」とあるが、②のような恐れをいだいている様子は読み取れない。よって、②が正解。

問三【Ⅰ】　傍線部Bに続く部分に「(戸川と)祖父との間でいざこざがあったというのは、思い過ごしなのだろうか」とある。この「いざこざ」と同じような意味の言葉を探す。　**【Ⅱ】**　朋樹《ともき》が戸川にどのような態度をとられると想像していたかを考える。傍線部Bの直後に「険のようなものは感じられない」とあることから、朋樹は戸川から「険のある」態度をとられると想像していたと考えられる。よって、「険のある」様子を表す①が適する。

問四　「見透かすような戸川の視線を受け」て、朋樹は傍線部Cのような態度をとったのである。このときの話題は中学受験についてである。朋樹は受験に関する悩みを抱えているため、戸川にその問題を見抜かれはしないかと不安になった。そのため、無理に声を明るくして本心を隠そうとしたのである。よって、②が適する。

問五　傍線部Cの後から直前までの朋樹のセリフの中で、何度も繰り返されている言葉が「わかる」である。

問六　直後の段落に「朋樹は今、泥の中にいる」とあり、その後に、朋樹がなぜそのような状態になってしまったのかが具体的に語られている。その間に書かれた内容をまとめた部分を抜き出す。

問七　戸川は、化石のことや受験について話すとき、朋樹を子ども扱いせず正面から向き合っている。また、自分が見つけたノジュールを朋樹に譲らないことからも、朋樹を子ども扱いしないことが読み取れる。朋樹は、受験に関する悩みや不安を抱えているにもかかわらず、それを隠そうとするなど強がりなところがある。また「大人の事情だといって遠ざけられる」ことに反抗したり、「大人の話だから」と除け者にされることにうんざりしていて、「話してくれさえすれば、何だってわかるのだ」と、子ども扱いされることに不満をいだいている。そのこともあってか、戸川に対して話す内容や態度は大人びている。よって、⑤が適する。

〔三〕

(2)　本文後ろから３行目に「京のうち～朱雀よりは東」とある。これが地図のどの部分を指すかを考える。

(3)　本文第二段落の３～５行目に「築地《ついじ》のつら～事多かり」とあるので、④が適する。

(4)　空欄の前にある「人々が自分の国や～放浪した」は、本文第一段落の３行目にあたる。このようになった理由は、冒頭の２行に書かれている。よって、①が適する。

(5)　当時の政治家(朝廷の人々)が行った対策は、本文３～４行目の「さまざまの～行はるれど」というもの。よって、①が適する。

(7)　空欄の前にある「親子だったら～死んじゃう」という部分は、本文第三段落にある。この段落では「離れられない妻や夫を持っている者は、(相手よりも)その思いがまさって深い者が、必ず、先立って死ぬ」と書かれている。親と子であれば、親の方が「その思いがまさって深い者」にあたるため、「先立って死ぬ」のである。よって、⑤が適する。

【古文の内容】

　また、養和のころであったか、長い年月がたったので、(正確には)記憶していないが、二年の間、世の中では食料が乏しくて、驚きあきれるようなことがありました。ある年には春と夏に日照りが起こり、ある年には秋に、台風、洪水など、よくないことが続いて、重要な穀物はことごとく実らない。無駄に春に田畑を耕し、夏に田植えの仕事があっても、秋に刈り取り、冬に収穫するにぎわいはない。このため、国中の民は、ある者はその土地を捨てて自分の国や村などの境を出て、ある者は家を捨てて山に住む。(朝廷では)さまざまな祈祷《きとう》が始まり、並み並みならぬ(特別な)、お祈りも行われるが、まったくその効果がない。京のならわしで、何事につけても、すべて地方を頼みにしているが、絶えて京に入ってくる物資がないので、そういつまでも世間体ばかりとりつくろってもいられようか。我慢しきれなくなって、さまざまの財物を片端から捨てるように売ろうとしても、誰も振り向いてくれない。たまたま交換できるものは、金を軽く、穀物を重く考える。乞食が、道端に多くなり、不平や悲しむ声があふれている。

　前の年は、このように、ようやく暮れた。翌年は、立ち直るだろうかと思っている間に、そのうえ、流行病まで加わって、惨状はまさっていくばかりで、良くなる形跡はまったくない。世間の人はみな飢えきってしまったので、日が経つごとに切迫してゆく様子は、わずかしかない水の中の魚のたとえにあてはまる。はてはきちんと笠をかぶり、足をおおうものをつけた、相当な身なりをしている者が、ひたすら家ごとに物乞いに歩く。このように困り果ててぼけたようになった人たちが、歩くかと見ていると、そのまま倒れ伏してしまう。土塀沿いに、道端に、飢えて死んだ者たちが、数えきれないほどで、(それを)片付ける方法も分からないので、死臭が辺りに満ちて、(死者の身体が腐って)変わっていく姿や様子は、目も当てられないことが多い。まして、鴨川の河原などには、馬や牛車の行きかう道さえない。(中略)

またとても深く心が動かされることもありました。離れられない妻や夫を持っている者は、(相手よりも)その思いがまさって深い者が、必ず、先立って死ぬ。その理由は、自分のことは後回しにして、相手のことをかわいそうに思うので、たまに手に入った食物も、相手に譲るからである。だから、親子である者は、決まって、親が先立って死ぬ。また、母の命が尽きたことを知らないで、幼い子がなおも(母の)乳を吸いながらうつぶせになっていることなどもあった。

仁和寺にいた隆暁《りゅうぎょう》法印という人は、このように数え切れぬほど(人々が)死んだことを悲しんで、その(死んだ人の)首を見るたびに額に阿字を書いて、仏縁を結んで成仏させることをなさった。(死んだ)人の数を知ろうと、四月から五月にかけて数えたところ、京の中で一条大路より南、九条大路より北、東京極大路より西、朱雀大路より東の道端にあった首は、全部で四万二千三百あまりであった。まして、この二か月の前や後に死んだ者も多く、また、河原や白河、西の京、あちこちのへんぴな土地などを加えて言えば、際限もない。ましてや、日本全土ではなおさらである。

《2021　数学　解説》

[1]

(1)　与式$=36\times\frac{3}{4}\times(-2)+40=-54+40=-14$

(2)　与式$=(\sqrt{15})^2-(2\sqrt{2})^2=15-8=7$

(3)　右のように作図する(ℓ//m//n//o)。平行線の錯角は等しいから，$\angle a=5^\circ$

$\angle b=40^\circ-5^\circ=35^\circ$であり，平行線の錯角は等しいから，$\angle c=\angle b=35^\circ$，

$\angle d=13^\circ$　　よって，$\angle x=35^\circ+13^\circ=48^\circ$

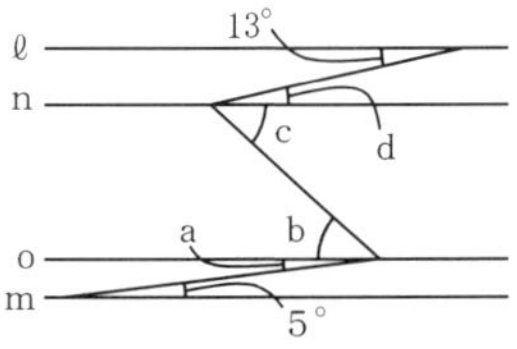

(4)　大小2個のさいころを同時に投げるとき，目の出方は全部で，$6\times6=36$(通り)ある。

そのうち，出た目の数の積が5の倍数となるのは，大または小の目のうち，少なくとも1つは5の目が出るときだから，右表の○印の11通りある。

よって，求める確率は，$\frac{11}{36}$

		小					
		1	2	3	4	5	6
大	1					○	
	2					○	
	3					○	
	4					○	
	5	○	○	○	○	○	○
	6					○	

(5)　与式より，$3(11+x)=61-x$　　$33+3x=61-x$　　$4x=28$　　$x=7$

(6)　与式$=y(x^2-2x-8)=y(x-4)(x+2)$　　ここで，$x=\sqrt{3}+1$，$y=\frac{\sqrt{5}-1}{3}$を代入すると，

$\frac{\sqrt{5}-1}{3}(\sqrt{3}+1-4)(\sqrt{3}+1+2)=\frac{\sqrt{5}-1}{3}(\sqrt{3}-3)(\sqrt{3}+3)=\frac{\sqrt{5}-1}{3}\times(3-9)=-2(\sqrt{5}-1)=$

$2-2\sqrt{5}$

(7)　$ab<0$より，aとbは異符号であり，$a-b>0$よりaはbより大きいとわかるので，aは正の数，bは負の数である。よって，「②　$b<0$」は必ず成り立つ。

(8)　**【解き方】連続する3つの正の整数のうち，真ん中の数をnとすると，連続する3つの正の整数は，**

$n-1$，n，$n+1$と表せる($n\geqq2$)。

3つの数の和と，真ん中の数を2乗した数から88をひいた数が等しいので，$(n-1)+n+(n+1)=n^2-88$

$n^2-3n-88=0$　　$(n-11)(n+8)=0$　　$n=11,\ -8$　　$n\geqq2$だから，$n=11$

よって，真ん中の数は，11である。

(9)　$\frac{x}{12}+\frac{y}{3}=\frac{9}{4}$の両辺を12倍して，$x+4y=27$…①

$2(x+y)=9+3y$より，$2x+2y=9+3y$　　$y=2x-9$…②

①に②を代入すると，$x+4(2x-9)=27$　　$x+8x-36=27$　　$9x=63$　　$x=7$

②に$x=7$を代入すると，$y=2\times7-9=5$

⑽　$\dfrac{\sqrt{105n}}{\sqrt{28}}=\sqrt{\dfrac{105n}{28}}=\sqrt{\dfrac{15n}{4}}$が自然数となるのは，$n=15\times4\times k^2$（kは自然数）となるときだから，最小のnは，$k=1$のときの，$n=15\times4=60$

⑾　**【解き方】中央値は，データを高い（または低い）順に並べたときのちょうど真ん中の値である（真ん中の値が2つあるときは，その平均）ことを利用する。**

データを高い順に並べた場合，6点，5点，4点が全部で$22+8+12=42$（回）あるから，中央値が3点のとき，ちょうど真ん中の値は少なくとも高い順で43番目以降となるから，回数の合計は$43\times2-1=85$（回）以上だとわかる。1点，2点，4点，5点，6点は全部で$10+12+42=64$（回）あるから，3点は少なくとも$85-64=21$（回）ある。3点が22回以上だと，最頻値が6点のみという条件に合わなくなるので，3点の回数は21回である。

⑿　**【解き方】反比例の式は，$y=\dfrac{a}{x}$（aは比例定数）と表せる。**

$x=-4$のとき$y=-5$となるので，$-5=\dfrac{a}{-4}$より，$a=20$　　よって，式は$y=\dfrac{20}{x}$と表せる。

⒀　$x^2+ax+51=0$に$x=3$を代入すると，$3^2+a\times3+51=0$　　$3a=-60$　　$a=-20$

$x^2+ax+51=0$に$a=-20$を代入すると，$x^2-20x+51=0$　　$(x-3)(x-17)=0$　　$x=3,\ 17$

よって，もう1つの解は，$x=17$である。

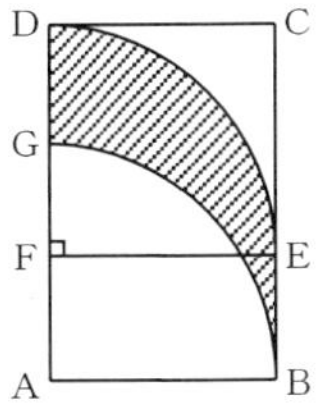

⒁　**【解き方】斜線部分の面積は，㋐縦AF＝5cm，横AB＝10cmの長方形の面積と㋑半径がFE＝10cm，中心角が90°のおうぎ形の面積の和から，㋒半径がAB＝10cm，中心角が90°のおうぎ形の面積をひけばよい。㋑と㋒は等しいから，㋐を求める。**

求める面積は，$5\times10=50$（cm²）

［2］

⑴　放物線$y=ax^2$は点（3，4）を通るので，$4=a\times3^2$　　$9a=4$　　$a=\dfrac{4}{9}$

⑵　**【解き方】直線PQがx軸と平行となるとき，右図のようにPとQのy座標は等しくなる（図のP，Qの位置は正確ではない）ので，PとQのy座標をtの式で表し，方程式を解く。**

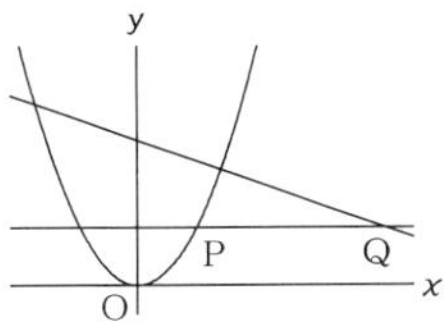

Pは放物線$y=\dfrac{4}{9}x^2$上の点でx座標が$x=t$だから，y座標は，$y=\dfrac{4}{9}t^2$

Qは直線$y=-\dfrac{1}{3}x+5$上の点でx座標が$x=t+9$だから，y座標は，$y=-\dfrac{1}{3}(t+9)+5$　　$y=-\dfrac{1}{3}t+2$

PとQのy座標が等しいから，$\dfrac{4}{9}t^2=-\dfrac{1}{3}t+2$　　$4t^2+3t-18=0$

2次方程式の解の公式より，$t=\dfrac{-3\pm\sqrt{3^2-4\times4\times(-18)}}{2\times4}=\dfrac{-3\pm\sqrt{297}}{8}=\dfrac{-3\pm3\sqrt{33}}{8}$

［3］

⑴　長方形の対角線はそれぞれの中点で交わるから，$AP=\dfrac{1}{2}AC=\dfrac{1}{2}BD=\dfrac{5}{2}$

⑵　△ABDと△MADについて，∠ADB＝∠MDA（共通），∠BAD＝∠AMD＝90°より，△ABD∽△MAD

相似比は$BD:AD=5:2\sqrt{5}=\sqrt{5}:2$だから，$AM=\dfrac{2}{\sqrt{5}}BA=\dfrac{2}{\sqrt{5}}\times\sqrt{5}=$(ア)2

また，$MD=\dfrac{2}{\sqrt{5}}AD=\dfrac{2}{\sqrt{5}}\times2\sqrt{5}=$(ウ)4なので，$BM=BD-MD=5-4=1$

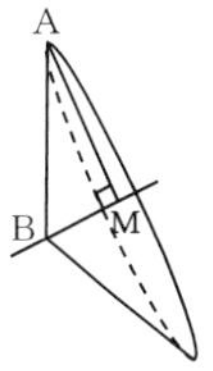

△ABMを，BDを軸として回転させると，右図のように底面の半径がAM＝2，高さがBM＝1の円すいとなるので，体積は，$\dfrac{1}{3}\times2^2\pi\times1=$(イ)$\dfrac{4}{3}\pi$

(3)　**【解き方】できる立体は，右図のように，㋐<u>△ＡＢＭを回転させてできる立体</u>と，㋑<u>四角形ＡＭＰＧを回転させてできる立体</u>を，２つずつ重ねた立体となる。㋑は，㋒<u>△ＡＤＭを回転させてできる立体</u>から，㋓<u>△ＧＤＰを回転させてできる立体</u>を取り除いた立体となる。**

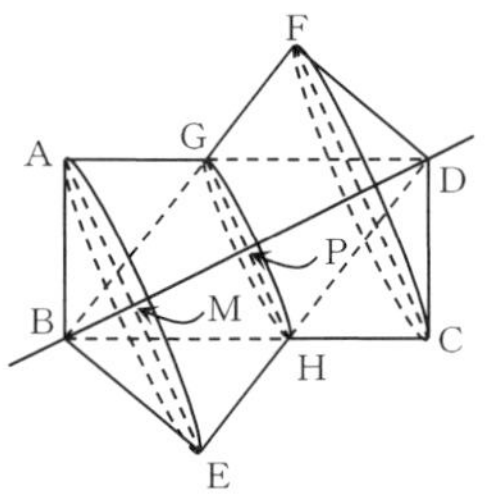

(2)より，△ＡＢＭを回転させてできる立体の体積は，$\frac{4}{3}\pi$

㋒と㋓は相似であり，相似比はMD：PD＝4：$\frac{5}{2}$＝8：5だから，体積比は，

$8^3 : 5^3 = 512 : 125$である。よって，㋑と㋒の体積比は(512－125)：512＝387：512であり，㋒の体積は，

$\frac{1}{3} \times AM^2\pi \times DM = \frac{1}{3} \times 2^2\pi \times 4 = \frac{16}{3}\pi$ だから，㋑の体積は，(㋒の体積)$\times\frac{387}{512} = \frac{16}{3}\pi \times \frac{387}{512} = \frac{129}{32}\pi$

よって，㋐と㋑の体積の和は$\frac{4}{3}\pi + \frac{129}{32}\pi = \frac{515}{96}\pi$ だから，求める体積は，$\frac{515}{96}\pi \times 2 = \frac{515}{48}\pi$

《2021　英語　解説》

［1］

1　on the morning of the＋日付「(日付)の朝に」より，②が適切。

2　「私はブラジルにいる」と「私はアマゾンに行ったことがない」をつなぐ接続詞は③Though ~，…「~だが，…」が適切。

3　通りを進むときには go along this street を使う。②が適切。

4　図書館に行ってすることだから，科学の本を「借りる」＝②borrow が適切。

5　What do you think of ~?「~をどう思いますか？」より，③が適切。

A　「１年で２番目の月，１月と３月の間」より，February「２月」が適切。

B　「彼はたくさんの人々に好かれている」より，popular「人気がある」が適切。

C　「病気やケガの人々を病院へ連れていくために使われる車」より，ambulance「救急車」が適切。

D　「１日のある時間，午前中の後で夜の前」より，afternoon「午後」が適切。

E　「たくさんお金がかかる」より，expensive「高価な」が適切。

［2］

6　People working hard may become too tired to keep working.：不要な語は④work。　・too…to ~「~するには…す…すぎて~できない」　・keep ~ing「~し続ける」

7　Going out in such weather is not a good idea.：不要な語は②to。Going out in such weather「そのような天候の中で外出すること」が主語の文。

8　Tom is the tallest of all the students.：不要な語は⑤in。〈the＋最上級＋of＋○○《同類を表す複数の名詞》〉「○○《同類を表す複数の名詞》で１番…」の文。

9　How many people came to the meeting yesterday?：不要な語は⑦did。How many people が主語の疑問文。

10　How do you keep in touch with him?：不要な語は③on。　・keep in touch with ~「~と連絡を取り続ける」

［3］【本文の要約】参照。

20　フライドチキンが入ったセットのうち，サラダとフライドポテトは入っていないセットだから，③Cが適切。

21　フライドチキンとフライドポテトとサラダが入ったセットだから，④Dが適切。

22　セットD(5800円)ときのこピザのS(1600円)だから，5800＋1600＝7400(円)で，チラシより，学生割引と家族割引のうち，割引の大きい方しか使えないので，学生割引を使うと，7400×0.9＝6660(円)となり，週末割引が使

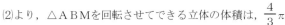

えるので，6660－500＝6160(円)となる。

23　①「田中夫妻の子どもたちは学生です」…父の４回目の発言より，２人とも学生だと考えられる。

24　③「エミはきのこが嫌いです」…エミはきのこが好きかどうかは，本文の内容からはわからない。

25　①「田中家は２種類の割引が受けられます」…学生割引と週末割引が受けられる。

26　②「田中家の×誰もサラダを食べたがらない」

27　②「エミは×辞書を使わずに宿題を終えました」

28　②「×ユウジはピザが好きではないので，ピザを選ぶことに興味がありません」

【本文の要約】

エミ　：ユウジ，あなたの英語の辞書を使ってもいい？

ユウジ：A⑦悪いけど，今は持っていないよ。

エミ　：B③え？それじゃあどこにあるの？

ユウジ：C⑧今友達のジュンが持っているんだ。

エミ　：D⑥なぜ彼があなたの辞書を持っているの？

ユウジ：E②彼は１週間前に自分のを失くしたんだ。

エミ　：F①彼はいつそれを返してくれるの？

ユウジ：G⑤わからないけど，明日学校で彼に会うよ。

エミ　：H⑨明日？もう遅いわ。お母さんは持っていると思う？

ユウジ：I④たぶんね。お母さんは英語の先生だからね。

エミ　：わかったわ，それじゃあお母さんに尋ねてみるわ。

２時間後

ユウジ：宿題は終わった？

エミ　：ええ。終わったところよ。もう中学生でいるのが嫌だわ。宿題が多すぎるの。お母さん，やっとお母さんの辞書を使って宿題が終わったわ。ありがとう。

母　　：どういたしまして。

ユウジ：もう11時だ。僕はとてもお腹がすいたよ。お昼を食べよう。

父　　：土曜日だから今日はランチを作りたくないな。外食しようか？

母　　：それはいい考えだけど，今日はとても寒いわ。宅配サービスを注文しない？

父　　：宅配サービス？

母　　：宅配サービスを頼むと，お店から家に食べ物を持ってきてくれるわ。

ユウジ：いいね。ピザが食べたい！

エミ　：私も。今日の新聞でこのチラシを見つけたわ。配達無料よ。つまり，配送料がかからないってことね。

父　　：学生割引や家族割引も受けられるな！

母　　：チラシをよく読んでね。

父　　：本当だ。23それでもまだ子どもたちのおかげでお得な割引が受けられるな。

ユウジ：何を食べよう？

父　　：私はハニーピザが食べたいな。１度も食べたことがないんだ。

エミ　：私はマルゲリータピザが食べたいわ。シンプルでみんなに喜ばれるピザよ。

ユウジ：どのピザを選んでもいいよ。僕はどれも好きだな。フライドチキンも食べたいよ。

母　　：それじゃあ，セットア③Cが１番いいと思うわ。

ユウジ：待って。もうすぐいとこのサトルとマキが遊びに来るよ。もっと食べ物が必要だよ。

父　　：そうだね。

エミ　：彼らはきのこが好きよ。Mサイズのきのこピザとセットア③Cはどう？

母　　：でも私はサラダが食べたいし，あなたはフライドポテトが好きよね，エミ？

エミ　：ええ，その通りよ。ということは，セットイ④Dが必要だわ。その場合，Mサイズでは大きすぎるかもね。22⑤セットイ④DとSサイズのきのこピザを注文するわね。これで，私たちは好きなものをすべて食べることができるわ。

ユウジ：完璧だね。じゃあ，ピザ屋に電話しよう。

［４］【本文の要約】参照。

F　Do you know what day it is?：文中に疑問詞を含む間接疑問の文では，疑問詞の後ろは肯定文の語順になる。

G　What do you think happened?：「何が起こったと思う？」という疑問文では，What happened?の間に do you think を挿入する形にする。

H　直前の１文の最初の３語（＝For more than）を抜き出す。

I　直前の１文の述語の部分の４語（＝get to the back）を抜き出す。

36　①「×1947 年４月 15 日はトモヤの誕生日です」　②○「黒人は 50 年以上前は多くのホテルに滞在することができませんでした」　③×「ロビンソンは50年以上野球をしていました」……本文にない内容。　④○「ロビンソンは大学時代，４種類のスポーツにとても優れていました」　⑤「ロビンソンはいつも×軍用バスの後ろに座っていました」　⑥「ブランチはロビンソンに，×必要に応じて反撃できると言いました」

【本文の要約】

４月 15 日は特別な日です。覚えておかなければなりません。その日が何の日か知っていますか？はい，私の誕生日です！1947 年のこの日，ジャッキー・ロビンソンは 20 世紀のメジャーリーグベースボールでプレーした最初の黒人となったので，私はそれア③を誇りに思います（＝be proud of）。

今日，メジャーリーグ選手の 25％は黒人です。36②しかし，1947 年当時，世界は非常に異なっていました。多くのホテルは黒人に部屋を提供しませんでした。多くのレストランは黒人に食事を提供しませんでした。50 年以上にわたりメジャーリーグベースボールは白人だけのものでした。そのことを知って私は非常に驚きました。私の夢はイ②将来（＝in the future）そこでプレーすることです。私はロビンソンに「ありがとう」と言いたいです。今から彼について話します。

ジャッキー・ロビンソンは 1919 年に生まれ，カリフォルニアで育ちました。彼の家族は貧しかったですが，彼は賢く，スポーツが得意でした。36④大学ではアメリカンフットボールのチーム，陸上競技のチーム，バスケットボールのチーム，野球のチームのスターでした。第二次世界大戦では，彼は陸軍のオールブラック部隊の将校になりました。彼はまさに最初の黒人将校の１人でした。彼は常に自分の(あ)②権利のために立ち上がりました。ウ①当時（＝At that time），市営バスの後部座席は最悪の席で，黒人はそこに座らなければなりませんでした。しかし，軍用バスでは黒人が好きな場所に座ることができました。ある日ジャッキーは軍用バスエ④に乗りました（＝got on）。運転手は彼に後部座席に座るように言いました。彼はそうすることを断りました。何が起こったと思いますか？バスの運転手が警察官を呼んで彼は逮捕されました！

彼はバスの運転手の言葉に従いませんでした。そういう人でした。彼はいつも(い)①正しいことをしました。これはブランチ・リッキーにとって重要でした。彼は自分のメジャーリーグチーム，ブルックリンドジャースにロビンソンの獲得を望んでいました。ブランチがロビンソンに会ったとき，３時間以上ロビンソンと話しました。ブランチは言いました。「多くの人がきみにプレーしてほしくないし，多くの悪いことがきみに起こるだろうが，これらのどれにも反応してはいけない」ロビンソンは「反撃を恐れる選手が欲しいですか？」と言いました。「私が欲しいのは反撃しない根性オ⑤を持った(＝with)選手だ」とブランチは答えました。「機会をくださるなら，挑戦してみます」とロビンソンは言いました。

彼は最善を尽くしました。10 シーズンの間，彼はチームのためにプレーしました。彼はワールド・シリーズで６度プレーしました。彼は 1949 年に最高殊勲選手になりました。1962 年には野球の殿堂入りを果たしました。これも初めてのことでした。彼はついに他の黒人選手への門戸を開き，1972 年に亡くなりました。彼はただの黒人のヒーローではなく，国全体のヒーローでした。もちろん僕のヒーローでもあります。

《2021　理科　解説》

［１］

⑴　①○…斜面に沿う分力の大きさは，斜面の角度と重力の大きさによって決まる。よって，傾きが一定の斜面を同じ物体が運動している間は，斜面に沿う分力の大きさは変化しない。

⑵　点Ａを過ぎたあとは，重力と垂直抗力がつり合い，運動の向きにはたらく力はなくなるので等速直線運動をする。

⑶　⑤○…ＡＢ間では，ボールと同様に木片には重力と垂直抗力がはたらいている。また，図３に着目すると，木片はＡＢ間で速さがだんだん遅くなっているから，木片には運動の向きと逆向きの力(摩擦力)がはたらいていると考えられる。

⑷　②○…斜面上の木片は等速直線運動をしているから，斜面上の木片にはたらく力(重力と垂直抗力と摩擦力)がつり合っている。また，⑶解説の通り，ＡＢ間では摩擦力がはたらき，点Ｂで速さが０になって止まったと考えられる。よって，考察２と考察３が適切である。

⑸　②○…電車が右へ急に動きだすと，慣性の法則により，車内の空気がその場に静止し続けようとすることで，車内の左側で空気の密度が大きくなる。このとき，空気より軽い(密度が小さい)風船Ｃは空気に押しのけられて右に傾くが，空気より重い(密度が大きい)風船Ｄは空気を押しのけて左に傾く。

［２］

⑴　操作する順に，④→②→①→③→⑤である。

⑵　③○…操作１は金属，操作２は二酸化炭素の特徴を調べたものである。Ａでは，炭酸水素ナトリウムの熱分解により，炭酸ナトリウムと二酸化炭素と水が生じる〔$2NaHCO_3 \rightarrow Na_2CO_3 + CO_2 + H_2O$〕。Ｂでは，酸化銀の熱分解により，銀と酸素が生じる〔$2Ag_2O \rightarrow 4Ag + O_2$〕。Ｃでは，酸化銅が還元されて銅になり，活性炭が酸化されて二酸化炭素になる〔$2CuO + C \rightarrow 2Cu + CO_2$〕。よって，金属と二酸化炭素の両方が生じるのはＣである。

⑶　①○…水にとけにくい気体は，密度の大小に関係なく，水上置換法で集める。水にとけやすい気体は，密度が空気よりも小さければ上方置換法で，密度が空気よりも大きければ下方置換法で集める。

⑷　マグネシウムを加熱すると，空気中の酸素と反応して酸化マグネシウムになる。表１で，加熱前後の質量の差がマグネシウムと反応した酸素の質量である。結果をまとめると右表のようになる。２回目の結果より，マグネシウムと反応した酸素の質量比は，0.84：0.56＝３：２となる。

	１回目	２回目	３回目	４回目
マグネシウムの質量(g)	0.41	0.84	0.65	1.15
反応した酸素の質量(g)	0.27	0.56	0.43	0.77

(5)　⑤○…ビーカーBのように，電解質の水溶液に２種類の金属板を入れて導線でつなぐと電池になる。銅と亜鉛では，亜鉛の方がイオンになりやすく，亜鉛原子は電子を２個失い，亜鉛イオンとなって水溶液中にとけ出す〔$Zn \rightarrow Zn^{2+} + 2e^-$〕。電子は導線を通って㋐の炭素棒に移動する(電流の向きと逆向き)。銅板が＋極，亜鉛板が－極になっているから，㋑の炭素棒は陽極であり，塩化銅水溶液中の陰イオンである塩化物イオンが移動してくると，電子を１個失って塩素原子となり，それが２個結びついて塩素分子となる〔$2Cl^- \rightarrow Cl_2 + 2e^-$〕。

［3］

(1)　①○…細胞分裂で細胞の数をふやし，その細胞１つ１つが大きくなることで根は伸びていく。細胞分裂は，根の先端付近(C)で盛んに行われ，分裂した直後ほど細胞が小さい。

(4)　⑦○…20時間ごとに１回分裂して２倍になるので，200時間後には10回分裂して，$2^{10}=1024$(個)になる。

(5)　③○…核，細胞質，細胞膜は，動物の細胞と植物の細胞の両方にある。葉緑体，細胞壁，液胞は，植物の細胞だけにある。細胞壁は細胞膜の外側にあり，細胞の形を維持し，植物の体を支えるためのものである。よって，ｃだけが正しい。

［4］

(1)　④○…固体→液体→気体と状態変化するにつれて運動は激しくなるから，図１の左から固体，液体，気体を表している。眼鏡がくもるのは，空気中の水蒸気(気体)が水滴(液体)に変化することで起こる現象である。

(2)　⑤○…動脈血は酸素を多く含む血液である。肺で気体交換が行われ，血液中に酸素がとりこまれるから，肺を出て，全身に送られるまでの血液が動脈血である。

(3)　①○…息を吐くと，ろっ骨が下がり横隔膜が上がって肺の体積が小さくなる。浮力の大きさは，物体の水中部分の体積に比例するので，肺の体積(体の体積)が小さくなると，浮力も小さくなり沈みやすくなる。

(4)　⑤○…90%のエタノールの濃度を$\frac{70}{90}=\frac{7}{9}$(倍)に薄めるので，70%のエタノール水溶液100mLをつくるのに必要な90%のエタノールの体積は$100\times\frac{7}{9}=77.7\cdots\rightarrow$80mLである。

［5］

(1)　光は音に比べて非常に速いので，音が４秒で伝わった距離がいなずまが光ったところからＡさんの部屋までの距離と考えればよい。よって，$340\times4=1360$(m)→1.36km→1.4kmである。

(2)　①○…左下にのびるのが寒冷前線，右下にのびるのが温暖前線である。それぞれの前線付近のようすは右図の通りである。

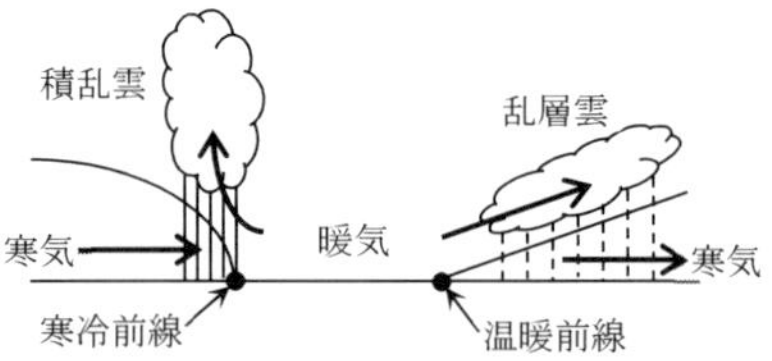

(3)　④○…温かい水よりも冷たい水の方が重いので，冷たい水は温かい水の下にもぐり込む。

(4)　④○…１Ｗの電力を１秒使ったときの電力量が１Ｊであり，１kWhは１kW→1000Ｗの電力を１時間→3600秒使ったときの電力量だから，15kWhは$15\times1000\times3600=54000000$(Ｊ)→$(54\times10^6)$Ｊである。20億J→$(2000\times10^6)$Jだから，$\frac{2000\times10^6}{54\times10^6}=37.0\cdots\rightarrow$40日分である。

［6］

(1)(2)　ア(アンモナイト)とエ(始祖鳥)は中生代(2.5億年前～6600万年前)，イ(三葉虫)は古生代(5.4億年前～2.5億年前)，ウ(ナウマンゾウ)は新生代(6600万年前～現在)の示準化石である。

(3)　③○…始祖鳥は，翼や羽毛という鳥類の特徴と，歯や爪というハチュウ類の特徴の両方を合わせもっていたと考えられている。このような生物が存在することから，鳥類はハチュウ類から進化したと考えられる。

(5)　②○…Ｎ極はＳ極に引かれ，Ｓ極はＮ極に引かれる。方位磁針のＮ極は北をさし，Ｓ極は南をさすから，北極がＳ極，南極がＮ極である。

《2021　社会　解説》

〔1〕

問1　①経度差15度で1時間の時差が生じるから，日本(東経135度)と12時間の時差が生じるのは，経度差15×12＝180(度)の地点。よって，西経45度に位置するブラジルと判断する。

問2　④のフィヨルドの記述が正しい。①はリアス海岸，②はサンゴ礁，③は扇状地。

問3　①のポーランドを通過しない(右図参照)。

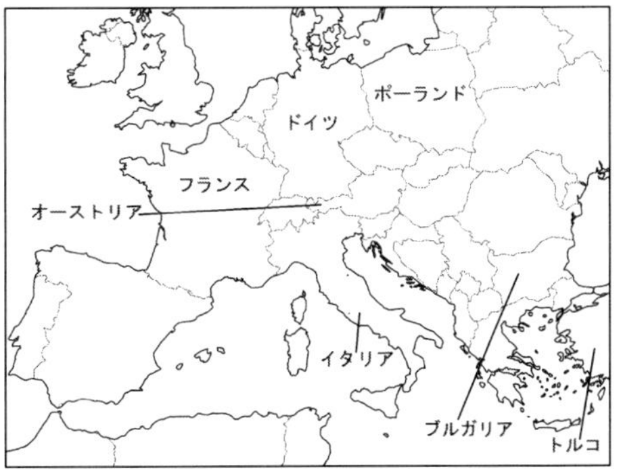

問4　③が誤り。Cのイタリアは，産業・政治の中心は北部のミラノであり，失業率の高い南部との経済格差が大きい。

問5　イスラム教徒は，約90%がスンニ派で多数派であり，シーア派は少数派となる。核合意をめぐって敵対するアメリカがイランによる攻撃を主張し，戦争一歩手前になった。

〔2〕

問1　④が正しい(右図参照)。

問2　③が正しい。ローマと唐を結ぶ道をシルクロード(絹の道)と言う。　①明を滅ぼしたのは清である。②洪秀全は清朝末期の太平天国の乱の指導者。　④唐を滅ぼしたのはチンギス・ハンではなく朱全忠である。きっかけとなった反乱は黄巣の乱である。

問3　趙匡胤が唐末から五代の分裂をおさめて北宋を建国した。

〔3〕

問1　③が誤り。アヘン戦争の講和条約は南京条約である。ヴェルサイユ条約は第一次世界大戦の講和条約。

問2　①が正しい。ヴィクトリア女王の治世(1837～1901年)をヴィクトリア朝と呼ぶ。アンネ・フランクはアウシュヴィッツ強制収容所で亡くなったユダヤ人，ハンムラビ王はメソポタミアのバビロニア国王，ムハンマドはイスラム教の開祖。

問3　③が正しい。ヒンドゥー教徒には肉食を避ける菜食主義者が多く，特に牛は神聖な動物とされる。

〔4〕

問1　関ヶ原の戦いで，石田三成を中心とする西軍に勝利した徳川家康は，1603年に征夷大将軍となって江戸幕府を開いた。

問2　①が正しい。豊臣秀吉の太閤検地では予想される収穫量を米の体積である石高で表した。　②石高に応じて徴収される年貢の量は違った。　③楽市・楽座は織田信長の政策。　④「李成桂」ではなく「李舜臣」である。⑤秀吉はキリスト教宣教師の追放を命じるバテレン追放令を出したが，南蛮貿易を奨励していたため徹底されなかった。

問3　③が正しい。　①「家光」ではなく「秀忠」である。徳川家光は3代将軍。　②古くから徳川氏に従っていたのが譜代大名，関ヶ原の戦い前後に徳川氏に従ったのが外様大名である。　④朱印船貿易は，江戸時代初期に徳川家康が行った。　⑤江戸幕府は禁中並公家諸法度を出し，天皇や公家を統制した。

問4　①が正しい。②は勘定奉行，③は京都所司代，④は大阪城代，⑤は目付，⑥は大老。

〔5〕

問1　②が誤り。平塚らいてうは，市川房枝らとともに女性の地位向上のための新婦人協会を設立した。全国水平社は，厳しい部落差別に苦しむ人々が部落解放運動のために結成した組織である。

問2　③が誤り。「朝鮮半島」ではなく「中国」である。1920年代は国際協調と軍備縮小が進められ，日本は山東半島の権益を放棄するなど中国進出を抑制された。

問３　④を選ぶ。米騒動(1918 年)は，シベリア出兵を見こした大商人らが米を買い占めたことから，米不足による米価高騰が起こり，富山県の漁村での暴動から全国に発展した騒動である。第一次護憲運動開始は1912 年，関東大震災は 1923 年，島原・天草一揆は 1637 年。

問４　④が誤り。バスティーユ牢獄襲撃事件は 1789 年，ソ連の成立は 1922 年，ヴェルサイユ条約の締結は 1919 年，国際連盟の設立は 1920 年。

〔６〕

問１　⑦が正しい。　A．条約の締結は内閣が持つ権限である。　B．内閣総理大臣は，国会議員の中から国会議員による選挙で指名され，天皇の国事行為として任命される。　C．大統領制はアメリカなどで採用されている。

問２　軽減税率により，「酒類と外食を除く飲食料品」と「定期購読契約が結ばれた週２回以上発行される新聞」は税率８％が据え置かれている。

問３　②が誤り。衆議院が解散された場合，総選挙後に開かれる特別(国)会の冒頭で内閣が総辞職する。

問４　③が正しい。2011 年の東日本大震災への対応の遅れや混乱から野田内閣が倒れ，安倍晋三首相の自民党・公明党の連立内閣が成立した。2020 年９月に安倍内閣で官房長官として新元号「令和」を発表した菅義偉が，内閣総理大臣に就任した。

〔７〕

問１　⑧日本国憲法第９条には「戦争放棄」「戦力不保持」「交戦権の否認」について規定している。

問２　④が誤り。前安倍政権が従来の憲法解釈を変更し，集団的自衛権の行使を可能にした安全保障関連法を成立させた。

問３　①が正しい。日本国憲法の基本原理の１つである国民主権の観点から，その改正の最終審議には国民投票が行われる。

問４　③が誤り。改正国民投票法によって，投票年齢は満 18 歳以上となっている。

問５　②が正しい。小選挙区は，１つの選挙区から１名を選出する。　①A区の１票の価値は，C区を１票とした場合の半分しかない。　③・④B区の１票は，C区の１票よりも２倍の価値(２票分)がある。

問６　㋑と㋓が正しいから⑤を選ぶ。　㋐小選挙区制は少数意見が反映されにくい。　㋒「臨時国会」ではなく「特別国会」である。臨時国会は，内閣が必要と認めたとき，またはいずれかの議院の総議員の４分の１以上の要求があったときに開かれる。

〔８〕

問１　中国地方・四国地方の県庁所在地である⓪と⑧のうち，人口の少ない島根県松江市(⑧)と判断する。Xは岡山市，Yは愛媛県松山市(⓪)。

問２　トヨタ自動車がある愛知県豊田市(⑥)を選ぶ。自動車や自動車部品の生産がさかんな愛知県は，工業出荷額が日本一である。

問３　新花巻駅・いわて沼宮内駅は岩手県にあるので，盛岡駅(②)を選ぶ。

問４　③が誤り。夏の南東季節風は，暖流の黒潮の上空で大量の水蒸気をふくんだ後，紀伊山地にぶつかって，近畿地方南部に大量の雨を降らせる。

問５　④が誤り。京葉工業地域は東京湾岸の東側にある。東京湾岸の西側にあるのは京浜工業地帯。

中京大学附属中京高等学校

《国　語》

マーク解答

1．③　2．②　3．④　4．⑤　5．①　6．①　7．⑤　8．③　9．③　10．④
11．⑤　12．①　13．①　14．③　15．④　16．①　17．③　18．①　19．②　20．③
21．②　22．②　23．①　24．④

記述解答

A．自分の 〜 ている　B．双方向の 〜 開する　C．行為(の)選択　D．穏便な意思表示　E．尊敬
F．謙譲

《数　学》

マーク解答

ア．⊖　イ．⑦　ウ．②　エ．①　オ．⓪　カ．①　キ．②　ク．②　ケ．①　コ．②
サ．⑧　シ．③　ス．①　セ．③　ソ．⑥　タ．③　チ．②　ツ．①　テ．⊖　ト．①
ナ．⓪　ニ．⑧　ヌ．①　ネ．⑨　ノ．①　ハ．④　ヒ．①　フ．④

記述解答

A．$\left(3a, \dfrac{5}{3a}\right)$　B．$\dfrac{10}{3}$　C．$\dfrac{40\sqrt{10}}{9}\pi$　D．1　E．6　F．$6\sqrt{3}+4\pi$

《英　語》

マーク解答

1．①　2．③　3．⑤　4．⑤　5．④　6．④　7．①　8．②　9．②　10．④
11．④　12．②　13．①　14．⑤　15．③　16．③　17．②　18．②　19．②　20．③
21．③　22．④　23．②　24．⑤　25．①　26．④　27．①　28．③　29．④　30．⑤
31．②　32．①　33．①　34．⑤　35．②

記述解答

A．behind　B．around　C．right　D．most　E．lives　F．forty　G．so　H．to walk
I．helped the younger students with reading and math

《理　科》

マーク解答

1．⑤　2．⑤　3．②　4．⑧　5．⑦　6．⑥　7．①　8．③　9．⑦　10．⑤
11．⑥　12．②　13．③　14．⑦　15．⑤　16．④　17．⑤　18．②　19．⑥　20．④

記述解答

A．3　B．2.7　C．8，1.5　D．10.3　E．還元　F．CO_2　G．塩化水素　H．DNA
I．リチウムイオン

《社　会》

マーク解答

1．④　2．②　3．③　4．②　5．②　6．③　7．②　8．④　9．①　10．②
11．③　12．①　13．①　14．④　15．②　16．②　17．⑤　18．③　19．①　20．②
21．③　22．①　23．③　24．⑥　25．④　26．⑥　27．①

記述解答

A．天正遣欧(少年)使節〔別解〕天正少年使節　B．なし　C．シビリアンコントロール

2020 解説 令和２年度 中京大学附属中京高等学校

←解答例は前ページにありますので，そちらをご覧ください。

《2020 国語 解説》

〔一〕

問三 傍線部ａの「この危機」とは、地球環境の危機であり、人間自身が生きる環境の危機である。また、この危機は、前の段落で説明されているように「近代テクノソフィアの働きの結果」もたらされたものであり、「人間の選択したさまざまな行為による」ものである。つまり、傍線部ａでは、人間の選択した行為が、人間自身が生きる環境の危機という結果をもたらしたということを述べている。

問四Ｘ 直前に「で」とあるので、その前の「一般的」と「 Ｘ 的」は同じような意味のことばである。よって、①が適する。　Ｙ 直前の「インクと紙という物質・物体」は「本」のことを表したもの。「自分の考え」という、形がなく見えないもの(抽象的なもの)が、「本」という、形のある見えるものになるということなので、⑤が適する。　Ｚ ＡＩ(人工知能)がどのように「判断し、選択することができるようになる」と「人工疑似フロネーシス」になるのかを考える。語注の内容から、「フロネーシス」は、判断能力や思慮深さであることが読み取れる。人間が、ＡＩの行う「判断し、選択すること」に(決定的な部分で)関われば、「疑似フロネーシス」とは言えないため、ＡＩ(人工知能)が自ら考え、それに従って判断や選択を行うものを「人工疑似フロネーシス」と呼んでいることがわかる。よって、③が適する。

問五 ＳＮＳでの「『書く』という行為」については、次の段落で説明されている。その特徴は、書き手と情報の受け手の双方向の情報交換が可能なことと、情報の受け手が「たちどころに情報を多数の他者へ発信する主体に変化する」ことである。この２つの特徴をまとめたものが、さらに次の段落の「双方向のコミュニケーションから拡散する情報へと展開する」である。

問六 少し前にある「悪意なく書き込んだものでも、受け取り手によっては悪意を感じてしまうこともある」や、直前の「ネット上の書きことばは、書き手の意図ではなく」などより、ネット上の書きことばによるコミュニケーションは、読み手の受け取り方によるものであることが読み取れる。よって、③が適する。書き手の意図を読み手が必ず誤解するわけではないので、①の「誤解による」は適さない。

問七 (中略)の前では、近代テクノソフィアの働きや、これを用いた人間の行為の選択が、わたしたちが直面している地球環境の危機をもたらしたと述べている。つまり、科学技術という「近代テクノソフィア」を用いた人間の行為の選択が、「わたしたちの生きる現実」に大きな影響を与え、その行く末を左右することがあるのである。空欄 イ を含む一文は、このことを受けて述べている。

問八 ①環境の破壊をもたらした原因が「科学技術の進歩のスピードが」速すぎたことにあるとは述べられていない。　②「古い媒体は衰退し」とは述べられていない。　③メガテクノソフィアは「人間より優れた判断を行う」とは述べられていない。　④選択肢の前半部分は、(中略)の前に書かれている内容と一致する。また、選択肢の後半部分は、本文の最後の２段落に書かれている内容と一致する。よって、適する。　⑤「科学に誤りはないという考え」が「神話」だとは述べていない。

〔二〕

問二 あらすじの内容と、文章の最後から３行目の「姉は悪くない。昨日わたしが失恋したばかりだということを、知らないのだ。それに姉自身が少しだけ関係していることも」に着目する。姉は「ほんとに元気なの？」と私のことを心配しているが、昨日の失恋に姉が関係しているだけに反発を感じている。よって、①が適する。

問三 カルシウムという言葉を、中学時代の「わたし」がよく使っていたことが後の方に書かれている。「カルシウムがほしいなと言えば、いらいらする、むしゃくしゃするという意味になる～家族に定着した、この穏便な意思表示を、誰よりもわたしが重宝した」とある。

問四　直前の「得体の知れない感情がいくつもまじりあい～わたしを揺さぶった」に着目する。いまの「わたし」は、当時の自分の感情を「姉に怒りをぶつけては自己嫌悪におちいり～恐怖もあっただろう」と分析している。しかし、当時の「わたし」は、いくつもの「得体の知れない感情」にずっととらわれ続け、混乱していた。このことを傍線部ｃのように表現している。よって、「つかみどころのない負の感情にさいなまれ続けている」とある③が適する。

問五　傍線部ｄについては、問一の解説も参照。少し前まで、「わたし」は、ずっと姉に振り回されたり悩まされたりしてきたことを思い出していた。そして、何も知らずに心配そうに話しかけてくる姉に対して怒りや反感を感じている。一方、傍線部ｅではこの心情が変化している。前後に「自分に言い聞かせるように」「姉は悪くない。昨日わたしが失恋したばかりだということを、知らないのだ。それに姉自身が少しだけ関係していることも」とあり、姉は悪くないのだと言い聞かせ、冷静になろうとしている。よって、④が適する。

問六　①二重傍線部(イ)の２つ前の段落に、「成長し、いわば世の中を知るにつれて、幼かった頃の純粋なあこがれが薄れた後も」とあり、幼い頃の「わたし」は姉にあこがれを抱き、慕っていたことがわかる。また、同じ段落に「それが愛すべきものではなくただの自分勝手と感じられるようになったのは、中学に入ったあたりからだろうか～振り回される周りの人間のことを、姉はちっとも考えていない」とあり、中学に入ったあたりから、姉に不満をいだくようになったことが読み取れる。よって、適する。　②「自分を情けなく思い悲観的になっている」という部分は、文章からは読み取れない。　③全体的に、文章の内容と合わない。　④「姉のように生きたいと心の中で思う」という部分は、文章からは読み取れない。　⑤全体的に、文章の内容と合わない。

問七　①「客観的に」が誤り。「わたし」の心情は、「わたし」の視点から主観的に描かれている。　②文章の４行目の「あると思うよ」という会話表現には「　」がつけられていないが、同じ現在の場面でも、その前後の姉の言葉には「　」がついている。よって、適さない。　③「それからは一定の周期で、強気になったり弱気になったりを繰り返した」や「姉に怒りをぶつけては自己嫌悪におちいり」などから、姉に対する憎悪が繰り返し湧き起こっていることが読み取れる。「姉さえいなければ」という怒りや不満を含んだ表現を二度用いることで、こうした繰り返し湧き起こる憎悪を表現している。よって、適する。　④「あれは、どこの海だったのだろう」という部分は、回想場面の途中にあるので、「過去の回想場面に誘う契機となり」という効果はない。　⑤小さい頃の「わたし」が孤独だったということは、文章からは読み取れない。

〔三〕

問一Ｘ　空欄 X の直前で、たやすくは殺せませんと言っているので、①の「力を入れて」が適する。

Ｙ　空欄 Y の後で必ず殺せますと言っている。人の場合は力を入れないと殺せないが、虫の場合はそうでもないと考えられるので、②の「少しの事せんに(＝少しの事をすれば)」が適する。

問三⑴　「試み給へ」の現代語訳は、「私(＝晴明)を(僧たちが)お試しになる」となる。「お～になる」という表現は尊敬語である。「試す」という僧たちの動作に尊敬語を用いることで、彼らに敬意を表している。　⑵　「見せ奉らん」の現代語訳は、「(晴明が僧たちに)お見せいたしましょう」となる。「お～いたす」という表現は謙譲語である。「見せる」という自分の動作に謙譲語を用いて、僧たちに敬意を表している。

問四　空欄 Z の直前に「僧どもの色変りて(＝僧たちは顔色を変えて)」とあることから考える。僧たちは、目の前で蛙が死んだのを見て、晴明の術の力を思い知らされた。力を入れれば人をも殺せるという晴明の術の力を見せつけられて、恐ろしさを感じている。よって、②が適する。

問五　晴明は不思議な力を使って蛙を殺してしまった。人もいないのに格子戸が上げ下ろしされ、門が閉じられるという不思議なことが起こるのは晴明の家だと考えられ、こうしたことに式神が使われているのではないかと想像している。よって、①が適する。

【古文の内容】

この晴明が、ある時、広沢の僧正のお住まいに伺って用事を承っていた時に、若い僧たちが晴明に、「式神をお使いになるということですが、たちまちのうちに人を殺せるのですか」と言うので、「たやすくは殺せません。力を入れてやれば殺せます」と言う。「そういうわけで虫などは、少しの事をすれば必ず殺せます。しかし、生き返らせる術を知らず、罪を犯すことになるので、そんな事は無益なことです」と言っていると、庭に蛙が出てきて、五、六匹ほどが飛び跳ねながら池の方へ行ったのを、「あれをひとつ、それならば殺して下さい。試しに見せてください」と僧が言うので、「罪作りなことをされるお坊さんたちですな。しかし私(の術の力)をお試しになるのですから、殺してお見せいたしましょう」と、草の葉を摘み取って、呪文を唱えるようにして蛙の方へ投げてやると、その草の葉が、蛙の上にかかり、蛙は平たく潰れて死んでしまった。これを見て、僧たちは顔色を変えて、恐ろしいと思った。

家の中に人がいない時は、この式神を使うのか、人もいないのに格子戸が上げ下ろしされ、門が閉じられるなどしていたという。

《2020　数学　解説》

[1]

(1)　与式$=(\frac{12\times5}{3}-6)\times(-\frac{1}{2})=(20-6)\times(-\frac{1}{2})=14\times(-\frac{1}{2})=-7$

(2)　$\frac{n}{6}$が自然数だから，nは正の数とわかる。

$\frac{n}{6}$が自然数だから，$6=2\times3$より，$n=2\times3\times a$（aは自然数）となる。$\frac{n^2}{84}$が自然数だから，$84=2^2\times3\times7$より，$n^2=(2^2\times3\times7)\times3\times7\times b^2$（bは自然数）となり，$n=2\times3\times7\times b$と表せる。$\frac{n^3}{245}$が自然数だから，$245=5\times7^2$より，$n^3=(5\times7^2)\times5^2\times7\times c^3$（cは自然数）となり，$n=5\times7\times c$と表せる。

したがって，nは2，3，5，7を素因数に持つ数であり，そのようなnのうち最小の数は，$2\times3\times5\times7=210$である。

(3)　$x^2-y^2=(x+y)(x-y)$　　ここに$x=3+\sqrt{2}$，$y=3-\sqrt{2}$を代入すると，

$\{(3+\sqrt{2})+(3-\sqrt{2})\}\{(3+\sqrt{2})-(3-\sqrt{2})\}=6(3+\sqrt{2}-3+\sqrt{2})=6\times2\sqrt{2}=12\sqrt{2}$

(4)　求める関数の式を$y=ax^2$とする。yの最大の値が8で正の数であることから，関数$y=ax^2$のグラフは上に開いた放物線とわかり，xの絶対値が大きいほどyの値も大きくなる。

よって，$x=-4$のとき$y=8$だから，$y=ax^2$に代入すると，$8=a\times(-4)^2$となり，$a=\frac{1}{2}$

(5)　求める数をxとすると，与式より，$x+2=4(\frac{11}{3}-\frac{5}{2})$　　$x=4(\frac{22}{6}-\frac{15}{6})-2=4\times\frac{7}{6}-2=\frac{14}{3}-\frac{6}{3}=\frac{8}{3}$

(6)　1個のさいころを3回投げるとき，1回目，2回目，3回目に出る目はそれぞれ6通りずつあるから，3回の目の出方は6^3通りある。このうち，3回とも同じ目となる目の出方は，3回ともすべて1の場合，2の場合，3の場合，…，6の場合の6通りある。よって，求める確率は，$\frac{6}{6^3}=\frac{1}{36}$である。

(7)　$10^2=100$，$18^2=324$，$19^2=361$より，$100<n^2<360$を満たす自然数nは，11以上18以下である。

この中に，素数は11，13，17の3個ある。

(8)　$2x+y=5$…①，$5x-5y=5$より，$x-y=1$…②とする。

①＋②でyを消去すると，$2x+x=5+1$　　$3x=6$　　$x=2$

②に$x=2$を代入すると，$2-y=1$　　$y=1$

⑼　A(4，2)を，P(－3，5)を中心として点対称移動させた点Bは，直線AP上にあり，AP＝BPとなる(右図参照)。

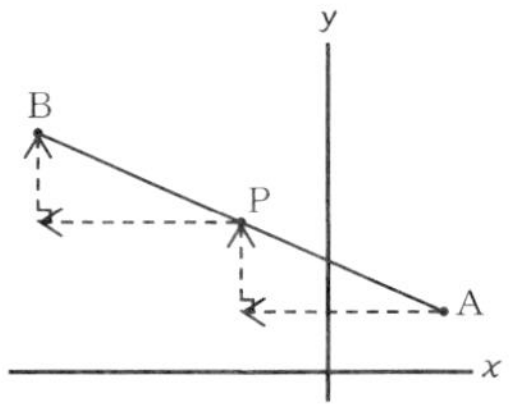

Pは Aから，x軸方向に－3－4＝－7，y軸方向に5－2＝3移動した点だから，

Bは Pから，x軸方向に－7，y軸方向に3移動した点である。

よって，Bの座標は，(－3－7，5＋3)＝(－10，8)である。

⑽　24人目と25人目のさいころの目の出方は，全部で6×6＝36(通り)ある。

(i)　25人の平均値が3.56点となるとき，25人の合計点は3.56×25＝89(点)である。23人目までの合計点は，1×4＋2×3＋3×5＋4×3＋5×5＋6×3＝80(点)だから，24人目と25人目の2人の合計点が89－80＝9(点)であればよい。よって，条件に合う(24人目，25人目)のさいころの目の出方は，(3，6)，(4，5)，(5，4)，(6，3)の4通りあるから，求める確率は，$\frac{4}{36}=\frac{1}{9}$である。

(ii)　25人の中央値は，25÷2＝12.5より，得点の小さい方(または大きい方)から13番目の得点である。23人目までの得点で，3点以下が4＋3＋5＝12(人)だから，このときに得点の小さい方から13番目の得点は4点とわかる。したがって，3点以下の人数がこれ以上増えると，25人が投げ終わった時点で，13番目の得点が3点となってしまい条件に合わない。よって，条件に合う24人目，25人目のさいころの目の出方は，どちらも4以上の目が出る3×3＝9(通り)あるから，求める確率は，$\frac{9}{36}=\frac{1}{4}$である。

(iii)　23人目までの得点で，最も人数が多いのは3点と5点だから，24人目，25人目の少なくともどちらか一方が3を出し，もう一方が5以外を出せばよい。よって，1人だけが3を出す場合，24人目が3を出すとき25人目は1，2，4，6の4通り，同様に25人目が3を出すとき24人目は4通り，2人とも3を出す場合は1通りあるから，条件に合う24人目，25人目のさいころの目の出方は，4×2＋1＝9(通り)あるので，求める確率は，$\frac{9}{36}=\frac{1}{4}$である。

[2]

⑴　Aは，$y=\frac{5}{x}$のグラフ上の点だから，$x=\mathrm{a}$より$y=\frac{5}{\mathrm{a}}$なので，A$(\mathrm{a},\ \frac{5}{\mathrm{a}})$

Cのy座標はAのy座標に等しく$\frac{5}{\mathrm{a}}$で，Cは$y=\frac{15}{x}$のグラフ上の点だから，$y=\frac{5}{\mathrm{a}}$より$\frac{5}{\mathrm{a}}=\frac{15}{x}$となり，$x=\frac{15\mathrm{a}}{5}=3\mathrm{a}$なので，C$(3\mathrm{a},\ \frac{5}{\mathrm{a}})$

Bのx座標はCのx座標に等しく3aで，Bは$y=\frac{5}{x}$のグラフ上の点だから，$x=3\mathrm{a}$より$y=\frac{5}{3\mathrm{a}}$なので，B$(3\mathrm{a},\ \frac{5}{3\mathrm{a}})$

⑵(i)　AとDのx座標が等しく，BとCのx座標が等しいから，AD//BCなので，△BCD＝△BCAである。したがって，△BCD＝△BCA＝$\frac{1}{2}$×BC×CA＝$\frac{1}{2}(\frac{5}{\mathrm{a}}-\frac{5}{3\mathrm{a}})(3\mathrm{a}-\mathrm{a})=\mathrm{a}\times\frac{10}{3\mathrm{a}}=\frac{10}{3}$

(ii)　△BCDについて，右のように作図し記号をおく。△BCDを直線ℓを軸として1回転してできる立体は，底面の半径がBH，高さがDHの円すいと，底面の半径がBH，高さがCHの円すいを合わせた立体で，その体積は，$\frac{1}{3}\times\mathrm{BH}^2\times\pi\times\mathrm{DH}+\frac{1}{3}\times\mathrm{BH}^2\times\pi\times\mathrm{CH}=\frac{1}{3}\pi\times\mathrm{BH}^2\times(\mathrm{DH}+\mathrm{CH})=\frac{1}{3}\pi\times\mathrm{BH}^2\times\mathrm{CD}$である。

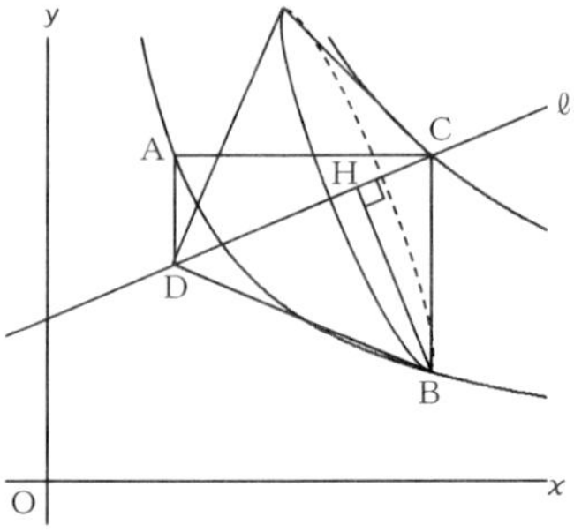

$\mathrm{a}=\frac{1}{2}$だから，A$(\frac{1}{2},\ 10)$，C$(\frac{3}{2},\ 10)$である。Dのx座標はAのx座標に等しく$\frac{1}{2}$だから，Cのx座標より$\frac{3}{2}-\frac{1}{2}=1$小さく，直線$\ell$の傾きが$\frac{1}{3}$なので，Dの$y$座標はCの$y$座標より$\frac{1}{3}$小さい。

したがって，三平方の定理より，$CD=\sqrt{AC^2+AD^2}=\sqrt{1^2+(\frac{1}{3})^2}=\frac{\sqrt{10}}{3}$である。

$\triangle BCD=\frac{1}{2}\times CD\times BH$より，$\frac{10}{3}=\frac{1}{2}\times\frac{\sqrt{10}}{3}\times BH$　　$BH=2\sqrt{10}$

よって，求める体積は，$\frac{1}{3}\pi\times BH^2\times CD=\frac{1}{3}\pi\times(2\sqrt{10})^2\times\frac{\sqrt{10}}{3}=\frac{40\sqrt{10}}{9}\pi$である。

［3］

⑴ 円Oの外側に接する4つの円をかくと右図のようになる（4点P，Q，R，Sは，それぞれ外側の円の中心）。

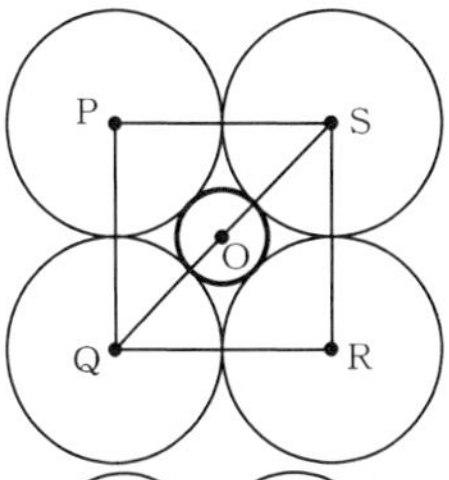

四角形PQRSは1辺が2rの正方形である。また，対角線$SQ=2(r+\sqrt{2}-1)$である。△PSQは直角二等辺三角形だから，$PS：SQ=1：\sqrt{2}$となるので，

$2r：\{2(r+\sqrt{2}-1)\}=1：\sqrt{2}$　　$2\sqrt{2}r=2(r+\sqrt{2}-1)$

$\sqrt{2}r-r=\sqrt{2}-1$　　$r(\sqrt{2}-1)=\sqrt{2}-1$　　$r=1$

⑵ 円Oの外側に円Oと半径の等しい円を2つかくと，右図のようになる。これらの円の中心を結ぶと，正三角形ができる。したがって，外側の円の中心は，図のようにとることができるから，かける円は6個である。

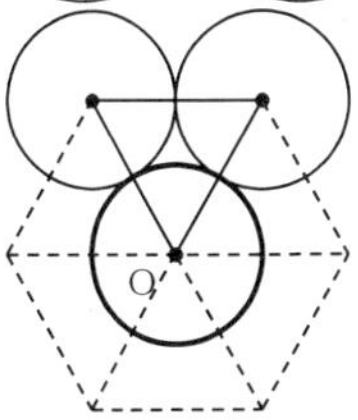

⑶ 求めるSは，右図の白色の正六角形と，斜線部分の面積の和である。

正六角形は1辺の長さが$1\times2=2$の正三角形6個からできている。正三角形の1辺の長さと高さの比は$2：\sqrt{3}$だから，高さは$2\times\frac{\sqrt{3}}{2}=\sqrt{3}$である。したがって，正三角形1個の面積は，$\frac{1}{2}\times2\times\sqrt{3}=\sqrt{3}$である。

斜線部分は，半径が1，中心角が$360-60\times2=240(°)$のおうぎ形6個からできていて，おうぎ形1個の面積は，$1^2\pi\times\frac{240}{360}=\frac{2}{3}\pi$である。

よって，求める面積は，$\sqrt{3}\times6+\frac{2}{3}\pi\times6=6\sqrt{3}+4\pi$

《2020　英語　解説》

［1］A　(a)・behind〜「〜の後ろに」　(b)・from behind「背後から」

B　(a)・around the corner「もう間もなく」　(b)・look around「見回す」

C　(a)・by what right「何の権利によって」　(b)・right side「右側」

D　(a)・most of〜「〜のほとんど」　(b)beautiful のような長い形容詞を最上級にする→〈the most＋原級〉

E　(a)主語が3人称単数で現在形の文だから，lives にする。　(b)life の複数形 lives にする。

［2］1　My mother always told me to stop using my smartphone.：always「いつも」のような頻度を表す副詞は be 動詞の直後，一般動詞の直前に入れる。使用しない語は must。　・tell＋人＋to＋〜《動詞の原形》「(人)に〜するように言う」

2　I learned preparing food and water is becoming important.：preparing〜「〜を備蓄しておくこと」は動名詞。is becoming〜「〜になってきている」は現在進行形。使用しない語は from。

3　Can you send me the book after you finish reading it?：〈…after〜〉「〜のあとで…」の形。

・send＋人＋もの「(人)に(もの)を送る」使用しない語は mine。

4　Who came into this room when I was out?：〈…when〜〉「〜のとき，…」の形。使用しない語は think。

5　I have never seen such an impressive movie before.：〈have/has never＋過去分詞〉「1度も〜したことがない」の文。使用しない語は ever。　・such a/an＋形容詞＋○○《名詞》「こんなに〜な○○」

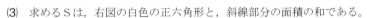

［3］【本文の要約】参照。

6　グラフ1と2を見比べると，2017年から猫の飼育頭数が犬よりも多くなっていることがわかる。

G　Some said they were too busy to walk a dog.：不要な語はso。too ～ to …「…するには～すぎる／～すぎて…できない」の文。　・walk a dog「犬を散歩させる」

H　・want＋人＋to～「(人)に～してほしい」

11～15　1位のアは④Cats「猫」，2位のイは②Dogs「犬」，3位のウは①Fish「魚」，4位のエは⑤Birds「鳥」，5位のオは③Others「ほかのもの」となる。ユミの5回目の発言「ウサギを飼っているのは2人だけです」より，ウサギは1位～4位には入っていない。

【本文の要約】

ユミ　：こんにちは，みなさん。今日は，ペットについてお話しします。日本では多くの人がペットを飼っています。そこで，クラスメートにペットについて尋ねました。私はいくつか質問をするつもりです。はじめましょう！第1問。私たちのクラスの中で最も人気のあるペットは何でしょうか？

ケン　：犬！

ユミ　：いいえ！2番目です。

ミオ　：猫？

ユミ　：ええ！

ケン　：本当に？驚いた。犬は猫よりも人気があると思っていたよ。

ユミ　：私も驚きました。でも，グラフ1とグラフ2を見てください。日本では，猫は(①)④2017年以降，犬よりも人気があります。次に，第2問に進みます。クラスで3番目に人気のあるペットは何でしょうか？

ミオ　：ウサギ？

ユミ　：いいえ。ウサギを飼っているのは2人だけです。

リョウタ：鳥？

ユミ　：鳥は4番目です！

ケン　：魚！

ユミ　：すばらしい！グラフ3を見てみましょう。クラスには②40(＝forty)人の生徒がいます。11人の生徒は猫を飼っていますが，10人は犬を飼っています。

ケン　：③①差は1人だけなんだね。ところで，なぜ猫は犬よりも人気があるの？

ユミ　：インターネットで(④②猫が犬よりも人気がある)理由を見つけることができませんでした。そこで，クラスメートに尋ねました。あまりに忙しくて犬を散歩させることができないと言っている人もいました。一方，猫の飼い主は犬(⑥)②のように(＝like)散歩に連れて行く必要はありません。猫は自由に動き回って自分で家に帰ります。猫は私たちに散歩させてほしくありません。猫は自分の時間を楽しんでいます！

ケン　：僕はココという犬を飼っているよ。彼女は本当にかわいくて，僕らの家族の一員なんだ。疲れているときは散歩したくないけど，もっと多くの人に犬を飼ってほしいと思うよ。

加藤先生：ちょっといいかしら。実は，私は犬を飼っています。だから，みなさんが私を入れてくれたら，(⑧)④クラスの中で犬は猫と同じくらい人気になります。私も犬が好きです。私は運動をするために犬の散歩をします。

ユミ　：ごめんなさい，加藤先生。ありがとうございます。今は2匹の猫を飼っていますが，いつか犬を飼いたいです。

［4］【本文の要約】参照。

I　・help＋人＋with＋こと/もの「(人)の(こと／もの)を助ける」

28～32　第5段落より，(カ)1限目は③Reading「読むこと」，(キ)15 分の④Games「ゲーム」の後，(ク)2限目は⑤Math「数学」，(ケ)3限目は②Writing「書くこと」，昼休みの後，4限目は Spelling and Grammar「つづり方と文法」，(コ)5限目は①History「歴史」，6限目は Geography「地理」

33　生徒1：「彼は8歳です」…教室の図より，男子が図の左側，女子が右側だとわかる。また，高学年の生徒ほど後ろに座るから，①の後ろに 12 歳の少年が座っていることから，①が適切。

34　生徒2：「彼女は 13 歳です」…⑤の前に 10 歳の少女が座っているから，⑤が適切。

35　①○「マーク・トウェインは『トム・ソーヤの冒険』を書いた有名なアメリカの作家です」…第1段落2～3行目の内容と一致。　②「トム・ソーヤは×ミズーリ州のハンニバルに住んでいました」　③×「今日，約 400 人の子どもたちが1つの教室の学校に通っています」…本文にない内容。　④×「親が校舎を建設しました」…本文にない内容。　⑤○「6歳から 15 歳の子どもたちが1つの教室の学校に通いました」…第4段落2～3行目の内容と一致。　⑥「生徒たちは徒歩または×電車で学校に行きました」　⑦×「生徒は毎日たくさんの宿題をしなければなりませんでした」…本文にはない内容。

【本文の要約】

あなたの趣味は何ですか？音楽を聴くこと？読書？サッカーをすること？私の趣味は読書で，35①私のお気に入りの本は「トム・ソーヤの冒険」です。それは有名なアメリカの作家，マーク・トウェインによってあ③書かれました(＝written)。彼は 1876 年にこの本を書きました。トム・ソーヤは 10 歳くらいの男の子で，学校に通っていました。彼の学校は私たちの学校(ア)③と異なっています(＝is different from)。彼の学校は「1つの教室の学校」です。「1つの教室の学校」を聞いたことがありますか？私は1つの教室の学校(イ)④に興味があります(＝am interested in)。ですから，1つの教室の学校についてお話ししたいと思います。トムはセント・ピーターズバーグい④と呼ばれる(＝called)町に住んでいましたが，それは架空の物です。マーク・トウェインはミズーリ州のハンニバルで育ちました。

トムとセント・ピーターズバーグの他の子どもたちは，1つの教室の学校に行きました。18 世紀から 19 世紀にかけて，アメリカの小さな町には1つの教室の学校がたくさんありました。1880 年代後半には約26④19 万(＝one hundred and ninety thousand)の1つの教室の学校がありましたが，今日は約 400 校ほどです。

1つの教室の学校はどのようなものだったのでしょうか？学校は大きな部屋のある小さな家のように見えました。学校の屋根(ウ)②の一番上に(＝on top of)学校のベルがありました。大きな部屋には，生徒用の小さな木製の机と椅子がありました。先生の机と大きな黒板が教室(エ)⑤の前に(＝in front of)ありました。それらの机や椅子はたいてい生徒の親が作ったものでした。すべての1つの教室の学校にはストーブがありました。冬の間，教師はストーブで木を燃やして部屋を(A)暖めました(＝warm)。ストーブの近くに座っていた子どもたちにとってはしばしば(B)暑すぎ(＝too hot)ました。そして，窓の近くに座っていた子どもにとっては，しばしば(C)寒すぎ(＝too cold)ました。

女の子は部屋の片側に座り，男の子は部屋の反対側に座りました。低学年の生徒は先生に近い前の方に座り，高学年の生徒は後ろに座りました。35⑤最年少の生徒は6歳くらいで，最年長の生徒は 14 から 15 歳くらいでした。1つの教室の学校には 6～40 人の生徒がいました。先生はその全員を教えなければなりませんでした。

学校に歩いていく子どもたちもいれば，馬にう②乗って(＝rode)いく子どもたちもいました。学校の日課は午前(オ)①8時に(＝at 8)始まり，午後(オ)①4時に(＝at 4)終わりました。28～32 1限目の科目はいつも読むことでした。その後，15 分間ゲームがありました。2限目の科目は数学で，その次は書くことの時間でした。昼食のための1時間の休憩の後は，つづり方と文法の時間でその次は歴史，そして最後の科目は地理でした。先生は先に低学年の生徒を，次に高学年の生徒を[え②教えました(＝taught)]。高学年の生徒は低学年の生徒の読むことや数学を手伝いました。ほとんどの生徒は家に帰ってから家族の農場で仕事をしなければならないので，宿題はありませんでした。

1つの教室の学校に[(イ)④興味があり(＝are interested in)]ますか？ 兄弟姉妹がいないので，私は1つの教室の学校に行きたいです。幼い生徒に教えることができたら楽しいです。[お③聞いて(＝listening)]くれてありがとうございました。

―《2020 理科 解説》―

[1]

(1) おもりがもつ位置エネルギーと運動エネルギーの合計を力学的エネルギーといい，空気抵抗やまさつなどがない場合，力学的エネルギーは一定である。位置aでは位置エネルギーが最大で運動エネルギーが0であるが，位置cでは位置エネルギーが0になり，それがすべて運動エネルギーに移り変わる。また，そこから，位置aと同じ高さの位置eまで移動した場合，位置cでもっていた運動エネルギーがすべて位置エネルギーに移り変わることで運動エネルギーが0になり，位置エネルギーは位置aのときと同様に最大になる。

(2) 〔力学的エネルギー＝位置エネルギー＋運動エネルギー〕より，位置エネルギーの大きさが力学的エネルギーの大きさの25%ということは，運動エネルギーの大きさは力学的エネルギーの大きさの100－25＝75(%)である。したがって，おもりがもつ運動エネルギーの大きさは，位置エネルギーの大きさの$\frac{75}{25}$＝3(倍)である。

(3) おもりの運動エネルギーは位置eで0になっている(一瞬静止している)ので，糸が切れた場合，重力のみがおもりにはたらき，真下に落ちる。

(4) 棒磁石のN極が位置aからコイルに近づくとき，＋の電流は0からだんだん大きくなって最大になる。次に，位置cで0に戻り，棒磁石のN極がコイルから遠ざかるときに，－の電流はだんだん大きくなって最大になる。その後，位置eで再び0に戻り，ふりこが0.5往復するごとにこのような電流の流れ方を繰り返すので，②が正答となる。

(5) 図4において，磁界の向きは，コイルの内側で左向き，コイルの外側で右向きになっている。このときコイルに流れる電流の向きはBである。

[2]

(1) ねばりけが強いマグマが冷え固まると白っぽい岩石になり，ねばりけが弱いマグマが冷え固まると黒っぽい岩石になる。また，地下深くにおいてゆっくり冷え固まると，大きな粒だけでできているつくり(等粒状組織)の深成岩になり，地表やその付近において急に冷え固まると，小さな粒(石基)の中に大きな粒(斑晶)がまばらに存在するようなつくり(斑状組織)の火山岩になる。

(2) 火成岩bは，白っぽい深成岩であることがわかるので，つくりは等粒状組織の花こう岩である。

(3) 無色鉱物が多いということは，岩石は白っぽいということなので，マグマのねばりけが強かったことがわかる。マグマのねばりけが強いと，ドーム状に盛り上がるため，おわんをふせたような形の火山になる。有珠山や雲仙普賢岳はドーム状の火山である。

(4) 太陽投影板が接眼レンズに近いほど像が小さくなる。また，太陽は東→南→西の順に動くので，aが西側，bが東側である。図2では投影した太陽の像が西にずれているので，天体望遠鏡の向きを西にずらす。

(5) 太陽の像の直径が12 cm→120 mm，黒点の像の直径が3 mmなので，太陽の直径は黒点の直径の$\frac{120}{3}$＝40(倍)である。一方，太陽の直径は地球の直径の 109 倍なので，黒点の直径は地球の直径の 109÷40＝2.725→2.7 倍である。

⑹　右側が光っている半月が南中しているので，図７より，日没時に⑦の月を見ている状態である。

［３］

⑴　空気１㎥あたりの水蒸気量は，午前６時が 5.6×0.9＝5.04(g)，午前８時が 9.4×0.7＝6.58(g)となるので，午前８時の方が 6.58－5.04＝1.54→1.5g多い。

⑵　液面より上にある水銀の質量は 1.0×76×13.6＝1033.6(g)なので，重力は 1033÷100＝10.33(N)である。したがって，大気による圧力は$\frac{10.33(\text{N})}{1.0(\text{cm}^2)}$＝10.33→10.3N/㎠である。

［４］

⑵　この反応を化学反応式で表すと $2CuO + C \rightarrow 2Cu + CO_2$ となる。

⑶　⑤○…発生する気体は，①が酸素，②が水素，③が塩素，④が水素，⑤が二酸化炭素，⑥が酸素である。

⑷　0.40＋0.15－0.44＝0.11(g)

⑸　５回目の結果から，酸化銅 2.00g と炭素 0.15g がちょうど反応するので，酸化銅 2.40g とちょうど反応する炭素の質量は，$0.15\times\frac{2.40}{2.00}$＝0.18(g)である。したがって，炭素の粉末はあと 0.18－0.15＝0.03(g)必要である。

［５］

⑴　①×…デンプンにはたらく消化酵素は，すい液にも含まれる。　②×…胃液の中の消化酵素の役割は主にタンパク質の分解だが，アミノ酸まで分解されるわけではない。　④×…胆汁は主に脂肪の分解を助けるために使われる。　⑤×…オはすい臓である。すい臓から出されるすい液の中の消化酵素は，脂肪，デンプン，タンパク質のすべてにはたらく。　⑥×…水分は大腸でも吸収される。

⑶　小腸の柔毛では，毛細血管にブドウ糖とアミノ酸が吸収され，リンパ管に脂肪酸とモノグリセリドが吸収される。

⑷　ささみの主な成分であるタンパク質を分解するのは，胃液に含まれるペプシンやすい液に含まれるトリプシンである。また，小倉トーストの主な成分である炭水化物や脂肪を分解するのは，だ液やすい液に含まれるアミラーゼやすい液に含まれるリパーゼである。

⑸　ブドウ糖は炭素や水素の化合物なので，呼吸の結果，炭素が酸化した二酸化炭素や，水素が酸化した水などが発生する。

［６］

問１　豆の１粒１粒は胚珠が成長した種子であり，種子を包んでいるのがさやなので，さやは子房が成長した果実である。

問２　双子葉類は，葉脈が網目状で維管束が輪状に並んでおり，根が主根と側根に分かれている。一方，単子葉類の特徴は，葉脈が平行で維管束がばらばらに分布し，根がひげ根である。

問３⑵　黄色の純系ＢＢと緑色の純系ｂｂからできる子の遺伝子の組み合わせはすべてＢｂである。図１で子がすべて黄色になったことから，黄色が優性の形質である。

問４　④×…30mL の原液を５倍にうすめるということは，水を加えた全体の体積が，元の 30mL の５倍の 150mL になるということである。したがって，必要な水は 150－30＝120(mL)である。

《2020　社会　解説》

〔1〕

問1　④Aは元寇，Cは遣隋使，Dは日明貿易，Eは遣唐使に関する記述である。

問2　②元・高麗の連合軍による１度目の襲来を文永の役(1274年)，２度目の襲来を弘安の役(1281年)といい，これら２つを合わせて元寇と言う。高麗は10世紀に朝鮮半島を統一し，14世紀末まで続いた。

問3　天正遣欧少年使節は，1582年に大友義鎮(宗麟)・大村純忠・有馬晴信の３キリシタン大名によってローマ教皇のもとに派遣された。

問4　③法隆寺は，中門を入って右に金堂，左に五重塔が配置されている。①は飛鳥寺など，②は四天王寺などの図である。

問5　②室町時代の日明貿易は，正式な貿易船と海賊行為を行う倭寇を区別するために勘合という合札を用いたため，勘合貿易とも呼ばれる。①は室町時代～安土桃山時代のポルトガルやスペインとの貿易，③は江戸時代初期の東南アジアの国々との貿易である。④は平安時代の貿易である。

問6　②が誤り。和同開珎は流通が確認された最古の貨幣である。

〔2〕

問1　③革命前の風刺画には，免税の特権を持つ聖職者や貴族の生活を，平民が負担している様子が描かれている。

問2　②絶対王政がとられていたフランスでは，人口の大部分を占める平民が税金を負担していたため，貧富の差が拡大していき不満が高まっていた。その中でフランス革命がおこり，自由と平等を唱えた人権宣言が発表された。

問3　④が正しい。江戸幕府は，アヘン戦争(1840～1842年)で大国の清がイギリスに敗北したことを知ると，異国船打払令をゆるめ，薪水給与令を出して必要な水や薪などを与え，退去させることにした。①は1857～1859年，②は1861～1865年，③は1894年で，全て黒船来航後の出来事である。

問4　①が正しい。②は大政奉還，③は薩長同盟，④は東京奠都《てんと》についての記述である。

問5　②が正しい。戊辰戦争(1868～1869年)→地租改正(1873年)→日清戦争(1894～1895年)→辛亥革命(1911～1912年)。　①安政の大獄(1858～1859年)→廃藩置県(1871年)→義和団事件(1899～1900年)→日露戦争(1904～1905年)。　③五箇条の御誓文(1868年)→大日本帝国憲法(1889年)→三国干渉(1895年)→ポーツマス条約(1905年)
④岩倉使節団派遣(1871～1873年)→西南戦争(1877年)→日英同盟(1902年)→ベルサイユ条約(1919年)

問6　③ウ．ロシア革命(1917年)→エ．ワイマール憲法(1919年)→イ．世界恐慌(1929年)→ア．満州事変(1931年)

〔3〕

問1　①が正しい。イギリスを通る本初子午線(経度０度の経線)とXの間は８等分されているので，経線は 120÷８＝15(度)ごとに引かれている。よって，①を選ぶ。本初子午線を基準として東経と西経に分かれ，本初子午線から遠ざかるにつれて東経・西経とも数値が大きくなる。②は東経90度，③は東経120度，④は東経150度。

問2　①経度差15度で１時間の時差が生じるから，日本(東経135度)とロサンゼルス(西経120度)の経度差が135＋120＝255(度)で，時差は 255÷15＝17(時間)になる。ロサンゼルスは日本より時刻が遅れているので，日本より17時間遅れた時刻がロサンゼルスの時刻となる。

問3　Dのインドネシアではプランテーション農業が行われているため，石炭やパーム油などの一次産品が輸出品上位となるから，④を選ぶ。①はBのロシア，②はCのエジプト，③はAのカナダ，⑤はEのニュージーランド。

〔4〕

問1　②が正しい。人口が多いアとイは千葉県と埼玉県であり，落花生の生産量が多い千葉県をア，埼玉県をイと判断する。面積が大きくピアノ生産量が多いウは静岡県である。人口減少率が高いエとオは佐賀県と福井県であり，有田焼の生産が盛んな佐賀県をエ，眼鏡フレームの生産が盛んな福井県をオと判断する。

問２　オの福井県は②を選ぶ。①は埼玉県，③は静岡県，④は千葉県，⑤は佐賀県。

〔５〕

問１　全て誤りだから「なし」となる。　①北東部と南西部に針葉樹林(Λ)がある。　②南西部に郵便局(〒)は見当たらない。③北東部に老人ホーム(⌂)は見当たらない。　④南東部に史跡の地図記号(∴)は見当たらない。

〔６〕

問１　⑤が正しい。　ア．Ｂは起点側に越後山脈，終点側に関東平野がある。　イ．Ｃは標高が高い(2000～3000m)日本アルプス(飛驒山脈・木曽山脈・赤石山脈)がある。Ａであれば起点側に中国山地(1000m前後)，終点側に四国山地(1500～2000m)がある。Ｄであれば飛驒山脈と木曽山脈がある。

問２　③が正しい。アは１年を通して降水量が少ないことから瀬戸内の気候の「い」，イは冬の降水量が多いことから日本海側の気候の「あ」と判断する。太平洋側の気候の「う」であれば，夏の降水量が多い。

〔７〕

問１　①が正しい。　②「戦争の放棄」は，国の力で相手をおどすようなことをいっさいしないことである。③・④イラストには「戦争放棄」と書かれたつぼの中に兵器が投入されて，列車や船舶，建造物が作られている。

問２　戦争放棄を規定する第９条の②を選ぶ。なお，①はコスタリカ憲法，③はドイツ基本法である。

問３　③が誤り。日本は，唯一の被爆国として核兵器を持たない立場を明らかにしている。

問４　シビリアンコントロールは文民統制とも言う。

〔８〕

問１　①が誤り。「在外投票制度を利用するため有権者登録した在外邦人は…10 万 1192 人」とある。

問２　③　ア．比例代表制は，得票に応じて政党に議席を配分するしくみである。死票が少なくなり，少数意見が反映されやすくなる一方，小政党が乱立しやすくなるため，政権が安定しにくい。　イ．参議院議員選挙は，都道府県を１つの単位とする選挙区制(「鳥取県・島根県」「徳島県・高知県」は合区)と，全国を１つの単位とする比例代表制をとっている。　ウ．小選挙区制は１つの選挙区から１人の当選者を出すしくみである。したがって，当選者以外に投じられた票はすべて死票となってしまう。

問３　ドント式を用いて計算する。ドント式では，各党による得票数を整数で１，２…と割っていき，商の大きい順に議席を配分する(右表参照)。

	A党	B党	C党
÷１	①1200	②900	④480
÷２	③600	⑤450	240
議席数	2	2	1

丸番号は当選順位

〔９〕

問１　④少年法での刑事罰の対象年齢は 14 歳以上である。

問２　⑥が誤り。請願権に年齢制限はない。

問３　①が正しい。都道府県知事の被選挙権は 30 歳以上が持つ権限である。

■ ご使用にあたってのお願い・ご注意

（1）問題文等の非掲載

著作権上の都合により，問題文や図表などの一部を掲載できない場合があります。

誠に申し訳ございませんが，ご了承くださいますようお願いいたします。

（2）過去問における時事性

過去問題集は，学習指導要領の改訂や社会状況の変化，新たな発見などにより，現在とは異なる表記や解説になっている場合があります。過去問の特性上，出題当時のままで出版していますので，あらかじめご了承ください。

（3）配点

学校等から配点が公表されている場合は，記載しています。公表されていない場合は，記載していません。

独自の予想配点は，出題者の意図と異なる場合があり，お客様が学習するうえで誤った判断をしてしまう恐れがあるため記載していません。

（4）無断複製等の禁止

購入された個人のお客様が，ご家庭でご自身またはご家族の学習のためにコピーをすることは可能ですが，それ以外の目的でコピー，スキャン，転載（ブログ，ＳＮＳなどでの公開を含みます）などをすることは法律により禁止されています。学校や学習塾などで，児童生徒のためにコピーをして使用することも法律により禁止されています。

ご不明な点や，違法な疑いのある行為を確認された場合は，弊社までご連絡ください。

（5）けがに注意

この問題集は針を外して使用します。針を外すときは，けがをしないように注意してください。また，表紙カバーや問題用紙の端で手指を傷つけないように十分注意してください。

（6）正誤

制作には万全を期しておりますが，万が一誤りなどがございましたら，弊社までご連絡ください。

なお，誤りが判明した場合は，弊社ウェブサイトの「ご購入者様のページ」に掲載しておりますので，そちらもご確認ください。

■ お問い合わせ

解答例，解説，印刷，製本など，問題集発行におけるすべての責任は弊社にあります。

ご不明な点がございましたら，弊社ウェブサイトの「お問い合わせ」フォームよりご連絡ください。迅速に対応いたしますが，営業日の都合で回答に数日を要する場合があります。

ご入力いただいたメールアドレス宛に自動返信メールをお送りしています。自動返信メールが届かない場合は，「よくある質問」の「メールの問い合わせに対し返信がありません。」の項目をご確認ください。

また弊社営業日（平日）は，午前９時から午後５時まで，電話でのお問い合わせも受け付けています。

2025春

株式会社教英出版
〒422-8054　静岡県静岡市駿河区南安倍３丁目 12-28
TEL　054-288-2131　　FAX　054-288-2133
URL　https://kyoei-syuppan.net/
MAIL siteform@kyoei-syuppan.net

教英出版　2025年春受験用　高校入試問題集

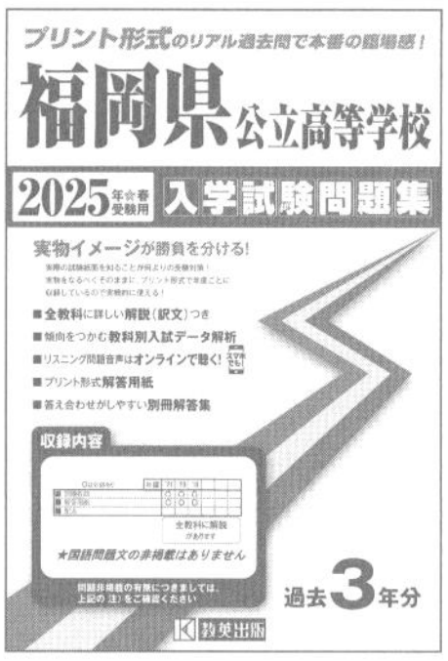

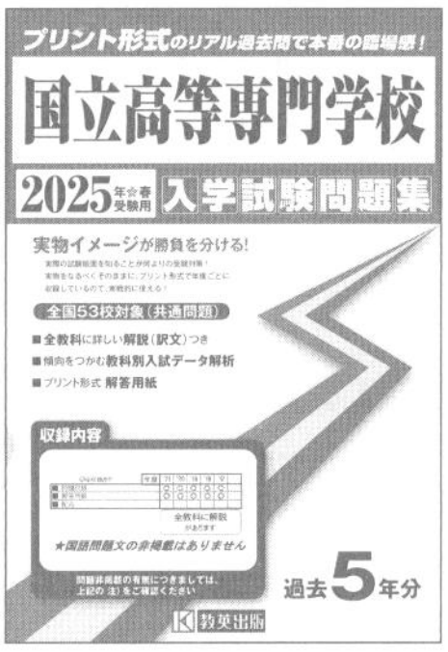

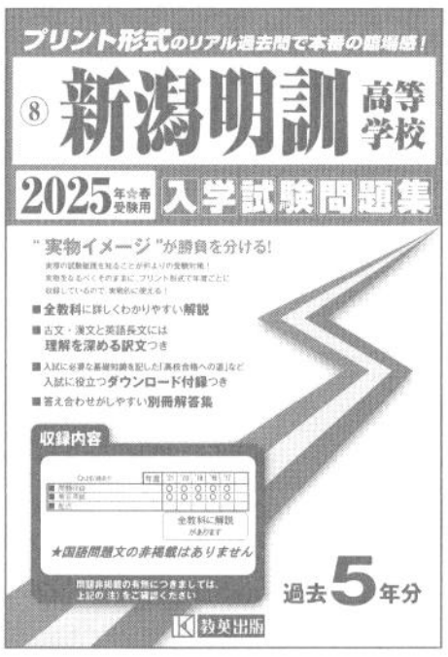

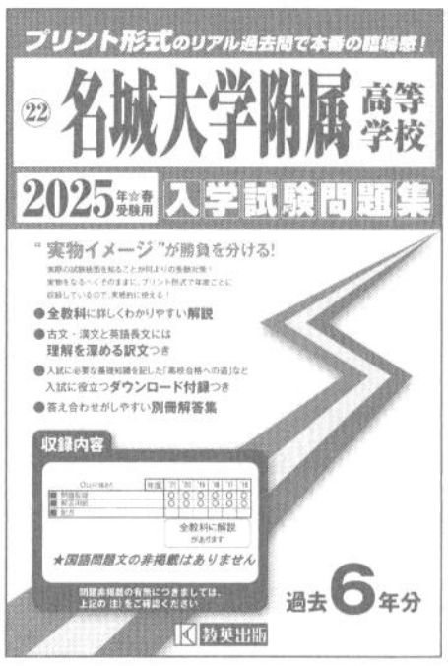

公立高等学校問題集

北海道公立高等学校
青森県公立高等学校
宮城県公立高等学校
秋田県公立高等学校
山形県公立高等学校
福島県公立高等学校
茨城県公立高等学校
埼玉県公立高等学校
千葉県公立高等学校
東京都立高等学校
神奈川県公立高等学校
新潟県公立高等学校
富山県公立高等学校
石川県公立高等学校
長野県公立高等学校
岐阜県公立高等学校
静岡県公立高等学校
愛知県公立高等学校
三重県公立高等学校(前期選抜)
三重県公立高等学校(後期選抜)
京都府公立高等学校(前期選抜)
京都府公立高等学校(中期選抜)
大阪府公立高等学校
兵庫県公立高等学校
島根県公立高等学校
岡山県公立高等学校
広島県公立高等学校
山口県公立高等学校
香川県公立高等学校
愛媛県公立高等学校
福岡県公立高等学校
佐賀県公立高等学校
長崎県公立高等学校
熊本県公立高等学校
大分県公立高等学校
宮崎県公立高等学校
鹿児島県公立高等学校
沖縄県公立高等学校

公立高 教科別8年分問題集

(2024年～2017年)

北海道(国·社·数·理·英)
宮城県(国·社·数·理·英)
山形県(国·社·数·理·英)
新潟県(国·社·数·理·英)
富山県(国·社·数·理·英)
長野県(国·社·数·理·英)
岐阜県(国·社·数·理·英)
静岡県(国·社·数·理·英)
愛知県(国·社·数·理·英)
兵庫県(国·社·数·理·英)
岡山県(国·社·数·理·英)
広島県(国·社·数·理·英)
山口県(国·社·数·理·英)
福岡県(国·社·数·理·英)

国立高等専門学校 最新5年分問題集

(2024年～2020年·全国共通)

対象の高等専門学校

釧路工業·旭川工業·
苫小牧工業·函館工業·
八戸工業·一関工業·仙台·
秋田工業·鶴岡工業·福島工業·
茨城工業·小山工業·群馬工業·
木更津工業·東京工業·
長岡工業·富山·石川工業·
福井工業·長野工業·岐阜工業·
沼津工業·豊田工業·鈴鹿工業·
鳥羽商船·舞鶴工業·
大阪府立大学工業·明石工業·
神戸市立工業·奈良工業·
和歌山工業·米子工業·
松江工業·津山工業·呉工業·
広島商船·徳山工業·宇部工業·
大島商船·阿南工業·香川·
新居浜工業·弓削商船·
高知工業·北九州工業·
久留米工業·有明工業·
佐世保工業·熊本·大分工業·
都城工業·鹿児島工業·
沖縄工業

高専 教科別10年分問題集

もっと過去問シリーズ
教科別
数学·理科·英語
(2019年～2010年)

学校別問題集

北海道

①札幌北斗高等学校
②北星学園大学附属高等学校
③東海大学付属札幌高等学校
④立命館慶祥高等学校
⑤北海高等学校
⑥北見藤高等学校
⑦札幌光星高等学校
⑧函館ラ・サール高等学校
⑨札幌大谷高等学校
⑩北海道科学大学高等学校
⑪遺愛女子高等学校
⑫札幌龍谷学園高等学校
⑬札幌日本大学高等学校
⑭札幌第一高等学校
⑮旭川実業高等学校
⑯北海学園札幌高等学校

青森県

①八戸工業大学第二高等学校

宮城県

①聖和学園高等学校(A日程)
②聖和学園高等学校(B日程)
③東北学院高等学校(A日程)
④東北学院高等学校(B日程)
⑤仙台大学附属明成高等学校
⑥仙台城南高等学校
⑦東北学院榴ケ岡高等学校
⑧古川学園高等学校
⑨仙台育英学園高等学校(A日程)
⑩仙台育英学園高等学校(B日程)
⑪聖ウルスラ学院英智高等学校
⑫宮城学院高等学校
⑬東北生活文化大学高等学校
⑭東北高等学校
⑮常盤木学園高等学校
⑯仙台白百合学園高等学校
⑰尚絅学院高等学校(A日程)
⑱尚絅学院高等学校(B日程)

山形県

①日本大学山形高等学校
②惺山高等学校
③東北文教大学山形城北高等学校
④東海大学山形高等学校
⑤山形学院高等学校

福島県

①日本大学東北高等学校

新潟県

①中越高等学校
②新潟第一高等学校
③東京学館新潟高等学校
④日本文理高等学校
⑤新潟青陵高等学校
⑥帝京長岡高等学校
⑦北越高等学校
⑧新潟明訓高等学校

富山県

①高岡第一高等学校
②富山第一高等学校

石川県

①金沢高等学校
②金沢学院大学附属高等学校
③遊学館高等学校
④星稜高等学校
⑤鵬学園高等学校

山梨県

①駿台甲府高等学校
②山梨学院高等学校(特進)
③山梨学院高等学校(進学)
④山梨英和高等学校

岐阜県

①鶯谷高等学校
②富田高等学校
③岐阜東高等学校
④岐阜聖徳学園高等学校
⑤大垣日本大学高等学校
⑥美濃加茂高等学校
⑦済美高等学校

静岡県

①御殿場西高等学校
②知徳高等学校
③日本大学三島高等学校
④沼津中央高等学校
⑤飛龍高等学校
⑥桐陽高等学校
⑦加藤学園高等学校
⑧加藤学園暁秀高等学校
⑨誠恵高等学校
⑩星陵高等学校
⑪静岡県富士見高等学校
⑫清水国際高等学校
⑬静岡サレジオ高等学校
⑭東海大学付属静岡翔洋高等学校
⑮静岡大成高等学校
⑯静岡英和女学院高等学校
⑰城南静岡高等学校
⑱静岡女子高等学校
⑲常葉大学附属常葉高等学校
　常葉大学附属橘高等学校
　常葉大学附属菊川高等学校
⑳静岡北高等学校
㉑静岡学園高等学校
㉒焼津高等学校
㉓藤枝明誠高等学校
㉔静清高等学校
㉕磐田東高等学校
㉖浜松学院高等学校
㉗浜松修学舎高等学校
㉘浜松開誠館高等学校
㉙浜松学芸高等学校
㉚浜松聖星高等学校
㉛浜松日体高等学校
㉜聖隷クリストファー高等学校
㉝浜松啓陽高等学校
㉞オイスカ浜松国際高等学校

愛知県

①[国立]愛知教育大学附属高等学校
②愛知高等学校
③名古屋経済大学市邨高等学校
④名古屋経済大学高蔵高等学校
⑤名古屋大谷高等学校
⑥享栄高等学校
⑦椙山女学園高等学校
⑧大同大学大同高等学校
⑨日本福祉大学付属高等学校
⑩中京大学附属中京高等学校
⑪至学館高等学校
⑫東海高等学校
⑬名古屋たちばな高等学校
⑭東邦高等学校
⑮名古屋高等学校
⑯名古屋工業高等学校
⑰名古屋葵大学高等学校
(名古屋女子大学高等学校)
⑱中部大学第一高等学校
⑲桜花学園高等学校
⑳愛知工業大学名電高等学校
㉑愛知みずほ大学瑞穂高等学校
㉒名城大学附属高等学校
㉓修文学院高等学校
㉔愛知啓成高等学校
㉕聖カピタニオ女子高等学校
㉖滝高等学校
㉗中部大学春日丘高等学校
㉘清林館高等学校
㉙愛知黎明高等学校
㉚岡崎城西高等学校
㉛人間環境大学附属岡崎高等学校
㉜桜丘高等学校

㉝光ヶ丘女子高等学校
㉞藤ノ花女子高等学校
㉟栄徳高等学校
㊱同朋高等学校
㊲星城高等学校
㊳安城学園高等学校
㊴愛知産業大学三河高等学校
㊵大成高等学校
㊶豊田大谷高等学校
㊷東海学園高等学校
㊸名古屋国際高等学校
㊹啓明学館高等学校
㊺聖霊高等学校
㊻誠信高等学校
㊼誉高等学校
㊽杜若高等学校
㊾菊華高等学校
㊿豊川高等学校

三重県

①暁高等学校(3年制)
②暁高等学校(6年制)
③海星高等学校
④四日市メリノール学院高等学校
⑤鈴鹿高等学校
⑥高田高等学校
⑦三重高等学校
⑧皇學館高等学校
⑨伊勢学園高等学校
⑩津田学園高等学校

滋賀県

①近江高等学校

大阪府

①上宮高等学校
②大阪高等学校
③興國高等学校
④清風高等学校
⑤早稲田大阪高等学校
（早稲田摂陵高等学校）
⑥大商学園高等学校
⑦浪速高等学校
⑧大阪夕陽丘学園高等学校
⑨大阪成蹊女子高等学校
⑩四天王寺高等学校
⑪梅花高等学校
⑫追手門学院高等学校
⑬大阪学院大学高等学校
⑭大阪学芸高等学校
⑮常翔学園高等学校
⑯大阪桐蔭高等学校
⑰関西大倉高等学校
⑱近畿大学附属高等学校
⑲金光大阪高等学校
⑳星翔高等学校
㉑阪南大学高等学校
㉒箕面自由学園高等学校
㉓桃山学院高等学校
㉔関西大学北陽高等学校

兵庫県

①雲雀丘学園高等学校
②園田学園高等学校
③関西学院高等部
④灘高等学校
⑤神戸龍谷高等学校
⑥神戸第一高等学校
⑦神港学園高等学校
⑧神戸学院大学附属高等学校
⑨神戸弘陵学園高等学校
⑩彩星工科高等学校
⑪神戸野田高等学校
⑫滝川高等学校
⑬須磨学園高等学校
⑭神戸星城高等学校
⑮啓明学院高等学校
⑯神戸国際大学附属高等学校
⑰滝川第二高等学校
⑱三田松聖高等学校
⑲姫路女学院高等学校
⑳東洋大学附属姫路高等学校
㉑日ノ本学園高等学校
㉒市川高等学校
㉓近畿大学附属豊岡高等学校
㉔夙川高等学校
㉕仁川学院高等学校
㉖育英高等学校

奈良県

①西大和学園高等学校

岡山県

①[県立]岡山朝日高等学校
②清心女子高等学校
③就実高等学校
(特別進学コース〈ハイグレード・アドバンス〉)
④就実高等学校
(特別進学チャレンジコース・総合進学コース)
⑤岡山白陵高等学校
⑥山陽学園高等学校
⑦関西高等学校
⑧おかやま山陽高等学校
⑨岡山商科大学附属高等学校
⑩倉敷高等学校
⑪岡山学芸館高等学校(1期1日目)
⑫岡山学芸館高等学校(1期2日目)
⑬倉敷翠松高等学校
⑭岡山理科大学附属高等学校
⑮創志学園高等学校
⑯明誠学院高等学校
⑰岡山龍谷高等学校

広島県

①[国立]広島大学附属高等学校
②[国立]広島大学附属福山高等学校
③修道高等学校
④崇徳高等学校
⑤広島修道大学ひろしま協創高等学校
⑥比治山女子高等学校
⑦呉港高等学校
⑧清水ヶ丘高等学校
⑨盈進高等学校
⑩尾道高等学校
⑪如水館高等学校
⑫広島新庄高等学校
⑬広島文教大学附属高等学校
⑭銀河学院高等学校
⑮安田女子高等学校
⑯山陽高等学校
⑰広島工業大学高等学校
⑱広陵高等学校
⑲近畿大学附属広島高等学校福山校
⑳武田高等学校
㉑広島県瀬戸内高等学校(特別進学)
㉒広島県瀬戸内高等学校(一般)
㉓広島国際学院高等学校
㉔近畿大学附属広島高等学校東広島校
㉕広島桜が丘高等学校

山口県

①高水高等学校
②野田学園高等学校
③宇部フロンティア大学付属香川高等学校
(普通科〈特進・進学コース〉)
④宇部フロンティア大学付属香川高等学校
(生活デザイン・食物調理・保育科)
⑤宇部鴻城高等学校

徳島県

①徳島文理高等学校

香川県

①香川誠陵高等学校
②大手前高松高等学校

愛媛県

①愛光高等学校
②済美高等学校
③FC今治高等学校
④新田高等学校
⑤聖カタリナ学園高等学校

福岡県

①福岡大学附属若葉高等学校
②精華女子高等学校（専願試験）
③精華女子高等学校（前期試験）
④西南学院高等学校
⑤筑紫女学園高等学校
⑥中村学園女子高等学校（専願入試）
⑦中村学園女子高等学校（前期入試）
⑧博多女子高等学校
⑨博多高等学校
⑩東福岡高等学校
⑪福岡大学附属大濠高等学校
⑫自由ケ丘高等学校
⑬常磐高等学校
⑭東筑紫学園高等学校
⑮敬愛高等学校
⑯久留米大学附設高等学校
⑰久留米信愛高等学校
⑱福岡海星女子学院高等学校
⑲誠修高等学校
⑳筑陽学園高等学校（専願入試）
㉑筑陽学園高等学校（前期入試）
㉒真颯館高等学校
㉓筑紫台高等学校
㉔純真高等学校
㉕福岡舞鶴高等学校
㉖折尾愛真高等学校
㉗九州国際大学付属高等学校
㉘祐誠高等学校
㉙西日本短期大学附属高等学校
㉚東海大学付属福岡高等学校
㉛慶成高等学校
㉜高稜高等学校
㉝中村学園三陽高等学校
㉞柳川高等学校
㉟沖学園高等学校
㊱福岡常葉高等学校
㊲九州産業大学付属九州高等学校
㊳近畿大学附属福岡高等学校
㊴大牟田高等学校
㊵久留米学園高等学校
㊶福岡工業大学附属城東高等学校
（専願入試）
㊷福岡工業大学附属城東高等学校
（前期入試）
㊸八女学院高等学校
㊹星琳高等学校
㊺九州産業大学付属九州産業高等学校
㊻福岡雙葉高等学校

佐賀県

①龍谷高等学校
②佐賀学園高等学校
③佐賀女子短期大学付属佐賀女子高等学校
④弘学館高等学校
⑤東明館高等学校
⑥佐賀清和高等学校
⑦早稲田佐賀高等学校

長崎県

①海星高等学校（奨学生試験）
②海星高等学校（一般入試）
③活水高等学校
④純心女子高等学校
⑤長崎南山高等学校
⑥長崎日本大学高等学校（特別入試）
⑦長崎日本大学高等学校（一次入試）
⑧青雲高等学校
⑨向陽高等学校
⑩創成館高等学校
⑪鎮西学院高等学校

熊本県

①真和高等学校
②九州学院高等学校
（奨学生・専願生）
③九州学院高等学校
（一般生）
④ルーテル学院高等学校
（専願入試・奨学入試）
⑤ルーテル学院高等学校
（一般入試）
⑥熊本信愛女学院高等学校
⑦熊本学園大学付属高等学校
（奨学生試験・専願生試験）
⑧熊本学園大学付属高等学校
（一般生試験）
⑨熊本中央高等学校
⑩尚絅高等学校
⑪文徳高等学校
⑫熊本マリスト学園高等学校
⑬慶誠高等学校

大分県

①大分高等学校

宮崎県

①鵬翔高等学校
②宮崎日本大学高等学校
③宮崎学園高等学校
④日向学院高等学校
⑤宮崎第一高等学校
（文理科）
⑥宮崎第一高等学校
（普通科·国際マルチメディア科·電気科）

鹿児島県

①鹿児島高等学校
②鹿児島実業高等学校
③樟南高等学校
④れいめい高等学校
⑤ラ・サール高等学校

新刊

もっと過去問シリーズ

愛知県

愛知高等学校
7年分（数学・英語）

中京大学附属中京高等学校
7年分（数学・英語）

東海高等学校
7年分（数学・英語）

名古屋高等学校
7年分（数学・英語）

愛知工業大学名電高等学校
7年分（数学・英語）

名城大学附属高等学校
7年分（数学・英語）

滝高等学校
7年分（数学・英語）

※もっと過去問シリーズは入学試験の実施教科に関わらず、数学と英語のみの収録となります。

教英出版
〒422-8054
静岡県静岡市駿河区南安倍3丁目12-28
TEL 054-288-2131
FAX 054-288-2133
詳しくは教英出版で検索
教英出版　検索
URL https://kyoei-syuppan.net/

二〇二四年度　入学試験問題

国語

試験開始の合図があるまで、この問題冊子を開いてはいけません。
左記の受験上の注意事項をよく読んでください。

受験上の注意事項

一　問題用紙は14ページです。

二　試験時間は四十分です。

三　解答用紙に、**氏名（フリガナ）・中学校名を記入し、受験番号は記入とマークをしなさい。**

四　**マークシート記入上の注意**

㈠　マークの記入は、必ず黒鉛筆またはシャープペンシルで、所定のマーク解答欄の ⬯ を正確にぬりつぶす。

㈡　記述解答の記入は、所定の記述解答欄に丁寧に行う。

㈢　訂正は、消しゴムできれいに消す。

㈣　解答用紙を、折り曲げたり、汚したりしない。

＊マークされていない場合または必要以上にマークがある場合は、０点です。

マークの仕方	良い例	悪い例
マークをする時	⬬ 鉛筆で正確にぬりつぶす	
マークを消す時	⬯ 消しゴムで完全に消す	

中京大学附属中京高等学校

〔一〕　次の文章を読んで、後の問いに答えよ。

(※1)田中実《たなかみのる》は「読み」の重要な機能として「自己倒壊」をあげている。ここで、「自己倒壊とは何か」という厳密な定義論をおこなうことは専門外の筆者の能力を超える。そこで、「読み手の意識や世界観の倒壊と自己変容」という意味あいをここでの暫定的な定義として議論を進めたい。

ここでまず抱かざるをえない素朴な疑問は「読み」の機能ないし意義は「自己倒壊」にのみあるのかということである。経験的に考えてみて、A「読み」の機能は他にもいくつか考えられる。

その第一は、「自己の(ア)カタヨリや他者との違いに気づき、多様な他者を「承認」すること」である。読み手の知らなかった世界にふれ、自己のカタヨリや他者との違いが明らかになる。読み手の世界観は揺らぐかもしれないが「倒壊」するわけではない。[Ⅰ]、視野が広がるというほうが近い。そして、そこで出会った「他者」を承認する。そのような「他者」が存在することを認め、その存在を尊重する。このような「読み」は経験的に決して珍しいことではないと思われるが、「自己倒壊」を「読み」の要件のように考えてしまうと、このような「読み」は排除されてしまう。

第二は、「自分の生き方や考え方が間違いではなかったと思い、自己を「補強」すること」である。物語の登場人物の生き方に自分を重ね合わせ、やはりこれでよかったのだと思い、これからも頑張ろうと勇気づけられることがある。この場合、自己は「倒壊」するどころか、「補強」されている。われわれが文学に接するとき、このような「読み」は真正《しんせい》な「読み」ではないと言われてしまうとしたら、それは読書の楽しみのひとつを奪われることになるであろう。

第三は、「忘れていた感覚を思い出させて、自己を「再発見」すること」である。これも経験的によくあることで、少年の頃の瑞々《みずみず》しい感覚や青年の頃の真《ま》っ直《す》ぐな感覚など忘れていた感覚を読書によって思い出させられた経験は多くの人にあるはずである。ここでも、自己は「倒壊」するわけではなく「再発見」されるだけである。「自己物語」のうちの忘れていた部分に光が当たって輝き出すのだが、「自己物語」が大きく書き換わるわけではない。

このように、「読み」には現実にさまざまな場合がありうる。にもかかわらず、ひとつの「読み」だけを「真正」なものとしてしまうと、それ以外の読みは「真正」ではないということになってしまう。「読み」における「自己倒壊」を強調する議論は、「読み」の多様な可能性を切り詰めてしまう危険性があるのではないか。もちろん、「自己倒壊」をもたらすような「読み」があることはまったく否定しない。しかし、それは果たして「読み」において絶対的要件となりうるのだろうか。

Ⅱ、この問題はもうひとつの厄介な問題をもたらす。「自己倒壊」が生じないとき、それは「読み手」の問題なのか、それとも「作品」の問題なのかという問題である。この判定はどうすればできるのだろうか。結局のところ、この決着もまた、なんらかの(※2)「解釈共同体」のなかでおこなう以外に手はないのではないか。そんな疑問も湧いてくる。

もうひとつ、(※3)ナラティヴ・セラピーと「自己倒壊」の関係についてもふれておこう。ナラティヴ・セラピーでは、(※4)ドミナント・ストーリーから(※5)オルタナティブ・ストーリーへの書き換えが支援される。この場合、それまでの自己物語が倒壊して新たな物語が生まれるといってよい。しかし、そのような場合だけではなく、「自己物語」がうまく物語としてまとまらない、物語の体をなさないことが問題となるような場合もすくなくない。この場合、「混沌《こんとん》の語り」を「ひとつの物語」にまとめていくことが支援の(イ)ショウテンとなる。すなわち、自己の「倒壊」ではなく「構築」である。

「読み」の機能をこのように広く考えるとき、文学教育に求められるのは、むしろ、「読み」の多様性を教えることにあるといえるのではないだろうか。経験的に考えてみても、いくつかの「読み」が現実に存在する。「一般的な読み」、「深読み」、「ちょっと変わった読み」、「独創的な読み」、そして、「明らかな誤読」等々である。B「読み」の(※6)アナーキズムは原理的にはそのとおりだが、現実には上のようないくつかの類型的な「読み」が解釈共同体のなかに見出《みいだ》される。むしろ、原理的にはアナーキーであるはずなのに現実はそうなっていないのはなぜかを問うべきではないか。

(※7)社会構成主義の視点から見えてくるのは、「読み」の「多義性」でも「一義性」でもなく、「現実的な複数性」である。「読み」にひとつの正解を求めることは論理的に不可能であり、また、何でもありのアナーキズムは論理的には正しいが現実と一致しない。現実に存在するのはいくつかの類型的な「読み」である。筆者自身、高校までの国語教育に感謝しているのは、このような意味での「一般的な読み」を教えてもらったことである。それが唯一の正解というわけではないが、一般的にはこのような「読み」がなされているという社会的現実を教えてもらったと思っている。この「一般的な読み」という基準を知ることで「独創的な読み」も可能になる。「一般」がわからなければ「独創」もありえない。

こうした視点に立つと、「文学」と「読み」はそれ自体、社会を構成する重要な要素であることに気づく。たとえば、ある作品がある時代に生まれ、そのとき、ひとびとはある「読み方」をしていた。その作品はいまも読み継がれているが、ひとびとの「読み方」はかつてとは変わっているという場合がある。「一般的な読み」は時代の産物であり時代とともに変わりうる。Ⅲ、時代を超えて変わらない場合もある。しかし、いずれにせよ、ある「作品」があり、ある「読み」があるということそれ自体がまさにある時代や社会を構成している。ある時代の「一般的な読み」が「別の読み」にとって代わられる過程こそが、社会の変化、時代の変化を表している。したがって、「一般的な読み」は常に時代との緊張関係をはらむもの、現在という文脈が生み出すものとして理解される必要がある。

社会構成主義は、ポストモダニズム（※8）の影響を強く受けながらも、アナーキズムへと向かうのではなく、むしろ、そうした現実の相対性を現実の可変性と捉え直して、それを積極的に活用する方向へと向かった。唯一の正解はないが、だからといって、何でもありなのではなく、現実は限られた複数性でできあがっている。だとすれば、いまよりもすこしでもましな現実を共同で構成する方向に賭けるというのが社会構成主義の基本的なスタンスである。その際、文学は、われわれの想像力を広げ、より魅力的な世界へと至る物語を構想するための重要な資源となるはずである。

この意味で、文学教育はこれまでも重要な役割を果たしてきたのではないだろうか。それは、さまざまな物語の形式にふれ、生き方のレパートリーを増やすこと、意味が生成するさまざまな場面に関する想像力を豊かにすること、そして、人生という「正解」のないものと向き合うとき「物語」という形式が大きな支えになることを教えてきたはずである。人生も社会も「物語」という形式なしには存立しない。「物語」のもつこうした強大な力を伝えることが文学教育の重要な役割のひとつであろう。「物語」はいま、文学以外の領域、とりわけ臨床の領域で熱い視線を集めている。それは、われわれがいま X では解けない数多くの問題に直面しており、ナラティヴのもつ力が再発見されていることを意味している。このこともまた文学教育が（ウ）ニナうべき重要な課題を示唆しているように思われる。

（野《の》口《ぐち》裕《ゆう》二《じ》『ナラティヴと共同性　自助グループ・当事者研究・オープンダイアローグ』より　ただし一部変更した箇所がある）

語注

（※1）田中実…日本近代文学研究者（一九四六―）。

（※2）解釈共同体…アメリカの文芸評論家、スタンリー・フィッシュ（一九三八―）による理論用語。あるテクスト（言葉によって書かれたもの）についての解釈を共有している社会集団のこと。

（※3）ナラティヴ・セラピー…一九九〇年代に始まった、「ナラティヴ（語り、物語）」という概念を用いる新しい臨床実践の方法。

（※4）ドミナント・ストーリー…ある現実を支配し、疑う余地のないものとして存在している強固な物語のこと。

（※5）オルタナティブ・ストーリー…ドミナント・ストーリーを客観視し、新たな意味づけを行うことで生まれる、代わりの物語のこと。

（※6）アナーキズム…無政府主義。ここでは、無秩序な状態（アナーキー）のこと。

（※7）社会構成主義…全ての現象は様々な社会的関係性の中で成り立っていると考える立場。

（※8）ポストモダニズム…近代の進歩主義的傾向を超えようとする立場。

問一　二重傍線部（ア）～（ウ）と傍線部が同じ漢字であるものを、それぞれ次の①～⑤のうちから一つずつ選べ。（マーク解答欄）（ア）は 1 、（イ）は 2 、（ウ）は 3

（ア）カタヨリ

① 彼は極度のヘンショクだ。
② フヘン的な考え。
③ 経済成長イッペントウの政策。
④ 動画をヘンシュウする。
⑤ テンペンチイの前兆。

（イ）ショウテン

① 利害がショウトツする。
② ショウソウに駆られる。
③ パーティーへのショウタイ。
④ ショウガイのパートナー。
⑤ 別紙をサンショウする。

（ウ）ニナう

① タンジュンな仕掛け。
② タンテキな説明。
③ ガンタンを迎える。
④ ゴウタンな性格。
⑤ 将来世代のフタン。

問二　空欄 Ⅰ ～ Ⅲ に当てはまる語として最も適当なものを、それぞれ次の①～⑤のうちから一つずつ選べ。ただし、同じものを二度以上選んではいけない。（マーク解答欄） Ⅰ は 4 、 Ⅱ は 5 、 Ⅲ は 6

① もちろん　② すなわち　③ さらに　④ なぜなら　⑤ むしろ

問三　傍線部A「『読み』の機能は他にもいくつか考えられる」とあるが、筆者が考える「『読み』の機能」に関する説明として**適当でないもの**を、次の①～⑤のうちから一つ選べ。（マーク解答欄） 7

① 登場人物の生き方に読み手自身を投影させることで、読み手を励まし、自信を持たせる機能。
② 物語を通じて、忘れていた感覚や過去の経験を読み手に再び鮮明に思い出させる機能。
③ 今まで当たり前だと思っていた読み手の意識や世界観を揺さぶり、他者の存在を尊重させる機能。
④ 登場人物に共感させ、読み手が今抱えている感情を理解しやすくさせる機能。
⑤ 未知の世界にふれることで自分自身を相対化し、異質な存在としての他者を認めさせる機能。

問四　傍線部Ｂ「むしろ、原理的にはアナーキーであるはずなのに現実はそうなっていないのはなぜか」とあるが、これについて、次の（ⅰ）・（ⅱ）の問いに答えよ。

（ⅰ）「原理的にはアナーキーであるはずなのに現実はそうなっていない」とはどういうことか。その説明として最も適当なものを、次の①～⑤のうちから一つ選べ。（マーク解答欄）**8**

① 「正しい読み」に向かう読者を惑わせるような「読みの多様性」は本来排除すべきだが、実際には多くの解釈が一つの「作品」の「読み」として受け入れられる場合もあるということ。

② 解釈共同体のなかに見出される「読み」は、「一般的な読み」を基準に派生していくべきだが、現実の「読み」には秩序が存在していないということ。

③ 「作品」は本来多様な解釈が許容されるべきだが、実際には解釈共同体のなかで共有されている、一定の枠組みから逸脱しない「読み」という秩序が存在しているということ。

④ 本来はその「作品」に対して「一般的な読み」や「深読み」といった無秩序な「読み」が存在するはずだが、現実にはそのような「読み」のすべてが、唯一の「真正」な「読み」へと収束してしまうということ。

⑤ 経験的に考えれば、ある「作品」に対する「読み」は、いくつか存在する「読み」の類型に当てはめることができるはずだが、現実には多様で無秩序な「解釈」が存在するということ。

（ⅱ）「原理的にはアナーキーであるはずなのに現実はそうなっていないのはなぜか」という問いかけに対する答えとして最も適当なものを、次の①～⑤のうちから一つ選べ。（マーク解答欄）**9**

① ある「作品」に対する「読み」は、その「作品」が読まれている社会や時代に影響を受けるものであるから。

② ある「作品」に対する「読み」は、現代日本における高校までの国語教育では学ぶことができないものであるから。

③ ある「作品」に対する「読み」は、そもそも多様性など持ち合わせておらず、唯一の正解のみが存在しているものであるから。

④ ある「作品」に対する「読み」は、文学教育が教える「一般的な読み」に大きく左右されるものであるから。

⑤ ある「作品」に対する「読み」は、複数性を持っており、「何でもありのアナーキズム」とは一致しないものであるから。

問五　空欄 X に当てはまる語として最も適当なものを、次の①～⑤のうちから一つ選べ。（マーク解答欄） 10

①　セオリー　②　シンパシー　③　ストーリー　④　アナーキー　⑤　レパートリー

問六　次の文を本文に挿入するならば、最も適するところはどこか。挿入すべき部分の前の六字（句読点・記号を含む）を記せ。

文学もまた、「倒壊」だけでなくこのような「構築」の機能も果たしてきたのではないだろうか。

（記述解答欄） A

問七　本文の内容と合致するものを、次の①～⑤のうちから一つ選べ。（マーク解答欄） 11

①　「自己倒壊」が生じないときの責任を「読み手」と「作品」に強制してしまうことが、「読み」の多様性の問題点である。

②　文学教育は、想像力を拡げ、人生や社会の多様性を理解し、個人の成長と豊かな人間性の発展を促進する役割を果たす。

③　社会構成主義は、解釈共同体を否定することで現実の相対性を現実の可変性と捉え直し、それを積極的に活用した。

④　「読み」にひとつの正解を求めることは論理的に不可能だと知ることができるという点で、高校までの国語教育は評価に値する。

⑤　「自己物語」が倒壊して新たな物語が生まれることが、ドミナント・ストーリーがオルタナティブ・ストーリーへと書き換えられるきっかけとなる。

〔二〕 次の文章【小説】を読んで、後の問いに答えよ。ただし、設問の都合上、表記を変えた部分がある。

【小説】

あらすじ　一九四五年夏、信州の寺に疎開(※1)していた静代《しずよ》（小学六年生、担任は浅井先生）は、東京の実家が空襲で焼け、母が亡くなったことを、父からの手紙で知り、いても立ってもいられず、疎開先を脱《ぬ》け出した。別の寺で疎開していた譲《じょう》（小学四年生、担任は小山先生）もまた「おとうさんが出征した」という母からの手紙に動揺し、脱走した。二人はひょんなことから出会い、きょうだいを装《よそお》って一緒に歩いて東京を目指すことになったが、空腹と疲労で進めなくなり、農家に迷い込んだ。そこには、四人の息子を戦争で失い、悲しみのあまり声を失った一人の老婆が住んでいた。

お芋とお米を炊いたお粥《かゆ》は、ほっぺたが落ちるほどおいしかった。

老婆はお粥を食べずに、白く濁ったお酒を飲んで少し酔っ払った。

宝物を見せていただいた。四人のうちの誰のものかはわからないが、大手柄を立てた兵隊さんに授けられる金鵄勲章(※2)だった。そんなたいそうなものは、静代も写真でしか見たためしはなかった。「キンシクンショウよ」と言っただけで、譲は箸も茶碗《ちゃわん》も置いて背筋を伸ばした。

「昔むかし、神武《じんむ》(※3)天皇がナガスネヒコ(※4)の軍と戦をなさったとき、金色のトンビが御弓《おゆみ》の先に止まってみんなをふるい立たせたの」

耳にたこのできるほど聞かされている昔話だが、静代にはその神話の意味がよくわからなかった。

「もっと聞かせてよ」

譲にせがまれて、静代はそらんじて(※5)いる物語を話し始めた。

「葦原《あしはら》の千五百秋《ちいほあき》の瑞穂《みつほ》の国は、是《これ》、吾《あ》が子孫《うみのこ》の王《きみ》たるべき地《くに》なり。爾皇孫《いましすめみま》、就《い》でまして治《しら》せ。行矣《さきくませ》。宝祚《あまのひつぎ》の隆《さか》えまさむこと、当《まさ》に天壌《あめつち》と窮《きはま》り無《な》けむ――」

暗誦《あんしょう》させられた日本書紀の一文を口ずさむと、譲はぎょっとして、「おねえちゃん、すごいや」と言った。

「天照大神《あまてらすおおみかみ》(※6)のそのご命令を受けて、ニニギノミコト(※7)が九州の高千穂の峰にお降りになったの。そのニニギノミコトのひい孫にあたられる神武天皇は、東の国が乱れていることに大御心《おおみこころ》を痛められて、兵を挙げるご決心をなさったの。そのころ大和地方にはナガスネヒコという国神《くにつかみ》がいて、神武天皇に戦を挑んできたのよ。ナガスネヒコはたいそう強くて、神武天皇はお兄君を失うほどの苦戦をしいられ、とうとう船に乗って熊野(※8)に上がり、搦《から》め手(※9)からナガスネヒコを討とうとなされたの。それでもナガスネヒコをなかなか打ち破ることができずに往生なさっていたところ、ある日にわかに天がかき曇って氷雨《ひさめ》(※10)が降り始め、そのまっくらな空のきわみから一羽の金色のトンビが飛んできて、天皇の御弓の先に止まったの。そのトンビの輝きといったら稲光のようで、天皇の軍勢は大いにふるい立ち、ナガスネヒコの軍勢は目がくらみ怖《おそ》れをなしてしまったのよ。金鵄勲章というのは、その昔話にちなんで、大手柄を立てた兵隊さんに授けられるの」

あまり好きな話ではない。いや、神話そのものはとても勇ましく美しいとは思うのだけれど、語り聞かせてくれた校長先生や在郷《ざいごう》(※11)軍人の口調が、静代はどうしても好きになれなかった。

神武天皇の御戦《みいくさ》も戦争にはちがいないのだから、大勢の兵隊さんが死んだと思う。その兵隊さんたちには、親も子もいたのではないかと考えれば、神話の美しさも勇ましさもたちまちくすんでしまった。

尊い人の命をないがしろにする戦争には、良いも悪いもないと思う。戦争そのものが悪いことにちがいないのに、神武天皇のなさった戦だからすばらしいことのように言われるのが、静代には理解できなかった。

そういう話を聞いて家に帰れば、その聖戦とやらで片腕をもがれた父がおり、父になりかわってなりふりかまわず働く母がいた。神話と現実とを秤《はかり》に載せれば、結論は知れ切っていた。

神武天皇の御東征《ごとうせい》(※12)も、今上陛下《きんじょうへいか》(※13)がなさっているこの戦争も、静代にとってはけっして聖戦ではなかった。そしてその聖戦とやらが、とうとう母の命まで奪ってしまった。

「そういうお話よ。わかったかしら」

校長先生や在郷軍人のように、ことさら話を大げさにしたつもりはなかった。話しながら(ア)コウフンしたわけでもなかった。だが、知識をひけらかすように話してしまったことを、静代は恥じた。譲は勇み立つでも憧れるでもなく、むしろ暗い顔になってしまった。

「小山先生より上手だね」

少し考えるふうをしたあとで、譲はぽつりとつぶやいた。

「何だ、知ってたの」

「小山先生がおっしゃるにはね、こういうものはみんな作り話だから、正しい歴史じゃないんだって」

「生意気なことお言いでないよ。おばあちゃんの宝物なんだから」

A老婆の手が静代の膝を押さえつけた。意味はわからないが、その顔はやさしげに微笑《ほほえ》んでいて、いいよいいよとでもいうように肯《うなず》き続けていた。
そういえば浅井先生も、小山先生と同じようなことをおっしゃっていたと思う。まさか作り話だとまでは言わなかったが、歴史の教科書の最初の部分は、詳しい説明をなさらなかった。
B君たちは科学の子よ、というのが浅井先生の口癖だった。非科学的な話のあとさきには、必ずその一言を添えていらしたように思う。飛行機や戦車の時代の子、というふうに理解していたのだが、そういう意味ではないのだと、譲に改めて教えられたようなものだった。
(イ)エンガワを大粒の雨が叩《たた》き始めたとみる間に、唐松の影を倒して稲光が閃《ひらめ》いた。
頭の中で神様を穢《けが》してしまった罰かもしれない。思わず老婆の膝に打ち臥《ふ》して、静代は耳を被《おお》った。
「大丈夫だよ、おねえちゃん」
譲が背中をさすってくれた。やっぱり男の子はちがう。
疎開先でまず驚かされたのは、山里の天候の変わりやすさだった。夏は日に一度の行事のように雷が鳴り、冬はお日様をにわかに翳《かげ》らせて吹雪がやってきた。東京ではありえぬ、まったく油断大敵の気候だった。
神武天皇の御東征も、熊野からはきっと深い山道をたどったのだろうから、天がにわかにかき曇って氷雨が降り始めたとしてもふしぎではない。長い御弓の先に雷が落ち、その一瞬の輝きに敵も味方も目が眩《くら》んだのではあるまいか。そして兵士たちの瞼《まぶた》に灼《や》きついた天のものなる電気の光が、金色の鵄《とび》(※14)の姿に変わって言い伝えられた。
私たちは科学の子なのだから、そういうふうに考えなければいけない。人間が大昔から積み上げてきた科学の結論は、けっして飛行機や戦車ばかりではない。
ひときわ鋭い稲妻が走り、間を置かずにどしんと地面が揺れた。静代は悲鳴を上げて老婆の膝にしがみついた。電気も消えてしまった。
「大丈夫だってば。雷は高いところに落ちるんだよ。だから森の中なら安全なんだ」
やっぱり男の子はちがう。だがそう言って励ます譲の手も声も震えていた。

(浅田《あさだ》次郎《じろう》『終わらざる夏』より)

語注

（※1）疎開…空襲・火災などの被害を少なくするため、集中している人口や建造物を分散すること。
（※2）金鵄勲章…武功抜群の陸海軍軍人に授けられた勲章。一九四七年廃止。
（※3）神武天皇…伝承上の初代天皇。
（※4）ナガスネヒコ…神話上の人物。大和国（現在の奈良県）の豪族。
（※5）そらんじている…暗記している。
（※6）天照大神…日本神話において天津神《あまつかみ》が住む高天原《たかまがはら》の主神で、皇室の祖神とされた。
（※7）ニニギノミコト…日本神話で天照大神の孫。
（※8）熊野…和歌山県南部から三重県南部にかかる地域の総称。
（※9）搦め手…敵の背面。
（※10）氷雨…あられ。みぞれ。また、みぞれに近い、きわめてつめたい雨。
（※11）在郷軍人…郷里に予備役として控えている軍人。有事の際には召集される。
（※12）御東征…神武天皇が、日向国《ひゅうがのくに》（現在の宮崎県）から大和国に向けて兵を進め、はじめて天皇の位についた一連の神話をさす。
（※13）今上陛下…当代の天皇。ここでは昭和天皇のこと。
（※14）鵄…トンビ。タカ目タカ科の鳥。

問一　二重傍線部（ア）・（イ）と傍線部が同じ漢字であるものを、それぞれ次の①～⑤のうちから一つずつ選べ。
（マーク解答欄）（ア）は 12 、（イ）は 13

（ア）コウフン
① 大会記録をコウシンする。
② 身柄をコウソクする。
③ 国家のコウボウをかけた一戦だ。
④ 権力にテイコウする。
⑤ ゼッコウの遠足日和だ。

（イ）エンガワ
① 試合はエンチョウ戦になった。
② 地中海エンガンの国々を訪れる。
③ 文化祭でエンゲキを発表する。
④ エンギのいい知らせが届く。
⑤ 味方のエンゴをする。

問二　この文章から読み取れる「譲」の性格について**適当でないもの**を、次の①～⑤のうちから一つ選べ。（マーク解答欄）14

① 天皇陛下からいただいた恐れ多い立派な金鵄勲章を見て、食事中にふれてはいけないと自重する、礼儀正しくまじめな性格。

② 親しみを感じていた静代が神話を話すことに戸惑いながらも、自分の考えをはっきりと口にすることのできる、直情的な性格。

③ 勉強のできる年上の子に脱帽したり、学校の先生を尊敬したりする気持ちを言葉や態度で示すことのできる、素直な性格。

④ 知っている話をわざとせがんで静代を試し、それを真正面から否定して自分の正しさを示そうとする、自己中心的な性格。

⑤ 本当は稲光が怖いのに、自分の恐怖心をおさえ、雷を怖がる静代を安心させようと努める、健気《けなげ》な性格。

問三　傍線部Ａ「老婆の手が静代の膝を押さえつけた」とあるが、このときの老婆の心情の説明として最も適当なものを、次の①～⑤のうちから一つ選べ。（マーク解答欄）15

① 息子を失った悲しみを勲章で慰めようと必死に努めているのに、本心を代弁してしまう譲に憤りを感じている。

② 嫌いな大人たちと同じふるまいをしていることを譲に指摘され、怒る静代に、年下の子にむきにならなくていいと諭している。

③ 老婆への思いやりから、不本意ながらも譲をたしなめる静代の優しさに感謝し、無理をしなくてもいいと思っている。

④ 譲の短絡的な発言も、大人の言うことをそのまま信じてしまう子どもの無知のせいだから、しかたがないとあきらめている。

⑤ 周囲を思いやる気持ちの欠けた譲に怒りを覚えるが、声の出ない自分の代わりに、譲を戒めてくれた静代に感謝している。

問四　傍線部Ｂ「君たちは科学の子よ」という浅井先生の発言を、譲の影響で静代はどう理解したと考えられるか。最も適当なものを、次の①～⑤のうちから一つ選べ。（マーク解答欄）16

① たたりや神の仕業などという迷信を信じる心の弱さを克服し、科学の恩恵を疑うことなく、素直に受け入れる「子」。

② 人の好き嫌いで事の善悪を判断せず、相手の境遇を自分に置き換えて考えることのできる、想像力豊かな「子」。

③ 国に献身的でなければならない風潮の中でも、人の発言の言外の意味を理解し、戦争の理不尽さに気づける、思慮深い「子」。

④ 神話は真実だと教えられた古い世代と異なり、現代が生み出した「技術」の力を信じ、使いこなせる、新しい時代の「子」。

⑤ 疑問に思ったことは自分の頭でしっかりと考え、筋道を立てて論理的に分析し、物事の本質を見極めようとする「子」。

問五　この【小説】を読んだ生徒たちが、【小説】の中で静代の語る神話の【日本書紀】の原文と、【竹取物語】の一部分を読み比べて、話し合っている場面について、後の問いに答えよ。なお、引用された古文については傍破線部の注釈を参考にすること。

【日本書紀】

十有二月の癸巳の朔丙申《十二月四日》に、皇師《天皇の軍》つひにナガスネヒコを撃つ。しきりに《何度も》戦ひて勝つこと能《あた》はず。時に、忽然《たちまち》に天暗く氷雨《あられ・みぞれ》降る。すなはち《突然》金色のあやしき鵄有りて、飛び来たりて皇弓のはずにとまれり。その鵄照り輝き、かたち稲光のごとし。これによりて、ナガスネヒコの軍卒《兵士》、皆迷ひ眩えて《まぶしくて》また力戦はず。

【竹取物語】

（帝《みかど》は）かの十五日《八月十五日》、司々《多くの役所》に仰せて《命令して》、勅使少将高野の大国《おほくに》といふ人をさして、六衛の司《宮中の警護》あはせて二千人の人を、竹取の翁《おきな》が家に遣はす。家にまかりて、築地《土塀》の上に千人、屋の上に千人、家の人々いと多かりけるに合はせて、あける隙もなく守らす。この守る人々も弓矢を帯して、母屋の内には、女どもを番にをりて守らす。女《竹取の翁の妻》、塗籠《納戸》の内に、かぐや姫を抱へてをり。

（　中　略　）

かかるほどに宵うち過ぎて、子の時《午前〇時ごろ》ばかりに、家のあたり昼の明かさにも過ぎて《昼間より明るくなり》光りわたり、望月《もちづき》の明かさを十あはせたるばかりにて、ある人の毛の穴さへ見ゆるほどなり。大空より、人、雲に乗りて、おり来て、地より五尺《約一・九メートル》ばかり上りたるほど《あたり》に、立ちつらねたり《立ち並んだ》。これを見て、内外なる《家の内や外にいる》人の心ども、ものに《何か》おそはるるやうにて、あひ戦はむ《対戦しようとする》心もなかりけり。からうじて思ひ起こして、弓矢を取り立てむとすれども、手に力もなくなりて、萎えかがりたり。中に心さかしき者、念じて射むとすれども、外ざまへ行きければ、荒れも《荒々しく》戦はで、心地ただしれにしれて《ぼんやりして》、まもり合へり。

《生徒たちの話し合い》

田中　まず、**【日本書紀】**と**【竹取物語】**の両方とも、「不思議な」こと、**【小説】**の表現では、「［Ⅰ］」なことが起こっているね。

鈴木　**【日本書紀】**にも、「不思議な」という意味の古語「［Ⅱ］」があるね。

中川　**【竹取物語】**は、月の使者がかぐや姫を迎えに来る場面だけど、Cこれも不思議な描写がたくさんあるよ。

鈴木　共通するのは、「光」が争いの雌雄を決している点だね。

田中　D両方とも「天皇」が登場するけれども……

中川　異なる時代の作品を読み比べることによって、それぞれの作品が成立した時代の人々の考え方を知ることができるね。

鈴木　そういう意味で私たちも「科学の子」でなければならないと思う。**【小説】**の作者のメッセージを改めて確認できたね。

《問い》

(1)　空欄［Ⅰ］に当てはまる四字の語句を**【小説】**の30行目以降から抜き出せ。（記述解答欄）［B］

(2)　空欄［Ⅱ］に当てはまる四字の古語を**【日本書紀】**の中からそのままの形で抜き出せ。（記述解答欄）［C］

(3)　傍線部C「これも不思議な描写がたくさんあるよ」とあるが、「不思議な描写」として最も適当なものを、次の①～⑤のうちから一つ選べ。（マーク解答欄）［17］

①　家の中を守っていた女たちも外に出て戦おうとしたが、月の使者の前では身体が動かず、ただ見守ることしかできなかった。

②　戦意を失う者の多い中、心のしっかりした兵がなんとかこらえて射ようとするが、矢は見当違いの方向に飛んで行ってしまった。

③　月にかかっていた雲は真夜中ころには晴れ、十個並んだ満月の強烈な光が翁の家に当たって反射し、昼間のように明るくなった。

④　雲に乗って現れた月の使者たちは、毛穴まではっきりと見えるくらい輝き、地上約一・九メートルあたりに隙間なく並んで立った。

⑤　竹取の翁は、かぐや姫を月の使者から守るため帝から派遣された四千人の大軍勢を率いて、家人とともに交替で守備についた。

(4) 傍線部Ｄ「両方とも『天皇』が登場するけれども……」とあるが、この後に続く田中さんの発言として最も適当なものを、次の①～④のうちから一つ選べ。（マーク解答欄） 18

① 【日本書紀】では、自然までもが力を与える人知を超えた存在として扱っているけど、【竹取物語】では、命令一つで兵を動員できる権力者として描かれているものの、不思議な光の前では「無力な人」として扱われていて、【日本書紀】の方が天皇への敬意が感じられるね。

② 【日本書紀】では、超常現象に頼らないと一介の豪族にも勝てない存在として扱われていて、【竹取物語】でも、月の世界の人であるかぐや姫さえも自分の意のままにできない「ただの人」として描かれていて、どちらも人間以上の存在としては描かれていないね。

③ 【日本書紀】では、人知を超えたものが力を与えることで天皇を神格化し、その正統性を主張していて、【竹取物語】でも、不思議な光の力で月の使者たちでさえもしりぞけてしまう最高の存在として描かれていて、どちらもすばらしい存在として描かれているね。

④ 【日本書紀】では、偶然の気象変化に頼らなければ勝てない存在として扱われているけど、【竹取物語】では、多くの兵を動員し、天上の人と互角にはり合える、地上で唯一の存在として描かれていて、【竹取物語】の方が天皇をより特別な存在として描いているね。

2024年度　入学試験問題

数　　学

中京大学附属中京高等学校

試験開始の合図があるまで，この問題冊子を開いてはいけません。
下記の受験上の注意事項をよく読んでください。

受験上の注意事項

1　問題用紙は５ページです。
2　試験時間は 40分 です。
3　解答用紙に，**氏名（フリガナ）・中学校名を記入し，受験番号は記入とマークを**しなさい。
4　定規，分度器，計算機は使用できません。
5　問題文中の図は概略図であり，必ずしも正確ではありません。
6　**マークシート記入上の注意**
　①　マークの記入は，必ず黒鉛筆またはシャープペンシルで，所定のマーク解答欄の▯を正確にぬりつぶす。
　②　記述解答の記入は，所定の記述解答欄にていねいに行う。
　③　訂正は，消しゴムできれいに消す。
　④　解答用紙を，折り曲げたり，汚したりしない。
　＊マークされていない場合または必要以上にマークがある場合は，０点です。

マークの仕方	良い例	悪い例
マークをする時	 鉛筆で正確にぬりつぶす	
マークを消す時	 消しゴムで完全に消す	

解答の中で，以下の定理を用いてもよい。

三平方の定理

直角三角形の直角をはさむ２辺の長さを a，b，斜辺の長さを c とすると，次の関係が成り立つ。

$$a^2+b^2=c^2$$

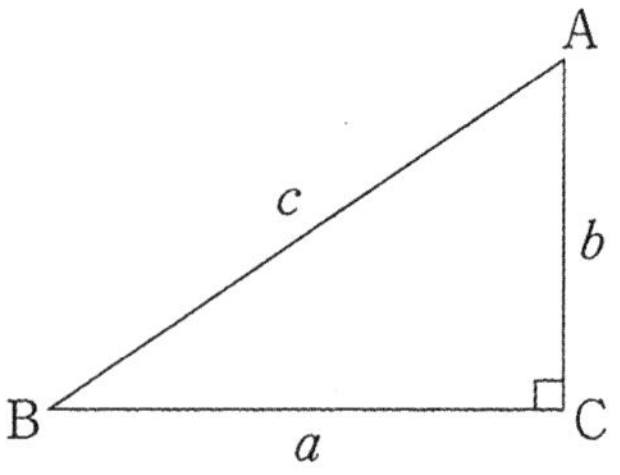

特別な直角三角形の辺の比

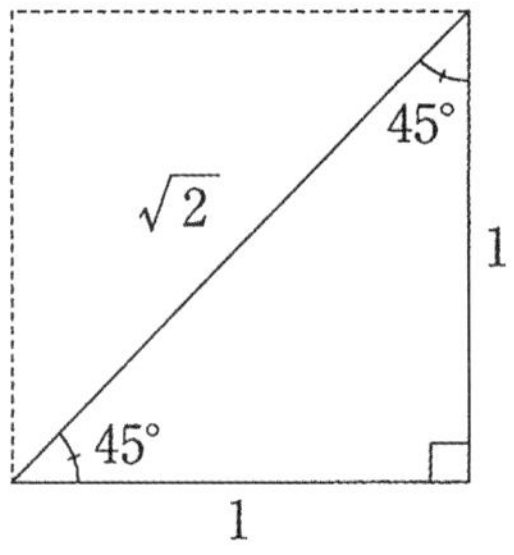

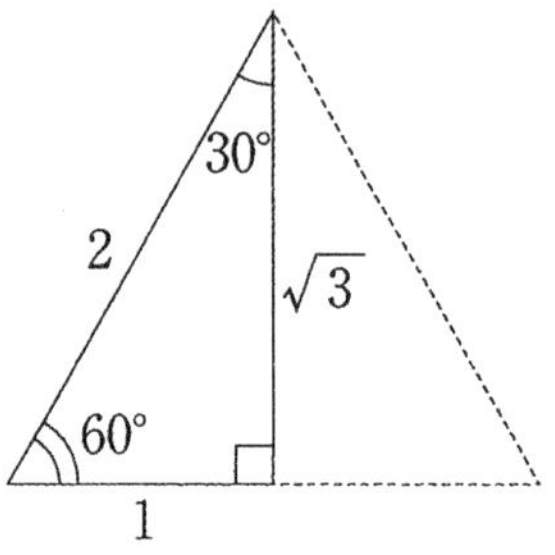

＜注意＞

1．問題［1］，［2］の文中の ［ア］，［イ］［ウ］ などには，符号(－)または数字(０～９)が入る。それらを解答用紙のア，イ，ウ，… で示された解答欄にマークして答えよ。

例 ［ア］［イ］［ウ］ に　－24 と答えたいとき

ア	●	0	1	2	3	4	5	6	7	8	9
イ	－	0	1	●	3	4	5	6	7	8	9
ウ	－	0	1	2	3	●	5	6	7	8	9

2．問題［1］で分数形で解答する場合，分数の符号は分子につけ，分母につけてはいけない。

例 $\dfrac{［エ］［オ］}{［カ］}$ に $-\dfrac{2}{7}$ と答えたいときは，$\dfrac{-2}{7}$ としてマークする。

3．分数形で解答する場合，それ以上約分できない形で答えよ。また，分母に根号を含む場合，分母を有理化せよ。

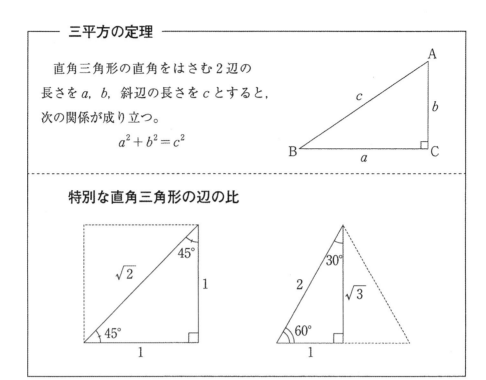

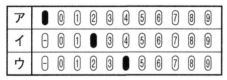

<注意>円周率は π を用いること。

［1］ 次の $\boxed{\text{ア}}$ ～ $\boxed{\text{ホ}}$ に当てはまる適切な符号または数字を選び，マークせよ。

(1) $\dfrac{1}{12}+5\div 10\times\left(-\dfrac{1}{3}\right)=\dfrac{\boxed{\text{ア}}\,\boxed{\text{イ}}}{\boxed{\text{ウ}}\,\boxed{\text{エ}}}$ である。

(2) $0.41^2-4.59^2=\boxed{\text{オ}}\,\boxed{\text{カ}}\,\boxed{\text{キ}}.\boxed{\text{ク}}$ である。

(3) 比例式 $(x+9):3=(x+5):2$ を解くと，$x=\boxed{\text{ケ}}$ である。

(4) 連立方程式 $\begin{cases} -2x+4y=5 \\ 9x-7y=-39 \end{cases}$ の解は，$x=\dfrac{\boxed{\text{コ}}\,\boxed{\text{サ}}\,\boxed{\text{シ}}}{\boxed{\text{ス}}}$，$y=\dfrac{\boxed{\text{セ}}\,\boxed{\text{ソ}}}{\boxed{\text{タ}}}$ である。

(5) $\dfrac{27}{\sqrt{3}}-\sqrt{12}=\boxed{\text{チ}}\sqrt{\boxed{\text{ツ}}}$ である。

(6) 下の図のように点 A，B，C をそれぞれ通る 3 つの円が，点 D，E，F でそれぞれ接している。

このとき，$\angle\mathrm{DAE}+\angle\mathrm{DCF}+\angle\mathrm{EBF}=\boxed{\text{テ}}\,\boxed{\text{ト}}^\circ$ である。

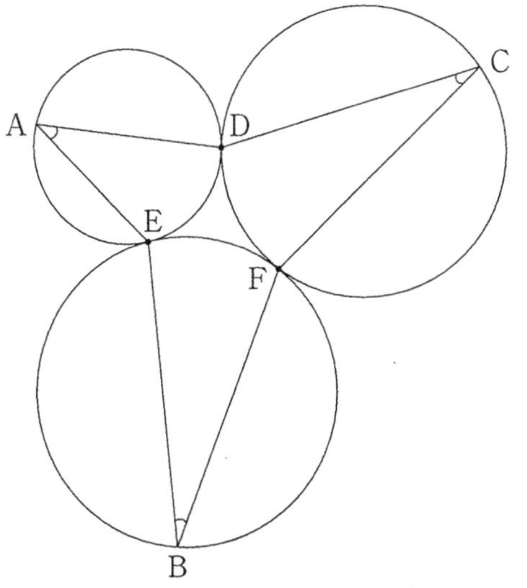

(7) -3，$\dfrac{4}{7}$，$\sqrt{5}$，π，1.4142，0，$\dfrac{\sqrt{2}}{\sqrt{8}}$ の 7 つの数のうち，有理数は $\boxed{\text{ナ}}$ 個である。

(8) 2点 $(-1,\ 5)$，$(2,\ 14)$ を通る直線を1次関数の式で表すと，$y=$ ニ $x+$ ヌ である。

(9) 関数 $y=ax^2$ は，$x=-3$ のとき $y=18$ である。x の値が1から6まで増加するときの変化の割合は ネ ノ である。

(10) 下の図のように地点A，地点B，地点Cがある。

鷲《わし》男さんと梅子さんは地点Aから同時刻に出発し，地点Bを目指して進む。

鷲男さんは地点Aから地点Bまで，地点Cを経由して向かう。地点Aから地点Cまで分速200mで進み，地点Cで x 分休憩したのち，地点Cから地点Bまで分速100mで進む。

一方，梅子さんは地点Aから地点Bまで，地点Cを経由せず直接向かう。はじめは分速50mで進み，鷲男さんが地点Cを出発した時刻からは地点Bまで分速80mで進む。

梅子さんが地点Bに到着した10分後に鷲男さんも地点Bに到着した。

AB間の距離が4.5km，AC間の距離が5km，BC間の距離が3kmであるとき，x の値は ハ ヒ である。

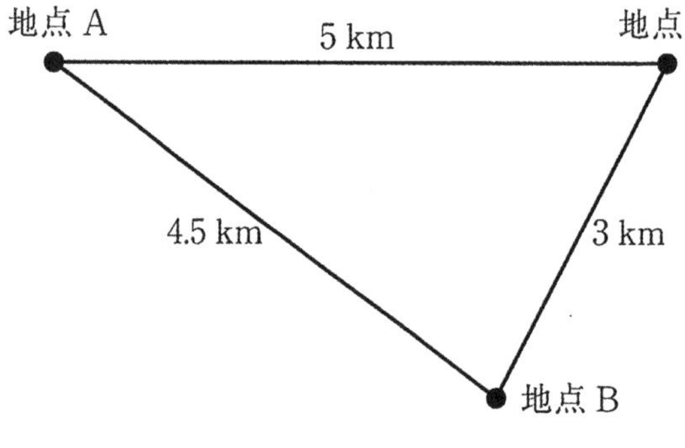

(11) 下の図のように正六角形の各頂点を中心とする半径1の6つの円がそれぞれ隣り合う円と接している。

色のついた部分の面積を求めると フ $\sqrt{\text{ヘ}}$ $-$ ホ π である。

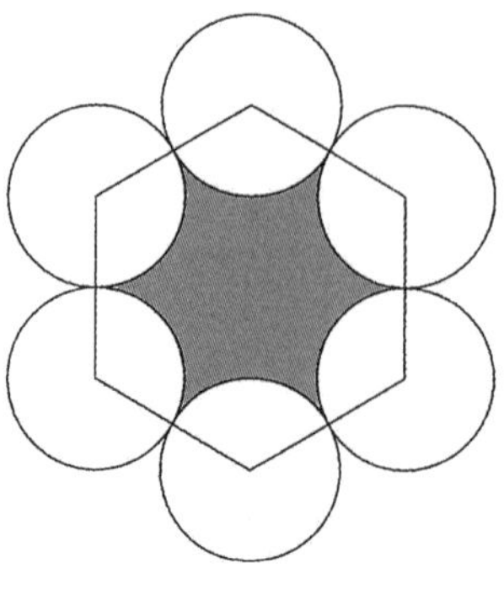

［2］ 関数 $y=\frac{1}{2}x^2$ のグラフ上に，x 座標が 2 である点 A，x 座標が 6 である点 B をとる。

点 A と原点 O を通る直線を l，点 B を通り，直線 l と平行な直線を m，点 B を通り，x 軸と平行な直線を n とする。このとき，次の $\boxed{\text{マ}}$ ～ $\boxed{\text{レ}}$ に当てはまる適切な符号または数字を選び，マークせよ。

(1) 点 A の座標は $\left(\boxed{\text{マ}},\ \boxed{\text{ミ}}\right)$ であり，点 B の座標は $\left(\boxed{\text{ム}},\ \boxed{\text{メ}}\boxed{\text{モ}}\right)$ である。

(2) 直線 m と y 軸との交点の座標は $\left(\boxed{\text{ヤ}},\ \boxed{\text{ユ}}\boxed{\text{ヨ}}\right)$ である。

(3) 直線 m と関数 $y=\frac{1}{2}x^2$ のグラフの交点のうち，点 B でない方を点 C とする。
$\triangle$ABC の面積と $\triangle$BCP の面積が等しくなるように直線 n 上に点 P をとる。
点 P の x 座標は，$x=\boxed{\text{ラ}}\boxed{\text{リ}}$，$\boxed{\text{ル}}\boxed{\text{レ}}$ である。
ただし，$\boxed{\text{ラ}}\boxed{\text{リ}}<\boxed{\text{ル}}\boxed{\text{レ}}$ とする。

※［3］の解答は解答用紙の「記述解答欄」のＡ～Ｃに記入せよ。

［3］ 下の図のような縦 2 cm，横 3 cm の長方形 ABCD がある。

大小 2 つのさいころを 1 回ずつ投げ，大きいさいころの出た目の数を x，小さいさいころの出た目の数を y とし，以下のルール①，②に従って長方形 ABCD の周上に点 X，Y を作図する。

> ルール
> ① 点 A から時計回りに x cm 進んだ位置に点 X を作図する。
> ② 点 A から反時計回りに $2y$ cm 進んだ位置に点 Y を作図する。

例えば，$x=4$，$y=6$ のとき点 X は辺 CD の中点の位置に作図し，点 Y は頂点 B の位置に作図する。以下の問いに答えよ。

(1) 点 A と点 X と点 Y を結んだ図形が三角形になる確率を求めよ。 A

(2) 点 A と点 X と点 Y を結んだ図形が二等辺三角形になる確率を求めよ。 B

(3) 点 A と点 X と点 Y を結んだ図形の面積が 3 cm^2 以上になる確率を求めよ。なお，点 A と点 X と点 Y が同一直線上にあるとき，図形の面積は 0 cm^2 とする。 C

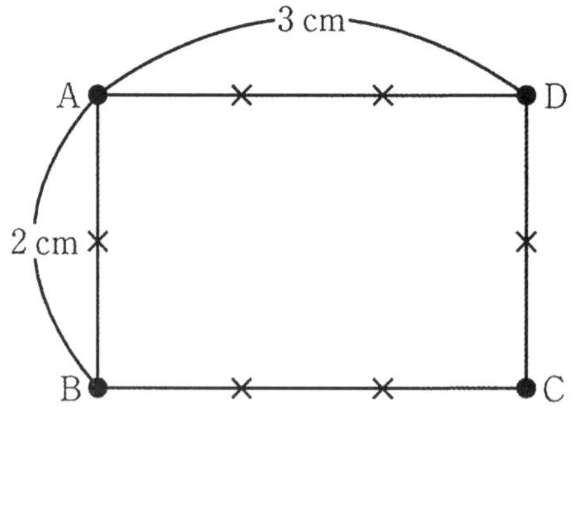

2024年度　入学試験問題

英　　　語

中京大学附属中京高等学校

試験開始の合図があるまで，この問題冊子を開いてはいけません。
下記の受験上の注意事項をよく読んでください。

==================== **受 験 上 の 注 意 事 項** ====================

1　問題用紙は９ページです。
2　試験時間は 40分 です。
3　解答用紙に、**氏名（フリガナ）・中学校名を記入し、受験番号は記入とマーク**をしなさい。
4　**マークシート記入上の注意**
　①　マークの記入は、必ず黒鉛筆またはシャープペンシルで、所定のマーク解答欄の▯を正確にぬりつぶす。
　②　記述解答の記入は、所定の記述解答欄にていねいに行う。
　③　訂正は、消しゴムできれいに消す。
　④　解答用紙を、折り曲げたり、汚したりしない。
　＊マークされていない場合または必要以上にマークがある場合は、０点です。

マークの仕方	良い例	悪い例
マークをする時	鉛筆で正確にぬりつぶす	
マークを消す時	消しゴムで完全に消す	

===

［1］次の問Aと問Bに答えよ。

問A　各文の空所に入る最も適当な語（句）を選び、その番号をマークせよ。
（マーク解答欄）［1］～［5］

(1) The number of car accidents (　　　) since 1992. ［1］

① decreasing　② are decreased
③ have been decreasing　④ has been decreasing

(2) How about (　　　) a taxi instead of walking there? I'm tired. ［2］

① to taking　② taking　③ to call　④ calling you

(3) I don't want to be a person (　　　) bad things. ［3］

① who says　② what speaks　③ which talks　④ whose tells

(4) They followed the instructions they (　　　) by their homeroom teacher. ［4］

① was give　② were gave　③ were given　④ were giving

(5) Could you tell me (　　　) a ticket? ［5］

① where I can get　② where can I get
③ where to buying　④ how to buying

問B （　　　）に共通して入る語を答えよ。（記述解答欄） A ～ E

(1) A

Could you (　　　) me the salt?

A lot of cars continued to (　　　) by.

(2) B

These albums (　　　) back memories, right?

Don't forget to (　　　) your lunch tomorrow because you need to stay until 3 p.m.

(3) C

I love (　　　) because red leaves are so beautiful.

Be careful! You will (　　　) down the stairs.

(4) D

Could you give me a (　　　)?

Last summer, I had a chance to (　　　) on a horse.

(5) E

I want to (　　　) home and listen to music.

The best thing about my (　　　) in Canada was that my host parents took great care of me.

［2］［　　　］内の語を並べ替え、意味の通る文を完成させたとき、［　　　］内で5番目にくる語の番号を選び、マークせよ。（マーク解答欄）［6］～［10］

(1) The population of China [that / of / than / larger / Japan / is]. ［6］

① that　② of　③ than　④ larger
⑤ Japan　⑥ is

(2) This small book [we / animals / what / see / shows / can] in New Zealand. ［7］

① we　② animals　③ what　④ see
⑤ shows　⑥ can

(3) Feel [any / to / free / me / ask / questions]. ［8］

① any　② to　③ free　④ me
⑤ ask　⑥ questions

(4) Chukyo Senior High School [best / environment / to / trying / pursue / is / the] for students. ［9］

① best　② environment　③ to　④ trying
⑤ pursue　⑥ is　⑦ the

(5) How [book / the / borrowed / was / you / from] the library? ［10］

① book　② the　③ borrowed　④ was
⑤ you　⑥ from

［3］次の英文を読み、問いに答えよ。

Wars, environmental issues, and (①) cause *food crisis all over the world. It is said that 10% of the world's population doesn't get enough food. To solve this problem, we need to look for new *food sources. Now, more and more people are paying attention to *veggi-meat.

Veggi-meat is made (②) plants such as soy and wheat, and is also known as plant-based "meat". The idea appeared a long time ago. For example, more than 2,000 years ago, Chinese people developed Tofu from soybeans and enjoyed eating it. Not so many years ago, in the Western world, some companies invented meat-like products using plant-based *ingredients. But they were not popular because (③).

Then, around 2010, technology developed enough to make products which tasted like real-meat. In 2016, *Impossible Food* started to sell the first plant-based hamburger. Someone who ate it said, ④"It is not different from the meat that I usually eat."

Another reason which made veggi-meat popular is the fact that it is good for our health. Around 2000, people got interested in their health and started to look for (a) food than traditional meat. Then, some American researchers showed that veggi-meat has less *fat and few calories. As a result, many people began to eat (b) - based food.

In addition, it may be more eco-friendly. As (⑤) *sustainability, a study found that making plant-based meat *generates (c) greenhouse gas. And it uses less land and water compared to making animal-based meat. It is said that if we stop eating animal-based meat and start eating vegetable-based meat, greenhouse gas will be reduced a lot every year.

Veggi-meat looks like a perfect *solution for food crisis. But veggi-meat has one problem. It costs much money to make it. It is getting better, but the price of (d) - based meat is still high.

注） food crisis：食糧危機　food sources：食料源
veggi-meat：ベジミート（代用肉）　ingredient：原料　fat：脂肪
sustainability：持続可能性　generate：～を発生させる　solution：解決策

問1　（　①　）に入れるのに最も適当な語（句）を次から選び、その番号をマークせよ。(マーク解答欄) 11

① peaceful world　　② bad economic conditions

③ discrimination　　④ development in technology

問2　（　②　）、（　⑤　）に入れるのにそれぞれ最も適当な英語1語を書け。
(記述解答欄) ②は F ・⑤は G

問3　（　③　）に入れるのに最も適当な文を選び、その番号をマークせよ。
(マーク解答欄) 12

① many people did not like Tofu

② their taste was not so good

③ they tasted so good and many people wanted to eat more

④ they noticed plant-based meat was not healthy

問4　下線部④の発言の主旨として最も適当なものを選び、その番号をマークせよ。
(マーク解答欄) 13

① Its taste is good enough.

② It is the best meat I have ever eaten.

③ I don't want to eat it again.

④ I wanted to know it was veggi-meat before eating it.

問5　（　a　）～（　d　）に入る語の組み合わせとして最も適当なものを選び、その番号をマークせよ。(マーク解答欄) 14

	a	b	c	d
①	unhealthier	plant	less	plant
②	unhealthier	plant	more	animal
③	unhealthier	animal	less	plant
④	unhealthier	animal	more	animal
⑤	healthier	plant	less	plant
⑥	healthier	plant	more	animal
⑦	healthier	animal	less	plant
⑧	healthier	animal	more	animal

問6　本文の内容と一致しているものは①、していないものは②をそれぞれマークせよ。
（マーク解答欄） 15 ～ 18

(1) Wars around the world are the only reason of the high price of plant-based meat. 15

(2) Tofu is a kind of veggi-meat which was invented in an Asian country. 16

(3) People need much water to make veggi-meat, because it comes from plants. 17

(4) The price is one problem for veggi-meat. 18

［4］次の英文を読み、問いに答えよ。

Ichiyo Higuchi was a famous Japanese writer who lived during a special time in Japan called the Meiji period. She was born in 1872 in Tokyo, Japan. Higuchi wrote many short stories and *novels that made her very famous and popular. （ ① ）, she has been the *portrait on 5,000 yen bills in Japan since 2004.

Higuchi was known for her beautiful and *detailed writing style. ②Her stories showed what life was like for different people, especially women and people who didn't have a lot of money. She wrote about how they survived in the Meiji period, and she was very good at （ ③ ） like they were right there with the characters.

One of her most famous stories is called "Takekurabe" (Growing Up). It tells the story of children growing up in Tokyo. Higuchi talked about their friendships, the things they learned, and how they faced the *difficulties of growing up.

Higuchi died when she was only 24 years old, but she *left behind many wonderful stories. Her writing was important because it showed the lives of people who were often not recognized or forgotten. She gave a voice to people who didn't have ④one.

Higuchi was not only a great writer, （ ⑤ ） *a role model for other women. In her time, women didn't have many chances to share stories or what they thought. But Higuchi changed that. （ ⑥ ）

Ichiyo Higuchi's stories are still loved and read today. People like and respect her because she wrote *beautifully and talked about important things that affected society. Through her stories, readers can think about and feel the lives of different people.

Higuchi's life was short, but she influenced Japanese *literature so much. Her stories have continued to *impress writers and readers for more than a century. It is sad that she will not be the portrait on 5,000 yen bills after 2024 because another famous woman, Umeko Tsuda, will be shown instead. It will （ ⑦ ） to see the new 5,000 yen bills, but Ichiyo Higuchi will always be a great writer; and her stories will be remembered forever.

注） novel：小説　portrait：肖像　detailed：詳細な　difficulty：困難
leave behind：～を残す　a role model：見本　beautifully：美しく
literature：文学　impress：～を感動させる

問1　（　①　）に入れるのに最も適当なものを次の中から一つ選び、その番号をマークせよ。(マーク解答欄) 19

① Instead　　② On the other hand

③ But　　④ As a result

問2　下線部②の表す意味と同じものを次の中から一つ選び、その番号をマークせよ。(マーク解答欄) 20

① 彼女の物語はいろいろな人、特に女性やお金をあまり持たなかった人々が人生で何を好んでいたのかを示した。

② 彼女の物語は特にお金をたくさん持っていた女性たちがどのように暮らしていたのかを示した。

③ 彼女の物語は様々な人々、とりわけ女性や裕福でない人々の生活がどのようなものであったかを示した。

④ 彼女の物語は異なる人々の異なる暮らしを描き、どのように生きるのが好ましいのかを示した。

問3　（　③　）に入れるのに最も適当なものを次の中から一つ選び、その番号をマークせよ。(マーク解答欄) 21

① let readers feel

② let readers feeling

③ letting readers feel

④ letting readers feeling

問4　下線部④の内容を表すものを、本文中から2語の英語で抜き出せ。

(記述解答欄) H

問5　本文が自然な流れとなるように、（　⑤　）に当てはまる語句を次の中から一つ選び、その番号をマークせよ。(マーク解答欄) 22

① however also　② however too　③ but also　④ but too

問6　（　⑥　）に入れるのに最も適当な文を選び、その番号をマークせよ。

(マーク解答欄) 23

① She showed that women were better writers than men.

② She showed that women could be wonderful writers too.

③ She showed that no one could write stories better than her.

④ She showed that it was not important for women to share what they thought.

問7　（　⑦　）に入れるべき正しいものを次の中から一つ選び、その番号をマークせよ。（マーク解答欄）24

①　excite　　②　be excite　　③　be exciting　　④　be excited

問8　次の問いの解答としてふさわしいものを次の中から一つ選び、その番号をマークせよ。（マーク解答欄）25

Q. When did Higuchi die?

①　1848　　②　1872　　③　1896　　④　2024

問9　本文の内容と一致するものを一つ選び、その番号をマークせよ。（マーク解答欄）26

①　樋口一葉が5,000円札の肖像になってから30年経つ。
②　樋口一葉の代表作『たけくらべ』は東京で育つ子供たちの貧困を描いた。
③　樋口一葉は早くに亡くなったが、『たけくらべ』以外にも多くの名作を残した。
④　2024年以降、5,000円札の肖像画は津田梅子から樋口一葉に変わる。

2024年度　入学試験問題

理　　科

中京大学附属中京高等学校

試験開始の合図があるまで，この問題冊子を開いてはいけません。
下記の受験上の注意事項をよく読んでください。

==================== **受 験 上 の 注 意 事 項** ====================

1　問題用紙は14ページです。
2　試験時間は 社会と合わせて60分 です。
3　解答用紙に，**氏名（フリガナ）・中学校名を記入**し，**受験番号は記入とマークを**しなさい。
4　計算は問題用紙の余白を利用しなさい。
5　計算機は使用できません。
6　**マークシート記入上の注意**
　①　マークの記入は，必ず黒鉛筆またはシャープペンシルで，所定のマーク解答欄の⬯を正確にぬりつぶす。
　②　記述解答の記入は，所定の記述解答欄にていねいに行う。
　③　訂正は，消しゴムできれいに消す。
　④　解答用紙を，折り曲げたり，汚したりしない。
　＊マークされていない場合または必要以上にマークがある場合は，０点です。

マークの仕方	良い例	悪い例
マークをする時	鉛筆で正確にぬりつぶす	
マークを消す時	消しゴムで完全に消す	

==

［1］ 次の(1)～(10)の各問いに答えよ。

(1) 60℃における硝酸カリウム飽和水溶液の質量パーセント濃度を表す数値として最も近いものを，次の①～⑦のうちから一つ選べ。ただし，硝酸カリウムは60℃の水100gに110gまで溶けるものとする。(マーク解答欄) 1

① 10%　② 30%　③ 50%　④ 70%

⑤ 90%　⑥ 100%　⑦ 110%

(2) 10℃の硝酸カリウム飽和水溶液100.0gを加熱して水を20.0g蒸発させたのち，再び10℃に戻すと溶けきれなくなった硝酸カリウムが結晶となって出現した。冷却後の水溶液に溶けている硝酸カリウムは何gか。最も適当なものを，次の①～⑥のうちから一つ選べ。ただし，硝酸カリウムは10℃の水100.0gに22.0gまで溶けるものとする。(マーク解答欄) 2

① 13.6g　② 13.8g　③ 14.0g　④ 14.3g　⑤ 14.5g　⑥ 14.7g

(3) 次のア～ウの文章の内容について，その正誤の組み合わせとして最も適当なものを，下の①～⑧のうちから一つ選べ。(マーク解答欄) 3

ア 炭素電極を用いて塩化銅水溶液に電流を流すと，陽極側に銅が付着する。

イ 炭素電極を用いて塩化銅水溶液に電流をt_1秒間流す。その後，電源の＋極と－極をつけ替えて白金電極につなぎ，t_2秒間電流を流すと，t_1秒後と比べてt_2秒後の方が水溶液の色が濃くなる。ただし，$t_1=t_2$とする。

ウ マグネシウムリボンに塩酸を加えると，塩素が発生する。

	ア	イ	ウ
①	正	正	正
②	正	正	誤
③	正	誤	正
④	正	誤	誤
⑤	誤	正	正
⑥	誤	正	誤
⑦	誤	誤	正
⑧	誤	誤	誤

(4) ヒトが食物から摂取したタンパク質を分解するために必要な消化酵素は，次のア～クのうちどれか。それらを**過不足なく含むもの**を，下の①～⓪のうちから一つ選べ。
(マーク解答欄) 4

ア　アミラーゼ	イ　胆汁	ウ　トリプシン	エ　リパーゼ
オ　ペプシン	カ　モノグリセリド	キ　グリコーゲン	ク　尿素

①　ア	②　ウ	③　イ，キ	④　エ，カ	⑤　オ，ク
⑥　ウ，オ	⑦　ウ，キ	⑧　エ，オ	⑨　キ，ク	⓪　イ，ウ，オ

(5) 地球生命の誕生史に関する記述として最も適当なものを，次の①～⑤のうちから一つ選べ。(マーク解答欄) 5

① 地球上に最初に生物が誕生したのは，およそ46億年前である。
② 脊椎動物のうち地球上に最初に誕生したのは魚類で，およそ11億年前である。
③ は虫類は両生類よりも先に誕生した。
④ 哺乳類と鳥類は中生代に誕生した。
⑤ ヒトはどのような環境にも適応しているため，最も進化した生物といえる。

(6) 図1の置き時計を用意し，図2のように，水平な机の上に2枚の鏡を90度の角度になるように立てて，置き時計の文字盤が鏡のつなぎ目のちょうど正面になるようにした。置き時計の後方から鏡を見ると，正面と左右それぞれの鏡に置き時計の像が映って見えた。このとき，観測者から見た正面に映る置き時計の像として最も適当なものを，下の①～⑦のうちから一つ選べ。(マーク解答欄) 6

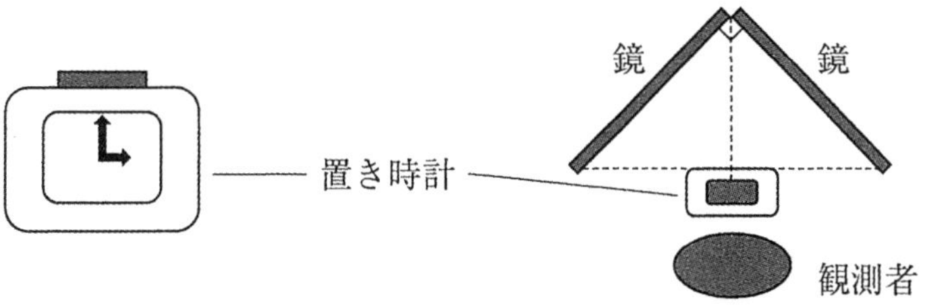

図1　　図2

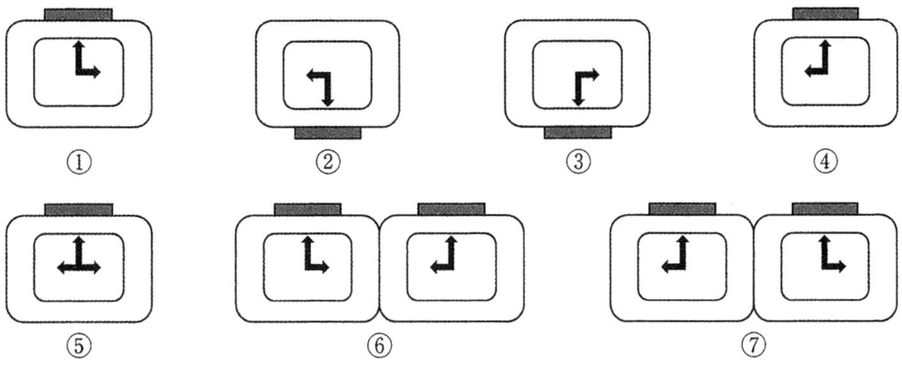

(7) 図3のようなクルックス管に大きな電圧を加えると，蛍光板に光る筋が見えた。光る筋はある粒子の流れである。この光る筋と粒子に関する記述として**誤りを含むもの**を，下の①～⑤のうちから一つ選べ。（マーク解答欄） 7

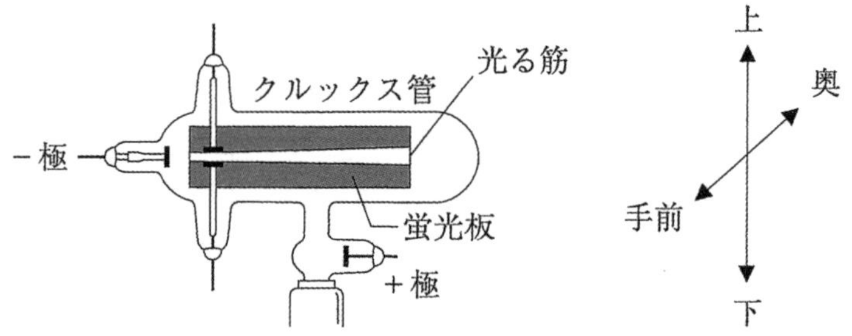

図3

① 粒子は－極から出てくるので陰極線と呼ばれている。
② 陰極線のことを電子線と呼ぶことがある。
③ この粒子は金属中にも含まれている。
④ 光る筋の上下方向に電圧を加えると，加えた電圧の＋極の方に曲がる。
⑤ クルックス管の上方向から，U字型磁石のS極を手前にしてクルックス管をはさむように近づけると光る筋は下に曲がる。

(8) 銅粉が1.0 kg入った袋を，高さ2.0 mの位置から硬い床に落下させ，くり返し衝突させた。次表は落下させた回数とその直後の銅粉の温度を測定し記録したものである。次に，高さを1.0 mにして同じ実験を繰り返した場合，7℃上昇させるにはおよそ何回落下させる必要があると推測されるか。最も適当なものを，下の①～⑧のうちから一つ選べ。（マーク解答欄） 8

表

落下回数〔回〕	50	100	150	200	250
温度上昇〔℃〕	1.2	2.4	3.6	4.8	6.0

① 100回　② 200回　③ 300回　④ 400回
⑤ 500回　⑥ 600回　⑦ 700回　⑧ 800回

(9) 天体の動きや地球の自転に関する記述として最も適当なものを，次の①〜⑥のうちから一つ選べ。(マーク解答欄) 9

① 日本付近から見た太陽が東の空からのぼり，西の空に沈んでいく理由は，北極上空から見た地球が，時計回りに回転しているからである。

② 日本付近から見た太陽が東の空からのぼり，西の空に沈んでいく理由は，赤道上空から見た地球が，東から西へ回転しているからである。

③ 日本付近から見た太陽が東の空からのぼり，西の空に沈んでいく理由は，南極上空から見た地球が，時計回りに回転しているからである。

④ 日本付近から見た北の空の星の動きは，地球が自転しているため，北極星を中心として時計の針の回転方向と同じ方向に動いて見える。

⑤ 日本付近から見た北の空の星の動きは，地球が公転しているため，北極星を中心として時計の針の回転方向と同じ方向に動いて見える。

⑥ 日本付近から見た北の空の星の動きは，地球が公転しているため，北極星を中心として時計の針の回転方向と反対方向に動いて見える。

(10) 地震が起きると地面が隆起したり，沈降したりすることがある。隆起してできる地形と沈降してできる地形の組み合わせとして最も適当なものを，次の①〜⑧のうちから一つ選べ。(マーク解答欄) 10

① 海岸段丘・リアス海岸　　② 海岸段丘・V字谷

③ 海岸段丘・三角州　　④ 扇状地・海岸段丘

⑤ 扇状地・V字谷　　⑥ 三角洲・リアス海岸

⑦ 扇状地・三角州　　⑧ V字谷・リアス海岸

［2］ 次のＡさんとＢ先生の会話文を読んで，あとの問いに答えよ。

Ａさん：元素の周期表を見ていて疑問に思ったことがあるのですが，$_{a}$水銀は金属なのに液体というのは本当ですか？

Ｂ先生：本当だよ。でもそれは水銀以外にも見られることだよ。

Ａさん：どういうことでしょうか？

Ｂ先生：例えば，身近に使われている鉄は，地球の中心部では液体で存在しているよ。$_{b}$物質の状態というのは，周囲の温度や圧力などの環境によって変化するんだ。水銀は地表の環境では液体で存在する性質を持っているということだね。ちなみに，地球は鉄の惑星と呼ばれるくらい，鉄資源が豊富なんだ。地球表層部の地殻（岩石帯）に含まれる元素としては４番目に多いと言われているよ。

Ａさん：そうなんですね！鉄はいろいろなところに使われているから，無くならないのか心配ですが，たくさんあるということは，地面を掘ればすぐに出てくるのでしょうか？

Ｂ先生：いいや，鉄は地中ではFe_2O_3やFe_3O_4のような形で鉄鉱石として存在しているから，溶鉱炉で$_{c}$化学反応を引き起こすことによって，純粋な鉄に変えているんだ。これを$_{d}$製錬（せいれん）というよ。鉄は一度製錬すれば，何度もリサイクルして違う製品につくり替えられるところが優れているんだ。

Ａさん：鉄以外にも，同じように様々なところで使われている金属にアルミニウムがありますね。鉄と同様にリサイクルも盛んですが，例えば，リサイクル工場に鉄製品とアルミニウム製品が運ばれてきたとき，選別するだけでも大変そうですよね。一つ一つ調べる訳にもいかないですし・・・。

Ｂ先生：鉄とアルミニウムは簡単に分けることができるよ。実際に工場でも使われている方法だけど，鉄とアルミニウムの性質の違いから，巨大な［　Ａ　］を使って選別しているんだ。

Ａさん：確かに，その方法なら簡単に，しかも瞬時に選別できますね。興味深いお話をありがとうございました。

(1) 下線部 a について，水銀は地表の環境において液体として存在する唯一の金属である。その性質を身近にある物質と比較するため，水銀の他に菜種油と鉄くぎを準備した。菜種油の質量をはかったところ，1 L あたり 0.92 kg であった。鉄の密度と水銀の密度はそれぞれ 7.87 g/cm^3，13.6 g/cm^3 である。それらを同時に容器に入れ，しばらく時間が経ったとき，観察される様子として最も適当なものを，次の①～⑥のうちから一つ選べ。(マーク解答欄) 11

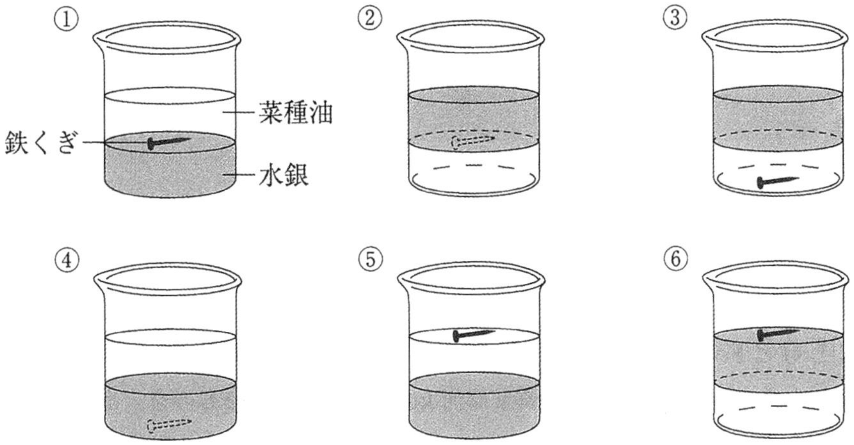

(2) 下線部 b について，次の文章中の（ ア ）～（ ウ ）にあてはまる語句の組み合わせとして最も適当なものを，下の①～⑧のうちから一つ選べ。
(マーク解答欄) 12

二酸化炭素は －78℃で固体（ドライアイス）となる。今，ドライアイス 10 g を密封できるポリエチレン製の袋に入れ，室温 0 ℃で放置したところすべて気体となった。このとき二酸化炭素の分子はより（ ア ），質量を調べてみると（ イ ）。また，密度は（ ウ ）。

	ア	イ	ウ
①	激しく動き回るようになり	変化していなかった	減少していた
②	激しく動き回るようになり	減少していた	変化していなかった
③	穏やかな動きになり	変化していなかった	減少していた
④	穏やかな動きになり	減少していた	変化していなかった
⑤	サイズが小さくなり	変化していなかった	減少していた
⑥	サイズが小さくなり	減少していた	変化していなかった
⑦	サイズが大きくなり	変化していなかった	減少していた
⑧	サイズが大きくなり	減少していた	変化していなかった

(3) 下線部cについて，鉄鉱石を鉄に変える製錬で起きる化学反応と**異なる種類の化学反応**として最も適当なものを，次の①～⑤のうちから一つ選べ。

（マーク解答欄） 13

① 花火に火をつけると，様々な色の美しい火花が見られる。

② 植物は光合成をする中で二酸化炭素を取り込み，デンプンや酸素を合成している。

③ カイロを袋から取り出すと，だんだん温かくなってくる。

④ 硫酸と水酸化バリウム水溶液を反応させると，硫酸バリウムが得られる。

⑤ 水を電気分解すると，水素と酸素が発生する。

(4) 下線部dの反応の化学反応式は次に示すとおりである。

$$Fe_2O_3 \quad + \quad 3CO \longrightarrow 2Fe \quad + \quad 3CO_2$$

CとOとFeの原子の質量比を12：16：56とすると，鉄鉱石1000 kgを完全に反応させたとき，発生するCO_2の質量は何kgか。最も適当なものを，次の①～⓪のうちから一つ選べ。ただし，鉄鉱石はFe_2O_3のみからなり，他の物質は含まないものとする。（マーク解答欄） 14

① 175 kg	② 183 kg	③ 275 kg	④ 413 kg	⑤ 550 kg
⑥ 825 kg	⑦ 1000 kg	⑧ 1375 kg	⑨ 1652 kg	⓪ 3000 kg

(5) 会話文中の A は，実際には電流を流すことで効力を発揮する。 A に入る適切な語句を漢字で答えよ。（記述解答欄） A

［3］ 光学顕微鏡を用いて$_{\mathrm{a}}$ゾウリムシの観察を行った。次の文章を読んであとの問いに答えよ。

光学顕微鏡を保管ケースから取り出して，水平な台の上に置いた。付属品として×5，×10，×15の接眼レンズと，×4，×10，×40の対物レンズが入っているのを確認した。$_{\mathrm{b}}$光学顕微鏡を使用する準備が完了し，さっそく観察を行うと視野の中の像が小さく，細部が見にくい状態であった。そこで，レンズの倍率を変えて観察をすることにした。その際，$_{\mathrm{c}}$×5と書かれた接眼レンズが破損しており使用できない状態であることが判明した。

最終的に，使用できるレンズの組み合わせのうち，$_{\mathrm{d}}$上から3番目に大きい倍率でゾウリムシの観察を行い，スケッチした。

(1) 下線部aについて，図1はゾウリムシを観察したときのスケッチである。図中のAのはたらきとして最も適当なものを，下の①～⑥のうちから一つ選べ。
（マーク解答欄） 15

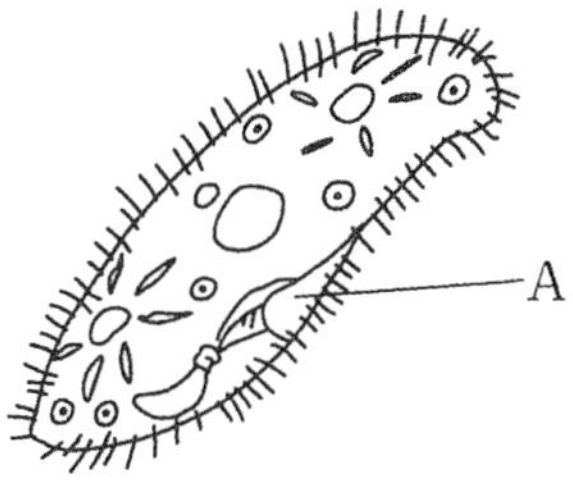

図1

① 光合成　　② 食物の摂取　　③ 運動
④ 消化　　⑤ 光の受容　　⑥ 水分の調節

(2) 下線部bについて，次の光学顕微鏡を使用するための準備操作ア～オを正しく並べたものはどれか。最も適当なものを，下の①～⑥のうちから一つ選べ。
（マーク解答欄） 16

ア　プレパラートをステージの上にのせる。
イ　対物レンズを取り付ける。
ウ　接眼レンズを取り付ける。
エ　反射鏡の角度を調整して視野を明るくする。
オ　調節ねじを回してピントを合わせる。

① ア→エ→イ→ウ→オ　　② ア→エ→ウ→イ→オ　　③ イ→ウ→ア→エ→オ
④ ウ→イ→ア→エ→オ　　⑤ イ→ウ→エ→ア→オ　　⑥ ウ→イ→エ→ア→オ

(3) 次の図は付属品として保管ケースに入っていたレンズを横から見たものである。下線部ｃについて，使用できないレンズとして最も適当なものを，次の①～⑥のうちから一つ選べ。(マーク解答欄) [17]

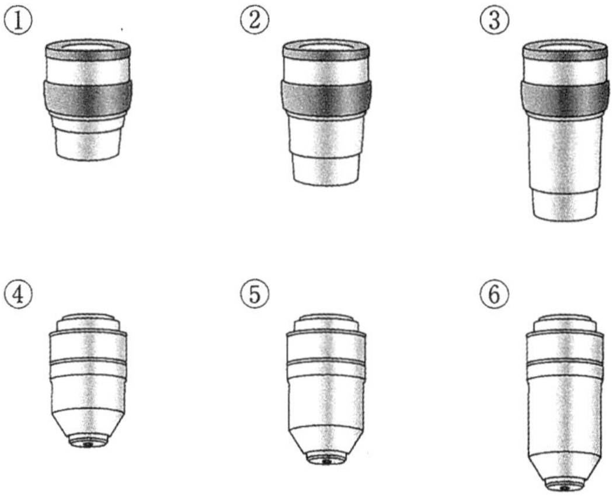

(4) 下線部ｄの条件で観察を行ったとき，ゾウリムシは一定の速度で移動していた。使用できるレンズの組み合わせのうち最大の倍率で観察を行うと，ゾウリムシが視野を横切るのにかかる時間は下線部ｄにおける倍率のときと比べて何倍になるか。数値を小数第2位まで答えよ。(記述解答欄) [B] 倍

(5) ゾウリムシや顕微鏡に関する次のア～オの記述のうち，正しいものはどれか。それらを**過不足なく含むもの**を，下の①～⓪のうちから一つ選べ。(マーク解答欄) [18]

ア　ゾウリムシは分裂によって増殖する。

イ　ゾウリムシのように無性生殖によって生じた個体の集団は，遺伝的に多様な性質をもつ。

ウ　双眼実体顕微鏡は，対象物を立体的に観察することができる。

エ　イギリスのロバート・フックは，コルク片を顕微鏡で観察し，小さな部屋のようなものが多数集まってできていることを発見して Cell（セル）と名付けた。

オ　顕微鏡で観察したゾウリムシをスケッチするとき，細胞の立体感を表現するためには斜線をひいて影をつけるとよい。

① ア　　② イ　　③ ウ　　④ エ　　⑤ オ

⑥ ア，ウ　　⑦ イ，エ　　⑧ イ，オ　　⑨ ウ，エ　　⓪ ア，ウ，エ

［4］ 北西太平洋のマリアナ諸島，カロリン諸島や南シナ海で発生する熱帯低気圧のうち，中心付近の最大風速が 17.2 m/s 以上のものを台風という。台風は毎年のように a日本に災害を引き起こしている。あとの問いに答えよ。

(1) 日本の夏の気候に関する次の文章中の（ ア ）～（ ウ ）にあてはまる語句の組み合わせとして最も適当なものを，下の①～⑧のうちから一つ選べ。
（マーク解答欄） 19

太平洋高気圧の勢力が強まり，（ ア ）の気圧配置になる。日本列島は（ イ ）の影響を受け，全国的によく晴れて蒸し暑い日が続く。昼間の強い日射によって地表付近の気温が高くなると，上昇気流が生じて（ ウ ）が発達し，雷雨をもたらすことがある。

	ア	イ	ウ
①	西高東低	オホーツク海気団	積乱雲
②	西高東低	小笠原気団	積乱雲
③	西高東低	オホーツク海気団	乱層雲
④	西高東低	小笠原気団	乱層雲
⑤	南高北低	オホーツク海気団	積乱雲
⑥	南高北低	小笠原気団	積乱雲
⑦	南高北低	オホーツク海気団	乱層雲
⑧	南高北低	小笠原気団	乱層雲

(2) 図1は2023年8月3日9時における天気図である。地点Aを通る等圧線が表す気圧を，単位を含めて答えよ。(記述解答欄) [C]

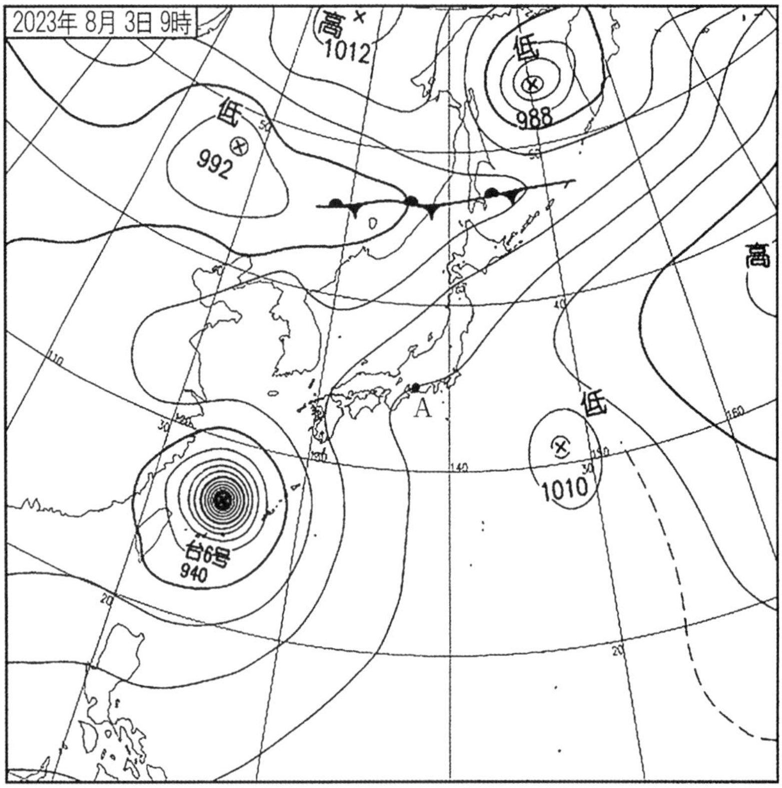

図1

気象庁ホームページより作成

(3) (2)の図1について，台風6号の今後の進路予想と，地点Aにおける風向の組み合わせとして最も適当なものを，次の①～④のうちから一つ選べ。

(マーク解答欄) [20]

	台風6号の今後の進路予想	地点Aにおける風向
①	北西	北
②	北西	南
③	南東	北
④	南東	南

(4) 台風の発生数・日本への接近数・日本への上陸数について，図２は経年変化，図３は月別の平年値を表している。図２，３に関する記述として**誤りを含むもの**を，下の①～④のうちから一つ選べ。（マーク解答欄） 21

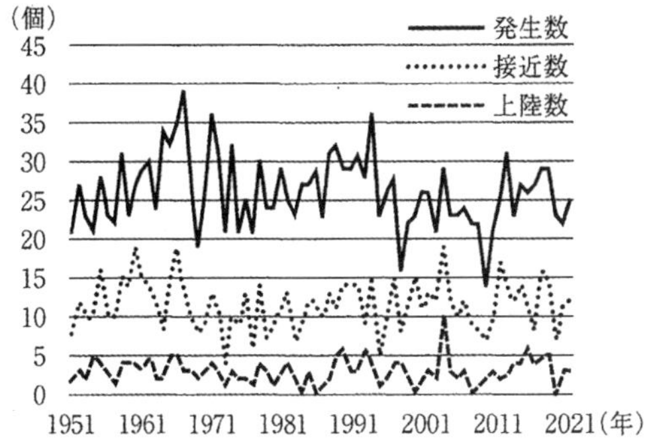

図２

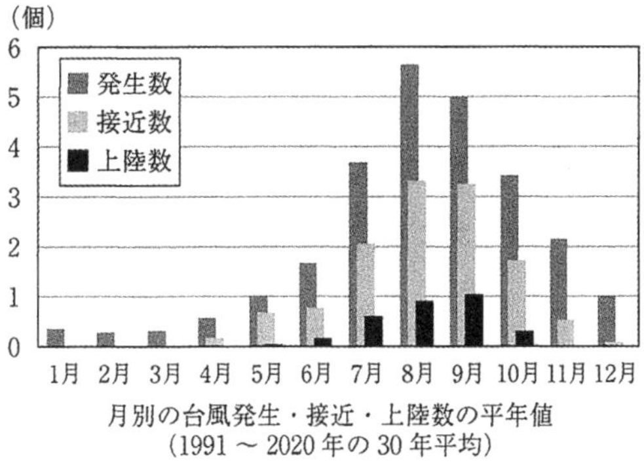

図３

気象庁ホームページより作成

① 台風の発生数の平年値は約20～30個で，そのうち数個が上陸している。

② 台風の発生数・接近数は８月が最も多く，上陸数は９月が最も多い。

③ 台風は１年を通して発生しているが，日本には全く上陸しない年もある。

④ 2000年以降，台風の発生数・接近数・上陸数ともに，増加傾向にある。

(5) 下線部ａについて，日本の自然災害とその対策に関する記述として**誤りを含むもの**を，次の①～④のうちから一つ選べ。（マーク解答欄） 22

① 台風により高潮が発生すると，海岸の埋め立て地で液状化現象が起こることがある。

② ハザードマップは，河川の氾濫や土砂災害だけでなく，津波，火山噴火などについても作成されることがある。

③ 集中豪雨は，前線に湿った空気が流れ込むなどし，雨雲が同じ場所で発達して起こることが多い。

④ 緊急地震速報は，地震発生直後に震源に近い地震計で観測されたデータを即時に分析し，Ｓ波の到着時刻や震度を予測する警報システムであるが，場所によっては速報より先にＳ波が到達する場合もある。

［5］ 抵抗の大きさが異なる２本の電熱線a，bを用いて，次の〔実験1〕・〔実験2〕を行った。あとの問いに答えよ。

〔実験1〕 図1のように，電熱線aを用いて回路を組み立て，電熱線aに加わる電圧の大きさを1.0Vから6.0Vまで上げていき，電熱線aを流れる電流の大きさを測定した。表1は，その結果をまとめたものである。

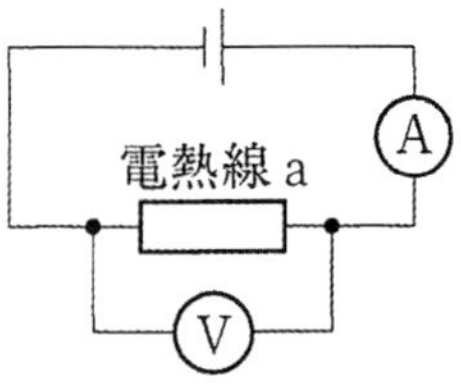

図1

表1

電圧〔V〕	1.0	2.0	3.0	4.0	5.0	6.0
電流〔mA〕	20	40	60	80	100	120

(1) 電熱線aの抵抗の大きさは何Ωか。最も適当なものを，次の①～⑧のうちから一つ選べ。（マーク解答欄） 23

① 5.0Ω　② 20Ω　③ 25Ω　④ 50Ω
⑤ 100Ω　⑥ 200Ω　⑦ 250Ω　⑧ 500Ω

〔実験2〕 電熱線aと電熱線bを用いて，図2の直列回路と図3の並列回路をつくった。直列回路，並列回路ともに「点Pと点Qの間の電圧」と「点Pを流れる電流」を測定した。図4の直線A，Bは，それぞれの回路の電流と電圧の関係をグラフに表したものである。

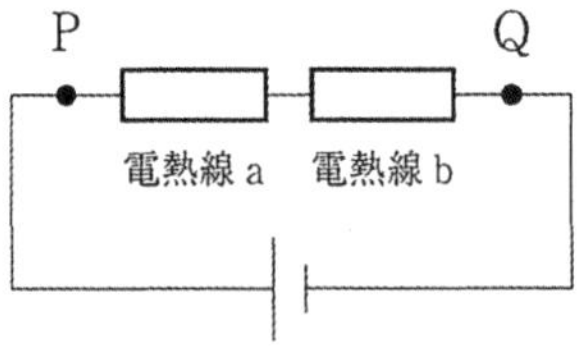

図2

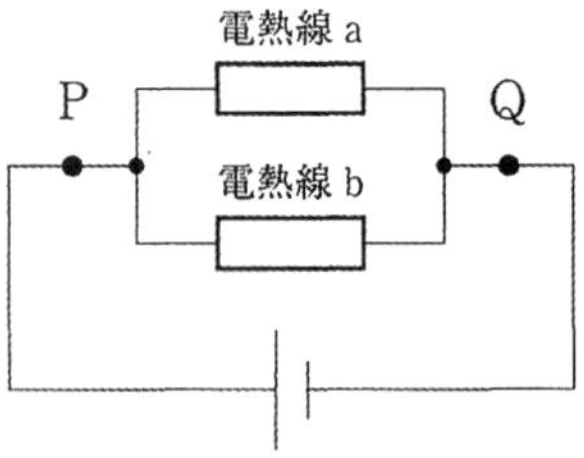

図3

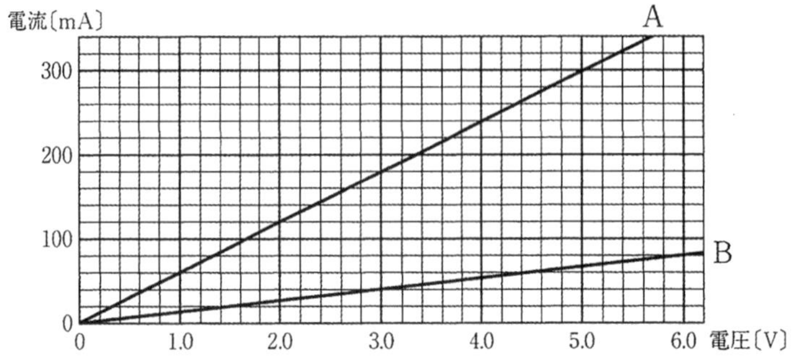

図4

(2)　図4のグラフに関する次のア～ウの文章の内容について，その正誤の組み合わせとして最も適当なものを，下の①～⑧のうちから一つ選べ。

（マーク解答欄）[24]

ア　直線Aは図2の直列回路を測定したものである。

イ　直線Aの方が直線Bに比べて，傾きが大きいので回路全体の抵抗の値が大きい。

ウ　電熱線aと電熱線bの抵抗の大きさをそれぞれ2倍にすると，直線Aと直線Bの傾きは2倍になる。

	ア	イ	ウ
①	正	正	正
②	正	正	誤
③	正	誤	正
④	正	誤	誤
⑤	誤	正	正
⑥	誤	正	誤
⑦	誤	誤	正
⑧	誤	誤	誤

(3)　電熱線bの抵抗の大きさは何Ωか。（記述解答欄）[D] Ω

(4)　図3の並列回路で，点Pを流れる電流が300 mAのとき，電熱線aを流れる電流は何mAか。最も適当なものを，次の①～⑧のうちから一つ選べ。

（マーク解答欄）[25]

①　30 mA　②　50 mA　③　100 mA　④　150 mA

⑤　200 mA　⑥　250 mA　⑦　300 mA　⑧　流れない（0 mA）

(5)　電力の単位にはW（ワット）を用いるが，力学的な仕事率の単位についてもWを用いることがある。ここで，体重60 kgの人が，1段の高さ20 cmの階段15段を15秒で上がったとする。この間の仕事率は何Wか。最も適当なものを，次の①～⓪のうちから一つ選べ。ただし，1 kgの物体にはたらく重力の大きさを10 Nとする。

（マーク解答欄）[26]

①　5 W　②　10 W　③　20 W　④　40 W　⑤　50 W

⑥　60 W　⑦　80 W　⑧　100 W　⑨　120 W　⓪　200 W

2024年度　入学試験問題

社　　会

中京大学附属中京高等学校

試験開始の合図があるまで，この問題冊子を開いてはいけません。
下記の受験上の注意事項をよく読んでください。

==================== **受験上の注意事項** ====================

1　問題用紙は20ページです。
2　試験時間は 理科と合わせて60分 です。
3　解答用紙に，**氏名（フリガナ）・中学校名を記入し，受験番号は記入とマークをしなさい。**
4　**マークシート記入上の注意**
　①　マークの記入は，必ず黒鉛筆またはシャープペンシルで，所定のマーク解答欄の▯を正確にぬりつぶす。
　②　記述解答の記入は，所定の記述解答欄にていねいに行う。
　③　訂正は，消しゴムできれいに消す。
　④　解答用紙を，折り曲げたり，汚したりしない。
　＊マークされていない場合または必要以上にマークがある場合は，０点です。

マークの仕方	良い例	悪い例
マークをする時	鉛筆で正確にぬりつぶす	
マークを消す時	消しゴムで完全に消す	

==

〔1〕中京大中京高校生のシン君たちは，修学旅行で向かう関西を題材にレポートを作成した。このレポートを読み，以下の問いに答えよ。

レポート1

> シン君のレポート
>
> タイトル：『古代の大阪と海の関わり』
>
> (a)大阪の上町台地には，大阪城をはじめとして古代から近現代にかけてのさまざまな史跡があります。(b)縄文時代の大阪湾は大阪平野の奥深くまで入り込み，東は生駒山西麓にいたる広大な「河内湾」が広がり，上町台地が半島のように突き出ていました。その後「河内湾」は淡水化し，やがて「河内湖」へと姿を変え，この湖は人間の手によって大きく変貌しました。(c)仁徳天皇が行った堀江の開削は，洪水対策と水運発達に役立ったと考えられます。その後，(d)「大化の改新」により大阪は歴史の表舞台となり，難波津は(e)遣隋使・遣唐使など使節往来の拠点として発展しました。

（国土交通省近畿地方整備局「大阪湾環境データベース」をもとに作成）

問1　レポート1の下線部(a)に関連して，次の資料1～3は大阪の上町台地周辺の地図である。これらの資料について述べた文として**誤っているもの**を，以下の①～④から一つ選んで番号で答えよ。（マーク解答欄）［ 1 ］

資料1　現在の大阪の市街地（一部）

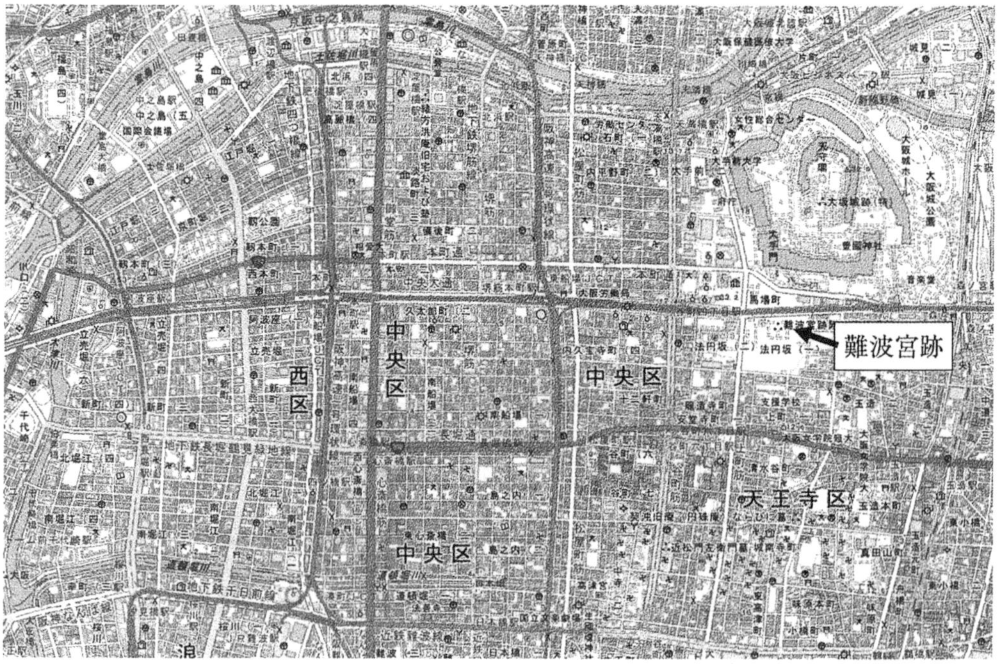

（国土地理院「電子国土 Web」より作成）

資料2

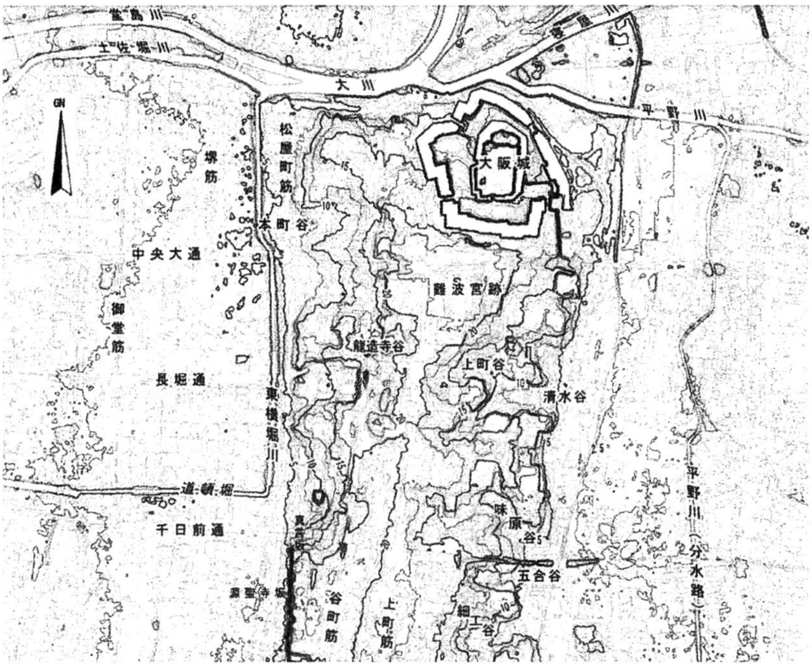

上町台地北部の等高線図
（趙哲済ら「上町台地とその周辺低地における地形と古地理変遷の概要」より）

資料3　江戸時代の大阪市街図

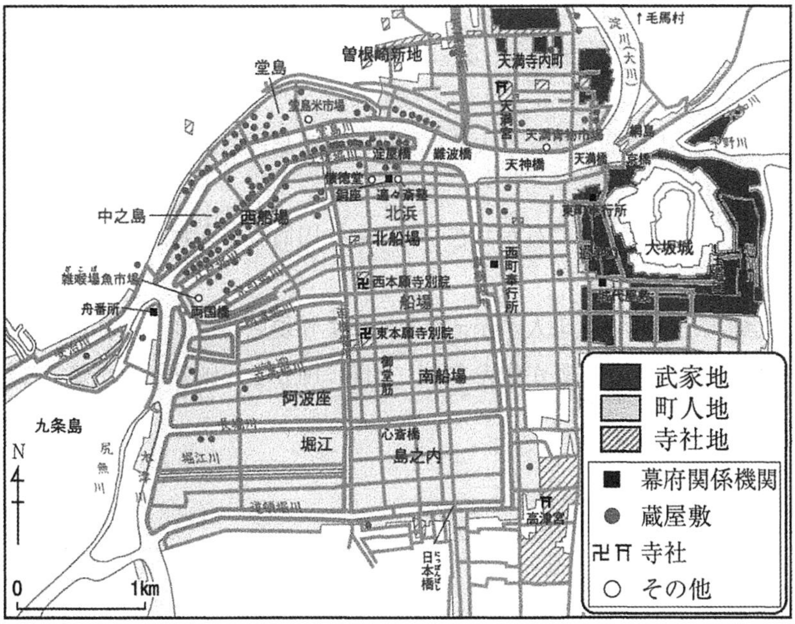

（浜島書店『新詳日本史』デジタルコンテンツより作成）

① 資料２によると，大阪城は上町台地の北端に位置している。

② 資料２・３によると，大阪の商工業者は上町台地上の城下町で生活しており，ここにある倉庫では諸藩の年貢米や特産品が売りさばかれた。

③ 資料１・３によると，城下町に張り巡らされた水路（堀川）は現在では多くが埋め立てられ，道路になっていることが分かる。

④ 資料１・２によると，難波宮跡の周辺地域は比較的，津波や洪水，高潮の被害にあいにくい地域であると考えられる。

問２　レポート１の下線部(b)の縄文時代に関して述べた次の文ａ～ｄについて，正しいものの組み合わせを，以下の①～④から一つ選んで番号で答えよ。
（マーク解答欄）［2］

a　豊かな生産をいのるため土偶がつくられた。

b　木の実を貯蔵するために高床倉庫がつくられた。

c　縄文人は，狩猟や漁労で得た食料を石包丁で調理した。

d　縄文人は，漁で得られるまぐろや鰹なども食料としていた。

①　a・c　　②　a・d　　③　b・c　　④　b・d

問３　レポート１の下線部(c)の仁徳天皇は古墳時代に在位した天皇とされる。仁徳天皇及び古墳時代について述べた文として**誤っているもの**を，次の①～④から一つ選んで番号で答えよ。（マーク解答欄）［3］

① 仁徳天皇の陵墓とされる大仙古墳は，百舌鳥古墳群を構成する世界最大級の墳墓である。

② 古墳の多くは表面に石がしきつめられ，円筒型や人物，家屋，馬などの形の埴輪が置かれた。

③ 朝鮮半島からの渡来人が伝えた技術により須恵器がつくられた。

④ ６世紀半ばには仏教が伝えられ，全国に国分寺・国分尼寺が建てられた。

問4　レポート1の下線部(d)に関連して，大阪にある難波宮は大化の改新の際に造営された都である。この難波宮に関する次の年表について，この年表で示された時期に起きた出来事として正しいものを，以下の①～④から一つ選んで番号で答えよ。
（マーク解答欄） 4

年表

645年	大化の改新が行われ，難波宮に遷都された。
683年	天武天皇により，飛鳥とともに難波を都とされた。
726年	聖武天皇が難波京の造営に着手させ，平城京の副都とした。
784年	桓武天皇が長岡京に遷都すると，大極殿などの建物が長岡京に移築された。

① 全国を支配するために大宝律令がつくられ，その後，唐がこれにならって律令をつくった。
② 難波の地に，聖徳太子（厩戸皇子）により四天王寺がつくられた。
③ 墾田永年私財法によって，新しく開墾された土地は私有が認められ，子孫に伝えたり売ったりすることが可能となった。
④ 日本は高句麗の復興を助けるために朝鮮半島に大軍を送ったが，白村江の戦いで唐と新羅の連合軍に大敗した。

問5　レポート1の下線部(e)に関連して，古来より日本は中国との交流を行ってきた。この交流に関して述べた次の文Ⅰ～Ⅲについて，古いものから年代順に正しく配列したものを，以下の①～⑥から一つ選んで番号で答えよ。（マーク解答欄） 5

Ⅰ 皇帝から漢委奴国王といった王の称号や金印などが授けられた。
Ⅱ 勘合を用いた朝貢形式の貿易が行われた。
Ⅲ 朱印船貿易により各地に日本町ができた。

① Ⅰ―Ⅱ―Ⅲ　② Ⅰ―Ⅲ―Ⅱ　③ Ⅱ―Ⅰ―Ⅲ
④ Ⅱ―Ⅲ―Ⅰ　⑤ Ⅲ―Ⅰ―Ⅱ　⑥ Ⅲ―Ⅱ―Ⅰ

レポート２

> ケン君のレポート
>
> タイトル：『大阪の天神祭』
>
> 僕は大阪の夏を彩る天神祭について調べました。天神祭は，東京の神田祭，(f)京都の祇園祭とともに，日本三大祭りの一つです。大阪天満宮にまつられている（　１　）の御神霊に市内の繁栄ぶりを見ていただき，今後のさらなる繁栄を祈願するための祭りです。（　１　）は，歴史の教科書にも載っている有名な人物で，次の資料はこの人物が天皇に提出したものです。
>
> 資料　唐に留学している僧の報告書に，唐の衰退が細かく記されています。この僧の報告書を公卿や博士に見せ，遣唐使派遣の可否を定められることを願います。
>
> このように（　１　）は，(g)平安時代の政治家として活躍しただけでなく，漢詩や和歌で多くの名歌を残しています。僕も和歌を詠めるようになったらお祭りの主役になれるのかな…？
>
> 天神祭は多くの船が行き交う「船渡御」が有名ですが，その形が整うのは(h)安土桃山時代に豊臣秀吉が大阪城を築いた頃といわれます。(i)元禄時代以降，天神祭は大阪の繁栄のシンボルとして隆盛をきわめ，祭りの豪華さは全国に名を馳せるようになります。(j)幕末の政変や二度の世界大戦で中断があったものの，第二次世界大戦後に船渡御が復活し，現在でも多くの人が集まり，盛り上がりを見せています。

問６　レポート２の下線部(f)の祇園祭は応仁の乱で一時途絶えるものの京都の富裕な町人たちにより復興した祭りである。これに関連して室町時代の商工業の発展について述べた文として正しいものを，次の①～④から一つ選んで番号で答えよ。

（マーク解答欄）［６］

① 手工業では，京都の西陣や博多などの綿織物が特産品として生産された。
② 定期市が各地に生まれ，宋や明から輸入された和同開珎や永楽通宝などが取引に用いられた。
③ 交通の盛んなところでは，物資の陸上輸送をあつかう馬借が登場した。
④ 大量の物資の輸送のため，江戸と京都のあいだを菱垣廻船が定期的に往復した。

問７　レポート２の文章中の空欄（　１　）に当てはまる人物名を漢字で答えよ。

（記述解答欄）［Ａ］

問8　レポート2の下線部(g)に関連して，次の資料は（　1　）の人物が詠んだ有名な和歌である。この和歌に関して述べた次の文X・Yについて，その正誤の組み合わせとして正しいものを，以下の①～④から一つ選んで番号で答えよ。
（マーク解答欄） 7

資料

東風（こち）吹かば にほひをこせよ 梅の花 主なしとて 春を忘るな

X　この和歌は，はじめは『万葉集』に収録されており，現在は百人一首の中の一首として人々に親しまれている。

Y　この和歌は（　1　）の人物が，承久の乱に敗れ，隠岐に流されたときの和歌である。

	X	Y
①	正	正
②	正	誤
③	誤	正
④	誤	誤

問9　レポート2の下線部(h)に関連して，安土桃山時代には日本に多くの南蛮人が来航した。南蛮人の来航の背景には，ヨーロッパにおいて宗教改革や大航海時代が到来していたことがある。宗教改革や大航海時代及び南蛮貿易について述べた文として正しいものを，次の①～④から一つ選んで番号で答えよ。（マーク解答欄） 8

①　宗教改革を始めたルターはフランスやスイスで，ローマ教皇の方針を批判した。

②　イエズス会は，カトリック教会に反対して改革を進めるプロテスタントの一派である。

③　ヨーロッパ人の植民地となった新大陸では労働力が不足し，アフリカ大陸から奴隷を輸入した。

④　キリスト教を熱心に支持する豊臣秀吉により，天正遣欧使節が派遣された。

問10　レポート２の下線部(i)に関連して，元禄時代の政治・文化・社会について述べた文として**誤っているもの**を，次の①～④から一つ選んで番号で答えよ。
（マーク解答欄）［9］

①　将軍徳川綱吉により，生類憐みの令が出された。
②　全国の商業・金融の中心となった大阪は「天下の台所」とよばれた。
③　上方の経済力を背景として豪華絢爛な文化が花開き，『唐獅子図屏風』などの作品が描かれた。
④　俵屋宗達の影響を受けた尾形光琳が，華やかな装飾画を大成した。

問11　レポート２の下線部(j)に関連して，次の年表は幕末の政変から二度の世界大戦に関するものである。この年表中の［X］の時期に起きた社会の変化について述べた文として正しいものを，以下の①～④から一つ選んで番号で答えよ。
（マーク解答欄）［10］

年表

1867年　大政奉還が行われた。
1914年　第一次世界大戦がはじまった。
↕［X］
1939年　第二次世界大戦がはじまった。
1945年　日本がポツダム宣言を受諾した。

①　ラジオ放送がはじまり，歌謡曲や野球中継などが茶の間の人気を集めた。
②　洗濯機，冷蔵庫などの家庭電化製品が普及した。
③　太陰暦に代わって太陽暦が採用された。
④　米などの生活物資が配給制や切符制になった。

レポート3

ミカさんのレポート

タイトル：『大阪の産業とこれから』

大阪などの商業資本と大消費市場，水運を中心とした交通，淀川による用水を背景として発達した(k)阪神工業地帯は，戦前は日本最大の工業地帯であったが，第二次世界大戦により壊滅的打撃をうけた。その後，阪神工業地帯は1950年の朝鮮戦争の特需によって回復し，のちの経済成長へと続いた。

大阪万博は「人類の進歩と調和」をテーマに掲げ，終戦25周年記念として(l)高度経済成長を成し遂げた日本の象徴的な意義を持つイベントとして開催された。この万博ではアポロ計画で持ち帰られたアメリカ館の「(m)月の石」が人気を集めた。2025年には「いのち輝く未来社会のデザイン」をテーマに大阪で万博が再び開催され，大阪にとどまらず(n)関西の魅力をさらに伝えることができるだろう。

問12　レポート3の下線部(k)に関して，次のグラフは三大工業地帯（京浜・中京・阪神）のいずれかの製造品出荷額の構成（2017年）をあらわしている。阪神工業地帯に当てはまるものを，グラフ中の①～③から一つ選んで番号で答えよ。

（マーク解答欄）11

グラフ　　工業地帯の製造品出荷額等の構成（2017年）

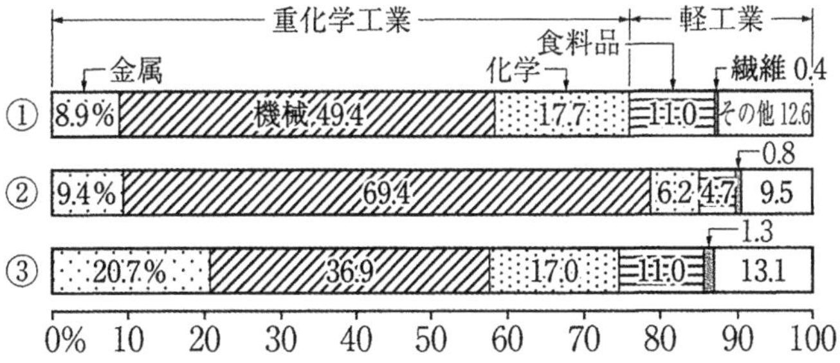

（『日本国勢図会 2020/21』より作成）

問13　レポート3の下線部(l)に関して，高度経済成長期の政治・経済について述べた文として**誤っているもの**を，次の①～④から一つ選んで番号で答えよ。

（マーク解答欄）12

① 池田勇人内閣は，所得倍増計画をかかげて高度経済成長政策を進めた。

② 佐藤栄作内閣は，日ソ共同宣言を結び，国際連合加盟を実現した。

③ オリンピック・パラリンピック東京大会の開催に合わせて，東海道新幹線が開通した。

④ 鉄鋼・船舶・自動車など重化学工業製品の輸出が増加し，太平洋ベルトが形成された。

問14　レポート3の下線部(m)に関連して，古来，月はさまざまなかたちで人類を魅了している。月にまつわる出来事や作品に関して述べた次の文Ⅰ～Ⅴについて，古いものから年代順に配列したとき，3番目と4番目になる出来事の組み合わせとして正しいものを，以下の①～⑨から一つ選んで番号で答えよ。(マーク解答欄) 13

Ⅰ　光り輝く竹の中で見いだされ翁夫婦に育てられた少女が月へと戻っていく「かぐや姫の物語」の通称で知られる『竹取物語』は，仮名文字によって書かれた最初期の物語の一つである。

Ⅱ　イタリア人のコロンブスは4回目の航海の途上，船が破損し食料がつきかけると，月食が起きることを利用し，天罰が下ると勘違いした島民から多くの食料を調達した。

Ⅲ　フランスの作家ジュール・ヴェルヌの長編小説『月世界旅行』は，人間の入った砲弾を月に撃ち込もうとする物語であるが，ロケットは南北戦争などの直近の戦争で既に兵器として使用されていた。

Ⅳ　日本で最初の仏教文化における代表的な工芸作品である「天寿国繡帳」には，月で兎が不老長寿の薬をつくっている様子が描かれている。

Ⅴ　雑誌『青鞜』発刊の辞には「今，女性は月である。他に依って生き，他の光によって輝く，病人のような蒼白い顔の月である。」と書かれ，女性の自由解放について高らかに宣言されている。

	3番目	4番目
①	Ⅰ	Ⅱ
②	Ⅰ	Ⅲ
③	Ⅰ	Ⅴ
④	Ⅱ	Ⅰ
⑤	Ⅱ	Ⅲ

	3番目	4番目
⑥	Ⅱ	Ⅴ
⑦	Ⅲ	Ⅱ
⑧	Ⅲ	Ⅳ
⑨	Ⅲ	Ⅴ

問15　レポート3の下線部(n)に関連して，ミカさんは大阪府以外の関西の魅力を伝えるために次の説明文と表を作成した。このうち，説明文X・Yで説明されている県と表中のア～カの組み合わせとして正しいものを，以下の①～⑧から一つ選んで番号で答えよ。なお，表中のア～カには，近畿地方のいずれかの府県（三重県を除く，滋賀・京都・大阪・兵庫・奈良・和歌山）が当てはまる。(マーク解答欄) 14

説明文

X	かつて農業が経済の中心であったこの県は高速道路や新幹線が通る南部を中心に工業化が進み，また近隣府県との近さからベッドタウンとして人口も増えてきている県である。古くから歴史の舞台として発達してきたこの県には，織田信長が焼き打ちした寺院が存在している。
Y	県内の人口は南部地域に集中しており，南部に位置する最大都市は港とともに発展してきた。県南東部にある山地の南側には狭い平野が東西に広がっており，山地を削った土で海を埋め立て人工島がつくられた。

表

府県名	2019年の基本データ			観光レクリエーション施設数（2019年4月末）					宿泊施設での宿泊者数（2019年）	
	面積（km^2）	人口密度（人/km^2）	人口の変化（%）（1980年＝100%）	テーマパーク・レジャーランド	動物園・植物園	水族館	海水浴場	スキー場	のべ宿泊者数（千人泊）	のべ外国人宿泊者数（千人泊）
（例）愛知	5173	1459.9	121	12	18	5	22	1	19338	3634
ア	4017	352	131	3	6	2	12	6	5016	424
イ	1905	4623.6	104	21	13	1	4	—	47428	17926
ウ	4612	560	102	6	9	1	18	—	30750	12025
エ	3691	360.4	110	3	9	—	—	—	2726	535
三重	5774	308.4	106	12	5	4	28	1	8600	389
オ	8401	650.7	106	13	30	4	39	13	14417	1367
カ	4725	195.8	85	9	3	5	24	—	5324	658

（『データでみる県勢 2021』，東京書籍『新しい社会　地理』をもとに作成）

	X	Y
①	ア	オ
②	ア	カ
③	イ	オ
④	イ	カ
⑤	ウ	オ
⑥	ウ	カ
⑦	エ	オ
⑧	エ	カ

〔2〕次の会話文と資料1～3を参考に，問いに答えなさい。

会話文

リン：全豪オープンテニスが開催されているね。毎年1月の後半にオーストラリアのメルボルンでおこなわれるよ。
スズ：テニスの四大国際大会の一つだね。このような大きい国際大会を一回で良いから現地に行って観戦してみたいなぁ。
リン：オーストラリアについて何か知っていることはある？
スズ：オーストラリアは年降水量500mm 以下の草原や砂漠が国土の約3分の2を占めていることから，「乾燥大陸」と呼ばれていると聞いたことあるよ。
リン：そうなんだね！ということは，様々な農業がおこなわれているはずだけど…ねぇ，オーストラリアについてもっと調べてみない？

資料1　バンコクの雨温図

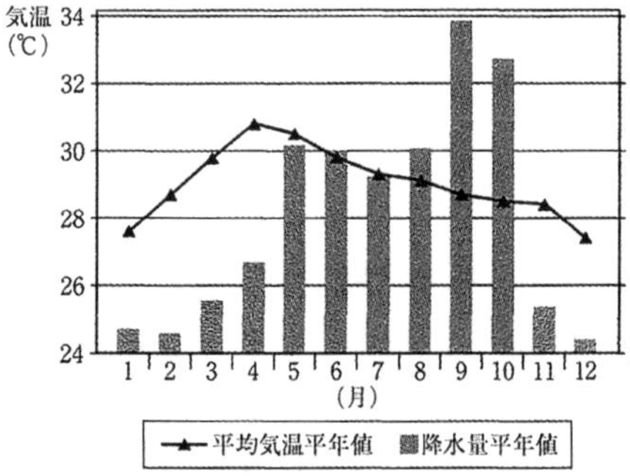

資料2　ケープタウンの雨温図

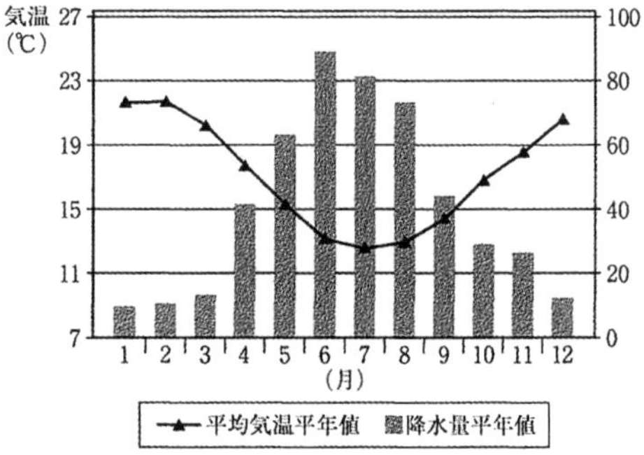

資料3　オーストラリアの降水量

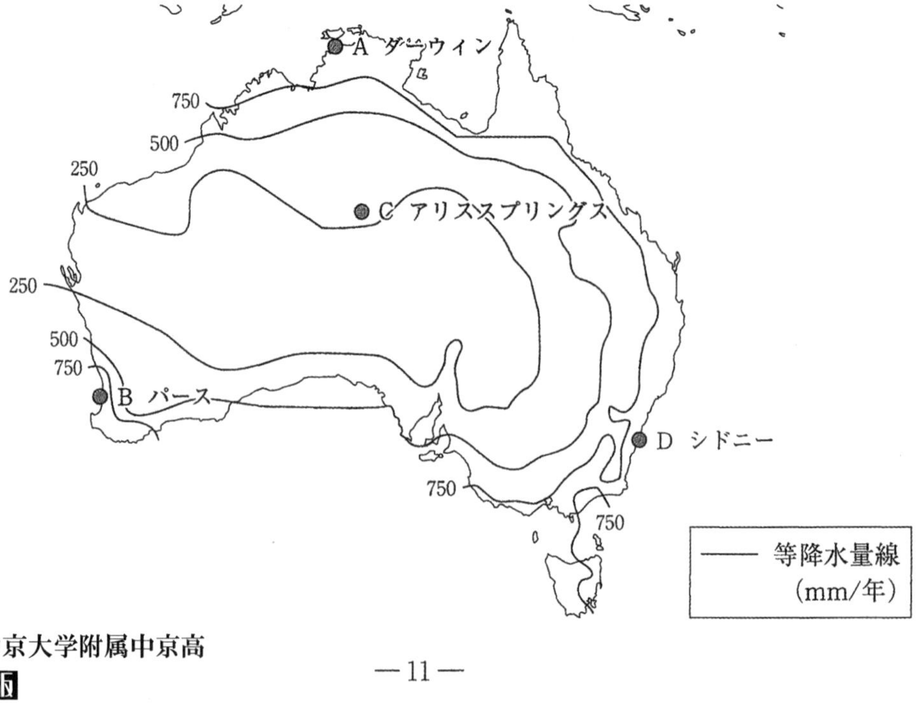

立　　　　　　中学校

※100点満点
（配点非公表）

注意事項　※には、何も記入しないでください。

記 述 解 答 欄

C	B	A

※

立　　　　　　中学校

※100点満点
（配点非公表）

注意事項　※には、何も記入しないでください。

記述解答欄	※			※
[3](1)				
[3](2)				
[3](3)				

立　　　　　中学校

※100点満点
（配点非公表）

注意事項　※には、何も記入しないでください。

記述解答欄	※			※
	○ ×			
	○ ×			
	○ ×			
	○ ×			
	○ ×			
	○ ×			
	○ ×			
	○ ×			

立　　　　　　中学校

※75点満点
（配点非公表）

注意事項　※には、何も記入しないでください。

記　述　解　答　欄	※		※
倍			
Ω			

立　　　　　中学校

※75点満点
（配点非公表）

注意事項　※には、何も記入しないでください。

記述解答欄	※		※
時　　　分			

中京大学附属中京高等学校
2024年度 社会解答用紙

フリガナ	
氏　名	

受験番号				
1	1	1	1	1
2	2	2	2	2
3	3	3	3	3
4	4	4	4	4
5	5	5	5	5
6	6	6	6	6
7	7	7	7	7
8	8	8	8	8
9	9	9	9	9
0	0	0	0	0

解答番号	マーク解答欄									
	1	2	3	4	5	6	7	8	9	0
1	1	2	3	4	5	6	7	8	9	0
2	1	2	3	4	5	6	7	8	9	0
3	1	2	3	4	5	6	7	8	9	0
4	1	2	3	4	5	6	7	8	9	0
5	1	2	3	4	5	6	7	8	9	0
6	1	2	3	4	5	6	7	8	9	0
7	1	2	3	4	5	6	7	8	9	0
8	1	2	3	4	5	6	7	8	9	0
9	1	2	3	4	5	6	7	8	9	0
10	1	2	3	4	5	6	7	8	9	0
11	1	2	3	4	5	6	7	8	9	0
12	1	2	3	4	5	6	7	8	9	0
13	1	2	3	4	5	6	7	8	9	0
14	1	2	3	4	5	6	7	8	9	0
15	1	2	3	4	5	6	7	8	9	0
16	1	2	3	4	5	6	7	8	9	0
17	1	2	3	4	5	6	7	8	9	0
18	1	2	3	4	5	6	7	8	9	0
19	1	2	3	4	5	6	7	8	9	0
20	1	2	3	4	5	6	7	8	9	0
21	1	2	3	4	5	6	7	8	9	0
22	1	2	3	4	5	6	7	8	9	0
23	1	2	3	4	5	6	7	8	9	0
24	1	2	3	4	5	6	7	8	9	0
25	1	2	3	4	5	6	7	8	9	0

解答番号	マーク解答欄									
	1	2	3	4	5	6	7	8	9	0
26	1	2	3	4	5	6	7	8	9	0
27	1	2	3	4	5	6	7	8	9	0

中京大学附属中京高等学校
2024年度 理科解答用紙

フリガナ	
氏　名	

	受験番号			
1	1	1	1	1
2	2	2	2	2
3	3	3	3	3
4	4	4	4	4
5	5	5	5	5
6	6	6	6	6
7	7	7	7	7
8	8	8	8	8
9	9	9	9	9
0	0	0	0	0

解答番号	マーク解答欄									
	1	2	3	4	5	6	7	8	9	0
1	1	2	3	4	5	6	7	8	9	0
2	1	2	3	4	5	6	7	8	9	0
3	1	2	3	4	5	6	7	8	9	0
4	1	2	3	4	5	6	7	8	9	0
5	1	2	3	4	5	6	7	8	9	0
6	1	2	3	4	5	6	7	8	9	0
7	1	2	3	4	5	6	7	8	9	0
8	1	2	3	4	5	6	7	8	9	0
9	1	2	3	4	5	6	7	8	9	0
10	1	2	3	4	5	6	7	8	9	0
11	1	2	3	4	5	6	7	8	9	0
12	1	2	3	4	5	6	7	8	9	0
13	1	2	3	4	5	6	7	8	9	0
14	1	2	3	4	5	6	7	8	9	0
15	1	2	3	4	5	6	7	8	9	0
16	1	2	3	4	5	6	7	8	9	0
17	1	2	3	4	5	6	7	8	9	0
18	1	2	3	4	5	6	7	8	9	0
19	1	2	3	4	5	6	7	8	9	0
20	1	2	3	4	5	6	7	8	9	0
21	1	2	3	4	5	6	7	8	9	0
22	1	2	3	4	5	6	7	8	9	0
23	1	2	3	4	5	6	7	8	9	0
24	1	2	3	4	5	6	7	8	9	0
25	1	2	3	4	5	6	7	8	9	0

解答番号	マーク解答欄									
	1	2	3	4	5	6	7	8	9	0
26	1	2	3	4	5	6	7	8	9	0

中京大学附属中京高等学校
2024年度 英語解答用紙

フリガナ	
氏　名	

受験番号

1	1	1	1	1
2	2	2	2	2
3	3	3	3	3
4	4	4	4	4
5	5	5	5	5
6	6	6	6	6
7	7	7	7	7
8	8	8	8	8
9	9	9	9	9
0	0	0	0	0

解答番号	マーク解答欄									
	1	2	3	4	5	6	7	8	9	0
1	1	2	3	4	5	6	7	8	9	0
2	1	2	3	4	5	6	7	8	9	0
3	1	2	3	4	5	6	7	8	9	0
4	1	2	3	4	5	6	7	8	9	0
5	1	2	3	4	5	6	7	8	9	0
6	1	2	3	4	5	6	7	8	9	0
7	1	2	3	4	5	6	7	8	9	0
8	1	2	3	4	5	6	7	8	9	0
9	1	2	3	4	5	6	7	8	9	0
10	1	2	3	4	5	6	7	8	9	0
11	1	2	3	4	5	6	7	8	9	0
12	1	2	3	4	5	6	7	8	9	0
13	1	2	3	4	5	6	7	8	9	0
14	1	2	3	4	5	6	7	8	9	0
15	1	2	3	4	5	6	7	8	9	0
16	1	2	3	4	5	6	7	8	9	0
17	1	2	3	4	5	6	7	8	9	0
18	1	2	3	4	5	6	7	8	9	0
19	1	2	3	4	5	6	7	8	9	0
20	1	2	3	4	5	6	7	8	9	0
21	1	2	3	4	5	6	7	8	9	0
22	1	2	3	4	5	6	7	8	9	0
23	1	2	3	4	5	6	7	8	9	0
24	1	2	3	4	5	6	7	8	9	0
25	1	2	3	4	5	6	7	8	9	0

解答番号	マーク解答欄									
	1	2	3	4	5	6	7	8	9	0
26	1	2	3	4	5	6	7	8	9	0

中京大学附属中京高等学校
2024年度 数学解答用紙

フリガナ	
氏　名	

受験番号				
1	1	1	1	1
2	2	2	2	2
3	3	3	3	3
4	4	4	4	4
5	5	5	5	5
6	6	6	6	6
7	7	7	7	7
8	8	8	8	8
9	9	9	9	9
0	0	0	0	0

解答番号	マーク解答欄										
	−	0	1	2	3	4	5	6	7	8	9
ア		0	1	2	3	4	5	6	7	8	9
イ		0	1	2	3	4	5	6	7	8	9
ウ		0	1	2	3	4	5	6	7	8	9
エ		0	1	2	3	4	5	6	7	8	9
オ		0	1	2	3	4	5	6	7	8	9
カ		0	1	2	3	4	5	6	7	8	9
キ		0	1	2	3	4	5	6	7	8	9
ク		0	1	2	3	4	5	6	7	8	9
ケ		0	1	2	3	4	5	6	7	8	9
コ		0	1	2	3	4	5	6	7	8	9
サ		0	1	2	3	4	5	6	7	8	9
シ		0	1	2	3	4	5	6	7	8	9
ス		0	1	2	3	4	5	6	7	8	9
セ		0	1	2	3	4	5	6	7	8	9
ソ		0	1	2	3	4	5	6	7	8	9
タ		0	1	2	3	4	5	6	7	8	9
チ		0	1	2	3	4	5	6	7	8	9
ツ		0	1	2	3	4	5	6	7	8	9
テ		0	1	2	3	4	5	6	7	8	9
ト		0	1	2	3	4	5	6	7	8	9
ナ		0	1	2	3	4	5	6	7	8	9
ニ		0	1	2	3	4	5	6	7	8	9
ヌ		0	1	2	3	4	5	6	7	8	9
ネ		0	1	2	3	4	5	6	7	8	9
ノ		0	1	2	3	4	5	6	7	8	9

解答番号	マーク解答欄								
	−	0	1	2	3	4	5	6	7
ハ		0	1	2	3	4	5	6	7
ヒ		0	1	2	3	4	5	6	7
フ		0	1	2	3	4	5	6	7
ヘ		0	1	2	3	4	5	6	7
ホ		0	1	2	3	4	5	6	7
マ		0	1	2	3	4	5	6	7
ミ		0	1	2	3	4	5	6	7
ム		0	1	2	3	4	5	6	7
メ		0	1	2	3	4	5	6	7
モ		0	1	2	3	4	5	6	7
ヤ		0	1	2	3	4	5	6	7
ユ		0	1	2	3	4	5	6	7
ヨ		0	1	2	3	4	5	6	7
ラ		0	1	2	3	4	5	6	7
リ		0	1	2	3	4	5	6	7
ル		0	1	2	3	4	5	6	7
レ		0	1	2	3	4	5	6	7

中京大学附属中京高等学校
2024年度 国語解答用紙

フリガナ	
氏　名	

	受験番号			
1	1	1	1	1
2	2	2	2	2
3	3	3	3	3
4	4	4	4	4
5	5	5	5	5
6	6	6	6	6
7	7	7	7	7
8	8	8	8	8
9	9	9	9	9
0	0	0	0	0

解答番号	マーク解答欄									
	1	2	3	4	5	6	7	8	9	0
1	1	2	3	4	5	6	7	8	9	0
2	1	2	3	4	5	6	7	8	9	0
3	1	2	3	4	5	6	7	8	9	0
4	1	2	3	4	5	6	7	8	9	0
5	1	2	3	4	5	6	7	8	9	0
6	1	2	3	4	5	6	7	8	9	0
7	1	2	3	4	5	6	7	8	9	0
8	1	2	3	4	5	6	7	8	9	0
9	1	2	3	4	5	6	7	8	9	0
10	1	2	3	4	5	6	7	8	9	0
11	1	2	3	4	5	6	7	8	9	0
12	1	2	3	4	5	6	7	8	9	0
13	1	2	3	4	5	6	7	8	9	0
14	1	2	3	4	5	6	7	8	9	0
15	1	2	3	4	5	6	7	8	9	0
16	1	2	3	4	5	6	7	8	9	0
17	1	2	3	4	5	6	7	8	9	0
18	1	2	3	4	5	6	7	8	9	0

問1　オーストラリアの国旗に入っているユニオンジャックと南十字星について述べた次の文X・Yについて，その正誤の組み合わせとして正しいものを，以下の①～④から一つ選んで番号で答えよ。(マーク解答欄) 15

X　ユニオンジャックは外国の支配を受けず，独立を守ったことを意味している。
Y　南十字星は南半球である誇りを意味している。

	X	Y
①	正	正
②	正	誤
③	誤	正
④	誤	誤

問2　全豪オープンテニスを観戦しに行くと仮定し旅行計画を立てていたが，うっかりインクをこぼしてしまい，メルボルンに到着する時間がわからなくなってしまった。日本は東経135度，メルボルンは東経145度であり，成田空港からメルボルンまでのフライト時間が10時間30分のとき，メルボルンに到着する時間は現地時間で何時何分か。ただし，サマータイムを考慮し，24時間表記で示すこと。(記述解答欄) B

【全豪オープンテニスを観戦しよう!】

★交通手段

中部国際空港(14:45)発⇒成田空港(16:05)着

⇒成田空港(19:20)発⇒メルボルン([illegible])着

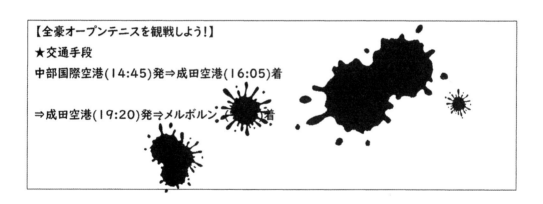

問3　資料1のバンコク，資料2のケープタウンは，資料3中の地点A～Dのいずれかと同じ気候区である。その組み合わせとして正しいものを，次の①～④から一つ選んで番号で答えよ。（マーク解答欄）16

	資料1	資料2
①	A	B
②	A	D
③	C	B
④	C	D

問4　次の表は，いくつかの小麦生産国について，小麦の収穫期，春小麦および冬小麦の種まきの時期を示したものであり，表中の①～④は中国，アメリカ，オーストラリア，ロシアのいずれかである。オーストラリアに当てはまるものを，表中の①～④から一つ選んで番号で答えよ。（マーク解答欄）17

表

	1月	2月	3月	4月	5月	6月	7月	8月	9月	10月	11月	12月
①			▽	▽	●	●	●	●	□	□		
②					▽		●	□●	□●	□		
③	●				□	□	□			●	●	●
④				▽	▽	●	●	●	□●	□		
カザフスタン					▽			●	●	●		
アルゼンチン	●				□	□	□				●	●

●小麦の収穫期　▽春小麦の種まきの時期　□冬小麦の種まきの時期

（農林水産省作成資料を参考に作成）

問5　オーストラリアに関する記述として正しいものを，次の①～④から一つ選んで番号で答えよ。(マーク解答欄) 18

① 18世紀後半から増えていた中国系の移民をはじめとする非ヨーロッパ系の移民を制限することにより，安定した社会を目指す目的で白豪主義という政策をおこなっていた。

② オーストラリアへの移民の出身州を見ると，現在ではヨーロッパが増加しているが，かつては大半をアジアが占めていたことから，シドニーやメルボルンにはチャイナタウンが形成されている。

③ 多文化社会を築こうとしていることから，1993年には先住民であるアボリジニの先住権が認められたが，もともと住んでいた土地の所有権は認められていない。

④ 1980年代の後半から90年代の初めにかけて，ゴールドコーストなどでは日本の企業によるホテルやゴルフ場などの開発が活発におこなわれた。

〔３〕次の会話文とグラフを参考に，問いに答えなさい。

会話文

リン：全豪オープンテニスに行きたいと思ったけど，以前に比べると円安が進んで海外に行きづらくなったね。

スズ：そうだね。2020年のCOVID-19以降，様々な要因が重なってインフレーションが加速しているみたいだよ。

リン：春闘での賃金上昇率は30年ぶりに高水準を記録したみたいだね。長年，デフレーションが続いていたけれど，物価と賃金が連動して上昇する好循環が生まれるといいね。

スズ：物価の動きについて，少し調べてみようか。物価とは，さまざまな商品の価格をひとまとめにして平均したものを指すよ。

リン：グラフの10大費目は光熱・水道，食料，家具・家事用品，被服及び履物，住居，交通・通信，教養娯楽，保健医療，諸雑費，教育の10項目だよ。

グラフ

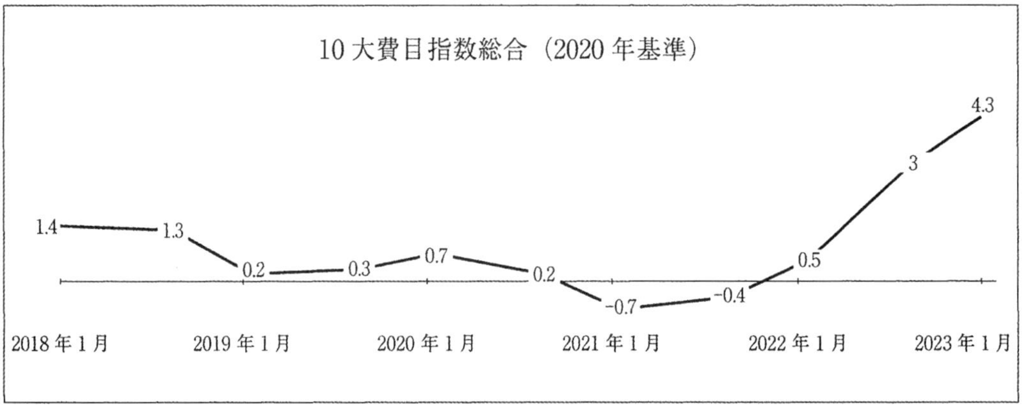

問1　物価がグラフのような動きを見せた要因と結果として，正しいと推測できるものを，次の①～⑤から一つ選び番号で答えよ。（マーク解答欄） 19

① 2021年はコロナ禍の影響で物流が滞り，世界的に輸送費が下落した。
② 2022年2月にはロシアのウクライナ侵攻を受け，エネルギー産業が活発化し，価格の下落につながった。
③ 2022年に上昇したエネルギー価格はロシアのウクライナ侵攻の終結を受け，2023年には大きく下落した。
④ 少子高齢化の影響によって労働力を確保することが難しくなり，賃上げに踏み切る企業が多くあった。
⑤ 円高による輸入物価の上昇を背景に，電気代や食料価格が大きく上がった。

問2　近年の物価高騰の一例として，「卵」の価格高騰があげられるが，「卵」の価格高騰の理由として**ふさわしくないもの**を，次の①～④から一つ選び番号で答えよ。（マーク解答欄） 20

① 日本だけでなく，世界各地で鳥インフルエンザが広がったため，卵の供給量が少ないから。
② 中国がアメリカからトウモロコシの輸入を増やしたため，日本が輸入するトウモロコシの価格に影響したから。
③ ウクライナが戦地になったことでトウモロコシの作付面積が減少したから。
④ アメリカでは日本以上に物価の上昇が進んでおり，それを抑制するためにおこなった政策が円高を招いたから。

問3　インフレーションとデフレーションに関して述べた次の文X・Yについて，その正誤の組み合わせとして正しいものを，以下の①～④から一つ選び番号で答えよ。（マーク解答欄） 21

X　インフレーションになるとお金の価値が下がるため，預貯金や年金に頼る高齢者が打撃を受けやすい。
Y　デフレーションになると従業員の賃金が下がり，消費者の購買意欲が低下する。

	X	Y
①	正	正
②	正	誤
③	誤	正
④	誤	誤

問４　ある財について，生産者と消費者がともに多数存在する完全競争市場であると仮定するときの需要・供給を示した図が以下の通りである。この図についての説明として**誤っているもの**を，以下の①～④から一つ選び番号で答えよ。
（マーク解答欄）［22］

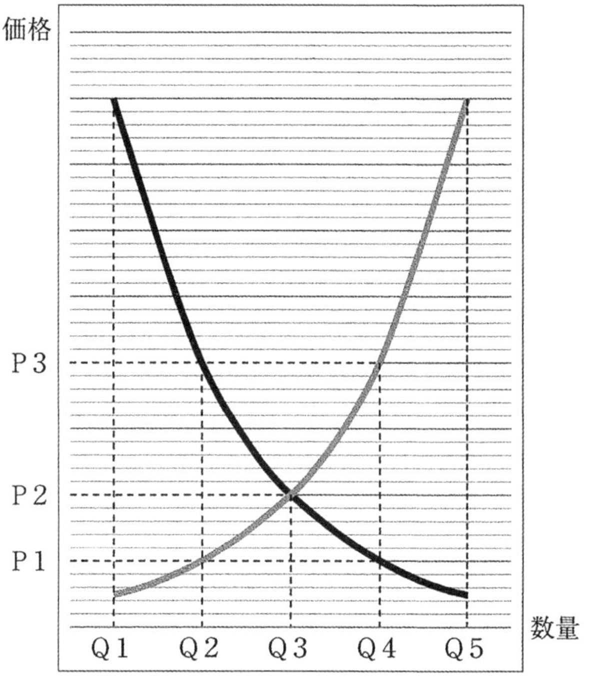

① 価格がP１のとき，供給できる数量はQ２しかないため，Q４－Q２だけ品不足になる。
② 価格がP２のとき，供給側と需要側の数量は共にQ３となる。このように，需要量と供給量が一致し，市場が均衡状態になる価格を均衡価格という。
③ 価格がP３のとき，需要側の数量はQ２となるため，Q４－Q２だけ売れ残る。
④ 技術革新が起こると供給曲線が左に移動するため，均衡点はQ２となる。

問５　市場での公正かつ自由な競争を促進し，事業者が自主的な判断で自由に活動できるようにすることを目的とする法律名を答えよ。（記述解答欄）［C］

〔4〕次の図は，衆議院が先議の場合の法律の成立過程を示した図である。この図を参考に，問いに答えなさい。

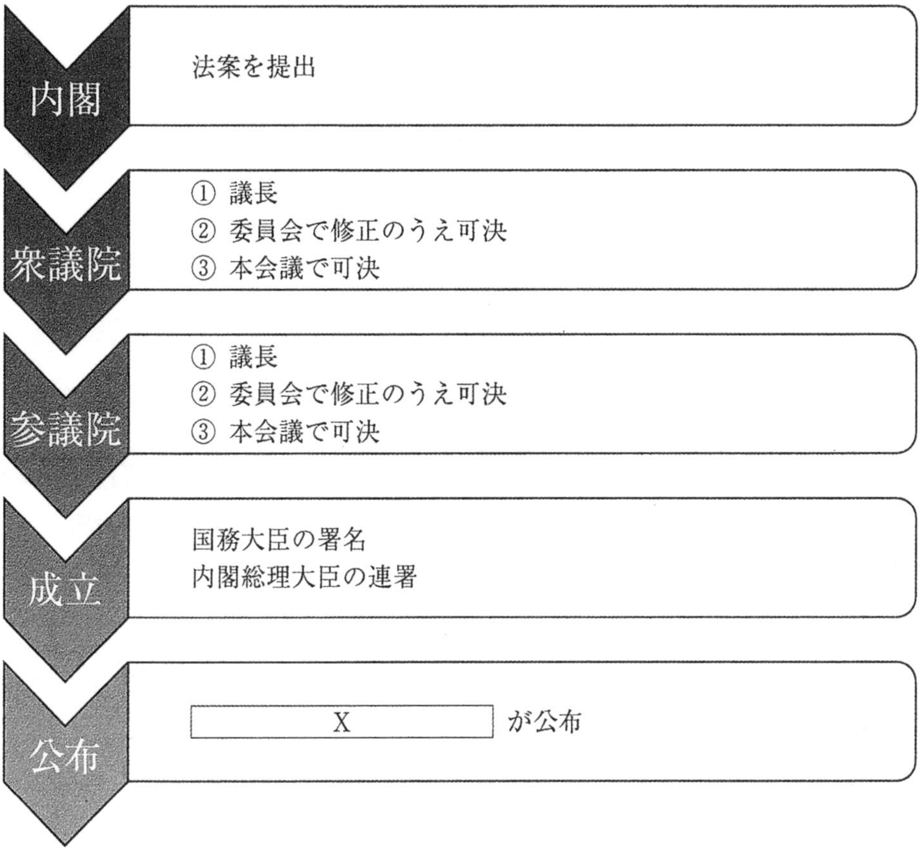

問1　国会に関する記述として正しいものを，次の①～④から一つ選び番号で答えよ。
（マーク解答欄）23

① 衆議院と参議院では参議院の方が任期が短く解散もあるため，国民の意見が反映されやすいとされている。

② 衆議院のみに認められている権限の一つに，緊急集会の招集がある。

③ 国会審議の中心になるのが常会で，毎年1月1日に開かれており，会期は150日である。

④ 衆議院では与党が過半数の議席を持ちながら，参議院では野党が議席の過半数を占めている状態を「ねじれ国会」という。

問２　次の選択肢①～④のうち，内閣の仕事**ではないもの**を，一つ選び番号で答えよ。
（マーク解答欄）24

① 条約の承認　　② 最高裁判所長官の指名
③ 天皇の国事行為に対する助言と承認　　④ 政令の制定

問３　次のイラストに関連する行政機関の組み合わせとして正しいものを，以下の①～⑥から一つ選び番号で答えよ。（マーク解答欄）25

A

医者

B

バスガイド

C

台風

	A	B	C
①	法務省	国土交通省	経済産業省
②	法務省	経済産業省	総務省
③	法務省	国土交通省	文部科学省
④	厚生労働省	経済産業省	総務省
⑤	厚生労働省	国土交通省	総務省
⑥	厚生労働省	経済産業省	文部科学省

問４　図中の空欄 X に当てはまるものを，次の①～⑤から一つ選び番号で答えよ。
（マーク解答欄）26

① 内閣総理大臣　　② 天皇　　③ 国務大臣
④ 官僚　　⑤ 裁判官

問５　小泉内閣以降の規制緩和として**誤っているもの**を，次の①～④から一つ選び番号で答えよ。(マーク解答欄) 27

① 民泊の解禁
② コンビニエンスストアでの一部の医薬品の販売
③ 認定こども園の導入
④ 郵便事業の国営化

二〇二三年度　入学試験問題

国　語

試験開始の合図があるまで、この問題冊子を開いてはいけません。
左記の受験上の注意事項をよく読んでください。

受験上の注意事項

一　問題用紙は16ページです。
二　試験時間は四十分です。
三　解答用紙に、**氏名（フリガナ）・中学校名を記入し、受験番号は記入とマークをしなさい。**
四　**マークシート記入上の注意**
㈠　マークの記入は、必ず黒鉛筆またはシャープペンシルで、所定のマーク解答欄の⬯を正確にぬりつぶす。
㈡　記述解答の記入は、所定の記述解答欄に丁寧に行う。
㈢　訂正は、消しゴムできれいに消す。
㈣　解答用紙を、折り曲げたり、汚したりしない。
＊マークされていない場合または必要以上にマークがある場合は、０点です。

マークの仕方	良い例	悪い例
マークをする時	⬮ 鉛筆で正確にぬりつぶす	
マークを消す時	⬯ 消しゴムで完全に消す	

中京大学附属中京高等学校

〔一〕　次の文章を読んで、後の問いに答えよ。なお、引用された古文については、傍破線部の注釈を参考にすること。

A　わずかながら小説や評論、随想を書いてきて、今更のように思うことの一つは、日々ものを見るという行為の重さである。すべては見るに始まると言いたいほど、「書く」は「見る」に支えられている。そうは言っても夜も昼も（ア）キンチョウし通せるものではないし、見る程度にきりがあるわけでもない。それゆえ見ることの重さも時によってはまったく無視し、時には又なおざりにしかものを見ていない不安や恐ろしさにゆれている。

見る、は、感じる、思う、考えるにも通じている。ただ、何を、どのように、どこまで、となると、その内容の範囲はとても簡単には仕切れない。それに耳目に確かな対象があって、そこから感じる、思う、考えるに及んでいく場合はまだいいとして、直接には耳目に明らかでない対象も見る対象の外ではないから、そこのところが難しい。直接見えなくても、聞こえなくても、同じ対象として言葉でよく見据えなければならない。言葉で考えなければならない。

私自身、句作も詠歌も詩作もしていないのにこう言うのは烏滸《おこ》がましいが、総じての詩作も見るに始まると言えるのではないか。四十代のある日、かねがね古今の詩人についての発言に聞き入る折の多かった年上の男性にたずねたことがある。「詩とはどういうものでしょうか」と。彼はしばらく黙っていたが、そのうち一言一言区切るような話し方でこう言った。「このテーブルの上にコップがありますね。コップがある、と言わないでコップを存在させるのが詩だと、僕はそう思っているんです」。

今この人に、詩についてもう一度、今度は存分にたずねてみたいと思うのは、彼がすでに故人であるためかもしれない。ただあの時から三十年余もすぎた今になって、コップがあると言わないでコップを在らせるということに、及ばずと知りつつ切実感を強めているのは、表現における見る行為の重さが、自分に切実感を増しているからに相違ない。

B「歌よむは物のあはれにたへぬ時のわざなり」。「石上私淑言《いそのかみささめごと》」（※1）でこう記したのは本居宣長（※2）である。このもののあわれにたえぬ時の作業として、つまり感動のしずめとして私の中では詩作も小説も対等であるが、通念だけによりかからずに生者としての感動を、他の誰でもないひとりの人間の生きているしるしとしてあらわすには、感動を促した対象の核心に進入する拭《ぬぐ》われた目が必要になる。通念頼みの言葉の組み合わせだけで対象の表面にとどまり、どこまで見ているのかにも気がつかないとすればそれは恥ずかしい状態である。

むろん約束事としての言葉の運用を認めなければ、共有財産としての言葉のはたらきを生かすことは出来ない。そうだとしても、「コップ」の使用はどこまでが（イ）キョヨウの範囲か。自分から平静を奪った対象への反応をどのようにあらわすにしても、対象との馴《な》れ合いだけで核心を見たと錯覚している物言いが果たして表現であるのかどうか。発言と表現の違いもよくは意識せず、怠惰《たいだ》な目をもって書き続ける気味悪さと恐ろしさに、しかし私は早々と気づいたのではなかった。

　山川草木はもとより、人の心理も見る対象であれば、古文、古歌、古句いずれも見る対象としては対等である。目に見えない事物をハイ(ウ)ジョしたところで見ているのは何程のものか。あってないような核心を思うことと思わないことはどう違うのか。永遠に連なる表現とはどういうものなのか。このあたりで躓《つまず》き逡巡《しゅんじゅん》し始めた私は、やはり十代後半に立ち戻らねばならない。十代後半で私が強く求めていたのは、もののありなしについての区別の基準であった。それをはっきり知りたくて焦《あせ》っていた。

　多くの日本人がそうであったように、私も戦災に遭《あ》った。広島で被爆した。見馴れていた環境のながめが夏の朝突然変貌《へんぼう》した。あったはずのものが一斉に失われ、代わってあらわれた奇怪な、黒々としたC凹凸《おうとつ》乏しい図絵に動転した。取り返すべもなく、記憶の中にしかなくなった事物を追う日が始まった。

　二度とこの目で見ることも手で触れることも出来なくなった事物を、第三者に向かってためらいなく、ある、とはとても言えない。言えないけれども、自分の内部にはあるのである。愛着において、それまで経験したこともないかなしみにおいて、憤りにおいてそれまで以上に強くあるのである。

　環境の変貌の素早さに、ありなしについての私のそれまでの通念の基準が崩れた。ありとなしは、どこでどう仕切られるのか。私はどうすればいいのか。変化と不変についての幼稚な問いの始まりであった。Dその頃手にした書物の中で、岩波文庫の『(※3)去来抄《きょらいしょう》・(※4)三冊子《さんぞうし》・旅寝論(※5)』(潁原退蔵《えばらたいぞう》校訂)に惹《ひ》かれていったのは今になって思えば自然であったという気がする。

　松尾芭蕉は、歌を詠み、歌学や歌論の書を残した古典和歌の先人達《たち》とは異なり、自分で俳諧の作法や指導の書を残していない。従って今日論じられている芭蕉の俳論の大方は、門弟達の伝えるわが師の教えであって、新約聖書(※6)のようなもの。門弟による理解、解釈の同異は避けられないが、(※7)向井去来《むかいきょらい》と(※8)服部土芳《はっとりとほう》が伝えるわが師の教えの書の中に、たまたま「不易」と「流行」の語を見出《みいだ》した時ははっとなった。

　十代の私は答えを求めて焦っていた。不安のあまり、不可能、傲慢《ごうまん》にも気づかず、不変なるものに憧《あこが》れた。俳諧についての学びもほとんどなかったので、去来(「去来抄・旅寝論」)と土芳(「三冊子」)の、師説理解の差については読み込み不足であったし、自分の存在論的関心に結びつけすぎたという反省もある。ただ、「さび」(※9)「しをり」「軽み」よりも「不易」「流行」に反応したところにあの頃の自分がいたとは言えそうである。

　去来が何くれと心やさしく芭蕉に尽くしたさまは記録にも残されている。師への敬愛の深さは疑うべくもない。しかし、師説の伝えとなると、説の享受の論理的な明晰《めいせき》さは土芳に譲らざるを得ない。読み返してそう思う。

「去来抄」から引用する。

蕉門に千歳不易の句、一時流行の句といふあり。是《これ》を二つに分けて教へ給《たま》へる、その元は一つなり。不易を知らざれば基たちがたく《成立しがたく》、流行を知らざれば風《作風》新たならず。不易は古《いにしへ》によろしく《優れていて》、後に叶ふ《後世に優れている》句なる故、千歳不易といふ。流行は一時一時の変にして、昨日の風今日宜《よろ》しからず、今日の風明日に用ひ難《がた》き故、一時流行とはいふ。はやる事をする《いう》なり。

土芳は「三冊子」(赤冊子)の中で次のように言う。

師の風雅《俳諧》に万代不易あり。一時の変化あり。この二つに究《きは》まり、その基一なり。その一といふは風雅の誠《真実の心》なり。不易を知らざれば実《まこと》に知れるにあらず。

また千変万化するものは自然の理《ことわり》なり。変化に移らざれば風あらたまらず、これにおし移らず《これに従って変化していかないと》といふは、一端《一時》の流行に口質時を得たる《詠みぶりがもてはやされる》ばかりにて、その誠を責めざるゆゑなり。責めず心をこらさざる者、誠の変化を知るといふことなし。

かりにも古人のよだれをなむることなかれ。

(中略)

頴原退蔵氏ほか多くの先人の研究にも助けられながら私は今こう思っている。芭蕉は、絶対、永遠、普遍などという言葉こそ使わなかったけれども、自力を尽くすことにおいて絶えず自力以上のものを見上げ、「流行」「変化」の具体的な姿においてしか顕《あらわ》れない「不易」に想い到《いた》る目の精進に励んだ人であった、と。土芳の師説享受を通して想像する芭蕉に、変化し続ける具象をさしおいて到り着くべき不易の観念はなさそうである。変化に添い、すすんで変化を起こし、あらゆる変化をこえて統《す》べる大いなる何かへの畏敬と畏怖があるからこそ、限りある具象に見入る目の養いと訓練にたゆみはゆるされなかったのであろう。

冒頭に立ち戻れば、書く、は、具象の見ように始まる。私は見ているのか。まだ見てはいないのか。不易を、予感においてのみある宇宙運行の大法則とみたい後代の一読者に、芭蕉の不易流行の説の促しは今も新しい。それはすべての事物の見方の広さと高さと深さに関わって、何を、どこまで、どのように見てあの大法則に繋《つな》るかという表現の根幹に関する促しだと思うからである。

(竹西寛子《たけにしひろこ》『「あはれ」から「もののあはれ」へ』岩波書店より　ただし一部変更した箇所がある)

語注

（※1）石上私淑言…本居宣長の歌論書。
（※2）本居宣長…江戸時代の国学者。
（※3）去来抄…向井去来が著した。
（※4）三冊子…服部土芳が著した。「白冊子」「赤冊子」「わすれ水」から成る。
（※5）旅寝論…向井去来が著した。
（※6）新約聖書…キリスト教の聖典のひとつ。イエス・キリストやその弟子たちの言行の記録など。
（※7）向井去来…江戸時代の俳諧師。松尾芭蕉の教えを受けた。
（※8）服部土芳…江戸時代の俳諧師。松尾芭蕉の教えを受けた。
（※9）「さび」「しをり」「軽み」…芭蕉俳諧の理念。

問一　二重傍線部（ア）～（ウ）と傍線部が同じ漢字であるものを、それぞれ次の①～⑤のうちから一つずつ選べ。
（マーク解答欄）（ア）は 1 、（イ）は 2 、（ウ）は 3

（ア）キンチョウ
① 予定時間のチョウカ。
② レンラクチョウに記入する。
③ 不安をジョチョウする。
④ チョウレイボカイ。
⑤ 表面チョウリョクの実験。

（イ）キョヨウ
① ヨウリョウよく仕事をする。
② ヨウギが晴れる。
③ 国旗をケイヨウする。
④ ドウヨウを隠せない。
⑤ スイヨウ性の物質。

（ウ）ハイジョ
① ジョコウ運転をする。
② ネンコウジョレツ。
③ 技術エンジョを行う。
④ ジジョ伝を出版する。
⑤ カゲンジョウジョの四則。

問二　傍線部Ａ「わずかながら小説や評論、随想を書いてきて、今更のように思うことの一つは、日々ものを見るという行為の重さである」とあるが、なぜ筆者はそう思うのか。その説明として最も適当なものを、次の①～⑤のうちから一つ選べ。（マーク解答欄）［4］

①「見る」という行為は「感じる」、「思う」、「考える」にも通じる行為であり、確かに目や耳で感じることのできる対象だけが「書く」ことを支えているから。

②ものを書くという行為は「コップがあると言わないでコップを在らせる」行為なので、もののありなしの区別の基準を知ることは自分には無理だとあきらめてしまったから。

③ものを書くという行為は、世間一般に共通な平易な言葉を非凡な組み合わせにしなければならないので、対象を深く理解することでその核心にせまることが求められるから。

④ものを書くということは、ひとりの人間が生きているしるしとして、生きていることの感動をあらわすものであるため、常識にとらわれず感動した対象の核心にせまるほど観察しなければならないから。

⑤「見る」という行為は大切だが、いつも気をつけているわけではないので、いいかげんにしか見ていないかもしれないという不安や恐ろしさを常に伴うものだから。

問三　傍線部Ｂ「『歌よむは物のあはれにたへぬ時のわざなり』。『石上私淑言』でこう記したのは本居宣長である」とあるが、本居宣長は別の書で「あはれ」について次のように述べている。これを読んで、次の(1)・(2)に答えよ。

【本居宣長『［甲］玉の小櫛《おぐし》』】

物のあはれを知るといふ事、まづすべてあはれといふはもと、見る物聞く物ふるる事に、心の感じて出《いづ》る、嘆息の声にて、今の俗言にも、「ああ」といひ、「はれ」といふ是なり。たとへば月花を見て感じて、「ああみごとな花ぢや」、「はれよい月かな」などいふ、あはれといふは、この「ああ」と「はれ」との重なりたるものにて、漢文に「嗚呼」などある文字を、「ああ」とよむもこれなり。古言に、「あな」又「あや」などいへる「あ」も同じ。又「はや」とも「はも」ともいへる「は」も、かの「はれ」の「は」と同じ。又後の言に、「あつはれ」といふも、「ああはれ」と感ずる詞《ことば》にて、同じことなり。さて後の世には、「あはれ」の「は」文字を、音便にて、「わ」といへども、いにしへはすべてかやうのところ《このようなところ》もみな、本の音のままに、「は」文字は、葉・歯などのごとくとなへしなり。ことにこの「あはれ」といふ言は、嘆く声にて、「ああ」と「はれ」との重なりたるなればさらなり《言うまでもない》。

（中略）

又後の世には、あはれといふに、哀の字を書きて、ただ悲哀の意とのみ思ふめれど《思うようだが》、あはれは、悲哀にはかぎらず、うれしきにも、おもしろきにも、たのしきにも、をかしきにも、すべて「ああはれ」と思はるるは、みなあはれなり。さればあはれにをかしくとも、あはれにうれしくとも、連ねていへり《連続して言っている》。そは《それは》をかしきにもうれしきにも、「ああはれ」と感じたるを、あはれにとはいへるなり。ただし又、をかしきうれしきなどと、あはれとを、対へていへる《対立したものという》ことも多かるは、人の情のさまざまに感ずる中に、うれしきことおもしろき事などには、感ずること深からず。ただかなしき事うき《つらい》こと、恋しきことなど、すべて心に思ふにかなはぬすぢ《思いを満たすことができない方面》には、感ずることこよなく深きわざなるが故《ゆゑ》に、しか《そのように》深き方をとりわきても、あはれといへるなり。俗に悲哀をのみいふも、その心ばへなり。

(1) 本居宣長の言う「あはれ」の説明として最も適当なものを、次の①～⑤のうちから一つ選べ。（マーク解答欄）[5]

① 昔は「あはれ」を「AHARE」と発音していたが、後世には「AWARE」と発音するようになったので、「あはれ」に「哀」の漢字をあてはめて悲哀の意味だけを表すように変化した。

② 「あはれ」は、思い通りにならなかったときの感情が思わずこぼれ出た言葉なので、「あはれにをかし」「あはれにうれし」という表現は間違いである。

③ 「ああ」も「はれ」も副詞で、思わず口からもれる嘆息の声であるが、「あはれ」は「ああ」と「はれ」を重ねてできたものなので、より強い感情をあらわすことができる。

④ 「あはれ」は本来「をかし」や「うれしき」の意を含んでいたが、「をかし」や「うれしき」は感じることがあまり深くはないので、「あはれ」と「をかし」「うれしき」は対立する概念とされることが多い。

⑤ 「あはれ」は最初「ああはれ」だったが「あはれ」に変化し、やがて後世には「あつはれ」と発音されるようになった。さらに強調されて「あつぱれ」となり、「天晴《あっぱ》れ」の語源となった。

(2) 空欄 [甲] にあてはまる、平安時代の作り物語の名を漢字四字で答えよ。この物語の絵巻は、国宝として名古屋市の徳川美術館などに収蔵されている。（記述解答欄）[A]

問四　傍線部C「凹凸乏しい図絵」とあるが、どういうことか。その説明として最も適当なものを、次の①～⑤のうちから一つ選べ。（マーク解答欄）**6**

① 戦災によって町が焼き尽くされ、全ての建造物が破壊されて平らな土地になったということ。
② 見慣れた町が一瞬にしてなくなり、そこに広がる光景が生気のない無機質なものになったということ。
③ 実際に生活していた人々の活気に満ちた町が一斉に失われ、誰もいなくなってしまったということ。
④ 戦災によってすべて焼き尽くされ、跡形もなくなった町が黒一色の味気ない世界になってしまったということ。
⑤ 思い出深い生まれ故郷が戦災に遭ってすっかり変わってしまい、町が静止画のように見えたということ。

問五　傍線部D「その頃手にした書物の中で、岩波文庫の『去来抄・三冊子・旅寝論』（穎原退蔵校訂）に惹かれていったのは今になって思えば自然であったという気がする」とあるが、なぜ筆者はそう思うのか。その理由として最も適当なものを、次の①～⑤のうちから一つ選べ。（マーク解答欄）**7**

① 被爆体験で、自分の内部にはたしかに存在するものを、それを知らない第三者に「ある」とうまく伝えることができず、理解してもらえないことに悲しみや憤りを感じたから。
② ついさっきまであったものが一瞬にしてなくなることを目の当たりにし、「あり」と「なし」との仕切りがわからなくなり、災害を記した古典の中にその答えを求めたから。
③ 芭蕉は優れた作品を残したのに俳諧の作法や指導の書を残さず、弟子たちの書物から探るしか方法のないことが、筆者の抱えていた「ありなし」の問題と通じるものがあったから。
④ 十代では目まぐるしく環境が変化したので、変わらないものが一番価値があると信じ、生涯をかけて「不易」を追究した芭蕉の生き方が理想だと思ったから。
⑤ 環境の急激な変化で、「ありなし」の基準を見失ったが、目に見えないものもなくなったのではなく自分の内部にたしかに存在していると気づかせてくれたから。

問六　筆者の考えとして最も適当なものを、それぞれの選択群のうちから一つずつ選べ。（マーク解答欄）

［選択群Ⅰ］は 8 、［選択群Ⅱ］は 9

［選択群Ⅰ］

① 去来や土芳と同様、「不易」と「流行」の二つの概念を大切だとしているが、それらはまったく同じ事柄の表裏にすぎず、時代の「流行」によって違って見えるだけだと考えている。

② 芭蕉の俳諧は「不易」と「流行」に帰着するが、その根本は一つで、流行に左右されない「不易」を大事にしたうえで万物がさまざまに変化する自然の原理を取り入れていくことが重要だとする、土芳の解釈に共感している。

③ 「不易」と「流行」のどちらもきちんと理解しないと両方とも成立しなくなるが、特に刻々と変化する「流行」はしっかり観察しないとたちまち作風が古くなってしまうので「不易」より重要だという、去来の解釈に賛成している。

④ 「コップがあると言わないでコップを在らせる」ということに通じる「不易」は、「流行」よりも優れていて、さまざまな時代の「流行」を包含する宇宙運行の大法則だとする芭蕉に共感している。

［選択群Ⅱ］

① 「見る」という行為はその根底に流れる「不易」を追究するために重要だが、何を、どこまで、どのように見るかについては、時代によって「流行」があり、現代の文学者にとっても難しい問題だと考えている。

② 見えるものとは芭蕉のいう「流行」のことで、自分が深く心を動かされた体験を重視したオリジナリティを「流行」とし、優れた先人の作風を「不易」とすべきだという、土芳の解釈に共感している。

③ 「流行」を否定せず、むしろ進んで変化を起こし、あらゆる変化をこえて統べる「不易」を見ようと努力した芭蕉は、筆者の考える「見る」という行為に通じるものがあると考えている。

④ 現代では、「見る」という行為はものを書くときに重要であるからこそ、その範囲は個人に任され、作品の個性となるものだとされているが、本来は芭蕉のいう「不易」の境地を追究すべきだと考えている。

〔二〕　次の文章を読んで、後の問いに答えよ。

あらすじ　「あたし」（「珊瑚《さんご》」）は亡き兄「滋郎《じろう》」の遺《のこ》した古書店を一時的に営んでいる。そこには珊瑚の甥《おい》の娘である、大学生の「美《み》希喜《きき》」がしばしば訪ねてくる。あるとき珊瑚は、古書店と同じビルに入る「辻堂《つじどう》出版」の辻堂社長から、「何を考えているのかわからない」「花村《はなむら》」という社員に本を選んでほしいと頼まれた。

「辻堂からこちらにお邪魔して、いろいろ勉強させてもらえ、と言われました。よろしくお願いします」

確かに、辻堂さんが言うように素直で真面目な人なのだろうと思った。老人に言われてすぐに来てくれるなんて。一方で、本心から「勉強したい」と思っているわけではないようだな、と思った。なぜなら、それだけ言うと、あとは何を話したらいいのかわからない様子でもじもじしたからだ。

「こちらはあたしの甥の娘で、鷹島《たかしま》美希喜と言います。あたしがいない時には店番することもあると思うので、お見知りおきください」

横にいた美希喜ちゃんのことも紹介した。

「ああ」

若い二人はぎこちなく頭を下げあった。

「ああ、そうだ。失礼しました」

彼はスーツのポケットをごそごそと探ると、名刺入れを出してあたしと美希喜ちゃんに一枚ずつくれた。

――花村建文。

「花村たけふみさん?」

「はい。だけど、けんぶん、て呼んでください」

「あら……」

「皆に、けんぶん、けんぶんって呼び捨てにされてますからそう呼んでください」

あたしは彼の名前をじっと見たあと、名刺から顔を上げた。

「建文《けんぶん》さんは読書家だって社長からお聞きしたけど、どんな本をお読みになるの?」

「あ、あの……」

彼は目を泳がせ、あたしの横や上にある本棚を見回した。ここは古書店だ。当たり前だけど、本がたくさんある。だけど、今、あたしや美希喜ちゃんがいるところ……鷹島古書店の心臓部分と言ってもいい、奥の方の本棚はほとんど希少本や絶版になった研究書、骨董《こっとう》価値が出てきている江戸や明治の文献ばかりで、彼が読んでいるような本はないのだろう。入ってきた時、多少は目の中にあった関心や好奇心が、彼から急速に失われていくのが見えた。

彼は小さくため息をつき、そして、笑顔を作った。何かこう、［　Ｉ　］の笑顔を。

「……いろいろ読みますね」

表情とは逆に、彼の心のシャッターがしゃーっと閉じていくのをあたしは感じた。

本は読む、だけど、きっとその書名を口にしても、この人たちにはわかるまい、そんな気持ちが「いろいろ」という言葉だけで伝わってきた。

「いろいろ……」

「ええ、まあ。それでは……」

A<u>彼がきびすを返そうとした</u>時だった。

「いろいろってなんですか。例えば」

美希喜ちゃんのぴしっとした声が響いた。

「え」

「いろいろって例えばなんですか。小説ですか？　実用書ですか？　経済？　社会学？」

「いえ、だから……」

「哲学宗教、歴史伝記地理、社会科学、自然科学、技術工学家政学、産業交通通信、芸術スポーツ、言語、そして、文学」

美希喜ちゃんは建文さんを見つめながら並べた。それは本の分類法だとあたしも途中から気づいた。

「本というだけで、ざっとこれだけあるんですよ。この中のどれかには当てはまりますよね。もっと詳しく言うと……」

「美希喜ちゃん」

B<u>あたしは彼女の服をそっと引っ張った</u>。普段彼女は、あたしとお客さんが話をしている時、ほとんど口をはさまないのにめずらしいことだった。

「図書の十進分類法ですね。僕だって出版社に勤めていますから、そのくらいはわかります」

「いえ、だから、なんの本を読んでいるんですかってお聞きしているんです」

美希喜ちゃんはにこりともしないで言った。

「いろいろなんて、Ⅱで鼻をくくったような返事じゃないですか。なんか、馬鹿にされているみたい」

彼は困ったように、あたしと美希喜ちゃんの顔を交互に見た。申し訳なく思ったが、あたしも彼女と同じように感じていたから、どこかⅢでもあった。

「もし、失礼があったらすみません」

彼は素直に頭を下げる。

「ただ、あの……ここにある本があまりにも僕がいつも読んでいるような本とは違いすぎて、なんだか気後れしちゃって」

一度閉まったシャッターがほんの少し上がった気がした。

彼がどこか取り澄ました表情で「いろいろ読みます」と言ったのは、決して、あたしたちを話ができない人間としてハイジョしようとしたわけではなくて、むしろ、古本にC萎縮《いしゅく》した結果なのかもしれなかった。

美希喜ちゃんは小さく息を吐いた。Dそれと一緒に肩が少し下がった。

「いろいろというのは、主に経済書とか、自己(ア)ケイハツ本とか、株式投資とか……」

「あー、あれですね。本屋に入るとすぐのところに山積みになっている、『貯金十万が株式投資でみるみるうちに一億に！』とかいう、あの手の本ですね！」

「ほら。さっきは馬鹿にされた、とか言っていたのに、あなたこそ、そう言って馬鹿にする」

今度は彼の方が少し好戦的に、美希喜ちゃんを指さした。

「だから嫌なんですよ。皆さんみたいな、読書家の人に本の話するの。うちの会社の人もそうだけど、文芸とか研究書以外の本を読むやつは資本主義に魂を売ったダメ人間、邪道だと思ってる」

「馬鹿になんてしていませんよ。私はただ」

「確かに今のは美希喜ちゃんが悪いわよ。あたしはどんな本にも学びがあると思う」

「僕はファイヤーがしたいんです」

言ってしまってから、彼ははっとして口に手を当てた。

「ああ、これ、誰にも言ったことがないのに」

なんで、言っちゃったんだろうとうつむく。

「ファイヤー？　ファイヤーってなんですか。火事ですか」

美希喜ちゃんは興味(イ)シンシンで尋ねた。

「違います。いや、ちょっと同じだけど、ファイヤーというのはまさに火事のファイヤー、Ｆ、Ｉ、Ｒ、Ｅ。ファイナンシャル・インディペンデンスとリタイア・アーリーの略で、経済的自立と早期退職を意味します。つまりお金を貯めたり、効果的な投資をしたりすることで、経済的に自立し、早めに退職してのんびり暮らすことを指します」

あたしと美希喜ちゃんは顔を見合わせた。

「珊瑚さん、知ってた？」

「いえ、初めて聞いた」

「それで、僕はお金を貯めると同時に、投資の勉強もして、なんとか三十代の間にＦＩＲＥすることを目論《もくろ》んでいるわけです」

「なるほど」

だから、本を買わずに図書館で借りて、お金を貯めているわけだ、と思った。

「ありがたいことに、幸い、最近の株高のおかげで、かなり、目標に近づいてきました」

「それは良かった」

しかし、なんで話しちゃったのかなあ、と彼はつぶやいた。

「親にも会社の人にも話したことがないんです、この気持ち。だから、絶対に誰にも言わないでください」

「はい」

「なんというか……お二人がそういうこととはまったくかけ離れた存在だったから口が滑ったんですね」

かけ離れてるのか、あたしたち、とあたしと美希喜ちゃんは目で話す。

でも、とあたしは心の中で思う。今聞いた話だと、滋郎兄がまさにそのふぁいやーとやらなんじゃないだろうか。退職はしてなかったものの、完全に経済的に自立して、のんびり好きなことをしていたのだから。

「……それで、もしも、そのお金が貯まって、ファイヤーですか、できたらどうするんですか」

と美希喜ちゃんが尋ねた。

「どうする？」

「つまり、仕事をする必要がなくなったら、何をして毎日過ごすんですか」

E

その時、わずかに、ごくごくわずかだが、彼の太い黒眉が微妙に動いた。眉のあたりにもやがかかったような感じだった。

「……そうですねえ。たぶん、緑の多い、空気のいいところに住んで、毎日、好きな本を読んで、少し畑でも作って、犬を飼って、のんびり暮らしたいですねえ」

「畑が好きなの？」

あたしは思わず、尋ねてしまった。

「え？」

「あなたがやりたいことって畑なの？　結局。だって、緑の多い、空気のいいところに住みたいなら、いまだって、少し郊外に住めばかなうでしょ。ちょっと時間はかかるけど、通勤できなくもない。辻堂出版はそんなにブラック(※1)じゃないし」

「犬も飼えるし」と美希喜ちゃんが言葉を重ねた。

「まあそうですけど」

「本は今でも読んでるでしょ。仕事柄いくらでも読めるじゃない」

「はあ」

「私、こんな話を聞いたことある」と美希喜ちゃんが何かを思いついたように話し出した。

「ある田舎の港街に漁師さんが住んでいた。彼はたくさん魚を釣って、家族に食べさせ、人に売ったりしていた。そこに都会の起業家がやってきて、会社を作って、あなたの魚の捕り方を人々に教え、フランチャイズ(※2)化しませんか、と言った」

いったい、急に何を話し出したのだろう、とあたしは美希喜ちゃんの顔を見つめた。しかし、彼女はほとんど無表情だった。

「漁師さんが尋ねた。『そうするとどうなるんだい？』すると起業家が『お金がいっぱい稼げます』『金がいっぱい稼げるとどうなるんだい？』『働かずに暮らせます』『働かずに何をするんだい？』『景色のいいところに家でも買って、毎日、魚でも釣ってのんびり暮らしたらどうですか？』漁師は答えた。［Ⅳ］」

「なるほど」

彼は今度は「馬鹿にしてる」とは言わず、じっと考えこんだ。

「ごめんなさい」

美希喜ちゃんが思わず謝るほど、彼の沈黙は長かった。

（原田《はらだ》ひ香《か》『古本食堂』より　ただし一部変更した箇所がある）

語注
（※1）ブラック…「ブラック企業（長時間労働など、従業員に劣悪な状況での労働を強制する企業）」のこと。
（※2）フランチャイズ…親業者が契約店に与える、一定区域内での一手販売権。

問一　二重傍線部（ア）は傍線部が同じ漢字であるものを、（イ）は傍線部を漢字に直した時に正しいものを、それぞれ次の①～⑤のうちから一つずつ選べ。（マーク解答欄）（ア）は 10 、（イ）は 11

（ア）ケイハツ
① 偉大な人物にケイイを表する。
② 長い年月がケイカする。
③ 「一筆ケイジョウ」と手紙にしたためる。
④ 反則をした者にケイコクする。
⑤ 試合の途中でケイセイが逆転する。

（イ）興味シンシン
① 深　② 津　③ 針　④ 森　⑤ 進

問二　空欄 I に入る表現として最も適当なものを、次の①～⑤のうちから一つ選べ。（マーク解答欄） 12
① 好青年ぶりをアピールするため
② 卑屈な気持ちをごまかすため
③ 気持ちを切り換えるため
④ 当たり障りのないことを言うため
⑤ それとなく皮肉を伝えるため

問三　傍線部Ａ「きびすを返そうとした」の意味として最も適当なものを、次の①～⑤のうちから一つ選べ。（マーク解答欄）［13］

①　帰ろうとした　　②　振り返ろうとした　　③　返事をしようとした　　④　説明しようとした

⑤　挨拶をしようとした

問四　傍線部Ｂ「あたしは彼女の服をそっと引っ張った」とあるが、「あたし」はなぜこのような行動を取ったのか。その理由として最も適当なものを、次の①～⑤のうちから一つ選べ。（マーク解答欄）［14］

①　店員でもなく専門的な知識も無い「美希喜」が、口をはさむべきではないと注意するため。

②　「花村」に勢い込んでまくし立てる「美希喜」の、言葉や態度をたしなめるため。

③　「本の分類法」について、出版社に勤務する「花村」には言及するまでもないと知らせるため。

④　自分も「花村」に対して同じ気持ちを抱いていることを「美希喜」に知らせ、応援するため。

⑤　「美希喜」のめずらしい行動に驚き、彼女の真意を探ろうと思ったため。

問五　空欄［Ⅱ］に入る語を、漢字一字で答えよ。（記述解答欄）［B］

問六　空欄［Ⅲ］に当てはまる最も適当な語を、次の①～⑤のうちから一つ選べ。（マーク解答欄）［15］

①　不安　　②　卑劣　　③　痛快　　④　当然　　⑤　得意

問七　傍線部Ｃ「萎縮した」とあるが、ここではどのようなことを表しているか。次の空欄に入る表現を、本文から三字（句読点・記号を含まない）で抜き出せ。（記述解答欄）［C］

この古書店の雰囲気や数々の本に［　　　］していること。

問八　傍線部Ｄ「それと一緒に肩が少し下がった」とあるが、ここからうかがえる「美希喜」の様子として最も適当なものを、次の①～⑤のうちから一つ選べ。（マーク解答欄）［16］

①「花村」に対するぎこちなさがうすれ、はりつめていた気持ちが解けた様子。
②「花村」の気持ちを知り、それまでの怒りが少しずつ解けている様子。
③「花村」に馬鹿にされていると思い込んでまくし立てたことを恥じ入る様子。
④「花村」の言葉を「敗北宣言」と受け止め、好戦的な気持ちが和らぐ様子。
⑤「花村」がこの古書店の本に興味がないことを知り、落胆する様子。

問九　傍線部Ｅ「その時、わずかに、ごくごくわずかだが、彼の太い黒眉が微妙に動いた。眉のあたりにもやがかかったような感じだった」とあるが、ここからうかがえる「花村」の様子として最も適当なものを、次の①～⑤のうちから一つ選べ。（マーク解答欄）［17］

①「美希喜」の問いをきっかけに、「ファイヤー後の生活」について自分が語るべき内容がないことに気づき、とまどっている様子。
②「美希喜」の問いをきっかけに、「ファイヤー後の生活」について具体的に考えていないことに気づき、慌てている様子。
③「美希喜」の問いをきっかけに、「ファイヤー後の生活」についての想像が一気に膨らみ、夢見心地で会話に集中できていない様子。
④「美希喜」のぶしつけな問いに対し、初対面の人間と話す内容ではないと考え、この場をやり過ごそうと言葉を選んでいる様子。
⑤「美希喜」の遠慮のない問いに対し、初対面の人間にどこまで自分の密かな計画を話すべきか、慎重に考えている様子。

問十　空欄［Ⅳ］に入る最も適当な表現を、次の①～⑤のうちから一つ選べ。（マーク解答欄）［18］

①『それなら金は稼げないね』
②『それなら働いていることと同じだね』
③『それなら自分には価値がないね』
④『それなら今でもやってることだね』
⑤『それなら金はいらないね』

2023年度　入学試験問題

数　　学

中京大学附属中京高等学校

試験開始の合図があるまで，この問題冊子を開いてはいけません。
下記の受験上の注意事項をよく読んでください。

==================== **受 験 上 の 注 意 事 項** ====================

1　問題用紙は７ページです。
2　試験時間は 40分 です。
3　解答用紙に，**氏名（フリガナ）・中学校名を記入**し，**受験番号は記入とマークを**しなさい。
4　定規，分度器，計算機は使用できません。
5　問題文中の図は概略図であり，必ずしも正確ではありません。
6　**マークシート記入上の注意**
　①　マークの記入は，必ず黒鉛筆またはシャープペンシルで，所定のマーク解答欄の⬯を正確にぬりつぶす。
　②　記述解答の記入は，所定の記述解答欄にていねいに行う。
　③　訂正は，消しゴムできれいに消す。
　④　解答用紙を，折り曲げたり，汚したりしない。
　＊マークされていない場合または必要以上にマークがある場合は，０点です。

マークの仕方	良い例	悪い例
マークをする時	鉛筆で正確にぬりつぶす	
マークを消す時	消しゴムで完全に消す	

==

解答の中で，以下の定理を用いてもよい。

三平方の定理

直角三角形の直角をはさむ2辺の長さを a，b，斜辺の長さを c とすると，次の関係が成り立つ。

$$a^2+b^2=c^2$$

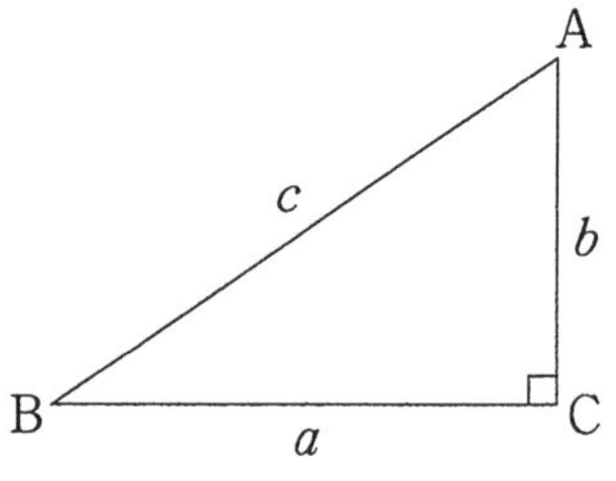

特別な直角三角形の辺の比

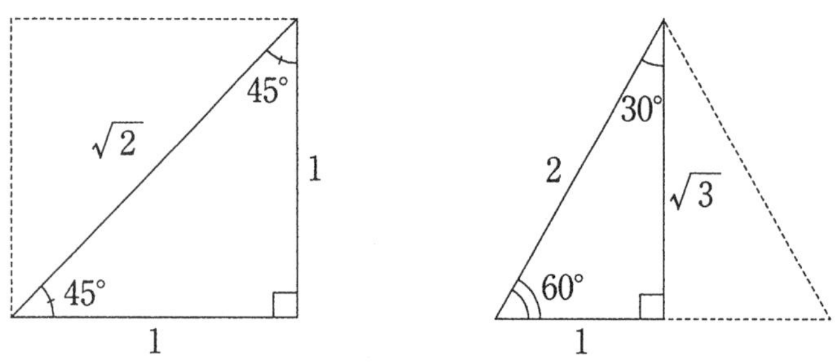

<注意>

1．問題［1］，［2］の文中の ア ， イ ウ などには，符号(－)又は数字(0～9)が入る。それらを解答用紙のア，イ，ウ，… で示された解答欄にマークして答えよ。

例 ア イ ウ に －24と答えたいとき

ア	●	⓪	①	②	③	④	⑤	⑥	⑦	⑧	⑨
イ	⊖	⓪	①	●	③	④	⑤	⑥	⑦	⑧	⑨
ウ	⊖	⓪	①	②	③	●	⑤	⑥	⑦	⑧	⑨

2．問題［1］，［2］で分数形で解答する場合，分数の符号は分子につけ，分母につけてはいけない。

例 $\dfrac{\boxed{エ}\boxed{オ}}{\boxed{カ}}$ に $-\dfrac{2}{7}$ と答えたいときは，$\dfrac{-2}{7}$ としてマークする。

3．分数形で解答する場合，それ以上約分できない形で答えよ。また，分母に根号を含む場合，分母を有理化せよ。

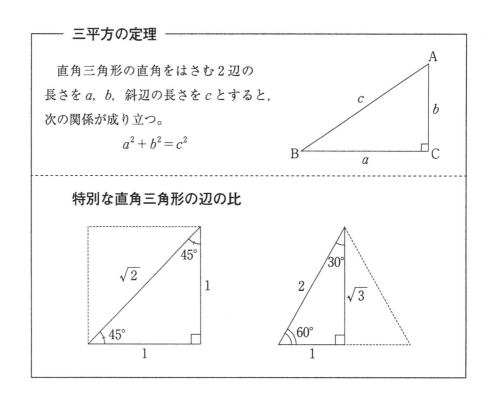

＜注意＞円周率は π を用いること。

［1］ 次の $\boxed{\text{ア}}$ ～ $\boxed{\text{ミ}}$ に当てはまる適切な符号または数字を選び，マークせよ。

(1) $36 \div (-2) \div \left(-\dfrac{1}{3}\right) = \boxed{\text{ア}}\,\boxed{\text{イ}}$ である。

(2) $\dfrac{-3^2 + (-2)^2}{2^2 - 3^2} = \boxed{\text{ウ}}$ である。

(3) $\left(\dfrac{2}{\sqrt{2}} + \dfrac{5}{\sqrt{5}}\right)\left(\dfrac{1}{\sqrt{5}} - \dfrac{1}{\sqrt{2}}\right) = \dfrac{\boxed{\text{エ}}\,\boxed{\text{オ}}\sqrt{\boxed{\text{カ}}\,\boxed{\text{キ}}}}{\boxed{\text{ク}}\,\boxed{\text{ケ}}}$ である。

(4) 二次方程式 $x^2 - 4x - 221 = 0$ の2つの解の和は $\boxed{\text{コ}}$ である。

(5) 下の図のように2本の平行線が，円と交わっている。このとき，$\angle$A の大きさは $\boxed{\text{サ}}\,\boxed{\text{シ}}$ °である。

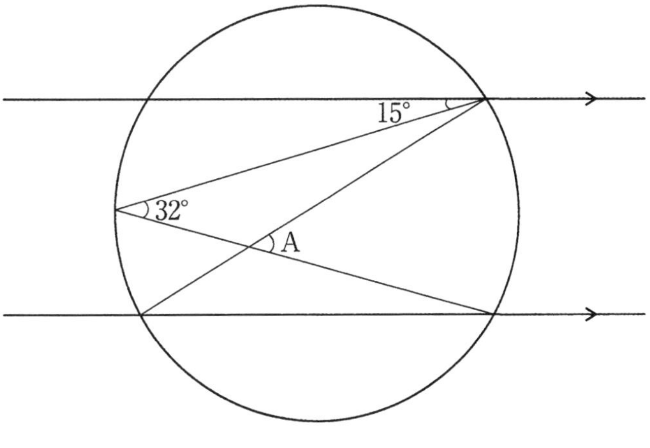

(6) 大小2つのさいころを投げ，大きいさいころの出た目の数を十の位の数，小さいさいころの出た目の数を一の位の数として2けたの整数をつくる。この2けたの整数が偶数となる確率は $\dfrac{\boxed{\text{ス}}}{\boxed{\text{セ}}}$ であり，この2けたの整数が3の倍数となる確率は $\dfrac{\boxed{\text{ソ}}}{\boxed{\text{タ}}}$ である。

(7)　$x=5-\sqrt{3}$，$y=5+\sqrt{3}$ のとき，$x+y=$ [チ][ツ]，$xy=$ [テ][ト]，$x^2+y^2=$ [ナ][ニ] である。

(8)　$\sqrt{20.5}$ に最も近い整数は [ヌ] である。

(9)　連立方程式 $\begin{cases} 3x+y=11 \\ 2x+5y=16 \end{cases}$ の解は，$x=$ [ネ]，$y=$ [ノ] である。

(10)　次の空欄 [a]，[b] に当てはまる値の組として正しいものを，①～④の選択肢から番号で選ぶと，[ハ] である。

ある部活の合宿が，合計3000本の「お茶」と「スポーツドリンク」のペットボトル飲料を準備して実施された。合宿終了時には，「お茶」の99.5%，「スポーツドリンク」の95%が消費され，未開封のペットボトル飲料は，合計69本であった。はじめに準備された「お茶」の本数は [a] 本であり，「スポーツドリンク」の本数は [b] 本である。

① a：1200　　b：1800　　② a：1800　　b：1200

③ a：1400　　b：1600　　④ a：1600　　b：1400

(11)　x の変域が $1 \leqq x \leqq a$ であるとき，y の変域が $-2 \leqq y \leqq 3$ である一次関数のうち，グラフの切片が4であるものは $y=$ [ヒ] $x+4$ である。

(12) AB＝1，BC＝2 である長方形 ABCD がある。辺 AB，辺 CD の中点をそれぞれ E，F とする。円 O が点 E，F で長方形 ABCD に接するとき，斜線部の面積を求めると

$\boxed{\text{フ}}-\dfrac{\sqrt{\boxed{\text{ヘ}}}}{\boxed{\text{ホ}}}-\dfrac{\boxed{\text{マ}}}{\boxed{\text{ミ}}}\pi$ である。

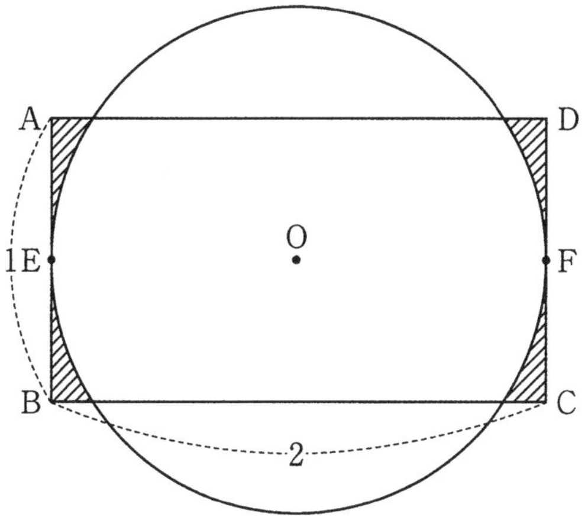

［2］ 2つの関数 $y=-x^2$ ……① と $y=x-2$ ……② について，次の $\boxed{\text{ム}}$ ～ $\boxed{\text{ヨ}}$ に当てはまる適切な符号または数字を選び，マークせよ。

(1) x の値が a から $a+4$ まで増加するとき，関数①と関数②の変化の割合が等しくなる。このとき，$a=\dfrac{\boxed{\text{ム}}\boxed{\text{メ}}}{\boxed{\text{モ}}}$ である。

(2) x の値が b から $b+5$ まで増加するとき，関数①と関数②の変化の割合が等しくなる。関数①のグラフ上で，x 座標が(1)における a の点を点A，x 座標が b の点を点B，x 座標が $b+5$ の点を点Cとする。このとき，三角形ABCの面積は $\dfrac{\boxed{\text{ヤ}}\boxed{\text{ユ}}}{\boxed{\text{ヨ}}}$ である。

次ページ以降にも問題が続きます。

※［3］の解答は解答用紙の「記述解答欄」のA～Cに記入せよ。

［3］ 座標平面上に直線 $l : y = ax + b$ と次の4つの点

$$A(3,\ 3),\ B(3+c,\ 3),\ C(3+c,\ 3+c),\ D(3,\ 3+c)$$

を頂点とする正方形ABCDをかく。

a, b, c の数の数値については，2つの袋X，Yを用意し，それぞれ整数が書かれた何枚かのカードを入れ，袋X，Yからカードを1枚ずつ無作為に取り出して定めるものとする。このとき，次の各問いに答えよ。

(1) 袋X，Yにそれぞれ1から3までの異なる整数が書かれた3枚のカードを入れた。

(i) $b=0$ とし，袋Xから取り出したカードに書かれた数を a，袋Yから取り出したカードに書かれた数を c とする。このとき，直線 l が正方形ABCDの辺または頂点を通る確率を求めよ。 A

(ii) $a=1$ とし，袋Xから取り出したカードに書かれた数を b，袋Yから取り出したカードに書かれた数を c とする。このとき，直線 l が正方形ABCDの辺または頂点を通る確率を求めよ。 B

(2) 袋X，Yにそれぞれ -3 から3までの異なる整数が書かれた7枚のカードを入れた。
$c=3$ とし，袋Xから取り出したカードに書かれた数を a，袋Yから取り出したカードに書かれた数を b とする。このとき，直線 l が正方形ABCDの辺または頂点を通る確率を求めよ。 C

2023年度　入学試験問題

英　　語

中京大学附属中京高等学校

試験開始の合図があるまで，この問題冊子を開いてはいけません。
下記の受験上の注意事項をよく読んでください。

==================== **受 験 上 の 注 意 事 項** ====================

1　問題用紙は９ページです。
2　試験時間は 40分 です。
3　解答用紙に、**氏名（フリガナ）・中学校名を記入**し、**受験番号は記入とマークを**しなさい。
4　**マークシート記入上の注意**
　①　マークの記入は、必ず黒鉛筆またはシャープペンシルで、所定のマーク解答欄の▯を正確にぬりつぶす。
　②　記述解答の記入は、所定の記述解答欄にていねいに行う。
　③　訂正は、消しゴムできれいに消す。
　④　解答用紙を、折り曲げたり、汚したりしない。
　＊マークされていない場合または必要以上にマークがある場合は、０点です。

マークの仕方	良い例	悪い例
マークをする時	 鉛筆で正確にぬりつぶす	
マークを消す時	 消しゴムで完全に消す	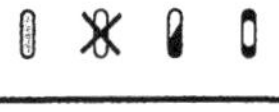

==

［1］次の問Aと問Bに答えよ。

問A　上の文の意味と同じ意味の文を作るとき、各文の空所に入る最も適切な語（句）を選び、その番号をマークせよ。（マーク解答欄）［1］～［5］

(1) That little girl has no clothes. ［1］
That girl has (　　　) wear.
① no things　② nothing to　③ no one to　④ nothing

(2) My grandfather used to say to me, "Be nice to your friends." ［2］
My grandfather used to tell me (　　　) nice to my friends.
① be　② being　③ to be　④ been

(3) Somebody stole her wallet last week. ［3］
Her wallet (　　　) last week.
① was stolen　② to steal　③ stolen　④ was stealing

(4) I have been in Nagoya for ten years. ［4］
Ten years (　　　) since I came to Nagoya.
① have been passed　② were passing
③ have passed　④ passed

(5) Why did you come to Nagoya? ［5］
(　　　) you to Nagoya?
① Why brought　② What bring
③ Why are　④ What brought

問B （　　）に共通して入る語を答えよ。ただし、文頭に来る語も解答用紙には小文字で書くこと。（記述解答欄）［A］～［E］

(1) ［A］

It will (　　) fifteen minutes to get to the station on foot.

The school festival is going to (　　) place on September 30th.

(2) ［B］

Risa runs in the park (　　) weekends.

We should pass (　　) this tradition to the next generation.

(3) ［C］

Every student has to (　　) their best in the championship.

This chemical will (　　) serious damage to the forest.

(4) ［D］

Every citizen has the (　　) to vote. It is important.

It's getting dark. We must leave (　　) away.

Turn left. You'll find the bank on your (　　).

(5) ［E］

"(　　) about going skiing this winter?" "That sounds good."

I don't know (　　) made her angry.

［2］［　　　］内の語（句）を並べ替え、意味の通る文を完成させたとき、［　　　］内で5番目に来る語（句）の番号を選び、マークせよ。ただし、文頭に来るべき語も小文字にしてある。（マーク解答欄） 6 ～ 10

問1　My report [as many / twice / about / mistakes / SDGs / Mark's / had / as]. 6

①　twice　②　mistakes　③　had　④　as many

問2　[looking / going / to / I'm / abroad / for / forward] sightseeing this summer. 7

①　looking　②　to　③　going　④　for　⑤　forward

問3　[is / found / I / on / this / a / picture / the] Internet. 8

①　is　②　found　③　I　④　on　⑤　this

⑥　a　⑦　picture　⑧　the

問4　Chukyo Senior High School [students / as / wear / allows / female / to / pants] uniforms. 9

①　students　②　as　③　pants　④　wear　⑤　allows

⑥　female　⑦　to

問5　Let [this / me / to / introduce / machine] you. 10

①　this　②　me　③　to　④　introduce　⑤　machine

［3］次の英文を読み、問いに答えよ。

Dogs and cats have been our best friends for many years. You may be surprised to know that there is some *evidence which shows dogs lived with humans 15,000 years ago. The dogs had a role as hunting dogs. On the other hand, cats joined us after we started rice farming. They were good hunters, and so it is said that people in Egypt kept cats in order to protect their crops from mice. In Japan, *monks in Buddhist temples started ①doing so for almost the same reason. They wanted to keep mice away from their precious *Buddhist scriptures.

（ ② ）the long history, people found the wonderful abilities of dogs, and used them as rescue dogs, watch dogs, and police dogs. But, these days some people started paying attention to another *aspect of dogs.（ ③ ）

The history of animal *therapy is long and ④*ancient Romans used horses to help injured soldiers recover from their injuries more quickly. In the 18th century, they found that people who had some problems felt better after they had spent some time with dogs. This was the start of dog therapy. Later in the 2000s, scientists found the cause. When we are with animals, a chemical called *oxytocin is released in our brain. It can *lower our stress level and make us feel happy. The other best friend of ours also has the same effects, and cat（ ⑤ ）was born. Although their number is still small, they are working for us in a new way.

The times have changed and the environment has changed, too. According to a survey, the number of dogs kept in Japan（ ⑥ ）since around 2008. Then, there were about 13 million dogs in Japan. Now only about 7 million dogs live with us. On the other hand, the number of cats has increased to 9 million. That means there are（ ⑦ ）million more cats than dogs now. We don't know [8], but one thing is clear; keeping a dog or a cat makes us happy.

注） evidence：証拠　monk：僧侶　Buddhist scripture：お経
aspect：側面　therapy：セラピー、治療　ancient Roman：古代ローマ人
oxytocin：オキシトシン　lower：～を下げる

問1　下線部①の内容と同じものを選び、その番号をマークせよ。
(マーク解答欄) 11

① making rice　② keeping cats
③ living with dogs　④ spreading Buddhism

問2　(　②　) に入れるべき正しいものを次の中から一つ選び、その番号をマークせよ。(マーク解答欄) 12

① While　② For　③ At　④ In

問3　(　③　) に入れるべき正しいものを次の中から一つ選び、その番号をマークせよ。(マーク解答欄) 13

① They can help elderly people.
② They can also protect something from other animals.
③ They have great　healing ability.
④ More and more people find them cute.

問4　下線部④の表す意味と同じものを次の中から一つ選び、その番号をマークせよ。
(マーク解答欄) 14

① 古代ローマ人は馬を使って負傷兵をより早く運搬していた。
② 古代ローマ人は馬を使って負傷した兵士がより早く治癒するようにしていた。
③ 古代ローマ人は馬の力を借りて兵士がより素早く敵を負傷させるようにしていた。
④ 古代ローマ人は馬がより早く負傷から復帰する方法を改善した。

問5　本文が自然な流れとなるように、本文の中から (　⑤　) に入る語を英語1語で答えよ。(記述解答欄) F

問6　(　⑥　) に入れるべき正しいものを次の中から一つ選び、その番号をマークせよ。(マーク解答欄) 15

① has been increasing　② were increased
③ has been decreasing　④ were decreased

問7　(　⑦　) に入れるべき数字を答えよ。(記述解答欄) G

問8 [8] で述べられる内容として正しいものを一つ選び、その番号をマークせよ。(マーク解答欄) [16]

① what dogs and cats did for us
② whether we should produce more therapy animals
③ why the number of dogs decreased in Japan
④ how we can decrease the number of dogs kept in Japan

問9 本文の内容と一致するものを一つ選び、その番号をマークせよ。(マーク解答欄) [17]

① 犬と猫は同じくらい人間との長い歴史を持っている。
② 人を「幸せ」にする脳内物質の存在に気付いた人々が動物による治療を始めた。
③ オキシトシンが分泌されると、ストレスが軽減される。
④ 猫は優秀なハンターであり、人間の狩猟との関わりも深い。

［4］次の英文を読み、問いに答えよ。

Food Origins

【Popcorn】

People started growing corn for food about 8,000 years ago in *Central America. They（　ア　）the corn in many ways. They ate it fresh and あ（①it／②used／③bread／④to／⑤make／⑥they）and soup. Did you know that they also（　イ　）popcorn? In 1948, *archaeologists found popcorn in a *cave. It was about 5,500 years old!

Native Americans made popcorn by cooking the corn over a fire. People enjoyed（　ウ　）the hot popcorn. They also used it to make *decorations and popcorn necklaces!

【Chocolate】

The native people of Central America also（　イ　）chocolate about 2,000 years ago. They made a spicy drink from the *seeds of the cacao tree. First they dried the cacao seeds and *crushed them to make a paste. Then they *added *chili pepper and water. The chocolate drink wasn't sweet. It was bitter!

Spanish *explorers learned about chocolate when they（　エ　）in America, and it soon became a popular drink in Spain. Spanish people liked their chocolate hot, with sugar and *cinnamon. Hot chocolate later became popular all over Europe, and chocolate factories started making chocolate candy, too. い In 1867 a Swiss chocolate maker named（①with／②Daniel Peter／③invented／④made／⑤milk／⑥a chocolate candy）. Now milk chocolate is very popular, and cacao trees are（　オ　）in many places.

【Ice Cream】

About 2,000 years ago the *ancient Romans brought ice and snow from the mountains and mixed it with fruit and honey. About 1,500 years ago people in China made desserts with ice and milk. The soft ice cream that we eat today was probably（　イ　）in Europe about 400 years ago.

【上の英文を読んだ後のＡさんとＢさんの会話】

Ａ：I had no idea that both popcorn and chocolate were made in（　カ　）.

Ｂ：Neither did I! I was also surprised to know that the first cocoa tasted more like（　キ　）than the cocoa we know!

Ａ：I would love to try it sometime.

Ｂ：（　ク　）I think it would be interesting!

Ａ：I also need to（　ケ　）the Romans and Chinese because I love ice cream.

B：Well, this topic is making me hungry!

A：(　コ　) get something to eat?

注) Central America：中央アメリカ　archaeologist：考古学者　cave：洞穴
decoration：かざり　seed：種　crush：つぶす　add：加える
chili pepper：チリ唐辛子　explorer：探検家
cinnamon：シナモン（香料の一種）　ancient Roman：古代ローマ人

問1　本文の流れが自然になるように、本文中の（　ア　）～（　オ　）に当てはまる語をそれぞれ一つずつ選び、その番号をマークせよ。選択肢は一度しか使えない。
(マーク解答欄) 18 ～ 22

① grown　② use　③ arrived　④ used
⑤ invented　⑥ inventing　⑦ arriving　⑧ eating
⑨ eaten

（　ア　） 18
（　イ　） 19
（　ウ　） 20
（　エ　） 21
（　オ　） 22

問2　以下のA～Dの各文について、本文の内容と一致している場合は①を、矛盾している場合は②を、本文からは判断できない場合は③とマークせよ。
(マーク解答欄) 23 ～ 26

A　Popcorn has been eaten for a longer time than chocolate. 23
B　People who were born before 1948 probably did not eat popcorn. 24
C　The taste of chocolate 2,000 years ago was different from the chocolate most people eat now. 25
D　More people enjoyed chocolate in 1867 than in 2000. 26

問3　下線部あ、いを意味の通る文になるよう並べかえ、(　　　) 内で2番目と5番目に来る部分を選び、その番号をマークせよ。(マーク解答欄) 27 ～ 30

下線部あ　2番目：27　5番目：28
下線部い　2番目：29　5番目：30

問4　空欄（　カ　）に入れるのに適切な語（句）を次の中から一つ選び、その番号をマークせよ。（マーク解答欄）31

① North America　② Europe
③ Native American　④ Central America

問5　空欄（　キ　）に入れるのに適切な語（句）を次の中から一つ選び、その番号をマークせよ。（マーク解答欄）32

① coffee　② lemon　③ honey　④ tooth paste

問6　空欄（　ク　）に入れるのに適切な表現を次の中からすべて選び、その個数をマークせよ。（マーク解答欄）33

A　Me too!　B　That's a great idea!　C　No way!　D　Are you sure?

問7　空欄（　ケ　）に入れるのに適切な語を次の中から一つ選び、その番号をマークせよ。（マーク解答欄）34

① think　② thank
③ misunderstand　④ glad

問8　空欄（　コ　）に入れるのに適切でない句を次の中から一つ選び、その番号をマークせよ。（マーク解答欄）35

① Why don't we　② Shall we
③ Would you like to　④ Can you

2023年度　入学試験問題

理　　科

中京大学附属中京高等学校

試験開始の合図があるまで，この問題冊子を開いてはいけません。
下記の受験上の注意事項をよく読んでください。

==================: **受 験 上 の 注 意 事 項** :==================

1　問題用紙は18ページです。
2　試験時間は 社会と合わせて60分 です。
3　解答用紙に，**氏名（フリガナ）・中学校名を記入**し，**受験番号は記入とマークを**しなさい。
4　計算は問題用紙の余白を利用しなさい。
5　計算機は使用できません。
6　**マークシート記入上の注意**
　①　マークの記入は，必ず黒鉛筆またはシャープペンシルで，所定のマーク解答欄の▯を正確にぬりつぶす。
　②　記述解答の記入は，所定の記述解答欄にていねいに行う。
　③　訂正は，消しゴムできれいに消す。
　④　解答用紙を，折り曲げたり，汚したりしない。
　＊マークされていない場合または必要以上にマークがある場合は，０点です。

マークの仕方	良い例	悪い例
マークをする時	 鉛筆で正確にぬりつぶす	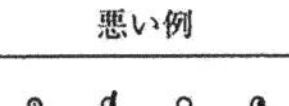
マークを消す時	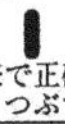 消しゴムで完全に消す	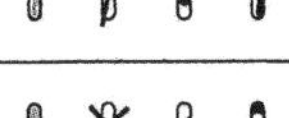

==

［1］ 次の(1)～(10)の各問いに答えよ。

(1) 図1は，ある火成岩を双眼実体顕微鏡で観察したときのスケッチである。この火成岩の特徴として最も適当なものを，次の①～⑥のうちから一つ選べ。（マーク解答欄） 1

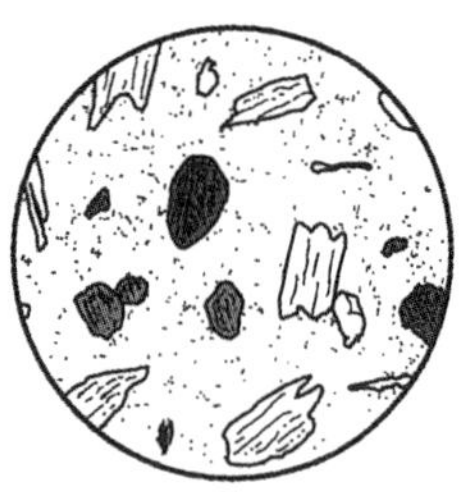
図1

① マグマが地下深くでゆっくりと冷えて固まるため，石基とよばれる部分ができる。

② マグマが冷やされる速度が速いほど，石基とよばれる部分の粒は小さくなる。

③ 大きな黒い鉱物は黒雲母であり，火山ガラスともよばれる。

④ 炭酸カルシウムを多く含み，うすい塩酸をかけると二酸化炭素を生じる。

⑤ 色は全体的に白っぽいので，石英や長石を多く含む花こう岩である。

⑥ 火山灰が固まってできた岩石で，軽石などのかけらを多く含む。

(2) 表1は，気温と飽和水蒸気量との関係を示したものである。

花子さんは，帰宅して部屋に入ると暖房と加湿器をつけた。帰宅直後の部屋は気温5℃，湿度20％であったが，30分後には気温20℃，湿度60％になった。暖房と加湿器をつける前と比べて，部屋の空気中の水蒸気は，$1\,m^3$あたり何g増えたか。最も適当なものを，下の①～⑥のうちから一つ選べ。（マーク解答欄） 2

表1

気温〔℃〕	0	5	10	15	20	25	30	35
飽和水蒸気量〔g/m^3〕	4.8	6.8	9.4	12.8	17.3	23.1	30.4	39.6

① 1.1 g　② 2.1 g　③ 6.3 g　④ 9.0 g　⑤ 10.5 g　⑥ 16.7 g

(3) 図2は，ある地震について，P波とS波の到達時間と震源からの距離を示したものである。ある地点での初期微動継続時間は30秒であった。この地点の震源からの距離は何kmか。最も適当なものを，次の①～⑥のうちから一つ選べ。

（マーク解答欄） 3

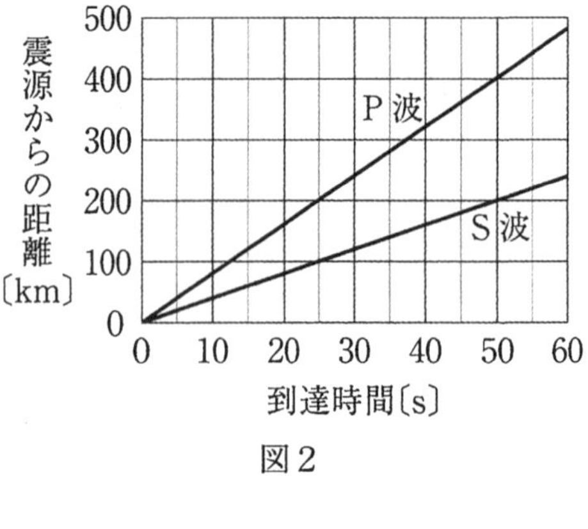

図2

① 120 km　② 133 km

③ 167 km　④ 200 km

⑤ 240 km　⑥ 280 km

(4) 被子植物を子葉の数に着目して2つのグループに分けたとき，イネと同じなかまは次のア～クのうちどれか。それらを**過不足なく含むもの**を，下の①～⓪のうちから一つ選べ。（マーク解答欄） 4

ア ホウセンカ　　イ サクラ　　ウ タンポポ　　エ アブラナ
オ トウモロコシ　　カ エンドウ　　キ ツユクサ　　ク ツツジ

① オ　　② ア，キ　　③ イ，オ　　④ ア，オ
⑤ ウ，エ　　⑥ イ，キ　　⑦ エ，カ　　⑧ オ，キ
⑨ カ，ク　　⓪ ア，オ，キ

(5) 図3はアマガエルの卵と精子が受精して受精卵となり，発生過程で8細胞期になったところ（受精卵が3回細胞分裂をして8つの細胞になっている）を表している。アマガエルの生殖細胞の染色体数が12本であるとき，図のア～ウの細胞の染色体数の組み合わせとして最も適当なものを，次の①～⑨のうちから一つ選べ。（マーク解答欄） 5

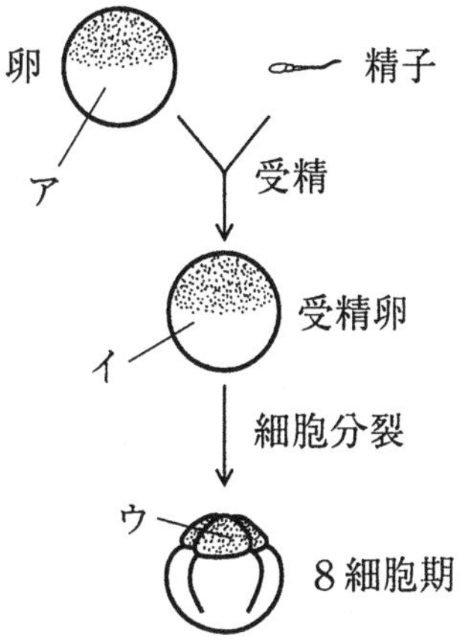

図3

	ア	イ	ウ
①	6 本	12 本	12 本
②	6 本	12 本	24 本
③	6 本	12 本	48 本
④	12 本	24 本	3 本
⑤	12 本	24 本	12 本
⑥	12 本	24 本	24 本
⑦	24 本	48 本	6 本
⑧	24 本	48 本	24 本
⑨	24 本	48 本	48 本

(6) 表2はさまざまな物質の融点と沸点をまとめたものである。この表をもとにして考えたとき，表中の物質に関する記述として最も適当なものを，下の①～⑤のうちから一つ選べ。(マーク解答欄) [6]

表2

物質	塩化ナトリウム	水銀	パルミチン酸	酢酸	エタノール	酸素
融点〔℃〕	801	－39	63	17	－115	－219
沸点〔℃〕	1413	357	351	118	78	－183

① 0℃のとき，液体である物質は3種類ある。
② 10℃のとき，固体である物質は塩化ナトリウムとパルミチン酸のみである。
③ －60℃から100℃まで加熱したとき，状態変化が起こる物質は4種類ある。
④ －100℃のとき，エタノールは固体である。
⑤ 40℃から80℃まで加熱したとき，状態変化が起こる物質は，エタノールのみである。

(7) 図4のような同じ長さのレールを3本用意し，図5のようにそれぞれを曲げ，スタートの高さが同じになるように設置した。スタートの位置で小球を同時に静かに放したとき，最初にゴールするものはどれか。最も適当なものを，下の①～⑦のうちから一つ選べ。ただし，小球はレールの上を滑らかに転がるものとし，空気抵抗やレールとの摩擦は考えないものとする。(マーク解答欄) [7]

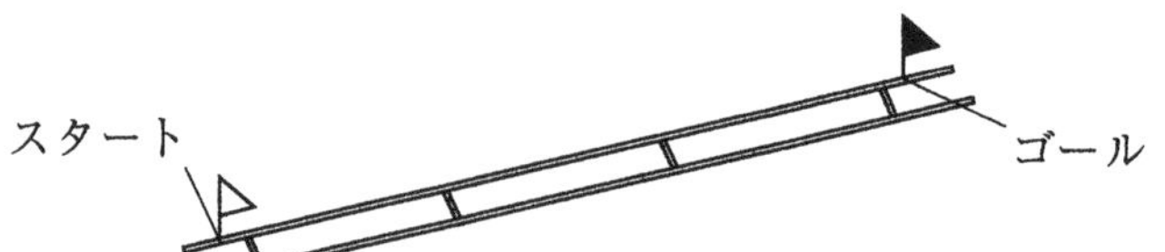

図4

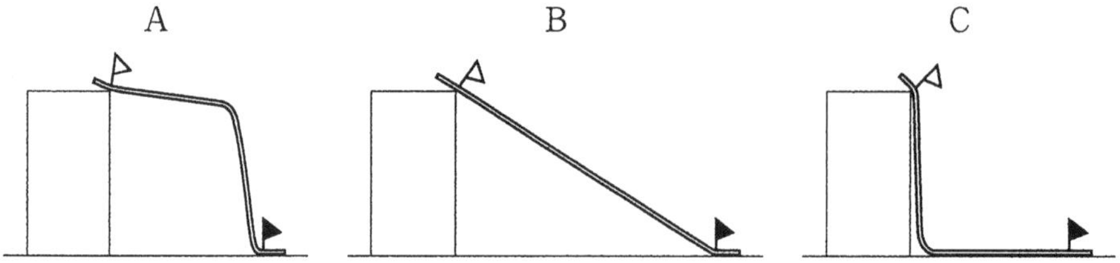

図5

① A　② B　③ C　④ AとB　⑤ BとC
⑥ AとC　⑦ すべて同時にゴールする

(8) 100 g の水に溶ける硝酸カリウムの質量は，20℃のとき 31.6 g，40℃のとき 63.9 g である。水 15 g を入れたビーカーに硝酸カリウムを溶かし，40℃の飽和水溶液を用意した。飽和水溶液の温度を 20℃まで下げ，ビーカーのようすを観察すると，溶けていた硝酸カリウムが固体として出てきた。固体として出てきた硝酸カリウムの質量として最も適当なものを，次の①～⑥のうちから一つ選べ。(マーク解答欄) **8**

① 2.6 g　② 4.8 g　③ 9.6 g　④ 13 g　⑤ 20 g　⑥ 32 g

(9) 図6のような回路がある。この回路の点 X を流れる電流の大きさとして最も適当なものを，下の①～⑧のうちから一つ選べ。(マーク解答欄) **9**

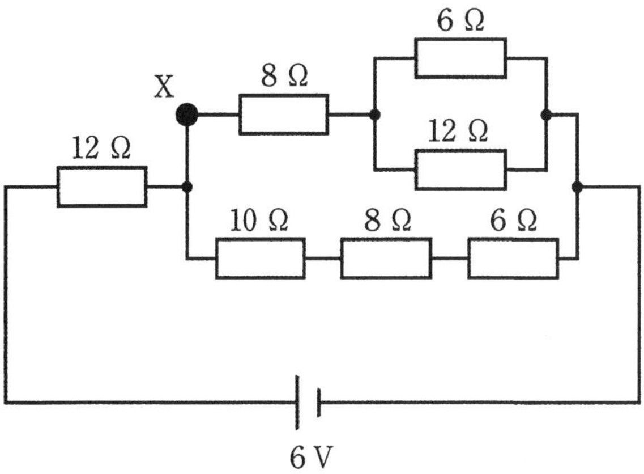

図6

① 0.1 A　② 0.2 A　③ 0.3 A　④ 0.6 A
⑤ 1.2 A　⑥ 2.4 A　⑦ 3.6 A　⑧ 6.0 A

⑽　ホットケーキを焼いていた花子さんは，ホットケーキが膨らむことを不思議に思い，調べてみると資料1の記述を見つけることができた。また，花子さんは同じ材料で作ったホットケーキの生地に，大好きなブルーベリージャムを加えて焼いたところ，予想した色とは異なる色になっていることに気づいた。そこでブルーベリーの色素について調べてみたところ資料2の記述を見つけることができた。ブルーベリージャムを加えて焼いたホットケーキの色は何色になっていたと考えられるか。最も適当なものを，下の①～⑤のうちから一つ選べ。（マーク解答欄）［10］

資料1

～ホットケーキが膨らむ理由～
ホットケーキが膨らむのは，ホットケーキに含まれているベーキングパウダーに秘密があります。このベーキングパウダーの主成分は炭酸水素ナトリウムで，炭酸水素ナトリウムが分解すると二酸化炭素が発生するため，それによってホットケーキが膨らみます。

資料2

～ブルーベリーの色素～
ブルーベリーには様々な色素が含まれていますが，その中でも「アントシアニン」という色素が豊富に含まれています。このアントシアニンは紫色の色素ですが，pHの影響によって色が変わります。中性では紫色ですが，酸性では赤色，アルカリ性では青緑色になるという特徴があります。

①　紫色　　②　赤色　　③　青緑色　　④　白色
⑤　紫色が消え，もとの生地の色になった

［2］ おもり，ばね，滑車を用いて実験を行った。ばねAとばねBは同じ長さであり，ばねAは20gのおもりをつるすと2cmのび，ばねBは20gのおもりをつるすと1cmのびる。あとの問いに答えよ。ただし，100gの物体にはたらく重力の大きさを1N，水の密度を1.0 g/cm^{3}とし，ばねの質量は無視できるものとする。

〔実験1〕 ばねA，ばねBと60gのおもりを図1～4のようにつないだ。

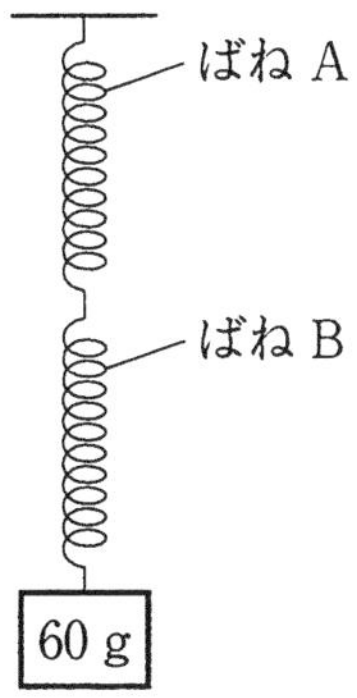

図1

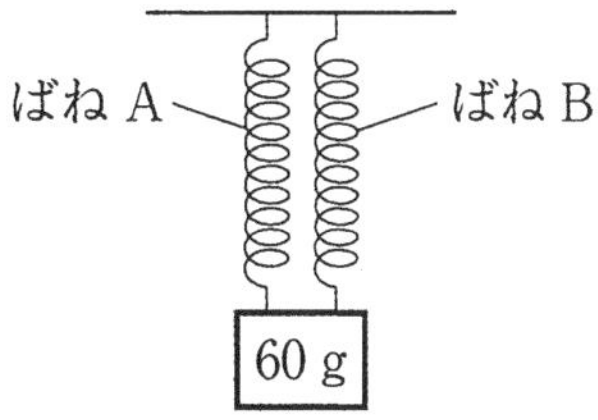

図2

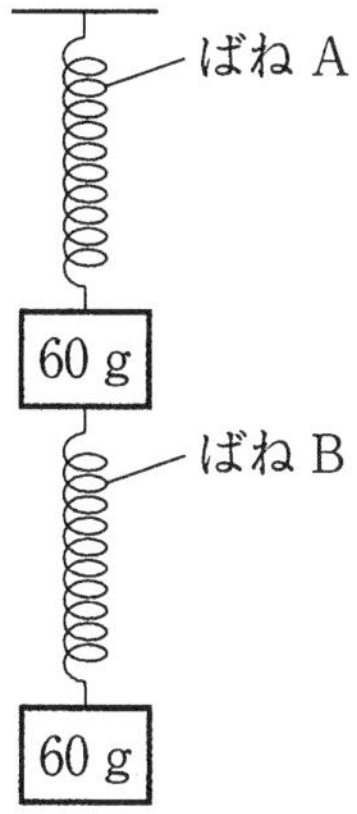

図3

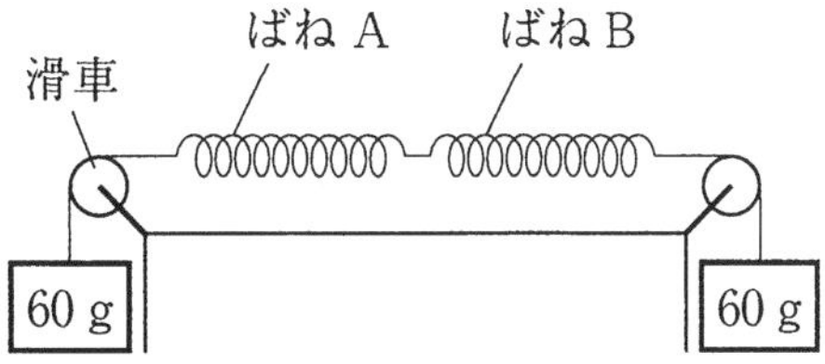

図4

(1) 図1～4のうち，ばねAとばねBののびの長さの合計が最も大きいものはどれか。最も適当なものを，次の①～⑤のうちから一つ選べ。ただし，おもりは水平につるされており，滑車は滑らかに動くものとする。(マーク解答欄) 11

① 図1　② 図2　③ 図3　④ 図4　⑤ どれも同じ

〔実験２〕　図５のような直方体の物体ＸをばねＢにつるしたところ，ばねＢののびは10 cm になった。

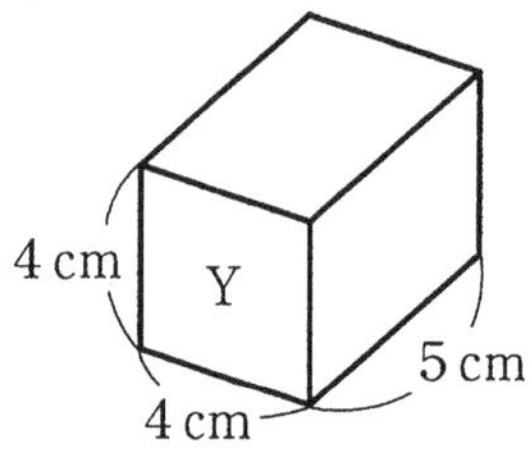

図５

⑵　物体ＸをＹの面を下にして机の上に置いたとき，机にはたらく圧力は何 Pa になるか。最も適当なものを，次の①～⑧のうちから一つ選べ。（マーク解答欄） 12

①　0.125 Pa　　②　0.320 Pa　　③　12.5 Pa　　④　32.0 Pa
⑤　1250 Pa　　⑥　3200 Pa　　⑦　125000 Pa　　⑧　320000 Pa

⑶　物体にはたらく浮力の大きさは，その物体がおしのけた液体にはたらく重力の大きさに等しくなることが知られており，アルキメデスの原理とよばれる。そこで，ばねＢに物体Ｘをつるした状態で，図６のように水に沈めた。このときのばねＢののびは何 cm になるか。最も適当なものを，下の①～⑤のうちから一つ選べ。
（マーク解答欄） 13

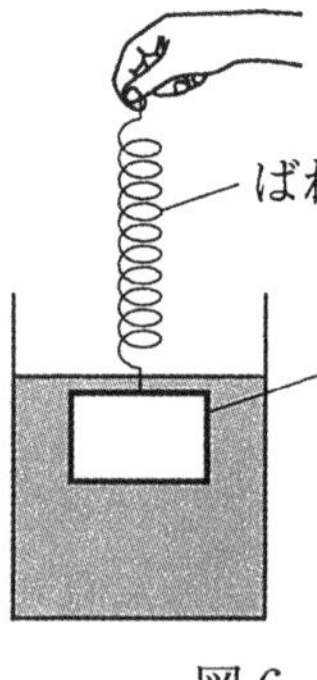

図６

①　6 cm　　②　8 cm　　③　14 cm　　④　25 cm　　⑤　125 cm

(4) 図7は物体a～fの質量と体積を調べてグラフにしたものである。物体Xと同じ物質でできていると考えられるものはどれか。**過不足なく含むもの**を，下の①～⓪のうちから一つ選べ。ただし，物体a～fおよび物体Xは内部に空洞がないものとする。（マーク解答欄） 14

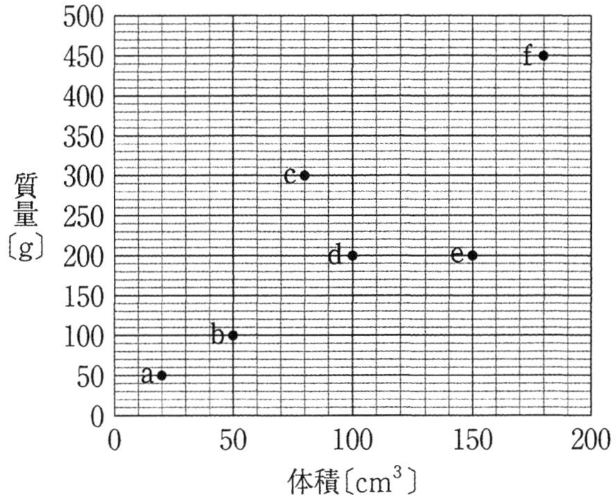

図7

① a　② b　③ c　④ d　⑤ e
⑥ f　⑦ d，e　⑧ a，f　⑨ c，f　⓪ 一つもない

(5) 物体Zは物体Xと同じ物質でできており，質量も物体Xと同じである。ただし，図8のような箱の形状をしていて，箱の外側の高さは，どこも6cmで同じである。この物体Zを図9のように，内側に水が入らないようにして水に浮かべたとき，水の中に入っている部分の高さは何cmになるか。割り切れない場合は，小数第2位を四捨五入して，小数第1位まで答えよ。（記述解答欄） A cm

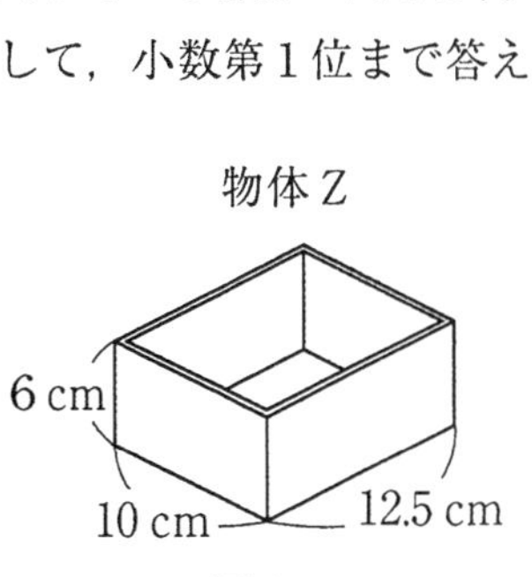

図8

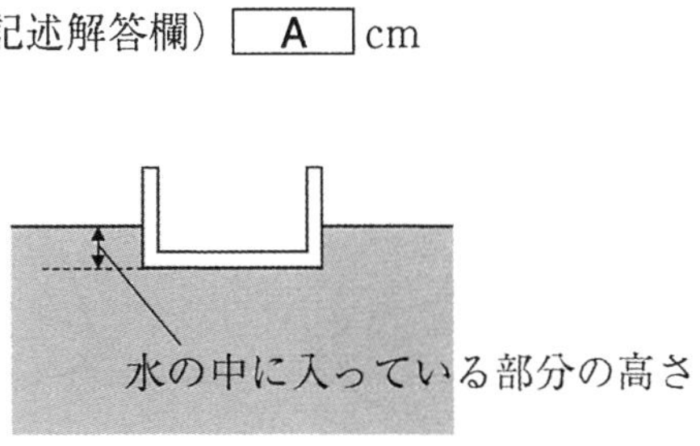

図9

［3］　太郎さんは家族と一緒に，2022年11月8日の皆既月食を観察した。皆既月食とは，太陽－地球－月が一直線に並んだときに，太陽からの光によってできた地球の影の中を月が通過するときに見られ，満月の全部が隠される現象である。名古屋では19時16分から20時42分まで見ることができた。あとの問いに答えよ。

⑴　太郎さんは，初めて見た皆既月食にとても感動したが，地球の影に隠れたはずの月が赤く見えたことに疑問を感じた。赤く見えた理由として最も適当なものを，次の①～⑤のうちから一つ選べ。（マーク解答欄）［15］

①　月の表面は，酸化鉄を含んだ赤褐色の砂や岩石で覆われているため。

②　太陽からの光のうち，赤色の光を地球の大気が吸収しているため。

③　月の表面温度が他の天体と比較して低い温度のため。

④　もともと月は赤色の光を発しているが，太陽からの強い光が当たっているときには見えていないため。

⑤　太陽からの光が地球の大気中を通過するとき，波長の長い赤色の光は散乱されにくく，さらに大気中で屈折して月を赤く照らすため。

⑵　図1は，皆既月食を観察した当日の名古屋での月の動きを天球上に示したものである。同じ日のオーストラリアのシドニーでの天球上の月の動きとして最も適当なものを，下の①～⑥のうちから一つ選べ。（マーク解答欄）［16］

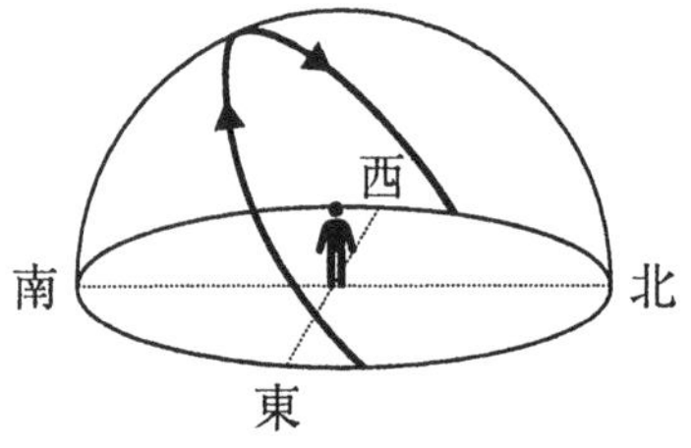

図1

①
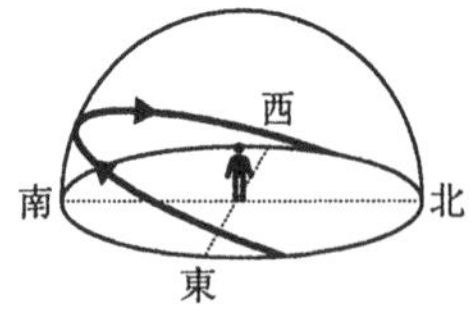

②
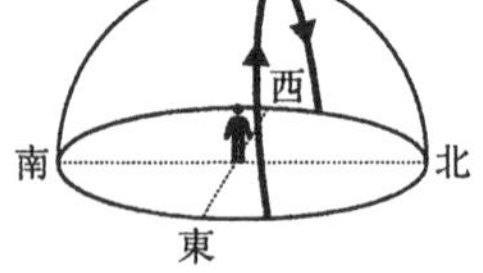

③
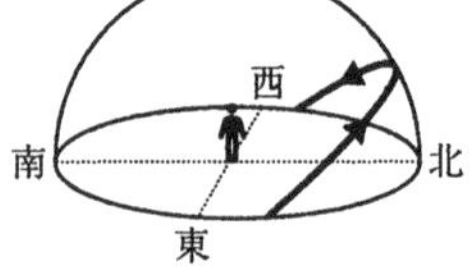

④
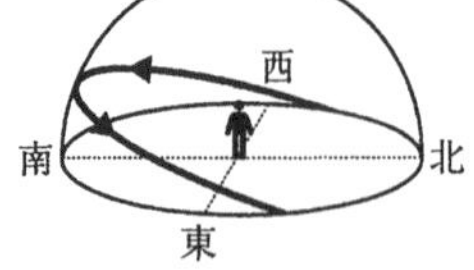

⑤
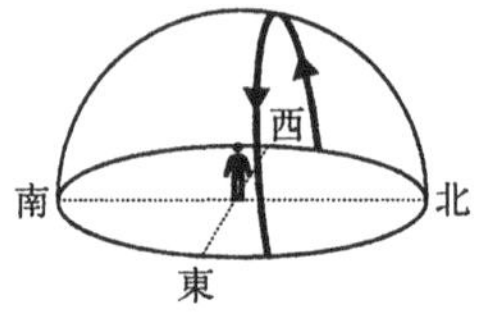

⑥
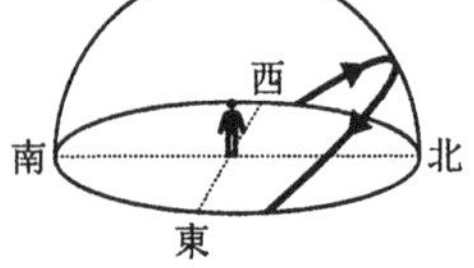

(3) 皆既月食を見終わった21時ごろ，東の空に冬の星座として代表的なオリオン座が出現し，図2のように見えた。星Aと星Bの名称の組み合わせとして最も適当なものを，下の①～⑧のうちから一つ選べ。（マーク解答欄） 17

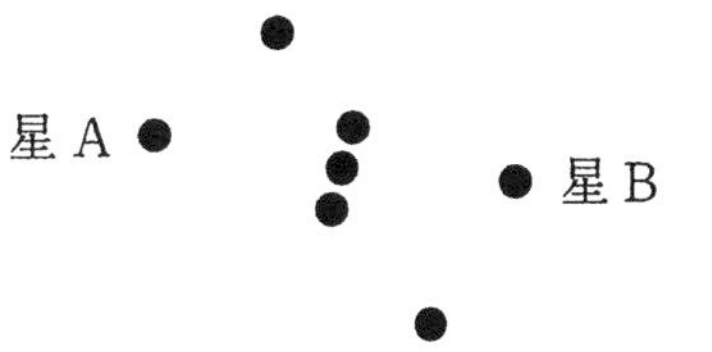

図2

	星A	星B		星A	星B
①	プロキオン	シリウス	②	リゲル	シリウス
③	リゲル	ベテルギウス	④	アルデバラン	ベテルギウス
⑤	アルデバラン	プロキオン	⑥	シリウス	プロキオン
⑦	ベテルギウス	リゲル	⑧	アルデバラン	リゲル

(4) オリオン座を22時00分に観察すると，星Aが図3のアの位置に見えた。星Aがイの位置にくる日時として最も適当なものを，下の①～⑥のうちから一つ選べ。（マーク解答欄） 18

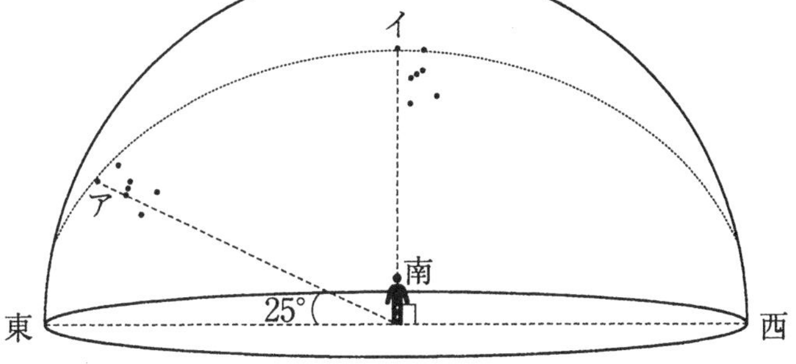

図3

① 11月8日23時40分　② 11月9日0時10分
③ 11月9日1時00分　④ 11月9日2時00分
⑤ 11月9日2時20分　⑥ 11月9日4時00分

(5) 同じ日の22時00分に北の空を観察すると，カシオペヤ座が図4のウのように見えた。2時間後の11月9日0時00分のカシオペヤ座の見え方として最も適当なものを，下の①～⑤のうちから一つ選べ。ただし，図の☆は北極星であり，◦印はそれぞれ30°を示す。（マーク解答欄）[19]

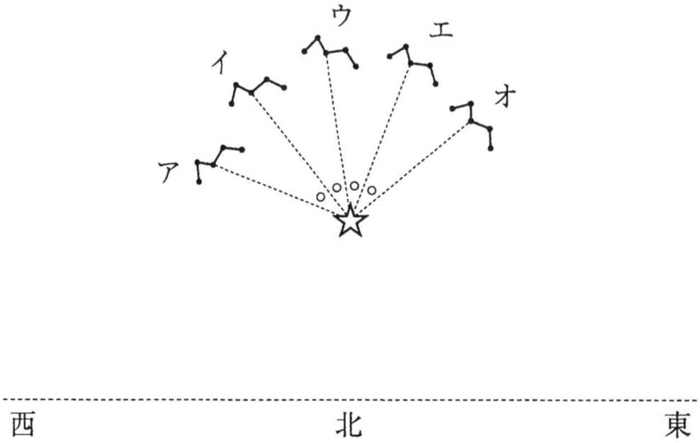

図4

①　ア　　②　イ　　③　ウ　　④　エ　　⑤　オ

［4］ 次の花子さんと太郎さんの会話文を読んで，あとの問いに答えよ。

花子：まず，水の電気分解からやってみよう。この装置に水酸化ナトリウム水溶液を入れれば水の電気分解ができるね。太郎君，水酸化ナトリウム水溶液を作ってくれる？

太郎：いいよ！・・・あれ？水酸化ナトリウムを水で溶かしてみると，水酸化ナトリウム水溶液の温度が上がってきたよ！

花子：水酸化ナトリウムを水に溶かしたときは a発熱反応が起こるらしいよ。水酸化ナトリウム水溶液を作ってくれてありがとう。それじゃあ早速，水の電気分解を始めよう。

太郎：両極から小さい泡がたくさん出ているね。装置の上の方に気体がたまり始めたよ（図1）。

花子：b水の電気分解では水から水素と酸素が発生するけど，逆の化学変化を利用した c電池が燃料電池だよね。

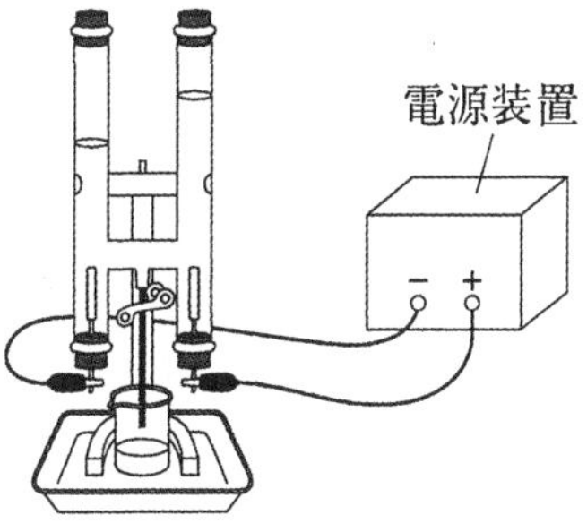

図1

太郎：電気分解はおもしろいね。他の水溶液でもやってみようよ。

花子：次は別の装置を使って塩化銅水溶液を電気分解してみよう。

太郎：塩化銅水溶液を電気分解してみると，d [A] 極の方では気体が発生したけれど，[B] 極の方では気体が発生しなかったよ。[B] 極をよく見てみると赤茶色の物質が付着しているよ。

花子：[B] 極の赤茶色の物質を取り出して薬さじでこすってみると金属光沢が出てきたよ。

太郎：電気分解をすると，水溶液の中から e金属も取り出すことができるんだね。やっぱり電気分解はおもしろいなぁ！

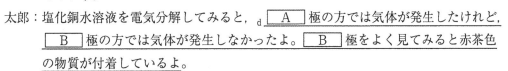

(1) 下線部aについて，次の操作1～4を行ったとき，発熱反応が起こるものはどれか。**過不足なく含むもの**を，下の①～⑨のうちから一つ選べ。(マーク解答欄) 20

操作1　鉄と硫黄を混ぜて加熱する。
操作2　鉄と活性炭を混ぜ，食塩水を数滴加える。
操作3　炭酸水素ナトリウムとクエン酸を混ぜ，水を数滴加える。
操作4　塩化アンモニウムと水酸化バリウムを混ぜ，水を数滴加える。

①　操作1　②　操作2　③　操作3　④　操作4
⑤　操作1，2　⑥　操作3，4　⑦　操作1，2，3
⑧　操作2，3，4　⑨　一つもない

(2) 下線部bについて，水の電気分解を行ったとき，水分子が120個反応したとすると，陽極，陰極で発生する気体分子はそれぞれいくつになると考えられるか。最も適当なものを，次の①～⑧のうちから一つ選べ。(マーク解答欄) 21

	陽極で発生する気体分子の数〔個〕	陰極で発生する気体分子の数〔個〕
①	40	80
②	60	120
③	120	240
④	80	40
⑤	120	60
⑥	240	120
⑦	60	60
⑧	120	120

(3) 下線部cについて，1800年に水溶液と2種類の金属からなる電池を発明し，電圧の単位の由来となったイタリアの物理学者は誰か。カタカナで答えよ。
(記述解答欄) B

(4) 下線部dについて，[A]，[B]に当てはまる語句と，[A]極から発生した気体の特徴の組み合わせとして最も適当なものを，次の①～⑥のうちから1つ選べ。
(マーク解答欄) [22]

	A	B	気体の特徴
①	陽	陰	火を近づけると爆発的に燃える。
②	陽	陰	下方置換法で集めるのが良い。
③	陽	陰	上方置換法で集めるのが良い。
④	陰	陽	脱色作用がある。
⑤	陰	陽	石灰水を白く濁らせる。
⑥	陰	陽	有毒な気体である。

(5) 下線部eについて，金属の陽イオンへのなりやすさは金属の種類によって異なる。次の実験1～4の結果をもとに，鉛，鉄，銅，亜鉛，マグネシウムの5種類の金属を陽イオンへなりやすいものから順に並べたときに，4番目になる金属はどれか。最も適当なものを，下の①～⑤のうちから一つ選べ。(マーク解答欄) [23]

実験1　鉛イオンが含まれる水溶液に鉄片を入れると，鉄片の表面に鉛が付着した。
実験2　鉛イオンが含まれる水溶液に銅片を入れたが，何も変化が起こらなかった。
実験3　鉄イオンが含まれる水溶液に亜鉛片を入れると，亜鉛片の表面に鉄が付着した。
実験4　マグネシウムイオンが含まれる水溶液に亜鉛片を入れたが，何も変化が起こらなかった。

① 鉛　② 鉄　③ 銅　④ 亜鉛　⑤ マグネシウム

［5］ 花子さんと太郎さんは，刺激に対するヒトの反応を調べるために次の実験を行った。図1のように，花子さんがものさしの上端を持ち，ものさしの0の目盛りを太郎さんの手の位置に合わせた。太郎さんは目を閉じて，いつでもものさしをつかむことができるように待機した。そして図2のように，花子さんは笛を吹くと同時に手を放し，太郎さんは笛の音が聞こえたらすぐにものさしをつかんだ。太郎さんがつかんだ位置の目盛りを読み，ものさしが落ちた距離を測定した。表1は，合計5回測定した結果である。あとの問いに答えよ。

図1

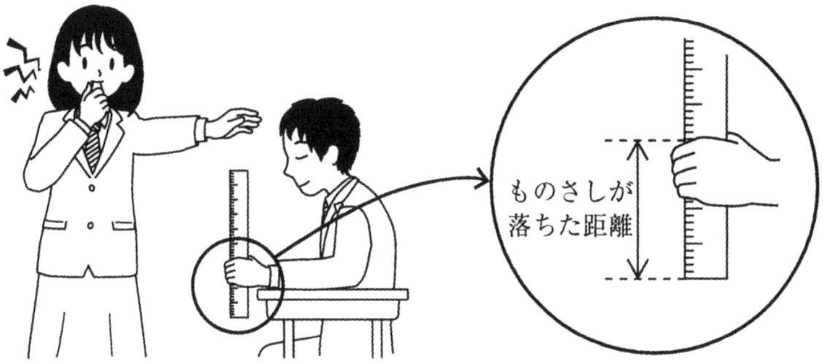

図2

表1

	1回目	2回目	3回目	4回目	5回目
ものさしが落ちた距離〔cm〕	20.5	19.8	20.0	19.5	18.2

(1) 花子さんと太郎さんは，ものさしをつかむまでの時間は何秒なのかが気になり，図書館で調べてみた。すると，重力だけによって落下する運動のことを自由落下といい，公式があることがわかった。t 秒後の落下距離 y〔m〕を表す式は，$y = \frac{1}{2}gt^2$（g は重力加速度，$g = 9.8$）と書いてあった。t^2 から t にするには，電卓の「√」ボタンを押すと計算できることを教えてもらい，この公式に代入して，ものさしをつかむまでの時間を計算した。表２は５回分の計算結果である。ものさしをつかむまでの時間の平均を求めよ。割り切れない場合は，小数第３位を四捨五入して，小数第２位まで答えよ。
（記述解答欄） C 秒

表２

	１回目	２回目	３回目	４回目	５回目
ものさしをつかむまでの時間〔秒〕	0.2045	0.2010	0.2020	0.1995	0.1927

(2) 笛の音が聞こえてからものさしをつかむまでの反応経路として最も適当なものを，次の①～⑤のうちから一つ選べ。（マーク解答欄） 24

① 感覚器官 → 感覚神経 → 脊髄 → 脳 → 脊髄 → 運動神経 → 筋肉
② 感覚器官 → 感覚神経 → 脳 → 脊髄 → 運動神経 → 筋肉
③ 感覚器官 → 感覚神経 → 脊髄 → 脳 → 運動神経 → 筋肉
④ 感覚器官 → 感覚神経 → 脳 → 運動神経 → 筋肉
⑤ 感覚器官 → 感覚神経 → 脊髄 → 運動神経 → 筋肉

(3) 感覚器官である耳に音が入ると，刺激を受け取る細胞で神経を伝わる信号に変えられる。花子さんは，(1)で計算した時間を信号の伝わる時間と考え，(2)の経路の長さを１m と仮定して信号が伝わる速さを計算した。命令を出すのにかかる時間など，信号の伝わる時間のほかにかかる時間は無視できるものとしたとき，花子さんの計算結果は何 km/h か。最も適当なものを，次の①～⑥のうちから一つ選べ。
（マーク解答欄） 25

① 0.2 km/h　② 0.3 km/h　③ 1.8 km/h
④ 3.6 km/h　⑤ 7.2 km/h　⑥ 18.0 km/h

(4) 図3は，ヒトの耳のつくりを模式的に表したものである。最初に空気の振動をとらえる部分として最も適当なものを，下の①～⑤のうちから一つ選べ。
（マーク解答欄） 26

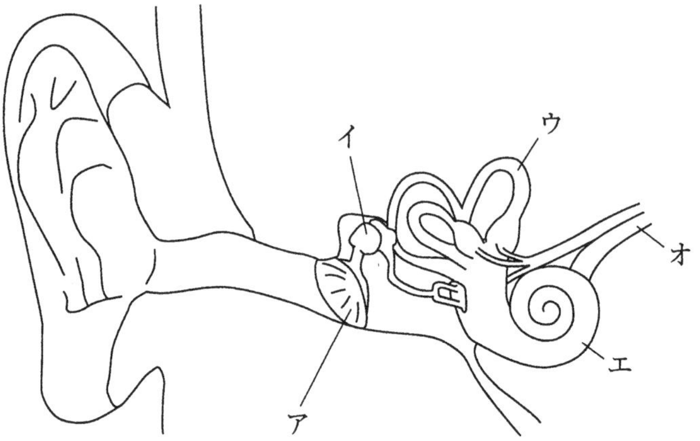

図3

① ア　② イ　③ ウ　④ エ　⑤ オ

(5) 太郎さんは骨伝導イヤホンに興味があったので調べると，通常のイヤホンとは異なり，耳周辺の骨を振動させて，その振動が刺激を受け取る細胞がある部分へと届く仕組みであることが分かった。刺激を受け取る細胞があるのはどこか。最も適当なものを，(4)の①～⑤のうちから一つ選べ。（マーク解答欄） 27

(6) 花子さんは，突然太郎さんに目の前で手をたたかれたので，思わず目をつぶった。このように刺激に対して意識とは関係なく起こる反応を何というか。漢字で答えよ。
（記述解答欄） D

(7) 次のア～カのうち，(6)の例として正しいものはどれか。それらを**過不足なく含むもの**を，下の①～⓪のうちから一つ選べ。(マーク解答欄) 28

ア　ひざの下をたたくと足がはね上がった。

イ　レモンを見たらだ液が出てきた。

ウ　暗いところで目のひとみが大きくなった。

エ　寒かったので上着を着た。

オ　食べ物を口に入れるとだ液が出てきた。

カ　昆虫が出てきたので目を背けた。

①　ア	②　ウ	③　ア，ウ	④　ア，オ
⑤　ウ，エ	⑥　イ，オ	⑦　エ，カ	⑧　イ，エ，カ
⑨　ア，ウ，オ	⓪　ア，イ，ウ，オ		

2023年度　入学試験問題

社　　会

中京大学附属中京高等学校

試験開始の合図があるまで，この問題冊子を開いてはいけません。
下記の受験上の注意事項をよく読んでください。

==================== **受 験 上 の 注 意 事 項** ====================

1　問題用紙は23ページです。

2　試験時間は 理科と合わせて60分 です。

3　解答用紙に，**氏名（フリガナ）・中学校名を記入**し，**受験番号は記入とマーク**をしなさい。

4　**マークシート記入上の注意**

　①　マークの記入は，必ず黒鉛筆またはシャープペンシルで，所定のマーク解答欄の▯を正確にぬりつぶす。

　②　記述解答の記入は，所定の記述解答欄にていねいに行う。

　③　訂正は，消しゴムできれいに消す。

　④　解答用紙を，折り曲げたり，汚したりしない。

　＊マークされていない場合または必要以上にマークがある場合は，０点です。

マークの仕方	良い例	悪い例
マークをする時	 鉛筆で正確にぬりつぶす	
マークを消す時	 消しゴムで完全に消す	

==

〔1〕次の文章を読み，以下の問いに答えよ。

1）1923（大正12）年〔あ〕午前11時58分，相模湾北西部を震源としてマグニチュード7.9の大地震が発生し，中央気象台の地震計の針はすべて吹き飛ばされた。地震と火災で東京市・横浜市の大部分が廃墟と化したほか，東京両国の陸軍被服廠《しょう》跡の空き地に避難した罹災《りさい》者約4万人が猛火で焼死したのをはじめ，死者・行方不明者は10万人以上を数えた。全壊・流失・全焼家屋は57万戸にのぼり，被害総額は60億円をこえた。

関東大震災後に起きた2）朝鮮人・中国人に対する殺傷事件は，自然災害が人為的な殺傷行為を大規模に誘発した例として日本の災害史上，他に類を見ないものであった。流言により多くの朝鮮人が殺傷された背景としては，日本の植民地支配に対する抵抗運動への恐怖心と，民族的な差別意識があったとみられる。さらに，亀戸警察署構内で警備にあたっていた3）軍隊によって4）社会主義者10人が殺害され，16日には憲兵により大杉栄と伊藤野枝，大杉の甥が殺害された。市民・警察・軍がともに例外的とは言い切れない規模で武力や暴力を行使したことがわかる。

（山川出版社『詳説日本史B』より）

問1　下線部1）に関連して，この前後に起こった出来事に関する説明A・Bについての正誤を，次の①～④から1つ選んで番号で答えよ。（マーク解答欄）［1］

A　大正時代にはラジオ放送がはじまるなど，多くの娯楽が大衆に受け入れられた。

B　1925年には25歳以上の男子に選挙権を与える普通選挙法が成立したが，同時に成立を目指した治安維持法は反対多数で否決された。

	A	B
①	正	正
②	正	誤
③	誤	正
④	誤	誤

問2　下線部2）について述べた文A・Bについての正誤を，次の①～④から1つ選んで番号で答えよ。（マーク解答欄）［2］

A　1919年に朝鮮では，「独立万歳」を叫びながら日本への抵抗を示した三・一独立運動が起こった。

B　1919年に中国では，日本が南京などを占領する行動をとったために北京の学生がこれに抗議し，反日運動である五・四運動がおこった。

	A	B
①	正	正
②	正	誤
③	誤	正
④	誤	誤

問3　下線部3）に関連して，昭和期に軍部が起こした事件について述べた文A・Bについての正誤を，次の①～④から1つ選んで番号で答えよ。（マーク解答欄）［3］

A　1932年5月，陸軍将校が大臣の斎藤実や高橋是清らを殺傷して，一時東京中心部を占拠する五・一五事件が発生した。

B　1936年2月，海軍の青年将校らが首相官邸などを襲撃し，犬養毅首相を暗殺する二・二六事件が起こった。

	A	B
①	正	正
②	正	誤
③	誤	正
④	誤	誤

問4　第一次世界大戦中，日本に広まった民主主義の風潮や動きの名称を答えよ。
（記述解答欄）［A］

問5　今年は，関東大震災から100年経つ年であるが，文中〔あ〕に当てはまる関東大震災の日にちとして最も適切なものを，次の①～④から1つ選んで番号で答えよ。
（マーク解答欄） 4

①　3月11日　　②　8月15日　　③　9月1日　　④　12月8日

問6　下線部4）に関連して，ロシア革命からソビエト社会主義共和国連邦を結成する際に，ソビエトという労働者と兵士の代表者会議の指導者であった人物として最も適切なものを，次の①～⑤から1つ選んで番号で答えよ。（マーク解答欄） 5

①　ウィルソン　　②　レーニン　　③　スターリン
④　ルーズベルト（ローズベルト）　　⑤　ムッソリーニ

次ページ以降にも問題が続きます。

〔2〕次の会話文は，中京大中京高校に通う凛さんと蘭さんが先生とやりとりをしているものである。文章を読み，以下の問いに答えよ。

会話文

凛　：2023年は梅村学園が100周年を迎えるのですね。
先生：そうです。学園100周年のはじまりは，この1）学校が創立されたところから始まっているのですよ。
蘭　：じゃあ，この学校は100年前からあったのですね。100年前もこの場所に学校があったのでしょうか。
先生：いいえ，昔は別の場所にありました。この場所に出来てから100年経ったわけではないのですよ。100年前の2）愛知県はどんな感じだったのでしょうね。何か知っていますか。
凛　：100年前というと1923年ですね。私の曽祖父の時代ですから，何があったかなかなか思いつきません。
蘭　：3）名古屋城はあったのではないでしょうか。
先生：もちろんありましたよ。他にはどうでしょうか。
凛　：名古屋駅はあったんじゃないかな。
蘭　：愛知県で一番大きい駅ですし，愛知県では一番古い駅なんじゃないかな。
先生：そうですね，名古屋駅は100年前にはありましたが，実は県内で一番古い駅は名古屋駅ではないのです。
凛　：そうなのですか。一体どこの駅が一番古いのですか。
先生：一番古いのは知多半島に走っている武豊線にある駅です。
蘭　：なぜ4）知多半島で一番初めに鉄道が出来たのですか。
先生：目的は，海から運ばれてくる沢山の荷物を運ぶためですね。
凛　：なるほど，車のない時代は5）船が一番速い乗り物だったのですね。

問1　会話文中の下線部1）に関連して，江戸時代に「読み・書き・そろばん」を学ぶために民衆が通った施設として最も適切なものを，次の①～⑤から1つ選んで番号で答えよ。(マーク解答欄) 6

①　株仲間　　②　蔵屋敷　　③　寺子屋　　④　出島　　⑤　五人組

問2　会話文中の下線部2）に関連して，1871年にすべての藩を廃止し，知藩事を罷免する代わりに県令（のちの県知事）を任命した出来事として最も適切なものを，次の①～⑤から1つ選んで番号で答えよ。（マーク解答欄） 7

①　版籍奉還　　②　富国強兵　　③　殖産興業　　④　廃藩置県
⑤　琉球処分

問3　会話文中の下線部3）に関連して，朝廷は東北地方を支配するために，647年の渟足柵の建設から803年の志波城建設をおこなったが，その際に坂上田村麻呂が任命された役職として最も適切なものを，次の①～⑤から1つ選んで番号で答えよ。
（マーク解答欄） 8

①　摂政　　②　管領　　③　守護　　④　征夷大将軍　　⑤　執権

問4　会話文中の下線部4）に関連して，知多半島は，大阪と江戸を結ぶいわゆる「南海路」の港があったが，それに関連して，平清盛が中国の宋王朝と交易をおこなっていた港として最も適切なものを，次の①～⑤から1つ選んで番号で答えよ。
（マーク解答欄） 9

①　平戸　　②　新潟　　③　大津　　④　坊津　　⑤　兵庫

問5　会話文中の下線部5）に関連して，1522年に世界一周を達成し，地球は丸いことを証明した一行の船隊を率いていた人物として最も適切なものを，次の①～④から1つ選んで番号で答えよ。（マーク解答欄） 10

①　コロンブス　　②　バスコ・ダ・ガマ　　③　マゼラン
④　フランシスコ・ザビエル

〔3〕次の地図1を見て，以下の問いに答えよ。

地図1

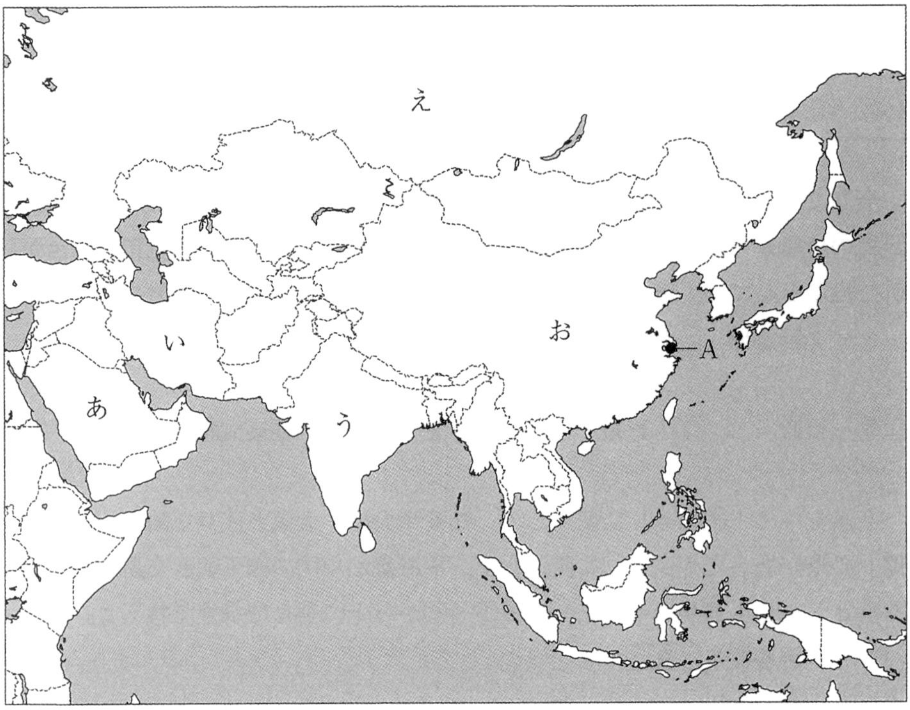

問1　地図1中のあ～えの中で，1番人口が多い国として最も適切なものを，次の①～④から1つ選んで番号で答えよ。（マーク解答欄）11

①　あ　　②　い　　③　う　　④　え

問2　地図1中の「お」の国の地点Aはシャンハイ（上海）であるが，この都市の年間降水量を示すグラフとして最も適切なものを，次の①～④から1つ選んで番号で答えよ。（マーク解答欄）12

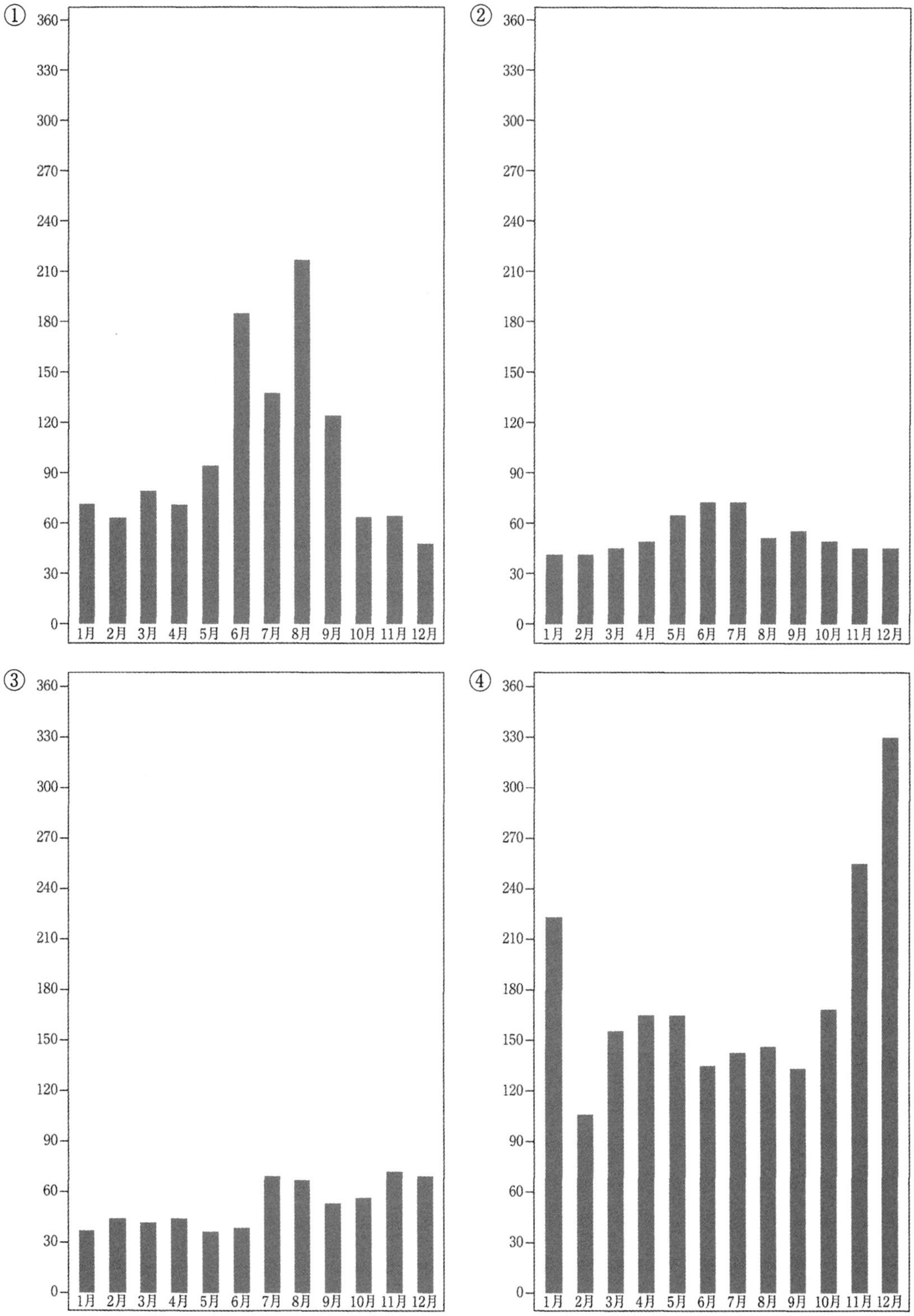

（『理科年表 2022』より作成。単位：mm）

問３　次の分布図は「年間降水量および年間平均気温」と植生の関係を示している。分布図中の図形Ａ～Ｄにはそれぞれ「広葉樹林」「針葉樹林」「砂漠」「熱帯雨林」が当てはまる。そのうち，図形Ａに当てはまる植生の，ロシアでの呼称をカタカナで答えよ。
（記述解答欄） B

分布図

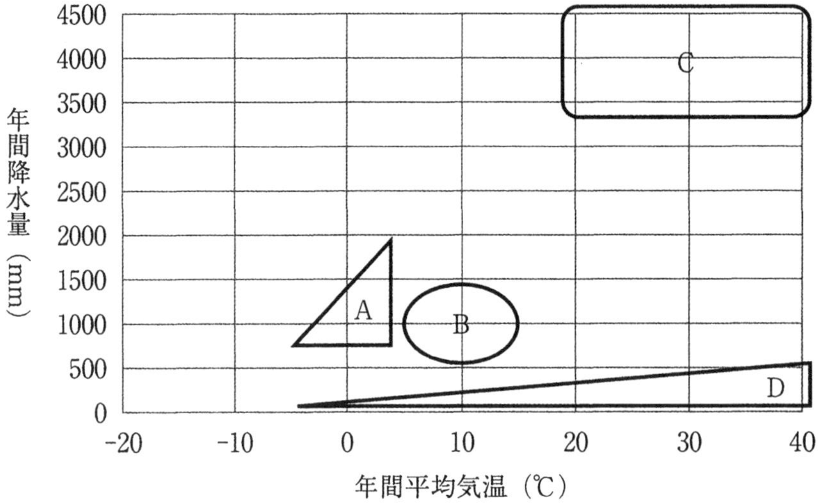

次ページ以降にも問題が続きます。

〔4〕2022年2月に始まったロシアのウクライナ侵攻によって，世界は大きく揺るがされた。その中でも深刻な影響が出たのがエネルギー資源の問題と食糧問題である。このことに関連する以下の問いに答えよ。

問1　次の表1は国別原油産出量，表2は国別原油埋蔵量を示している。表1，表2中のA・Bに共通して当てはまる国名の組み合わせとして最も適切なものを，次の①～⑥から1つ選んで番号で答えよ。(マーク解答欄) 13

表1 「国別原油産出量」 (2020)

順位	国名	産出量（万 kL）
1	アメリカ合衆国	65,847
2	A	59,672
3	B	53,771
4	カナダ	24,110
5	イラク	23,586
6	中国	22,661
7	ブラジル	17,161
8	アラブ首長国連邦	16,946

表2 「国別原油埋蔵量」 (2021)

順位	国名	可採埋蔵量（百万 kL）
1	ベネズエラ	48,305
2	B	41,117
3	イラン	33,167
4	カナダ	27,078
5	イラク	23,058
6	クウェート	16,139
7	アラブ首長国連邦	15,550
8	A	12,720

(『世界国勢図会 2021/22』より作成)

	A	B		A	B
①	ロシア	イギリス	②	サウジアラビア	ロシア
③	イギリス	サウジアラビア	④	ロシア	サウジアラビア
⑤	イギリス	ロシア	⑥	サウジアラビア	イギリス

立　　　　　中学校

※100点満点
（配点非公表）

注意事項　※には、何も記入しないでください。

記述解答欄		
C	B	A

※

立　　　　　　中学校

※100点満点
（配点非公表）

注意事項　※には、何も記入しないでください。

記述解答欄	※			※
(1)(i)				
(1)(ii)				
(2)				

立　　　　　　　中学校

※100点満点
（配点非公表）

注意事項　※には、何も記入しないでください。

記述解答欄	※			※
	○ ×			
	○ ×			
	○ ×			
	○ ×			
	○ ×			
	○ ×			
	○ ×			

立　　　　　　中学校

※75点満点
（配点非公表）

注意事項　※には、何も記入しないでください。

記　述　解　答　欄	※		※
cm			
秒			

立　　　　　　中学校

※75点満点
（配点非公表）

注意事項　※には、何も記入しないでください。

記述解答欄	※		※
発電			
社会			

中京大学附属中京高等学校
2023年度 社会解答用紙

フリガナ	
氏　名	

中学校名

受験番号				
1	1	1	1	1
2	2	2	2	2
3	3	3	3	3
4	4	4	4	4
5	5	5	5	5
6	6	6	6	6
7	7	7	7	7
8	8	8	8	8
9	9	9	9	9
0	0	0	0	0

解答番号	マーク解答欄									
	1	2	3	4	5	6	7	8	9	0
1	1	2	3	4	5	6	7	8	9	0
2	1	2	3	4	5	6	7	8	9	0
3	1	2	3	4	5	6	7	8	9	0
4	1	2	3	4	5	6	7	8	9	0
5	1	2	3	4	5	6	7	8	9	0
6	1	2	3	4	5	6	7	8	9	0
7	1	2	3	4	5	6	7	8	9	0
8	1	2	3	4	5	6	7	8	9	0
9	1	2	3	4	5	6	7	8	9	0
10	1	2	3	4	5	6	7	8	9	0
11	1	2	3	4	5	6	7	8	9	0
12	1	2	3	4	5	6	7	8	9	0
13	1	2	3	4	5	6	7	8	9	0
14	1	2	3	4	5	6	7	8	9	0
15	1	2	3	4	5	6	7	8	9	0
16	1	2	3	4	5	6	7	8	9	0
17	1	2	3	4	5	6	7	8	9	0
18	1	2	3	4	5	6	7	8	9	0
19	1	2	3	4	5	6	7	8	9	0
20	1	2	3	4	5	6	7	8	9	0
21	1	2	3	4	5	6	7	8	9	0
22	1	2	3	4	5	6	7	8	9	0
23	1	2	3	4	5	6	7	8	9	0
24	1	2	3	4	5	6	7	8	9	0
25	1	2	3	4	5	6	7	8	9	0

解答番号	マーク解答欄									
	1	2	3	4	5	6	7	8	9	0
26	1	2	3	4	5	6	7	8	9	0
27	1	2	3	4	5	6	7	8	9	0

A
B
C
D
E

中京大学附属中京高等学校
2023年度 理科解答用紙

フリガナ	
氏　名	

中学校名

受験番号

1	1	1	1	1
2	2	2	2	2
3	3	3	3	3
4	4	4	4	4
5	5	5	5	5
6	6	6	6	6
7	7	7	7	7
8	8	8	8	8
9	9	9	9	9
0	0	0	0	0

解答番号	マーク解答欄									
	1	2	3	4	5	6	7	8	9	0
1	1	2	3	4	5	6	7	8	9	0
2	1	2	3	4	5	6	7	8	9	0
3	1	2	3	4	5	6	7	8	9	0
4	1	2	3	4	5	6	7	8	9	0
5	1	2	3	4	5	6	7	8	9	0
6	1	2	3	4	5	6	7	8	9	0
7	1	2	3	4	5	6	7	8	9	0
8	1	2	3	4	5	6	7	8	9	0
9	1	2	3	4	5	6	7	8	9	0
10	1	2	3	4	5	6	7	8	9	0
11	1	2	3	4	5	6	7	8	9	0
12	1	2	3	4	5	6	7	8	9	0
13	1	2	3	4	5	6	7	8	9	0
14	1	2	3	4	5	6	7	8	9	0
15	1	2	3	4	5	6	7	8	9	0
16	1	2	3	4	5	6	7	8	9	0
17	1	2	3	4	5	6	7	8	9	0
18	1	2	3	4	5	6	7	8	9	0
19	1	2	3	4	5	6	7	8	9	0
20	1	2	3	4	5	6	7	8	9	0
21	1	2	3	4	5	6	7	8	9	0
22	1	2	3	4	5	6	7	8	9	0
23	1	2	3	4	5	6	7	8	9	0
24	1	2	3	4	5	6	7	8	9	0
25	1	2	3	4	5	6	7	8	9	0

解答番号	マーク解答欄									
	1	2	3	4	5	6	7	8	9	0
26	1	2	3	4	5	6	7	8	9	0
27	1	2	3	4	5	6	7	8	9	0
28	1	2	3	4	5	6	7	8	9	0

A
B
C
D

中京大学附属中京高等学校
2023年度 英語解答用紙

フリガナ	
氏　名	

中学校名

受験番号				
1	1	1	1	1
2	2	2	2	2
3	3	3	3	3
4	4	4	4	4
5	5	5	5	5
6	6	6	6	6
7	7	7	7	7
8	8	8	8	8
9	9	9	9	9
0	0	0	0	0

解答番号	マーク解答欄										解答番号	マーク解答欄									
	1	2	3	4	5	6	7	8	9	0		1	2	3	4	5	6	7	8	9	0
1	1	2	3	4	5	6	7	8	9	0	26	1	2	3	4	5	6	7	8	9	0
2	1	2	3	4	5	6	7	8	9	0	27	1	2	3	4	5	6	7	8	9	0
3	1	2	3	4	5	6	7	8	9	0	28	1	2	3	4	5	6	7	8	9	0
4	1	2	3	4	5	6	7	8	9	0	29	1	2	3	4	5	6	7	8	9	0
5	1	2	3	4	5	6	7	8	9	0	30	1	2	3	4	5	6	7	8	9	0
6	1	2	3	4	5	6	7	8	9	0	31	1	2	3	4	5	6	7	8	9	0
7	1	2	3	4	5	6	7	8	9	0	32	1	2	3	4	5	6	7	8	9	0
8	1	2	3	4	5	6	7	8	9	0	33	1	2	3	4	5	6	7	8	9	0
9	1	2	3	4	5	6	7	8	9	0	34	1	2	3	4	5	6	7	8	9	0
10	1	2	3	4	5	6	7	8	9	0	35	1	2	3	4	5	6	7	8	9	0
11	1	2	3	4	5	6	7	8	9	0											
12	1	2	3	4	5	6	7	8	9	0											
13	1	2	3	4	5	6	7	8	9	0											
14	1	2	3	4	5	6	7	8	9	0											
15	1	2	3	4	5	6	7	8	9	0											
16	1	2	3	4	5	6	7	8	9	0											
17	1	2	3	4	5	6	7	8	9	0											
18	1	2	3	4	5	6	7	8	9	0											
19	1	2	3	4	5	6	7	8	9	0											
20	1	2	3	4	5	6	7	8	9	0											
21	1	2	3	4	5	6	7	8	9	0											
22	1	2	3	4	5	6	7	8	9	0											
23	1	2	3	4	5	6	7	8	9	0											
24	1	2	3	4	5	6	7	8	9	0											
25	1	2	3	4	5	6	7	8	9	0											

A
B
C
D
E
F
G

中京大学附属中京高等学校
2023年度 数学解答用紙

フリガナ	
氏　名	

中学校名

受験番号

1	1	1	1	1
2	2	2	2	2
3	3	3	3	3
4	4	4	4	4
5	5	5	5	5
6	6	6	6	6
7	7	7	7	7
8	8	8	8	8
9	9	9	9	9
0	0	0	0	0

解答番号	マーク解答欄										
	−	0	1	2	3	4	5	6	7	8	9
ア	−	0	1	2	3	4	5	6	7	8	9
イ	−	0	1	2	3	4	5	6	7	8	9
ウ	−	0	1	2	3	4	5	6	7	8	9
エ	−	0	1	2	3	4	5	6	7	8	9
オ	−	0	1	2	3	4	5	6	7	8	9
カ	−	0	1	2	3	4	5	6	7	8	9
キ	−	0	1	2	3	4	5	6	7	8	9
ク	−	0	1	2	3	4	5	6	7	8	9
ケ	−	0	1	2	3	4	5	6	7	8	9
コ	−	0	1	2	3	4	5	6	7	8	9
サ	−	0	1	2	3	4	5	6	7	8	9
シ	−	0	1	2	3	4	5	6	7	8	9
ス	−	0	1	2	3	4	5	6	7	8	9
セ	−	0	1	2	3	4	5	6	7	8	9
ソ	−	0	1	2	3	4	5	6	7	8	9
タ	−	0	1	2	3	4	5	6	7	8	9
チ	−	0	1	2	3	4	5	6	7	8	9
ツ	−	0	1	2	3	4	5	6	7	8	9
テ	−	0	1	2	3	4	5	6	7	8	9
ト	−	0	1	2	3	4	5	6	7	8	9
ナ	−	0	1	2	3	4	5	6	7	8	9
ニ	−	0	1	2	3	4	5	6	7	8	9
ヌ	−	0	1	2	3	4	5	6	7	8	9
ネ	−	0	1	2	3	4	5	6	7	8	9
ノ	−	0	1	2	3	4	5	6	7	8	9

解答番号	マーク解答欄									
	−	0	1	2	3	4	5	6	7	8
ハ	−	0	1	2	3	4	5	6	7	8
ヒ	−	0	1	2	3	4	5	6	7	8
フ	−	0	1	2	3	4	5	6	7	8
ヘ	−	0	1	2	3	4	5	6	7	8
ホ	−	0	1	2	3	4	5	6	7	8
マ	−	0	1	2	3	4	5	6	7	8
ミ	−	0	1	2	3	4	5	6	7	8
ム	−	0	1	2	3	4	5	6	7	8
メ	−	0	1	2	3	4	5	6	7	8
モ	−	0	1	2	3	4	5	6	7	8
ヤ	−	0	1	2	3	4	5	6	7	8
ユ	−	0	1	2	3	4	5	6	7	8
ヨ	−	0	1	2	3	4	5	6	7	8

中京大学附属中京高等学校
2023年度 国語解答用紙

フリガナ	
氏　名	

中学校名

受験番号

1	1	1	1	1
2	2	2	2	2
3	3	3	3	3
4	4	4	4	4
5	5	5	5	5
6	6	6	6	6
7	7	7	7	7
8	8	8	8	8
9	9	9	9	9
0	0	0	0	0

解答番号	マーク解答欄									
	1	2	3	4	5	6	7	8	9	0
1	1	2	3	4	5	6	7	8	9	0
2	1	2	3	4	5	6	7	8	9	0
3	1	2	3	4	5	6	7	8	9	0
4	1	2	3	4	5	6	7	8	9	0
5	1	2	3	4	5	6	7	8	9	0
6	1	2	3	4	5	6	7	8	9	0
7	1	2	3	4	5	6	7	8	9	0
8	1	2	3	4	5	6	7	8	9	0
9	1	2	3	4	5	6	7	8	9	0
10	1	2	3	4	5	6	7	8	9	0
11	1	2	3	4	5	6	7	8	9	0
12	1	2	3	4	5	6	7	8	9	0
13	1	2	3	4	5	6	7	8	9	0
14	1	2	3	4	5	6	7	8	9	0
15	1	2	3	4	5	6	7	8	9	0
16	1	2	3	4	5	6	7	8	9	0
17	1	2	3	4	5	6	7	8	9	0
18	1	2	3	4	5	6	7	8	9	0

問２　次の表は国別小麦の生産量を示している。表３中のＡ・Ｂに当てはまる国名の組み合わせとして最も適切なものを，次の①～⑥から１つ選んで番号で答えよ。
（マーク解答欄）14

表３

順位	国名	生産量（千 t）
1	A	133,596
2	インド	103,596
3	ロシア	74,453
4	アメリカ合衆国	52,258
5	フランス	40,605
6	カナダ	32,348
7	B	28,370
8	パキスタン	24,349

（「世界国勢図会 2021/22」より作成）

	A	B		A	B
①	中国	オーストラリア	②	フィンランド	ウクライナ
③	オーストラリア	日本	④	中国	日本
⑤	中国	ウクライナ	⑥	フィンランド	中国

問３　次の地図２の黒丸は，日本のある部門の主要な電力発電所の所在地を示しているが，その発電方法は何か。「～発電」という形式で答えよ。（記述解答欄）［ C ］

地図２

（2022『データブックオブザワールド』より作成）

次ページ以降にも問題が続きます。

〔5〕次の会話文は，中京大中京高校に通うカエデくんとハルコさんが『男女共同参画白書 令和4年度版』に関連する議論をしているものである。文章を読み，以下の問いに答えよ。

会話文

カエデ：新型コロナウイルスは，3年経った今でも猛威を振るっているね。この夏の感染者は第6波を上回る数だったよね。

ハルコ：そうね。カナダでは“with コロナ”を掲げているから，マスクをして生活している人はほとんどいないそうよ。日本も早くそうならないかしら。

カエデ：政府は1）経済を回すために，濃厚接触者の自宅待機期間も短縮したけど，これは“with コロナ”への一歩かもしれないね。今では頻繁に緊急事態宣言や蔓《まん》延防止等重点措置が発令されることはなくなったよね。でも，かつてはこれらの発令により，飲食や宿泊業では大きな影響が出ていたよね。

ハルコ：2）飲食や宿泊業をはじめとするサービス業では女性の就業率が高く，非正規雇用労働者を中心に雇用が急速に悪化したね。

カエデ：新型コロナウイルスによって，3）男女の格差が可視化されたということだね。就業者数，賃金ともに，女性は男性を下回る結果となっているよ。

ハルコ：少し前まで待機児童数が問題視されていたけど，今は4）保育の受け皿の整備拡大を背景に，それも解消しつつあって，女性は働きやすくなったと思っていたんだけどな。実際，M字カーブの解消にもつながっているよね。

カエデ：しかし，5）女性の就業形態をみると，女性の正規雇用労働者比率が20代後半でピークを迎えた後，低下を続けるという新たな課題が見つかっているよ。それに，保育の受け皿が増えても，女性の就業者数が増加すれば，再び待機児童が増える可能性があるね。

ハルコ：解決したかと思えば，また新たな課題が出てくるね…。社会問題って本当に難しいなぁ。

（『男女共同参画白書 令和4年度版』をもとに作成）

問1　会話文中の下線部1）とは，人間の生活に必要なものを生産・分配・消費する行為についての，一切の社会的関係のことを指す。次の図1は3つの経済主体（政府・企業・家計）の役割を表したものである。A～Cに当てはまる経済主体の組み合わせとして最も適切なものを，次の①～⑥から1つ選んで番号で答えよ。

（マーク解答欄）15

図1

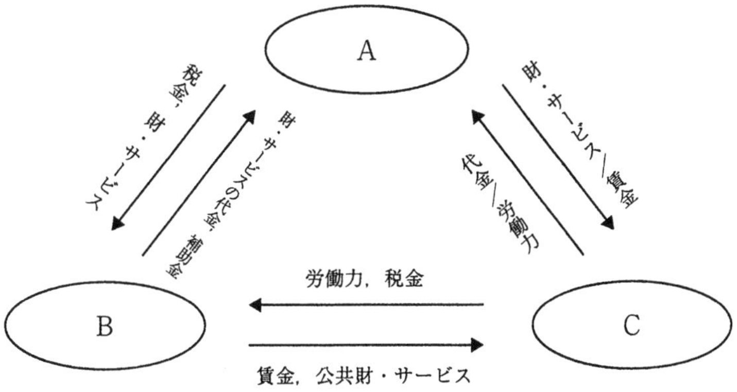

① A 政府 B 家計 C 企業　② A 政府 B 企業 C 家計
③ A 家計 B 政府 C 企業　④ A 家計 B 企業 C 政府
⑤ A 企業 B 家計 C 政府　⑥ A 企業 B 政府 C 家計

問2　新型コロナウイルスは日本経済へ大きな影響を及ぼした。次の図2は，2020年3月の家計支出の増減率（対前年）を表したものである。（A）に当てはまる品目として最も適切なものを，次の①～④から1つ選んで番号で答えよ。
（マーク解答欄）16

図2

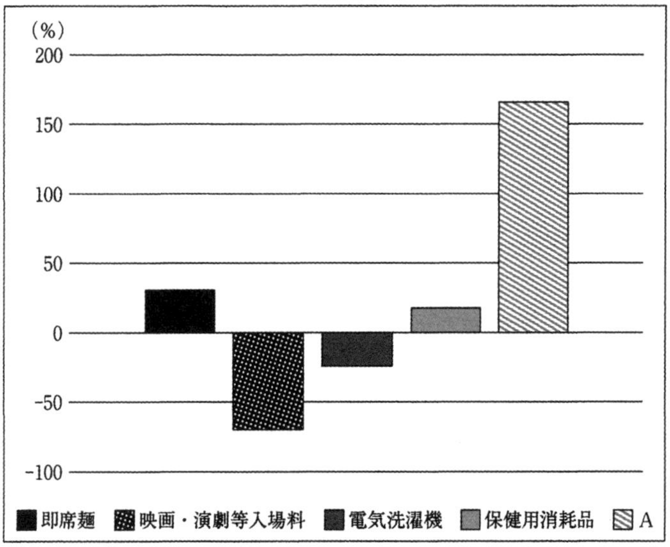

〔「総務省 家計調査年報（家計収支編）2020年3月 家計の概要」より作成〕

① ガソリン　② 炊事用電気器具　③ ゲーム機　④ 鉄道運賃

問3　次の図3は，バナナジュースの需要供給曲線を示したものである。この世の飲み物がバナナジュースとイチゴジュースしかない世界を考えたとき，このグラフの供給曲線が右に動くときの理由として最も適切なものを，次の①～④から１つ選んで番号で答えよ。ただし，バナナジュースはバナナと牛乳のみ，イチゴジュースはイチゴと牛乳のみで作られているとする。（マーク解答欄）［17］

図３

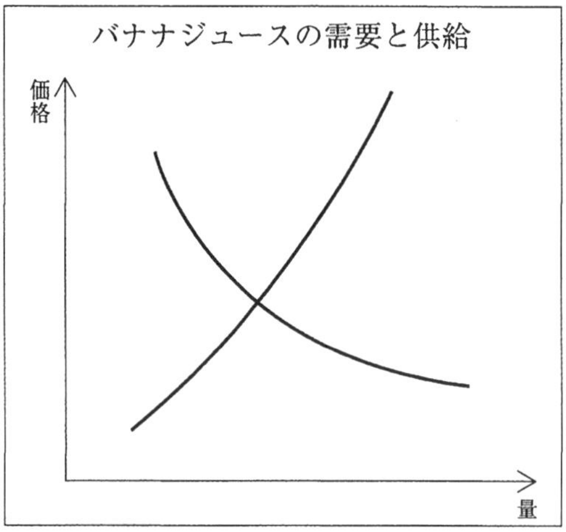

① バナナの価格が上がり，イチゴの価格が下がった。

② バナナの価格が下がり，イチゴの価格が上がった。

③ バナナとイチゴの価格がそれぞれ同じだけ上がった。

④ 牛乳の価格が上がった。

問4　産業を分類したとき，会話文中の下線部２）は第三次産業に分類される。同じ第三次産業に分類される産業として最も適切なものを，次の①～⑤から１つ選んで番号で答えよ。（マーク解答欄）［18］

① 農業　② 建設業　③ 金融業　④ 漁業　⑤ 製造業

問５　問４に関連して，産業別人口構成割合を見たとき，第三次産業従事者の占める割合が多い上位５都道府県を示したものとして最も適切なものを，次の①～④から１つ選んで番号で答えよ。（マーク解答欄）［19］

①

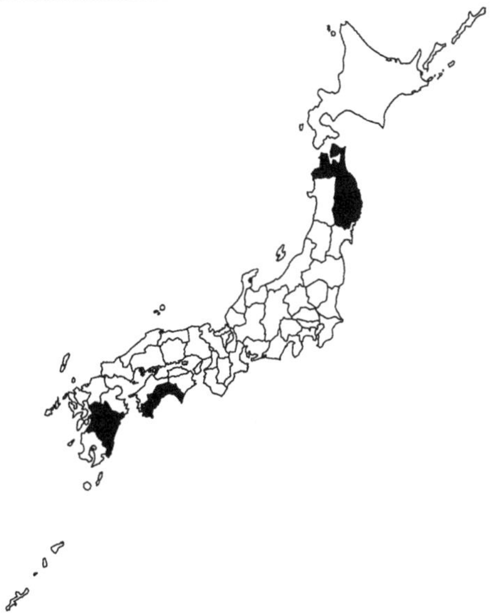

②

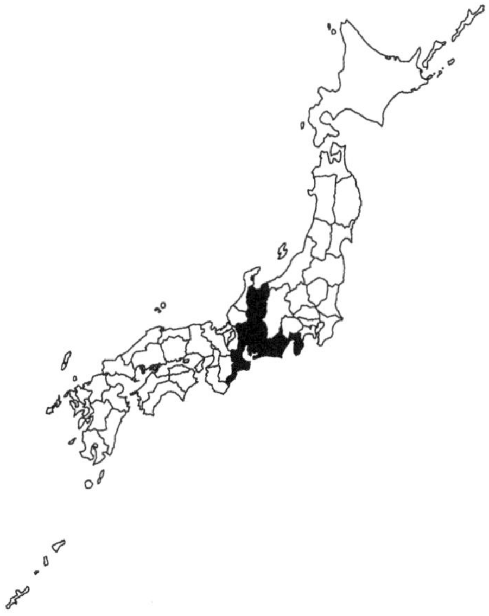

③

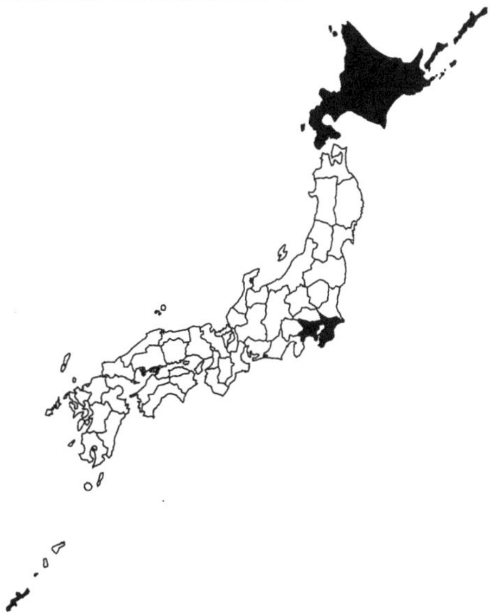

④

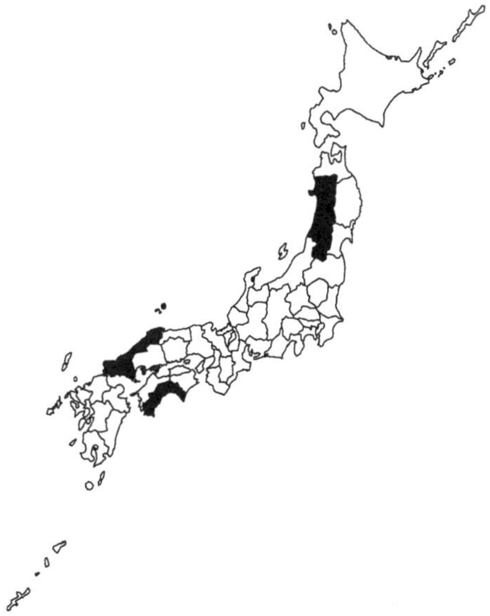

（「地理 統計要覧 2022 年度版」などにより作成）

問6　会話文中の下線部3）に関連して，「社会的・文化的に形成された性別」を意味する語句として最も適切なものを，次の①～⑤から1つ選んで番号で答えよ。
（マーク解答欄）[20]

①　インクルージョン　②　LGBTQ　③　パートナーシップ
④　SDGs　⑤　ジェンダー

問7　会話文中の下線部4）の取り組みとして最も適切なものを，次の①～④から1つ選んで番号で答えよ。（マーク解答欄）[21]

①　認定こども園の設立　②　テレワークの推進
③　ハローワークの設置　④　児童手当の給付

問8　会話文中の下線部5）のようにできたグラフの形は，あるアルファベット1字で表される。そのアルファベットを答えよ。（記述解答欄）[D]

〔6〕次の資料1は，ケニア出身の環境保護活動家で，2004年にノーベル平和賞を受賞したある人物のインタビュー内容である。文章を読み，以下の問いに答えよ。

資料1

> 「もったいない」は，ご存知のように1）リデュース・リユース・リサイクルを意味する言葉です。同時に，これは日本を訪問したときに学んだとても大切な意味ですが，リスペクト（尊敬する）とグラティチュード（感謝する）という意味もあります。リスペクトを「3R」に入れることで，「4R」となります。グラティチュードは，当たり前のこととして意識されないことが多いですが，私たちは2）環境から実に多くの恩恵を受け，両親や指導者，生まれ育った国からも恩恵を受けています。しかし，普段，こうしたことに感謝の気持ちを表すことはほとんどありません。私は日本でこの感謝という3）価値観に惹《ひ》きつけられました。感謝するということは，世界にとって最も大切な言葉です。なぜなら，皆が当たり前だと思っていることが身の回りにたくさんあるからです。安心できる食べ物や，安全な飲み物もすべて自然からの恵みなのです。クリーンで新鮮な空気も，自然の恵みです。私たちは，こうした4）当たり前のことに感謝すべきなのです。

（出題の都合上，出典省略）

問1　資料1中の下線部1）に関連して，リデュースの意味として最も適切なものを，次の①～④から1つ選んで番号で答えよ。（マーク解答欄）［22］

①　使えるものを何度も利用すること
②　環境や社会，人に配慮した商品を選んで消費すること
③　ごみを資源として活用すること
④　不要な包装や容器，使い捨て商品を使わずにごみを減らすこと

問２　資料１中の下線部２）に関連して，日本の自然環境について述べている文章として**適切でないもの**を，次の①～④から１つ選んで番号で答えよ。
（マーク解答欄）［23］

① 甲府盆地や長野盆地には扇状地が広がり，昼夜の気温差の小ささと水はけのよさを生かして果樹栽培をさかんにおこなっている。
② 東日本の太平洋の沖合には，赤道付近から北上する暖流の黒潮と，千島列島から南下する寒流の親潮とがぶつかる潮目（潮境）があり，豊かな漁場となっている。
③ 火山は様々な被害を与える一方で，地下にある高温の熱水や蒸気が地熱発電に利用されたり，温泉に利用されたりするなど，様々な恩恵を与える。
④ 瀬戸内海はおだやかであることから，沿岸には広大な工業用地が整備されており，複雑な海岸線に囲まれた海域は魚介類の養殖がさかんである。

問３　次の資料２～４が共通して示している都道府県として最も適切なものを，次の①～⑤から１つ選んで番号で答えよ。（マーク解答欄）［24］

資料２　この都道府県の漁港にはある国の漁船が立ち寄り，取引がおこなわれている。

資料３　漁獲量の変化（農林水産省）

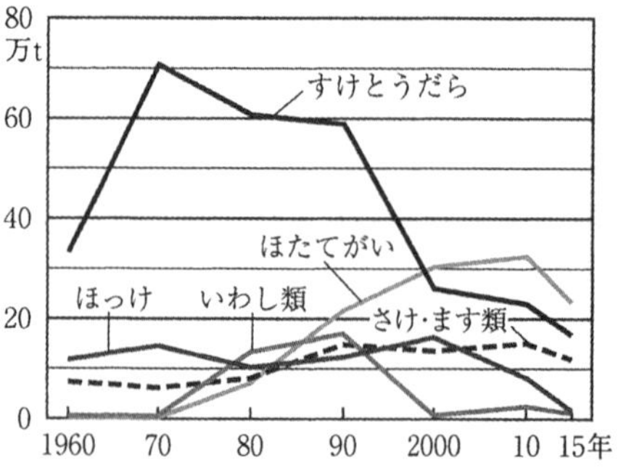

資料4　二重になった家の窓や，断熱性の高い壁で寒さを防ぎ，室内の暖かさを外へ逃がしにくくしている。

①　三重県　　②　熊本県　　③　青森県　　④　茨城県　　⑤　北海道

問4　人権は誰もがもつ権利であるために，自分と他者の考えや，資料1中の下線部3）の違いによって衝突する場合は常に認められるわけではない。次の主張のうち，人権が制限されうる例として**適切でないもの**を，次の①～④から1つ選んで番号で答えよ。
（マーク解答欄）25

①「僕たちには表現の自由があるはずなのに，社会に悪影響があるからといって，国から本の出版を禁止されたよ。」
②「僕たちには労働基本権があるはずなのに，公務員だからといって，ストライキを禁止されたよ。」
③「僕たちには職業選択の自由があるはずなのに，価格競争を促すためといって，独断で生産量や価格を決めることを禁止されたよ。」
④「僕たちには財産権があるはずなのに，近隣住民に危険が及ぶ可能性があるからといって，好きな家を建てることを禁止されたよ。」

問5　近年ではダイバーシティ（多様性）の尊重が広まってきており，自分の中の常識を，資料1中の下線部4）と捉えるべきではないとされている。このように，考え方や価値観の異なる人々が，互いの文化のちがいを認め合い，対等な関係を築きながら，ともに生活していく社会を何というか。「～社会」という形式で答えよ。
（記述解答欄）E

問６　産業や情報化などの科学技術の発展に伴い，日本国憲法には直接的に規定されていない権利である「新しい人権」が主張されるようになってきた。この根拠となる条数と権利名の組み合わせとして最も適切なものを，次の①～④から１つ選んで番号で答えよ。(マーク解答欄) 26

① 13条―幸福追求権　② 16条―請願権　③ 24条―生存権
④ 29条―財産権

問７　資料１のインタビューを受けた人物として最も適切なものを，次の①～④から１つ選んで番号で答えよ。(マーク解答欄) 27

① バラク・オバマ　② アウン・サン・スー・チー
③ マララ・ユスフザイ　④ ワンガリ・マータイ

二〇二二年度　入学試験問題

国語

試験開始の合図があるまで、この問題冊子を開いてはいけません。
左記の受験上の注意事項をよく読んでください。

受験上の注意事項

一　問題用紙は19ページです。

二　試験時間は四十分です。

三　解答用紙に、**氏名（フリガナ）・中学校名を記入し、受験番号は記入とマーク**をしなさい。

四　**マークシート記入上の注意**

㈠　マークの記入は、必ず黒鉛筆またはシャープペンシルで、所定のマーク解答欄の⬯を正確にぬりつぶす。

㈡　記述解答の記入は、所定の記述解答欄に丁寧に行う。

㈢　訂正は、消しゴムできれいに消す。

㈣　解答用紙を、折り曲げたり、汚したりしない。

＊マークされていない場合または必要以上にマークがある場合は、０点です。

マークの仕方	良い例	悪い例
マークをする時	鉛筆で正確にぬりつぶす	
マークを消す時	消しゴムで完全に消す	

中京大学附属中京高等学校

〔一〕　次の文章を読んで、後の問いに答えよ。

多くの人を振り回した新型コロナウイルスの流行は、住民（当事者）と観光者（部外者）の関係にA新しい光を投げかけている。B「街から観光者が消えたのに近所のポイ捨てはなくならなかった。観光者が捨てていたと思っていたのに、そうではなかった」という趣旨の読者投稿が京都の地元紙に掲載されていたという。京都人は、色々なことを観光者のせいにしてきたところがあるのかもしれない。

漠然とした不満や不安が適切な出口を見つけられないとき、特定の文化集団にその責任が着せられることがしばしばある。京都が色々な事態の責任を観光者という部外者に押しつけてきたように、大阪は大阪で、奈良は奈良で、色々なことが何かや誰かのせいにされてきたのだろう。観光者、特に外国人観光者やコンテンツツーリスト(※1)は、不満の手頃なはけ口になっていたところがある。

加えて、住民は観光からメリットを得てもいる。経済的な面だけではない。自分たちの土地を理解し、その文化的・社会的個別性を際立たせていく「差異化」と呼ばれるプロセスにおいて、ほかならぬ部外者の力を借りているのだ。その土地らしさ（個性）を見出し育てるのは、居住者のような「内からの視線」ではなく、部外者のような「外からの視線」だということである。

土地に習慣的に関わっているだけの住民は、何を新鮮に感じ、何が見所になりうるのかといったことに基本的には気づかない。［Ⅰ］、観光者のようなアウトサイダーこそが、その土地を差異として経験することができるのだ。住民が土地の魅力を発見できるとすれば、部外者のような視線を持てたときだけである。

［Ⅱ］日常それ自体が売りになることもある。しかし、それは「都会において失われたように感じられる日常」にほかならず、結局は外から見ることで発見された一種の非日常であり、やはり部外者が抱く幻想が土地の魅力として投影されているのだ。C部外者の視線は、善《よ》かれ悪《あ》しかれ無視できない公共的含意を持っている。

ところで、私の勤めている京都市立芸術大学で出された「その物との付き合いが終わった後のことも考えられた製品を作る」という課題に、京土産という切り口で取り組んだ学生がいた。その学生は、京都の土産を色々調べた上で舞妓《まいこ》というよくあるモチーフを選んだ。舞妓のエキゾチックなイメージと寺社や石畳の醸し出す風情との結びつきは世に言う「京都らしさ」そのものであり、実際、舞妓は多くの土産に意匠として用いられている。

とはいえ、もちろんそれは幻想でしかない。当然ながら、京都人全員が舞妓なのではないし、観光者のほとんどは舞妓に接することがない。また、観光者が舞妓だと思って見ているのが、実際の舞妓ではなく舞妓のような風体になって辺りを散策している別の観光者であるというのはよく見る光景だ。

それに、中華、学生街、ラーメン、古書街、ツバメソース、近代建築、天一《てんいち》のスープ、坊さん、洋菓子、パン屋、カフェ、猥雑《わいざつ》な飲み屋街だって、同じくらい京都を象徴するものであってもよいはずだが、Dこれらが「京都らしさ」の代表選手となることはそれほどない。舞妓、着物、和菓子、茶、懐石、寺社仏閣、紅葉、送り火、鴨川辺りが『京都らしさ』の一軍なのだろう。

先に触れた学生も、「色々な土産に舞妓さんが使われていたけれど、「京都らしさ」と舞妓さんを結びつける発想は短絡的にも感じる」と迷いを口にしていた。そのためらいは適切だ。往々にして「らしさ」は、部外者の視線を通じて生み出された幻想にすぎない。歴史家のダニエル・ブーアスティン(※2)は、事前イメージからのズレを許容しない経験を「隔離」と呼び、観光者や観光産業を批判した。しかし裏を返せば、そう批判されるほどに観光と幻想は切り離せないのである。

人は幻想抜きに生きることができないというのも確かなことだ。人を動かすのは生のままの現実でも、乾いた日常の反復でもない。イメージこそが人に欲望を抱かせ、行動を実際に変えることができる。人は幻想を見るためにわざわざ遠方からE大枚はたいて京都まで来るのだし、観光者は進んでイメージにくるまれている。東京の大丸《だいまる》でも食べられると知りながら、Instagramで事前に見つけた有名な抹茶スイーツを「京都ならでは!」と喜んで注文し、それを知るきっかけとなった写真とほぼ同じ構図で写真を撮る。そこには何の不思議もない。

[Ⅲ]、実態をさほど反映していない幻想に住民が迷惑しているかというと、必ずしもそうではない。「こないだ京都育ちの友人が『抹茶スイーツの店に行列ができてた。いままであんなん食べるの観光客だけやと思ってたのに』と言ってたな」と、観光学者の中井《なかい》治郎《じろう》(※3)がソーシャルメディアに書いていた。これもパンデミックが気づかせた一つの発見である。(ア)コウギの住民もまた、土地の幻想を味わうのだ。

観光が住民との軋轢《あつれき》を生むことは珍しくないし、住民がぎょっとするイメージが投影されることもある。しかし、そうした幻想こそが土地の魅力を教え、新鮮な関わり方を見せてくれているのかもしれない。例えば京都の住民が抹茶スイーツを頼むとき、その人は観光者と手を取り合っているようなものなのだ。

[Ⅳ]、対立構図は「複数の文化が争点となるところでは極めて問題含みである」とエドワード・サイード(※4)は語っている。ほとんどの文化は「同質的でそれ単体でまとまっているということは全くなく、どちらが良い悪いなどとは決められないからだ」。観光者と住民の関係にも適合する視点であり、本稿もこうした絡まりを描いてきた。

しかし人は常に(イ)カタヨりを抱えており、党派的な対立を進んで作りたがるところがある。様々な心理実験が「根本的帰属の誤り」(※5)――判断する際に気質的な側面を重視しながらも、状況や事情を軽視する傾向――の存在を明らかにしてきた。この心理的傾向は、敵対者の印象を追認するように働く。敵対的な姿勢は、敵対する個人や陣営の本来的な性質のせいだとされ、友好的な姿勢は、外圧や劣勢など状況の力に強いられたとみなされる。

人間には、様々な幻想を他者に帰属させる傾向に加えて、自分の抱いているイメージを進んで変えようとしない傾向がある。それが私たちの不安を煽《あお》る人物たちの印象ならなおさらだ。人間は一度対立すると、互いの邪悪さや愚かさを多角的に確認し始める。私たちはどうしようもなく、そういう生き物だ。

人間の認知にあるこうした「バグ」(※6)が息苦しさや不安を加速させ、分断や軋轢を深めている。それでも異なる人たちと何とか折り合って共に生きるには、人は自分のカタヨリや党派性を認識することから始めねばならない。公認心理師の萩原広道《はぎはらひろみち》(※7)の言葉を借りて私なりに表現するなら、「自分がいつでも人を傷つけうると知ることから、多様性への配慮は始まる」のである。

だが、自分の善良さを疑うことは、共生のスタート地点でしかない。「共感」によって、対立や分断を超えることはできない。壁の向こうの人たちを愚かで不気味だと感じる心の習慣はすぐには変わらず、共感的に相手の立場を想像することが難しいからだ。ただし、私たちは、分断線の向こう側を頭で「理解」することはできる。事実や知識を積み上げる「理解」である。例えば、観光者と住民の幻想の絡まりを解きほぐすように、人と人の複雑な相互作用を地道に観察して知識を得ること。こうした理解の先に、前より少し優しい社会があるのかもしれない。

(谷川嘉浩《たにがわよしひろ》『観光が土地との関わり方を教える――聖地巡礼、住民、イメージ』より　ただし一部変更した箇所がある)

語注

(※1)コンテンツツーリスト…映画のロケ地を巡ったり、アニメなどの舞台を「聖地巡礼」と称して訪問したりする観光客のこと。

(※2)ダニエル・ブーアスティン…アメリカの歴史家(一九一四～二〇〇四)。「大量消費社会の弊害」や、「マスコミや広告業界の欺瞞《ぎまん》」を鋭く指摘した。

(※3)中井治郎…観光社会学者(一九七七～)。京都を拠点に観光と地域社会の共生、地域文化や文化遺産の観光資源化などを研究している。

(※4)エドワード・サイード…パレスチナ系アメリカ人の文学研究者、文学批評家(一九三五～二〇〇三)。

(※5)根本的帰属の誤り…自分が巻き込まれた「行動・事件」などで「感情」が高ぶったとき、その「行動・事件」の原因をその「事情・状況」に求めるのではなく、「行動・事件」を起こした「対象(相手)」の「性格・気質」に、まず原因を求めてしまうこと。

(※6)バグ…コンピューターに内在する欠陥のこと。ここでは、人間の認知にある原因不明な不具合のこと。

(※7)萩原広道…発達心理の若手研究者。「大人が偉いわけじゃない」「子どもに学ぶ、子どもに教わる」という姿勢を目指しつつ研究・臨床活動に取り組む。

問一　二重傍線部（ア）・（イ）と傍線部が同じ漢字であるものを、それぞれ次の①～⑤のうちから一つずつ選べ。
（マーク解答欄）（ア）は 1 、（イ）は 2

（ア）コウギ

①　コウセイに名を残す。
②　コウハンな知識を持つ。
③　身柄をコウソクする。
④　経費をコウジョする。
⑤　コウイン矢のごとし。

（イ）カタヨり

①　ヘンキョウの地に送られる。
②　神は全世界にヘンザイする。
③　子供のヘンショクをなくす。
④　何のヘンテツもない話。
⑤　テレビ番組をヘンセイする。

問二　空欄 Ⅰ ～ Ⅳ に入る言葉として最も適当なものを、それぞれ次の①～⑤のうちから一つずつ選べ。ただし、同じ語を二度使ってはならない。
（マーク解答欄） Ⅰ は 3 、 Ⅱ は 4 、 Ⅲ は 5 、 Ⅳ は 6

①　ところで　②　他方で　③　とりわけ　④　むしろ　⑤　もちろん

問三　傍線部Ａ「新しい光を投げかけている」とあるが、新型コロナウイルスの流行によってどのような側面が新しくみえたのか。その説明として最も適当なものを、次の①～⑤のうちから一つ選べ。（マーク解答欄）［7］

① 住民が観光者に様々な責任を転嫁してきたことと、実は観光者に地域の魅力を発見する手助けをしてもらっていたこと。
② 住民が観光者を部外者として無視してきたことと、実は観光者が地域振興の担い手として地域の文化を大切に守ってきたこと。
③ 住民が観光者を自分たちとは異なる集団と捉えてきたことと、実はその差異に住民が新鮮さと文化的・社会的意義を感じていたこと。
④ 住民が観光者を不満や不安のはけ口にしてきたことと、実は観光者から得る利益によって地域の文化の個別性を維持していたこと。
⑤ 住民が観光者を地域と関わりのない存在と見なしてきたことと、実は観光者が地域との密な関わりの中で文化を一緒に育てていたこと。

問四　傍線部Ｂ「『街から観光者が消えたのに近所のポイ捨てはなくならなかった。観光者が捨てていたと思っていたのに、そうではなかった』という趣旨の読者投稿」には、住民と観光者が共生する上での第一歩となる要点が含まれているが、それは具体的にどうすることか。本文から十一字で抜き出せ。（記述解答欄）［A］

問五　傍線部Ｃ「部外者の視線は、善かれ悪しかれ無視できない公共的含意を持っている」とはどういうことか。その説明として最も適当なものを、次の①～⑤のうちから一つ選べ。（マーク解答欄）［8］

① 部外者の視線は幻想ではあるが、土地を差異として経験するプロセスを経て、土地の個性が発見され定着していくということ。
② 部外者の視線は土地の個性を客観的に評価するものであるため、信用に足るものとして土地の個性が明確に示されるということ。
③ 部外者の視線は土地を新鮮に感じ見所に気づく視線を住民に与えるため、土地の個性が住民の手で発見されていくということ。
④ 部外者の視線は幻想と切り離せず、短絡的に土地の個性と結びつけられてしまうため、住民にとって受け入れにくいものとなるということ。
⑤ 部外者の視線は住民の視線とは対立するものであるため、土地の個性は必ずしも発見されるとは限らないということ。

問六　傍線部Ｄ「これらが『京都らしさ』の代表選手となることはそれほどない」のは、どのような過程が欠けているからか。本文から三字で抜き出せ。（記述解答欄）［B］

問七　傍線部E「大枚はたいて」の意味として最も適当なものを、次の①～⑤のうちから一つ選べ。（マーク解答欄） 9

① 何度も　② 大勢で連れだって　③ 苦労して　④ 長い時間をかけて　⑤ 多額のお金を使って

問八　本文の内容と**合致しない**ものを、次の①～⑤のうちから一つ選べ。（マーク解答欄） 10

① 「らしさ」はあくまで観光者の視線を通じて生み出された幻想にすぎないため、土地に習慣的に関わっているだけの住民にとって関心の対象にならない場合もあり得る。

② 観光者は幻想を見るために行動し、住民は幻想によって土地の魅力や新鮮な関わり方を教えられる。幻想は、観光者だけでなく住民にとっても大切だといえる。

③ 観光者のマナー違反を一度目にした住民がその後も観光者へ不満をもちがちなのは、党派的な対立を作り、敵対する相手へのイメージを変えようとしない傾向を人間が持っているためである。

④ 自分とは異質な観光者を住民が理解するのは難しいが自分の善良さが相手を傷つけうることを知り、配慮と共感によって他者への理解を深めることで、優しい社会を構築する必要がある。

⑤ 観光者と住民はしばしば対立するが、双方が相手に対して事実や知識を積み上げる理解を進めることで、折り合いをつけていく努力をし続けることが大切である。

〔二〕 次の文章を読んで、後の問いに答えよ。

あらすじ　車いすテニス選手の君島宝良《きみじまたから》は東京パラリンピックの女子代表候補選手として注目を集めていた。宝良はスランプを乗り越えて迎えたジャパンオープンの準決勝前夜に気持ちが高ぶって寝つけないでいたため散歩に出て、偶然翌日の対戦相手である、世界ランキング1位の七條玲《しちじょうれい》と出会う。

「……あれ？　君島さん？」
目を丸くする七條玲は、パーカーに髪をたらして、こちらと似たり寄ったりの格好をしていた。そういう服装のせいか、それとも夜の暗さのせいか、今の彼女は見ていてどこか心もとない気持ちにさせた。名だたる大企業のスポンサーロゴをつけたウェアを身に着け、コートに立った彼女は、あれほどの存在感を放つのに。
「こんな時間にどうしたの？　あ、ひとり肝試し？」
「どうして試合の前の晩にわざわざ肝を試さなきゃいけないんですか」
「わたしはね、アイスが食べたくなったから一階の自販機まで来たんだけど、食べたいアイスが売り切れでやりきれない気持ちになったから星を見てた」
星？　空を仰ぐと、確かにやや雲の多い夜空に、ぽつぽつと銀色の光の粒が見えた。
そういえば星なんてしばらく見てなかったな、とぼんやり思っていると、ふわりといい匂いが鼻をかすめた。隣を見ると、七條玲がこちらの肩に頭をのせるくらいに接近して自撮りの位置にスマートフォンをかまえていた。
「近いんですが！　そしてなに勝手に撮ろうとしてるんですか！」
「あっ、その怒った顔、ストーリーがあってすごくいい。はい、そのままそのまま！」
「舐《な》めてるんですか……！」
カシャ、と呑気《のんき》なシャッター音が響き、怒る気力も根こそぎ失《う》せた。「ねえこの写真、ツイッターに」「もうどうにでもしてください」と投げやりに答えると、七條玲はご機嫌でスマートフォンを操作し、作業が終わると液晶画面をこちらに向けてきた。
『夜の散歩をしていたら、ひとり肝試し中の君島さんと遭遇！』
そんな一文の下に無邪気な笑顔の彼女と、彼女に噛《か》みつかんばかりの顔を向けている自分の写真がくっつけられている。そして投稿直後から矢印マークやハートマークの横の数字がくるくるとものすごい勢いで増え出した。

『ひとり肝試しってw』『君島さん、めっちゃ怒ってるけど何があったの』『対決前夜でも仲のいい二人が尊い』『お二人とも夜はまだ冷えますから風邪など召されませんよう』『明日どっちも勝ってほしいけど、やっぱレイちゃんが好きだ、がんば！』

　こんなコメントもひっきりなしに通知される。中には外国語のコメントもあった。こんなにも多くの人々がリアルタイムで彼女が発信するメッセージを受けとっているのか。本当に愛されてるんだな、とぼんやり思っていると、

「やっぱり君島さん、ちゃんと広報活動したらいいのに。そうしたらみんな君島さんのこと好きになると思うよ」

と七條玲が言った。冗談かと思いきや、相手は大まじめな顔をして続けた。

「やり方がわかんないなら今ここでアカウント作ってあげようか？　ちょうど『日本勢対決！』って騒がれてるところだし『君島宝良です。明日は七條をぶっ倒します』ってツイートしたら話題になると思うよ。君島さんならすぐに人気出るだろうし」

――また「話題」とか「人気」とか。

　A喉にじわりと苦いものがこみあげる。まるで［　Ⅰ　］と信じていた人間が金勘定しているところを目撃してしまったような、ひどく嫌な気分。

　何より、こちらは彼女と再び戦うために死ぬほど苦しいギーベル(※1)との一戦を勝ち抜いたのに、彼女にとって明日の準決勝は［　Ⅱ　］になる何かのひとつにすぎない。互いの温度のあまりの違いを見せつけられて、心臓に穴があいた気がした。

「そんなに人気者になりたいんですか？　ずっとスマホいじって写真ばっかり撮って、いいねだかリツイートだか知りませんけど、他人からチヤホヤされるのがそんなに好きなんですか。私たちはテニスプレーヤーじゃないんですか。プレーヤーはテニスでこそ存在を示すものじゃないですか」

　自分でも思ってもみないほど声が荒くなった。何を好こうが、何をしようが、彼女の自由だ。わかってる。わかってるのに。

　七條玲は、きょとんとまばたきをした。

「わたし、もうわりと人気者だと思うし、テニスもがんばってるけどな？」

「――そうですね、あなたはみんなに愛されてるし誰もあなたには敵《かな》いませんねっ」

「チヤホヤっていうかね、見てほしいんだ。わたしたちを。世界中の人たちにこっちを向いて知ってほしい。ひとりでも多く、一秒でも長く、わたしたちがどんな人間で、どんなふうにテニスをして、どんなふうに生きてるかを」

　雲が流れ、星が隠れる。彼女の横顔は、昼の印象を裏切ってひどく静謐《せいひつ》だった。

「東京パラリンピックの開催が決まってから、取材の依頼とか、講演の依頼とか、そういうのすごく増えたの。ＣＭとかテレビ番組もけっこう出たよ。いつもならパラリンピックなんてオリンピックに比べてほんのちょっとしかテレビで放送されないし、チケットだってそんなに売れないのに、パラリンピックのほうにもこんなに注目が集まるってすごいよね。自国開催っていうだけでここまで違うんだって驚いた。それでいよいよオリパライヤーになって、最高潮っていうくらいみんな熱心になってる。ほら、文化祭の前、みんなで力を合わせて盛り上げようってワイワイがんばってるあんな感じ。それはいいことだと思う。すごくね。でも、お祭りはいつか終わるから」

彼女の横顔に、すべて悟っているような微笑が浮かんだ。

「東京パラリンピックが終わったら、このワイワイやってるのもしぼんで、小さくなって、いつかは消えちゃうんだろうから。だからその前に、大きな流れが起こってる今のうちに、たくさんの人にわたしたちのことを知ってほしい。今は車いすテニスっていうスポーツがあることすら知らない人も多いだろうけど、わたしたちが『おーい』って手を振ったら、わたしたちのことを知って、手を振り返してくれる人も、その手を貸してくれる人もいるかもしれないでしょ。だってね、わたしほんとに大好きなんだよ。みんな障がいとかそっちのけで、一年中テニスのことばっか考えてるテニスばか。試合に敗けてギャン泣きしたり、『俺のマシン超クールだろ?』って車いす自慢大会したり、ヒョウ（ア）ショウ式の撮影であられもなく変顔したり、みんな最高に面白くてチャーミング。そういうわたしたちを、障がい者じゃなくて人間のわたしたちの姿を発信したら、お祭りが終わったあとでも、応援してくれる人が残るかもしれない。自分も車いすテニスがしたいって思う子たちが増えるかもしれない。そういうのがひとつひとつ集まって積み重なったら、B変えられるかもしれない」

「……変えられるって、何をですか?」

水の匂いのする風が吹く。その風に髪を遊ばれながら、七條玲はしばらく華奢《きゃしゃ》な顎を引いて沈黙した。

「君島さんは、車いすテニスを始めたきっかけって何?」

「……友達が勧めてくれて、それから本格的な試合を見て、やろうと決めました」

「そっか。わたしはね、生まれてからしばらくは何とか歩けてたんだけど、小学四年生の時にとうとう自力歩行ができなくなって、車いすになったの」

七條玲の公表されている障がいは、先天性二分脊椎症《にぶんせきついしょう》という。胎内で育つ間に何らかの理由で背骨の形成が不完全になり、本来骨のトンネルの中で守られているはずの脊髄神経が外に出てしまう。それによって神経の癒着《ゆちゃく》や損傷が起こり、その障がいの形態や程度は人によって本当にさまざまだが、彼女の場合は成長とともに歩行機能を失った。

「昔のわたし、かなり泣き虫で引っ込み思案でね。ただでさえみんなみたいに歩けないって泣いてばかりだったのに、車いすになってからは完全に引きこもっちゃって」

「……一マイクロメートルも想像できないです」

「でしょ。それが変わったのは、リハビリセンターで知り合った三コ上のおねえさんが車いすテニスに誘ってくれてから。最初はテニスが好きっていうより、友達ができたことがうれしかったの。彼女はすごく上手だったから、置いていかれないようにしなくちゃって必死に練習した。その人、ちょっと君島さんに似てたんだ。キリッとした美人で、強くてやさしくて、わたしのヒーローだった。女子だけど」

彼女の横顔がほころぶのを、C流れ星を目撃したような心地で見ていた。高みに君臨する存在として見上げるばかりだった彼女に、初めて同じ人間の温度を感じた。

「でも、その人は中学二年になった時、親の転勤で地方に引っ越すことになった。別れる時に『玲、テニスがんばってね。私もがんばるから』って言われて、わたし、本当にがんばったよ。車いすテニスを続けていれば、いつかどこかの大会で彼女と会えるかもしれないって思ったから。それからだんだん試合で勝てるようになって、ランキングも上がって、そのたび彼女には報告の手紙を送ってた。最初は彼女も『すごいね』『私もがんばってるよ』って返事をくれてたけれど、だんだん途切れがちになって、一年が経つ頃に『もう手紙はいらない。これからもがんばって。さようなら』って手紙が届いた。彼女とはそれきり。——本当はね、彼女は引っ越したあと、もう車いすテニスをしてなかったんだ。してなかったって、別にサボってたわけじゃないんだけど」

「わかってます。テニスに心底入れ込んだ人間が、簡単に離れられるわけがない」

当たり前のことを言ったつもりだったのだが、七條玲は目をまるくすると淡く笑った。見ているこちらの胸が小さく痛むような笑顔だった。

「そうなんだよね。彼女は続けたくても続けられなかった。当時はまだ(※2)三國《みくに》さんが北京パラリンピックで金メダルを獲る前で、車いすテニスなんて知っている人はほとんどいなかった。テニスクラブは日本全国にたくさんあっても、車いすテニスを教えてくれるところはアイスにのってるミントの葉っぱくらい少ないし、地方ならもっと状況は厳しい。あとで彼女の親御さんから聞いたんだけどね、それでも彼女は近所のテニスクラブとかサークルをまわって、車いすテニスをさせてもらえないかって頼んだらしいんだ。でも『うちはそういう特殊なテニスはやってないから』とか『何かあった時に責任をとれないから障がい者は受け入れられない』って断られて、断られるばっかりで、彼女は動けなくなった。そこに『ランキングまた上がったよ』とか『アメリカに行くことになったよ』とか無神経な手紙送りつけられたら、それは嫌にもなるよね。これ、もし時間が戻せたらやり直したいことベスト1なんだけど」

七條玲の声は普段どおり軽やかだったが、胸中までそうではないのはわかった。

その彼女の話は決して他人事ではない。自分の場合は雪代《ゆきしろ》という心から尊敬する師がいたから、車いすテニスをすると決めた時も何の迷いもなく彼のもとへ行き、雪代もそれを受け入れてくれた。それが極めて幸運なことだったと知ったのは、雪代と山中にこもって荒行《あらぎょう》するような一年をすごし、公式戦デビューを果たしたあとだ。

七條玲が言うように、車いすテニスができる環境は全国どこにでもあるわけではない。指導者について車いすテニスをするために私財を投げ打って都市部に引っ越したという選手も知っている。日本人プレーヤーが歴史に(イ)コクインされる偉業を成し遂げ、車いすテニスへの認知が広まり始めた現在ですらそんな状況だ。十数年前の日本ならもっと環境は困難だっただろう。ましてや、十代前半の少女では、それに抗《あらが》うのはあまりに酷だ。

「――ねぇ、君島さん」

秘密を打ち明けるようなひそやかな声が、そっと夜の静けさをゆらした。

「わたしの夢はね、全国にたくさんあるテニスクラブどこでも、車いすテニスができるようになること。ちょっとうまく歩けないだけの子が、たとえばテレビで見たウィンブルドンに憧れたり、めっちゃ面白いテニス漫画を読んだりして『テニスがしたい！』って思ったら、家から一番近くのテニスクラブで、普通に車いすテニスができるようになること。どのクラブの人たちも『あ、君は車いすなんだね。オーケー、おいで』って普通に受け入れてくれること。その子がめきめき上達して、パラリンピックに出たいっていう夢を持ったら、その子がぴったりの競技用車いすを作るために、少しでいいから援助してくれる人たちがいること」

雲に覆われた夜空を、そこに小さな光を見出そうとするように見つめる彼女の一心なまなざしに胸をつかれた。夜風がまた、彼女の髪を梳《す》いていく。

「ほとんど誰にも知られていない原っぱみたいだったところを、三國さんがずっと住みやすい小さな街にしてくれた。でもね、わたしは欲張りだから、まだ足りないの。もっともっとわたしたちの街を大きくして、足りないものを『普通』にしたい。そのためにも日本中、世界中の人に見てもらいたい。車いすテニスとわたしたちに興味を持ってほしい。手を貸してほしい。みんな強い人が好きなのは知ってる。勝てば勝つほど協力してくれる人が増えるのはわかってる。だから、わたしは勝つ。勝ち続けられるだけ勝ち続けて、東京パラリンピックでも、必ず金メダルを獲る」

D――この人は、本物の女王だ。

車いすテニスというまだ小さな王国を愛し、そこに暮らす民を愛し、これから生まれるまだ見ぬ子供たちを愛し、彼らのために自身の責務を果たそうとしている。

そして女王がこちらを向く。もういつも通りの、人を(ウ)ミリョウする明るい笑顔で。

「明日の準決勝、けっこうネットとか新聞で騒がれてるみたい。君島さん、見た？」

「……いえ、外野が何を言おうと興味ないので」

「ふは、ほんとに君島さんブレないね。でも『日本勢対決』とかそういうのは好きな人が多いから、明日は試合を見に来てくれる人がたくさんいると思う。だからね、見てる人が『車いすテニスって面白いな』って夢中になれる、いい試合にしたいんだ。(※3)全日本マスターズの時みたいに、あっという間に勝負がついちゃうのは嫌だよ」

微笑する瞳の奥にぞくりとするような凄《すご》みが見えて、小さく息を呑《の》んだ。

だが息を呑んだままではいられない。たった今、いきなり頬を叩かれるように、宣戦布告を受けたのだ。

「約束はできません。あなたが、あっという間に敗けることだってあるかもしれない」

虚勢ではあっても目だけはそらさず、E投げられた手袋を投げ返した。

風に髪をなびかせながら、なぜか女王は、とても満足そうにほほえんだ。

「おやすみ。明日、楽しみにしてるね」

車いすを方向転換させた彼女は、身軽に脇をすり抜けて、闇の向こうに消えた。

(阿部暁子《あべあきこ》『パラ・スター　Side　宝良』より　ただし一部変更した箇所がある)

語注

(※1) ギーベル…車いすテニス世界ランキング3位のオランダの選手。

(※2) 三國さん…車いすテニス界の帝王と呼ばれるトッププレイヤー。

(※3) 全日本マスターズの時…昨年十二月の全日本マスターズ準決勝で、宝良は七條玲にストレート負けしている。

問一　二重傍線部（ア）〜（ウ）と傍線部が同じ漢字であるものを、それぞれ次の①〜⑤のうちから一つずつ選べ。
（マーク解答欄）（ア）は 11 、（イ）は 12 、（ウ）は 13

（ア）ヒョウショウ
① 左右タイショウの図形。
② ショウドウ的に動く。
③ 長年の功労をケンショウする。
④ 病気がジュウショウ化しなかった。
⑤ 曲がったことのできないショウブン。

（イ）コクイン
① カコクな運命を嘆く。
② 応募要項をコクチする。
③ コクモツを輸入に頼る。
④ 試験のジコクに間に合う。
⑤ 苦手科目をコクフクする。

（ウ）ミリョウ
① リョウヨウ休暇を取る。
② 任期をマンリョウする。
③ リョウチを支配する。
④ 大学のリョウに入る。
⑤ ノウリョウ肝試し大会を開催する。

問二　傍線部A「喉にじわりと苦いものがこみあげる」とあるが、この時の「宝良」の心情として**当てはまらないもの**を、次の①〜⑤のうちから一つ選べ。（マーク解答欄） 14

① 嫌悪感　② 疎外感　③ 不快感　④ 拒否感　⑤ 抵抗感

問三　空欄 Ｉ に当てはまる四字熟語を解答欄の空欄に漢字を入れて完成させよ。（記述解答欄） C

問四　空欄 Ⅱ に入る語句を漢字二字で本文から抜き出せ。（記述解答欄） D

問五　傍線部B「変えられるかもしれない」とあるが、「七條玲」は何を変えられるかもしれないと考えているか、最も適当な語句を本文から漢字二字で抜き出せ。（記述解答欄）　E

問六　傍線部C「流れ星を目撃したような心地」とあるが、この時の「宝良」の心情として最も適当なものを、次の①～⑤のうちから一つ選べ。（マーク解答欄）　15

① めったに見られるものでない流れ星を見たのと同様に、七條玲の素顔を垣間見《かいまみ》たことに驚いている。
② 一瞬の輝きを放つ流れ星のように、七條玲も自分と同じ目標をめざしていると気づき、喜んでいる。
③ なかなか見られない流れ星を発見したように、冷めたように思えていた七條玲の熱さを感じ取り、畏怖している。
④ 素早く動きなかなか認識できない流れ星のように、七條玲の感情の起伏の激しさに呆然《ぼうぜん》としている。
⑤ 見れば願い事が叶うといわれる流れ星のように、自分も七條玲と共に高みに上っていけると喜び勇んでいる。

問七　傍線部D「この人は、本物の女王だ」とあるが、なぜ「宝良」はこのように感じたのか、その理由として最も適当なものを次の①～⑤のうちから一つ選べ。（マーク解答欄）　16

① SNSでの人気度や車いすテニスの技術などあらゆる面において自分より突出した才能を持っており、自分が敵うわけがないと思い知ったから。
② 競技に関して絶対的な自信を持っており、また自らのライバルである宝良に対しても余裕のある態度で接する姿勢に尊敬の念を抱いたから。
③ 実力と人気を備えている七條玲は自らの体験をふまえ、自分のことだけでなく車いすテニスの将来までも考えており、心から競技に人生をささげていると感じたから。
④ 世界ランキング一位という実力と誰からも愛される性格を兼ね備えている七條玲はどこから見ても完璧な人間であり、自分との人間としての格の違いに圧倒されたから。
⑤ テニスの実力もさることながら、車いすテニスの普及に向けて困難な道を自らのすべてを犠牲にしてまでも精進し続ける覚悟に感銘を受けたから。

問八　傍線部E「投げられた手袋を投げ返した」とあるが、この時の宝良の心情として最も適当なものを、次の①～⑤のうちから一つ選べ。

（マーク解答欄）17

① 七條玲からの挑発ともとれる発言に対して、心の底から怒りを覚えた。
② 七條玲の強気の発言に圧倒され、意気消沈したが戦意だけは失わないでおこうと考えた。
③ 七條玲の今までの行動の真意を自分なりに理解した上で、圧勝しようと決意を固めた。
④ 七條玲の思いを真剣に受け止め、正々堂々と明日の準決勝を戦おうという決意を固めた。
⑤ 七條玲の思いに共感したが、自分にも負けられない思いがあることを証明したいと考えた。

次ページ以降にも問題が続きます。

〔三〕 次の文章を読んで、後の問いに答えよ。

これも今は昔、南京《なんきやう》(※1)の永超僧都《やうてうそうづ》(※2)は、魚《うを》なき限りは、斎《とき》(※3)、非時《ひじ》もすべて食はざりける人なり。公請《くじやう》(※4)勤めて、在京(※5)の間、久しくなりて、魚を食はで、ａくづほれて下る間、奈島《なしま》(※6)の丈六堂の辺《へん》にて、昼破子《ひるわりご》(※7)食ふに、弟子一人、近辺の在家《ざいけ》にて、魚を乞《こ》ひて勧めたりけり。

件《くだん》の魚の主《ぬし》、ｂ後に夢に見るやう、恐ろしげなる者ども、その辺の在家をしるしけるに、我が家しるし除きければ、尋ねぬる所に、使ひの曰《いは》く、「永超僧都に魚を奉《たてまつ》る所なり。さてしるし除く」といふ。

その年、この村の在家、ことごとく疫《えやみ》(※8)をして死ぬる者多かりけり。その魚の主が家、ただ一宇《いちう》(※9)、その事をまぬかるによりて、僧都のもとへ参り向《むか》ひて、ｃこの由《よし》を申す。僧都この由を聞きて、被物一重《かづけものひとかさね》(※10)賜《た》びてぞ帰されける。

（『宇治拾遺物語』より）

語注

（※1）南京 …… 現在の奈良を指す。
（※2）永超僧都 …… 法隆寺の別当（長）や大僧都となった高僧。
（※3）斎、非時 …… 僧侶の二回の食事のうち、戒律で定められた午前の食事を「斎」、もう一度の午後の食事を「非時」という。
（※4）公請 …… 朝廷主催の法会《ほうえ》に召されること。
（※5）京 …… 当時の都。現在の京都を指す。
（※6）奈島の丈六堂 …… 京都の奈島の南にあった、仏像を安置したお堂。「丈六」はその辺りの地名。
（※7）昼破子 …… 旅などで昼食に食べるように、箱につめた弁当。
（※8）疫 …… 流行の病気。
（※9）一宇 …… 一軒。
（※10）被物一重 …… 褒美として与える衣服。

問一　傍線部a「くづほれて下る」とは誰がどうしたということか。その説明として最も適当なものを、次の①～⑤のうちから一つ選べ。（マーク解答欄） 18

① 永超僧都が魚にあたり腹をこわして苦しみながら奈良へ戻った
② 永超僧都が京では食事に魚が出なかったので食事をとらず衰弱しきって奈良へ戻った
③ 永超僧都が京での滞在時間が長くて疲れて奈良へ戻った
④ 永超僧都が魚を食べたのでこっそり人目を避けて奈良へ戻った
⑤ 永超僧都が弟子に背負われて奈良へ戻った

問二　傍線部b「魚の主、後に夢に見るやう」とあるが、「魚の主」が見た「夢」の内容として最も適当なものを、次の①～⑥のうちから一つ選べ。（マーク解答欄） 19

① 恐ろしそうな連中が、近所をまわりそれぞれの戸口に印《しるし》をつけていたが、自分の家には印をつけなかったので、理由を尋ねたところ、永超僧都に魚を差し上げたからだと言われた。
② 恐ろしそうな連中が、近所をまわりそれぞれの戸口に印をつけていたが、自分の家には印をつけなかったので、理由を尋ねたところ、永超僧都が魚をもらって感謝しているからだと言われた。
③ 恐ろしそうな連中が、近所の戸口に何か印をつけていたが、自分の家には印をつけなかったので、理由を尋ねたところ、永超僧都に差し上げた魚が特別な魚だったからだと言われた。
④ 恐ろしそうな連中が、近所をまわって何かを確認し、自分の家にだけ印をつけたので、その理由を尋ねたところ、永超僧都の使いの者から頼まれたのだと言われた。
⑤ 恐ろしそうな連中が、近所をまわって何かを確認し、自分の家にだけ印をつけたので、その理由を尋ねたところ、永超僧都に魚を差し上げたからだと言われた。
⑥ 恐ろしそうな連中が、近所をまわって何かを確認し、自分の家にだけ印をつけたので、その理由を尋ねたところ、永超僧都によい魚を差し上げなかったからだと言われた。

問三　傍線部ｃ「この由」について説明した次の文章の空欄に入る言葉を指定の文字数で本文から抜き出せ。

（記述解答欄）　Ⅰ　が　F　、　Ⅱ　が　G

Ⅰ　（五字）だけ　Ⅱ　（八字）がいなかったこと。

問四　本文を仏教説話だと考えた場合、教訓として最も適当なものを、次の①～⑤のうちから一つ選べ。

（マーク解答欄）　20

①　高僧は凡人の理解を超越した存在なので、その行いも尋常でないことがある。

②　ほんの小さなことでも、善行をすると仏の霊験が現れる。

③　永超僧都は疫病神にも存在を知られている徳の高い僧である。

④　高僧の弟子は、何事も修行だと考えて師匠に仕えることが大切である。

⑤　疫病神は病気をまき散らす恐ろしい存在なので、家に入れてはならない。

2022年度　入学試験問題

数　　学

中京大学附属中京高等学校

試験開始の合図があるまで，この問題冊子を開いてはいけません。
下記の受験上の注意事項をよく読んでください。

=================== **受 験 上 の 注 意 事 項** ===================

1　問題用紙は８ページです。
2　試験時間は 40分 です。
3　解答用紙に，**氏名（フリガナ）・中学校名**を記入し，**受験番号は記入とマークを**しなさい。
4　定規，分度器，計算機は使用できません。
5　問題文中の図は概略図であり，必ずしも正確ではありません。
6　**マークシート記入上の注意**
　①　マークの記入は，必ず黒鉛筆またはシャープペンシルで，所定のマーク解答欄の ▯ を正確にぬりつぶす。
　②　記述解答の記入は，所定の記述解答欄にていねいに行う。
　③　訂正は，消しゴムできれいに消す。
　④　解答用紙を，折り曲げたり，汚したりしない。
　＊マークされていない場合または必要以上にマークがある場合は，０点です。

マークの仕方	良い例	悪い例
マークをする時	鉛筆で正確にぬりつぶす	
マークを消す時	消しゴムで完全に消す	

==

解答の中で，以下の定理を用いてもよい。

三平方の定理

直角三角形の直角をはさむ2辺の長さを a，b，斜辺の長さを c とすると，次の関係が成り立つ。

$$a^2+b^2=c^2$$

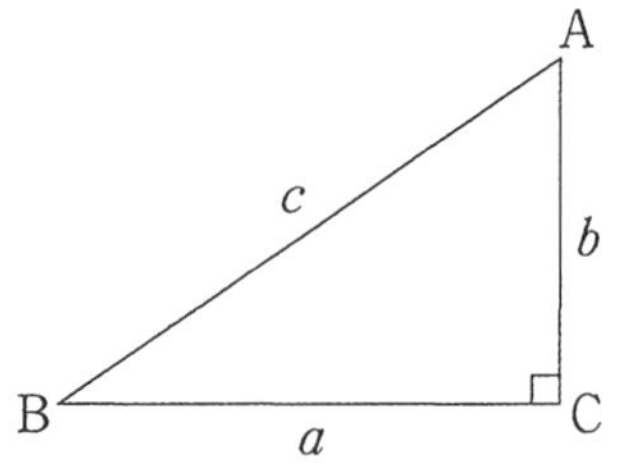

特別な直角三角形の辺の比

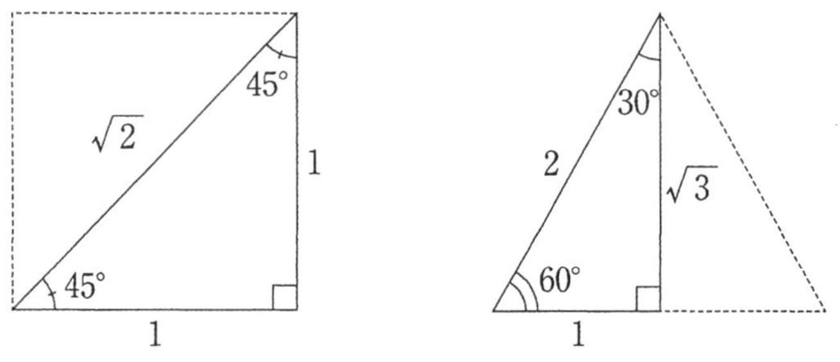

＜注意＞

1．問題［1］，［2］の文中の [ア]，[イ][ウ] などには，符号(－)又は数字(0～9)が入る。それらを解答用紙のア，イ，ウ，… で示された解答欄にマークして答えよ。

例 [ア][イ][ウ] に　－24 と答えたいとき

ア	●	⓪	①	②	③	④	⑤	⑥	⑦	⑧	⑨
イ	⊖	⓪	①	●	③	④	⑤	⑥	⑦	⑧	⑨
ウ	⊖	⓪	①	②	③	●	⑤	⑥	⑦	⑧	⑨

2．問題［1］，［2］で分数形で解答する場合，分数の符号は分子につけ，分母につけてはいけない。

例 $\dfrac{\boxed{\text{エ}}\boxed{\text{オ}}}{\boxed{\text{カ}}}$ に $-\dfrac{2}{7}$ と答えたいときは，$\dfrac{-2}{7}$ としてマークする。

3．分数形で解答する場合，それ以上約分できない形で答えよ。また，分母に根号を含む場合，分母を有理化せよ。

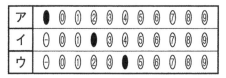

<注意>円周率は π を用いること。

［1］ 次の $\boxed{\text{ア}}$ ～ $\boxed{\text{ム}}$ に当てはまる適切な符号または数字を選び，マークせよ。

(1) $\frac{1}{12}-\frac{1}{4}\div\frac{1}{3}=\frac{\boxed{\text{ア}}\,\boxed{\text{イ}}}{\boxed{\text{ウ}}}$ である。

(2) $\left(\frac{4}{\sqrt{6}}+\frac{\sqrt{24}}{2}\right)^2=\frac{\boxed{\text{エ}}\,\boxed{\text{オ}}}{\boxed{\text{カ}}}$ である。

(3) 2次方程式 $x(x+2)=5(2x-3)$ を解いたとき，大きい方の解は $x=\boxed{\text{キ}}$ である。

(4) 下の図のように，円Oの円周が，四角形の4つの頂点を通るとき，$\angle x$ の大きさは $\boxed{\text{ク}}\,\boxed{\text{ケ}}\,\boxed{\text{コ}}$ °である。

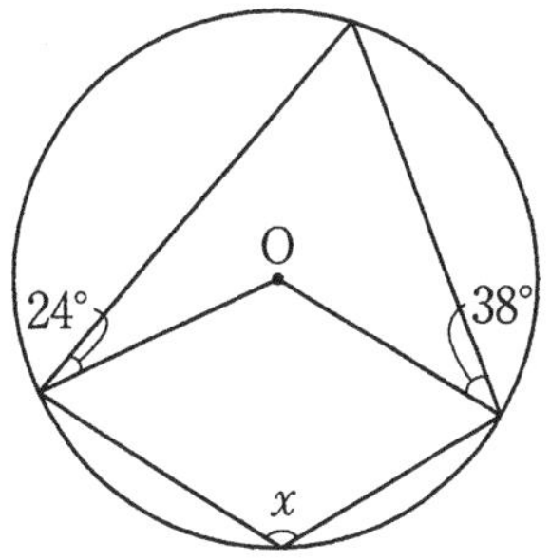

(5) さいころの1から6の目のうち，$\boxed{\text{サ}}$ の目を $\boxed{\text{シ}}$ に変えると，すべての目の数の和が24となり，奇数の目が出る確率と4以上の目が出る確率がともに大きくなる。

(6) $a=\sqrt{5}-3$ のとき，$a^2+6a=\boxed{\text{ス}}\,\boxed{\text{セ}}$ である。

(7) 互いに異なる整数 a，b に対して $\dfrac{a}{b}<0$，$a-b>0$ が成り立つとき，次の4つの不等式のうち，必ず成り立つものは，[ソ] である。

① $a^2+b>0$　　② $a^2-b(1+a)>0$

③ $(a+b)(a-b)>0$　　④ $\dfrac{b}{a(a-b)}>0$

(8) 次の連立方程式の解は，$x=$ [タ]，$y=$ [チ] である。

$$\begin{cases} 2x=y \\ 9x-y=7 \end{cases}$$

(9) 直線 $y=-\dfrac{2}{3}x-4$ と直線 $y=3x+b$ が，y 軸上で交わるとき，$b=$ [ツ][テ] であり，x 軸上で交わるとき，$b=$ [ト][ナ] である。

(10) ある学校の生徒200人のうち，通学時間が30分以上の生徒は35%で，そのうち，電車通学をしている生徒は20%である。通学時間が30分以上で電車通学をしている生徒は [ニ][ヌ] 人である。

(11) 関数 $y=x^2$ のグラフと，直線 $y=-x+2$ の交点のうち，x 座標が負である点をAとし，点Aの座標を求めると，

$$\left(\boxed{ネ}\boxed{ノ},\ \boxed{ハ}\right)$$

である。点Aを通り，y 軸に平行な直線と x 軸との交点をB，直線 $y=-x+2$ と x 軸との交点をC，y 軸との交点をDとする。三角形ABCを，辺ABを軸として回転してできる立体の体積を V_1，三角形ABDを，辺ABを軸として回転してできる立体の体積を V_2 とするとき，AB＝$\boxed{ヒ}$，BC＝$\boxed{フ}$ であり，$V_1:V_2$ を最も簡単な整数の比で表すと，

$$V_1:V_2=\boxed{ヘ}:\boxed{ホ}$$

である。

(12) 下の図のように，点Oを中心とする半径4の円 C と半径2の円 D，円 D の円周上に中心をもち，点Oを通る円 E がある。斜線部の面積を求めると，

$\dfrac{\boxed{マ}}{\boxed{ミ}}\pi-\sqrt{\boxed{ム}}$ である。

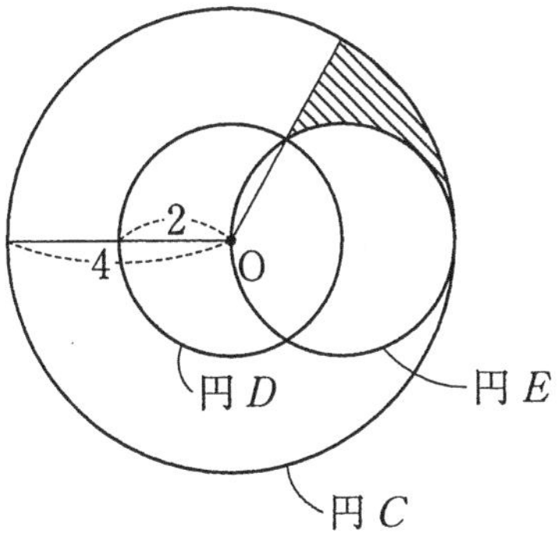

［2］ 下の図のように，関数 $y=\frac{1}{10}x^2$，$y=-2x^2$ のグラフと直線 $y=12$ がある。点 A，B は関数 $y=-2x^2$ のグラフ上の点であり，点 A の x 座標は -1，点 B の x 座標は $\frac{3}{2}$ である。また，直線 $y=12$ と y 軸の交点を C とする。このとき，次の [メ] ～ [ラ] に当てはまる適切な符号または数字を選び，マークせよ。

(1) 直線 AB の傾きは，[メ][モ] である。

(2) 3 点 A，B，C を頂点とする三角形 ABC の面積 S を求めると，$\dfrac{[ヤ][ユ]}{[ヨ]}$ である。

(3) 次の 2 つの条件を満たす点 P は，いくつ存在するか。
⓪～⑨の選択肢から，最も適当なものを番号で選ぶと，[ラ] である。

条件 1：点 P$(l,\ m)$は，下の図の色をつけた部分に存在する点であり，l，m は，ともに整数である。(色をつけた部分には，点 C を除いた境界線上の点を含むものとする)。

条件 2：三角形 ABP の面積 T は，三角形 ABC の面積 S と一致する。

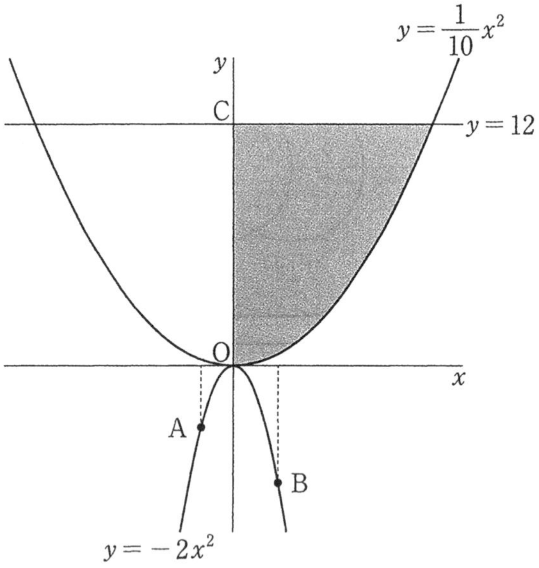

⓪ 1 つもない(0 個)　　① 3 個
② 4 個　　③ 5 個
④ 6 個　　⑤ 7 個
⑥ 8 個　　⑦ 9 個
⑧ 10 個　　⑨ 11 個以上

次ページ以降にも問題が続きます。

※[3]の解答は解答用紙の「記述解答欄」のA～Cに記入せよ。

[3]　1辺の長さが12である正方形OA_1CB_1がある。辺A_1Cの長さを6等分する5つの点A_2，A_3，A_4，A_5，A_6を，A_1に近い方から順に，辺A_1C上にとる。同様に，辺B_1Cを6等分する5つの点B_2，B_3，B_4，B_5，B_6を，B_1に近い方から順に，辺B_1C上にとる。このとき，次の各問いに答えよ。

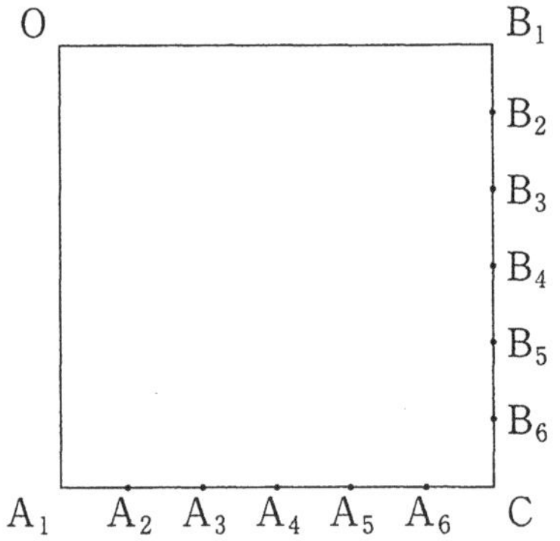

(1)　線分OA_4，A_4B_4，OB_4を上の図にかき入れると，正方形OA_1CB_1はある立体の展開図となる。この立体の体積を求めよ。 A

(2)　大小2つのさいころを投げ，出た目の数によって動く点PとQの位置を次のように定める。

大きいさいころの目の数を，点A_1，A_2，A_3，A_4，A_5，A_6の各点の右下の数字と対応させ，その点の位置に点Pをとる。小さいさいころの目の数をB_1，B_2，B_3，B_4，B_5，B_6の各点の右下の数字と対応させ，その点の位置に点Qをとる。

例えば，大きいさいころの目が2で，小さいさいころの目が5であるとき，点PとQは，それぞれ点A_2，B_5の位置にある。

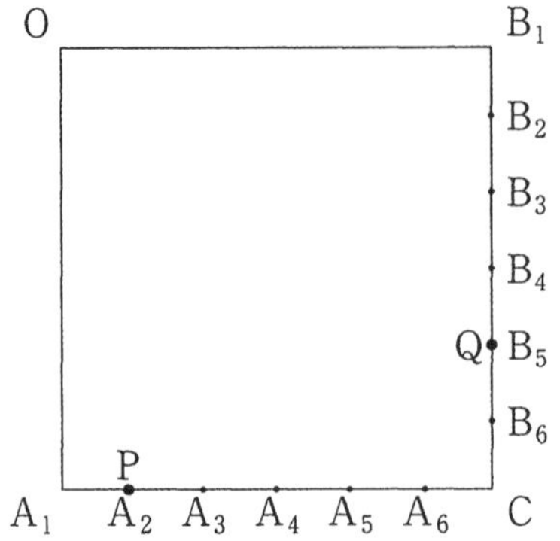

このとき，線分PQの長さが10となる確率を求めよ。 B

(3) (1)の展開図を組み立てて立体を作る際に，点 A_1，B_1 は点Cと重なるので頂点Cとみなすと，立体 OA_4B_4C ができる。(1)の展開図を組み立てる際に重なる他の点についても，次のように考える。

ア）点 A_2，A_6 が重なる点を R_1 とおく。
イ）点 A_3，A_5 が重なる点を R_2 とおく。
ウ）点 B_2，B_6 が重なる点を S_1 とおく。
エ）点 B_3，B_5 が重なる点を S_2 とおく。

大小2つのさいころを投げ，出た目の数によって動く点PとQの位置を(2)と同様に定める。

例えば，大きいさいころの目が2で，小さいさいころの目が5であるとき，点PとQは，それぞれ点 R_1，S_2 の位置にある。

このとき，立体 OA_4B_4C と立体OPQCの体積の比が3：1となる確率を求めよ。
C

2022年度　入学試験問題

英　　語

中京大学附属中京高等学校

試験開始の合図があるまで，この問題冊子を開いてはいけません。
下記の受験上の注意事項をよく読んでください。

==================== **受 験 上 の 注 意 事 項** ====================

1　問題用紙は9ページです。
2　試験時間は 40分 です。
3　解答用紙に、**氏名（フリガナ）・中学校名を記入し**、**受験番号は記入とマークを**しなさい。
4　**マークシート記入上の注意**
　①　マークの記入は、必ず黒鉛筆またはシャープペンシルで、所定のマーク解答欄の⬯を正確にぬりつぶす。
　②　記述解答の記入は、所定の記述解答欄にていねいに行う。
　③　訂正は、消しゴムできれいに消す。
　④　解答用紙を、折り曲げたり、汚したりしない。
　＊マークされていない場合または必要以上にマークがある場合は、０点です。

マークの仕方	良い例	悪い例
マークをする時	 鉛筆で正確にぬりつぶす	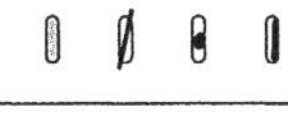
マークを消す時	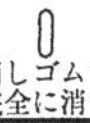 消しゴムで完全に消す	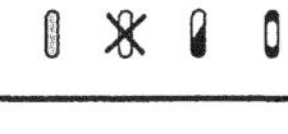

==

［1］次の問Aと問Bに答えよ。

問A　各文の空所に入る最も適切な語（句）を選び、その番号をマークせよ。
（マーク解答欄）［1］～［5］

(1) This cheese was so delicious (　　) I ate it all last night. ［1］

① because　② until　③ that　④ after

(2) It hasn't rained here since last month, so there is (　　) water in the lake.
［2］

① much　② few　③ a lot of　④ little

(3) Every student (　　) the right to learn. ［3］

① has　② have　③ is having　④ are having

(4) The necklace (　　) my friend made is unique. ［4］

① who　② which　③ what　④ whom

(5) I don't know which (　　) to go to the hospital. ［5］

① I should take train　② train I should take

③ should I take train　④ train should I take

問B ［　　　］内の語を並べ替え、意味の通る文を完成させたとき、一つだけ不要な語がある。その語の番号を選び、マークせよ。ただし、文頭に来るべき語も小文字にしてある。（マーク解答欄） 6 ～ 10

(1) [known / five / other / with / for / we / each / years / have]. 6

① other　② with　③ each　④ for　⑤ have

(2) [injured / people / were / have / accident / the / in / many]. 7

① in　② have　③ were　④ the　⑤ many

(3) [first / will / abroad / my / to / it / trip / be]. 8

① it　② first　③ be　④ will　⑤ to

(4) [childhood / remind / remember / photos / me / my / these / of]. 9

① of　② remind　③ my　④ me　⑤ remember

(5) [three / is / of / he / oldest / in / us / the]. 10

① in　② of　③ the　④ us　⑤ three

［2］それぞれの日本文の状況において用いる英文として最も適切なものを一つ選び、その番号をマークせよ。(マーク解答欄) 11 ～ 15

問1　京都の観光地では清水寺がおすすめであること、を伝えるとき。 11

① If you have a chance to visit to Kyoto, you should see Kiyomizu-dera.

② As for tourist spots in Kyoto, Kiyomizu-dera is worth seeing.

③ When you will go to Kyoto, you must visit Kiyomizu-dera.

④ A number of tourists visiting Kiyomizu-dera in Kyoto is growing.

問2　彼女に謝った方がよい、とアドバイスするとき。 12

① It is necessary for you to apologize for her.

② You should apologize to her.

③ You must tell her that I'm sorry.

④ The important thing is for you to say that I'm sorry.

問3　北海道で昨日大きな地震があったことを新聞で知った、と話すとき。 13

① According to the newspaper, there was a big earthquake in Hokkaido yesterday.

② The newspaper says that a big earthquake has happened in Hokkaido yesterday.

③ I read a newspaper article that says about a big earthquake in Hokkaido yesterday.

④ Do you know they had a big earthquake in Hokkaido yesterday in the newspaper?

問4　困っている人に手助けを申し出るとき。 14

① Can you help me?　　② Shall I need some help?

③ Must I help you?　　④ Let me help you.

問5　今日は先週よりもかなり良くなりました、と医者に伝えるとき。 15

① Today I am less good than last week.

② Today I am more better than last week.

③ I feel much better today than last week.

④ I'm in good condition today than last week.

［3］次の会話文を読み、問いに答えよ。

Husband: I didn't know ①(Dad / in / such / a / house / had / *safe / his / large). He never said anything about it when he was alive.

Wife: What's inside it? Gold? Diamonds? Or maybe important papers that say he had a lot of land!

Husband: (ア) He wasn't rich, you know.

Wife: I was just dreaming! So open it!

Husband: But I don't have the key.... Did you see any keys while we were cleaning the house?

Wife: No. Hmm. We should ask a *professional to open the safe! I'll use my smartphone ②to find a company near here.

Husband: (イ) Let me look around.... Oh! Do you see that small box up on that *shelf? I remember Dad kept several keys in there.

Wife: Let's take a look! It's in a really high place. Do we have a *ladder?

Husband: (ウ) Oh, I have an idea! Let me get on your back so I can reach it.

Wife: You are getting on top of me? I'm much (A), so I will get on your back.

Husband: Okay. Hurry!

Wife: I'm trying! I think I almost.... Got it!

Husband: My back hurts.

Wife: Wow... there are a lot of keys.

Husband: (エ) ③This one looks (　　　)(　　　)(　　　) the safe! Let's try it.

Wife: Oh! Now we can open the safe and take a look inside! I hope there's something *valuable in it! Open it!

Husband: *Calm down. ④(anything / may / there / not / be) inside. Take a deep *breath. Are you ready?

Wife: Yes!

Husband: Huh?

Wife: What's inside? Tell me, tell me!

Husband: There are books, postcards, and photo albums... old things. There are many pictures of Mom and Dad when they were young.

Wife: They look so happy. See, they're holding hands in this picture. Maybe this is their *honeymoon! And look at this! A baby!

Husband: I think that's me.

(After a while)

Husband: Honey, I made you coffee.

Wife: Oh, thank you.

Husband: Cleaning an old house is not easy. And there was nothing in the safe after all!

Wife: What are you talking about? The pictures are *priceless *treasures!

Husband: (オ) And thank you for ⑤doing this with me today.

Wife: You're welcome, but why are you so serious suddenly?

Husband: I was born because my parents met and had a family. Then I met you and we became a family. I'm really happy. Thank you.

Wife: No, I want to thank you. I hope we'll always be a happy couple like your parents.

Husband: Me, too.

注) safe：金庫　professional：専門家　shelf：棚　ladder：はしご
valuable：貴重な　calm down：落ち着く　breath：呼吸
honeymoon：新婚旅行　priceless：たいへん貴重な　treasure：宝物

問１ 会話の流れが自然になるように、本文中の（ ア ）～（ オ ）に当てはまる文をそれぞれ一つずつ選び、その番号をマークせよ。

(マーク解答欄) 16 ～ 20

（ ア ） ① Sure. ② Of course not.
③ No, thank you. ④ All right.

（ イ ） ① Can you help me? ② I like your smartphone.
③ Come here. ④ Wait a minute.

（ ウ ） ① I don't know. ② I'd love to.
③ I disagree. ④ Let's do it!

（ エ ） ① What's wrong? ② That sounds great.
③ Be careful. ④ Let me see them.

（ オ ） ① You're right. ② Pardon me?
③ That's a wonderful idea. ④ I don't understand.

（ ア ） 16
（ イ ） 17
（ ウ ） 18
（ エ ） 19
（ オ ） 20

問2　下線部①、④を意味の通る文になるよう並べかえよ。ただし、文頭に来る語も小文字にしてある。(記述解答欄) 下線部① [A] 下線部④ [B]

問3　(　A　) に入る最も適切な語を選び、その番号をマークせよ。
(マーク解答欄) [21]

① more weak　② more strong　③ lighter　④ heavier

問4　下線部②の用法と同じ用法のものを含む文を以下の①～④の中から一つ選び、その番号をマークせよ。(マーク解答欄) [22]

① I want to play the piano every day.
② I had a lot of things to do yesterday.
③ We ran to the station to catch the train.
④ To learn about foreign cultures is interesting.

問5　下線部③が「この鍵は金庫と同じくらい古く見える」という文になるように、(　　) に入る語を答えよ。(記述解答欄) [C]

This one looks (　　　)(　　　)(　　　) the safe!

問6　下線部⑤が示すものを英文に合うように本文中から英語4語で抜き出せ。
(記述解答欄) [D]

［4］次の英文を読み、問いに答えよ。解答はすべてマーク解答欄に記入せよ。

What are clouds? A cloud is made of water *drops or ice crystals *floating in the sky. There are many kinds of clouds. Clouds are an important part of Earth's weather.

How do clouds form? The air can be full of water. It is from the sea, rivers or lakes. But most of the time you can't see the water. (ア) They have turned into *water vapor. As the water vapor goes higher in the sky, the air gets cooler. Then water vapor turns into water drops or ice crystals. Those are clouds.

What are some types of clouds? Clouds get their names in two ways. One way is by where they are found in the sky. Some clouds are high up in the sky. Low clouds are closer to Earth's *surface. (イ), low clouds can even touch the ground. These clouds are called *fog. Middle clouds are found between low and high clouds.

The other way is by their shape. ウ <u>Cirrus clouds</u> are high clouds. They look like feathers. エ <u>Altocumulus clouds</u> are middle clouds. These clouds look like a *herd of sheep. オ <u>Stratus clouds</u> are the lowest clouds. They cover the sky like bed sheets.

What brings rain? Most of the water in clouds is in very small drops. ①The drops are so light that they float in the air. ②Sometimes those drops join with other drops. ③When that happens, *gravity makes them fall to Earth. ④We call the falling water drops "rain". When the air is colder, the water may become snow instead.

Why does *NASA study clouds? Clouds are important for many reasons. Rain and snow are two of those reasons. At night, clouds *reflect heat (カ). During the day, clouds make shade that can keep us cooler. Studying clouds helps NASA to understand Earth's weather better. NASA uses *satellites in space to study clouds. NASA also studies clouds on other planets. *Mars has clouds that are like the clouds on Earth. But other planets have clouds that aren't made of water. For example, *Jupiter has clouds made of gas (キ).

注） drop：粒、しずく　float：浮かぶ　water vapor：水蒸気
surface：表面　fog：霧　herd：群れ　gravity：重力
NASA：米国航空宇宙局　reflect：反射する　satellite：衛星
Mars：火星　Jupiter：木星

問1　(　ア　)に入れる最も適切な文を一つ選び、その番号をマークせよ。
(マーク解答欄) 23

① The drops of water are too small to see.
② The drops of water are small enough to see.
③ The drops of water are so small that you can see.
④ The drops of water are not so small that you can see.

問2　(　イ　)に入れる最も適切なものを一つ選び、その番号をマークせよ。
(マーク解答欄) 24

① At first
② By mistake
③ In fact
④ For now

問3　下線部ウ、エ、オの雲はそれぞれ次の絵の①～⑩のどれか。その番号をマークせよ。(マーク解答欄) 25 ～ 27　※⑩を答える場合は⓪をマークすること

下線部ウ　25
下線部エ　26
下線部オ　27

問4　次の英文を、四角で囲まれた段落の適切なところに入れよ。入れるべきところを番号で答え、マークせよ。(マーク解答欄) 28

Then they turn into larger drops.

問5　(　カ　)に入れるべき正しいものを次の中から一つ選び、その番号をマークせよ。(マーク解答欄) 29

① and the ground to keep warmer
② and keep the ground warmer
③ and the ground keep warmer
④ and the warmer ground keeps

問6　(　キ　)に入れるには適当でないものを次の中から一つ選び、その番号をマークせよ。(マーク解答欄) 30

① called ammonia
② calling ammonia
③ which is called ammonia
④ which we call ammonia

問7　次の①～⑥の記述のうち、本文の内容と一致しないものを一つ選び、その番号をマークせよ。(マーク解答欄) 31

① 雲は水の粒や氷の結晶でできている。
② 空気中の水蒸気が上空で水の粒や氷の結晶になる。
③ 雲は高さと形で分類される。
④ 霧は地上に届く雲である。
⑤ 雲が雨や雪を降らせる。
⑥ 火星の雲は地球の雲とは異なる。

2022年度　入学試験問題

理　　科

中京大学附属中京高等学校

試験開始の合図があるまで，この問題冊子を開いてはいけません。
下記の受験上の注意事項をよく読んでください。

==================: **受 験 上 の 注 意 事 項** :==================

1　問題用紙は15ページです。
2　試験時間は 社会と合わせて60分 です。
3　解答用紙に，**氏名（フリガナ）・中学校名を記入し**，**受験番号は記入とマークを**しなさい。
4　計算は問題用紙の余白を利用しなさい。
5　計算機は使用できません。
6　**マークシート記入上の注意**
　①　マークの記入は，必ず黒鉛筆またはシャープペンシルで，所定のマーク解答欄の0を正確にぬりつぶす。
　②　記述解答の記入は，所定の記述解答欄にていねいに行う。
　③　訂正は，消しゴムできれいに消す。
　④　解答用紙を，折り曲げたり，汚したりしない。
　＊マークされていない場合または必要以上にマークがある場合は，0点です。

マークの仕方	良い例	悪い例
マークをする時	鉛筆で正確にぬりつぶす	0　0　0　0
マークを消す時	消しゴムで完全に消す	0　0　0　0

==

［1］ 焦点距離 10 cm の凸レンズと光学台，スクリーン，物体（C の文字のすき間があいている文字板），光源を使って図 1 の装置をつくり，実験を行った。凸レンズから物体までの距離を a，スクリーンにはっきりした像が映るときの凸レンズからスクリーンまでの距離を b とする。あとの問いに答えよ。ただし，物体（文字板）にある文字の大きさは縦横ともに 8 cm であり，必要であれば次ページの方眼用紙を用いて作図をして考えること。

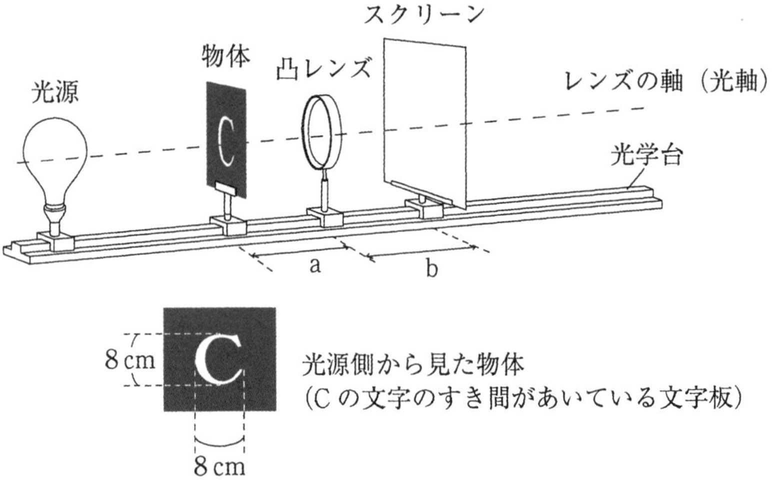

図 1

はじめに，a＝20 cm の位置に物体を置き，スクリーンにはっきりした物体の像が映るようにスクリーンを移動させた。

(1) このときの凸レンズからスクリーンまでの距離 b として最も適当なものを，次の①～⑤のうちから一つ選べ。（マーク解答欄） 1

① 5 cm　② 10 cm　③ 15 cm　④ 20 cm　⑤ 25 cm

(2) スクリーンに映った像のようすを，光源側から見たものとして最も適当なものを，次の①～④のうちから一つ選べ。（マーク解答欄） 2

①

②

③

④

教英出版

(3)　この状態で凸レンズの下半分を，光を通さないカバーで覆った。このときのスクリーンに映った像のようすを説明した次の文章の空欄 あ ， い にあてはまる語句として最も適当なものを，それぞれの直後の選択肢のうちから一つずつ選べ。
（マーク解答欄）あ 3 ，い 4

カバーで覆う前と比べて，スクリーンに映っていた像の
あ {①　上半分だけ　　②　下半分だけ　　③　全体} が
い {①　見えなくなった　　②　暗くなった}。

次に，a＝30 cm の位置に物体を置き，スクリーンにはっきりした物体の像が映るようにスクリーンを移動させた。

(4)　スクリーンに映った像の大きさは縦横ともに何 cm か。**整数**で答えよ。
（記述解答欄） A

(5)　ヒトの目のつくりのうち，スクリーンと同じ役割を持つものとして最も適当なものを，次の①～④のうちから一つ選べ。（マーク解答欄） 5
①　網膜　　②　水晶体（レンズ）　　③　虹彩　　④　視神経

（方眼用紙）

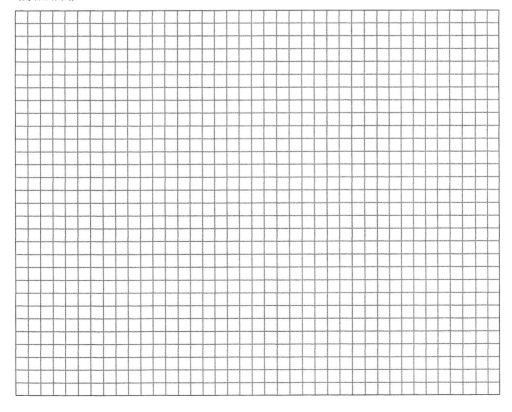

［2］ コイルと磁石を用いて実験を行った。あとの問いに答えよ。

〔実験1〕 図1のようにコイルと検流計をつなぎ，磁石のＳ極をコイルの右側に近づけた。
下の文章はそのときの生徒の会話である。

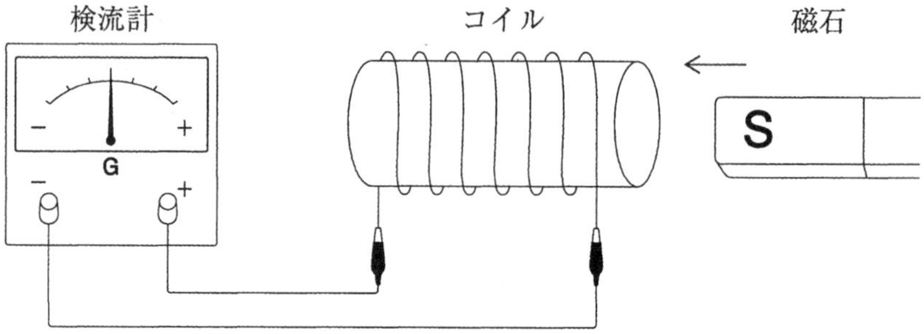

図1

Ａさん：まず，図1のようにＳ極を近づけると・・・。
Ｂさん：おお，針が[あ]に振れた。私にもやらせて。
・・・・あれ？Ａさんと同じようにやったつもりだったけど，Ａさんのときと比べて針の振れ幅が小さくなった。
Ａさん：ちょっと待ってよＢさん。Ｂさんのやり方はわたしのときと違って[い]よ。
Ｂさん：ああ，なるほど。実験の条件が変わると針の動き方も変わってくるのか。じゃあ次は，条件を変えて実験をしてみよう。

(1) 空欄[あ]にあてはまる語句として最も適当なものを，次の①～②のうちから一つ選べ。(マーク解答欄) [6]

① ＋側　　② −側

(2) 空欄[い]にあてはまる記述として適当なものはどれか。**過不足なく含むものを，**次の①～⑨のうちから一つ選べ。(マーク解答欄) [7]

ア　磁石の動きが遅い　　イ　磁石の動きが速い
ウ　使った磁石の磁力が強い　　エ　使った磁石の磁力が弱い

① ア　② イ　③ ウ　④ エ
⑤ ア，ウ　⑥ ア，エ　⑦ イ，ウ　⑧ イ，エ　⑨ 一つもない

〔実験2〕 実験1と同じコイルと磁石，検流計を用いて図2～5のようにつなぎ，磁石をコイルに近づけたり，コイルから遠ざけたりした。

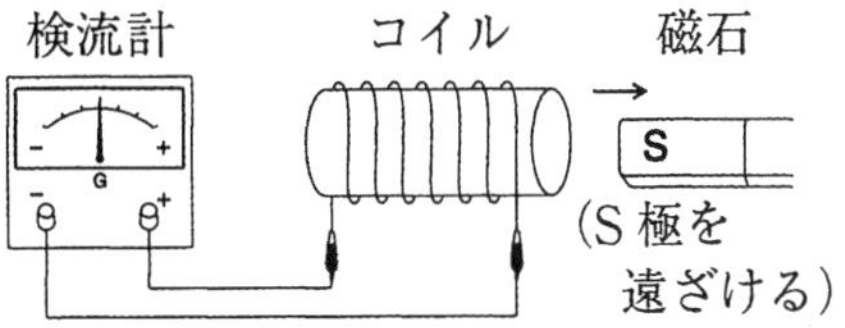

図2

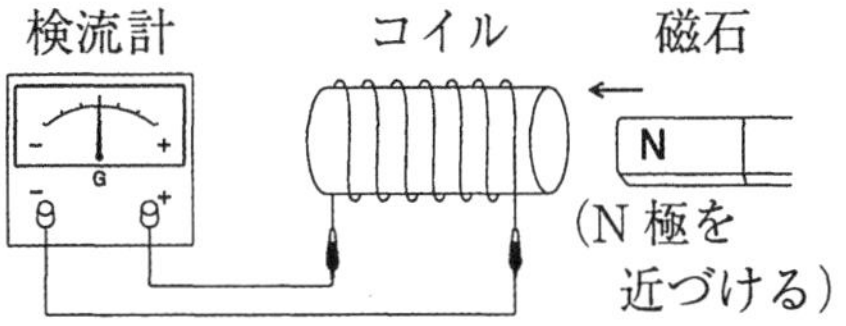

図3

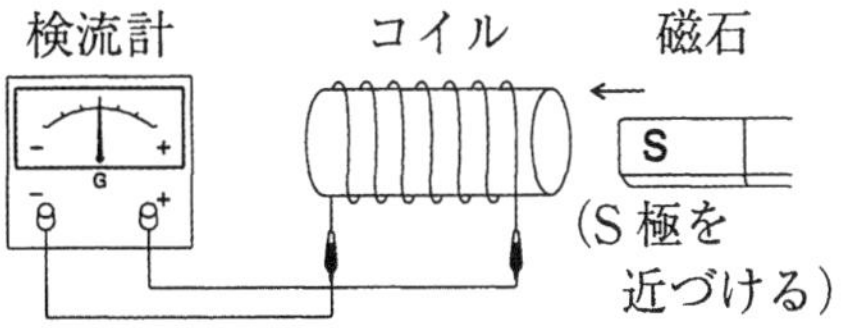

図4

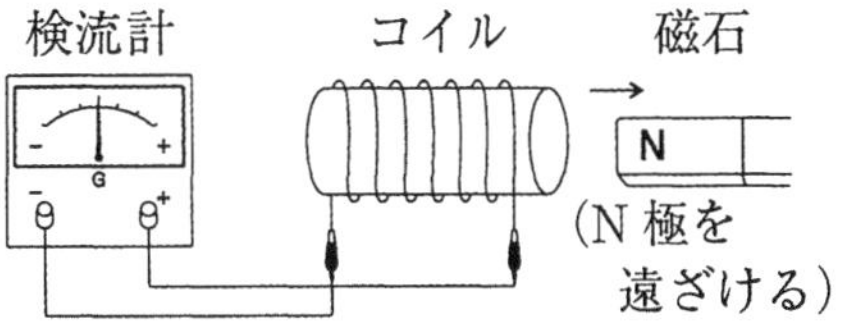

図5

(3) 図2～5のうち，(1)と同じ向きに検流計の針が振れると考えられるものはどれか。**過不足なく含むもの**を，次の①～⑨のうちから一つ選べ。(マーク解答欄) 8

① 図2　② 図3　③ 図4

④ 図5　⑤ 図2，図3　⑥ 図3，図4

⑦ 図3，図5　⑧ 図3，図4，図5　⑨ 一つもない

〔実験3〕 実験1～2と同じコイルと磁石を用いて，図6のように発光ダイオードをつなぎ，コイルに磁石のS極を近づけた。

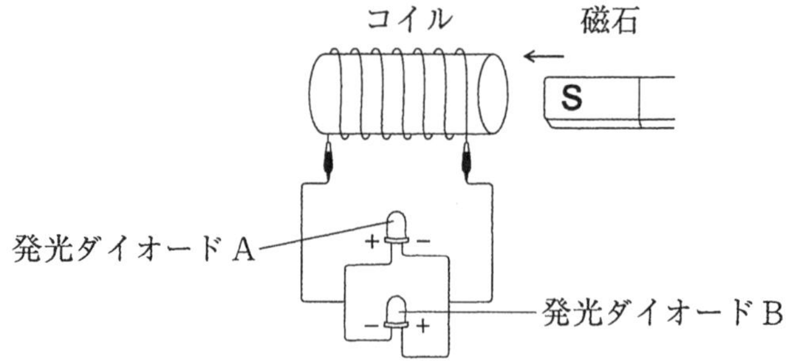

図6

(4) コイルにS極を近づけたときの発光ダイオードのようすとして最も適当なものを，次の①～⑥のうちから一つ選べ。（マーク解答欄） 9

① 発光ダイオードAのみが点灯し続けた。

② 発光ダイオードAのみが一瞬点灯してすぐに消えた。

③ 発光ダイオードBのみが点灯し続けた。

④ 発光ダイオードBのみが一瞬点灯してすぐに消えた。

⑤ 発光ダイオードA，B両方が点灯し続けた。

⑥ 発光ダイオードA，B両方が一瞬点灯してすぐに消えた。

〔実験４〕　実験１～２と同じコイルと磁石を用いて，Ｕ字形磁石の間に導線をつるしてコイルとつなぎ，図７のような装置をつくった。

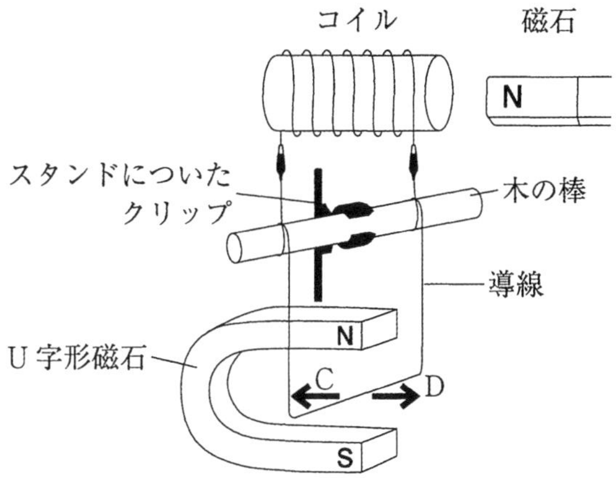

図７

(5)　はじめにコイルに磁石のＮ極を近づけ，そのあとにコイルから遠ざけたときの導線のようすとして最も適当なものを，次の①～④のうちから一つ選べ。ただし，図７の矢印Ｃ・Ｄは導線が傾く向きを表している。（マーク解答欄）10

①　はじめはＣ向きに傾き，そのあとＤ向きに傾いて，もとの位置にもどった。
②　はじめはＣ向きに傾き，そのあともＣ向きに傾いたままだった。
③　はじめはＤ向きに傾き，そのあとＣ向きに傾いて，もとの位置にもどった。
④　はじめはＤ向きに傾き，そのあともＤ向きに傾いたままだった。

［3］ 地震の発生とプレートについて，あとの問いに答えよ。

⑴ 図1は地震が起こる前のある場所の震央付近の地層を模式的に表したものである。この地震によって，図2のような断層が生じた。この断層は，地層のどの向きに力がはたらき，どの向きに地層がずれて生じたと考えられるか。最も適当なものを，次の①～④のうちから一つ選べ。ただし，⇒は地層にはたらいた力の向き，→は地層がずれた方向を表している。（マーク解答欄） 11

図1

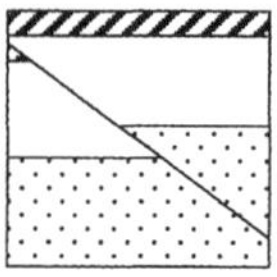
図2

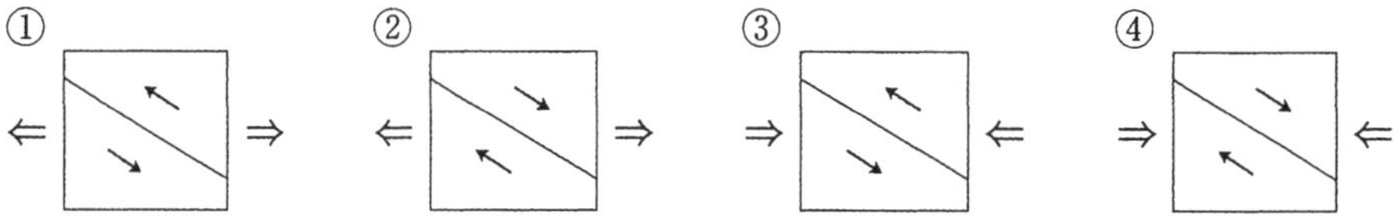

⑵ 図3は日本付近のプレートのようすを模式的に表している。図の空欄 あ ～ う にあてはまる語句の組み合わせとして最も適当なものを，次の①～⑥のうちから一つ選べ。（マーク解答欄） 12

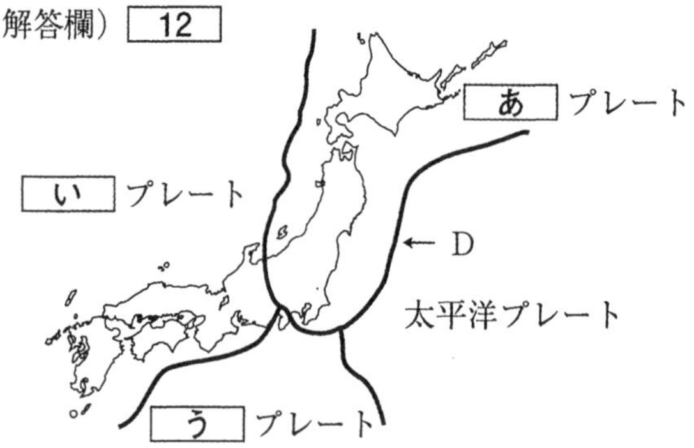

図3

	あ	い	う
①	北アメリカ	ユーラシア	インド・オーストラリア
②	北アメリカ	ユーラシア	フィリピン海
③	北アメリカ	ユーラシア	アフリカ
④	ユーラシア	北アメリカ	インド・オーストラリア
⑤	ユーラシア	北アメリカ	フィリピン海
⑥	ユーラシア	北アメリカ	アフリカ

(3) 図３のＤ付近で発生する地震のしくみを模式的に表した図として最も適当なものを，次の①～⑤のうちから一つ選べ。ただし，⇒はプレートの動く向きを表している。また，①～⑤はプレートを東西方向に切断したときの断面を表しているものとする。
（マーク解答欄） 13

①

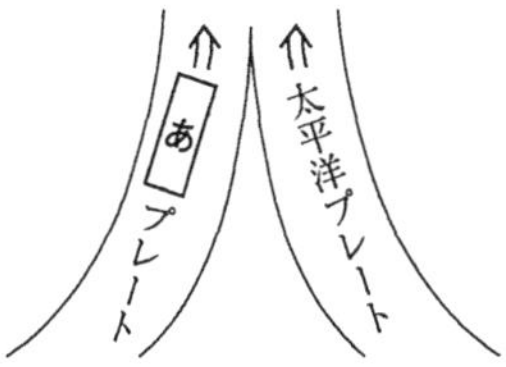

②

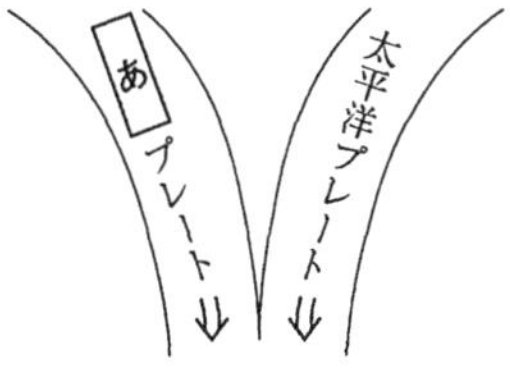

③

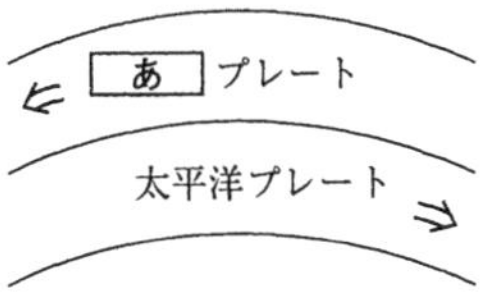

④

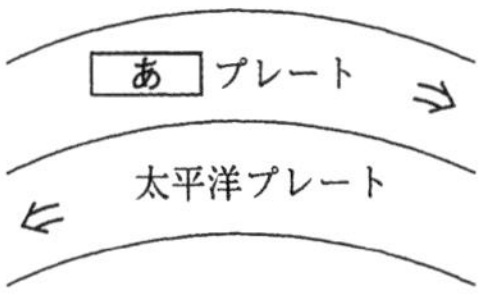

⑤

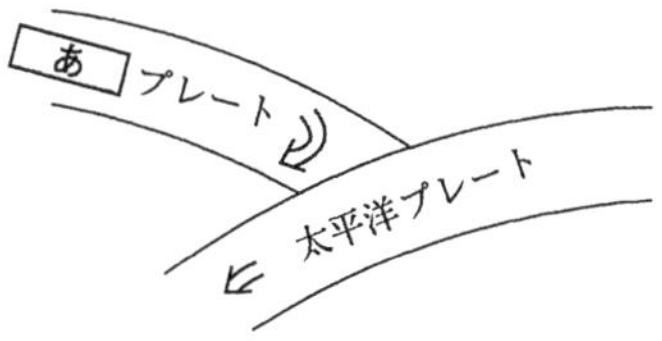

(4) 太平洋プレートの中央部にある火山島は，約 2770 万年前にできたと考えられている。太平洋プレートは同じ向きに同じ速さで毎年約 9 cm ずつ移動しているとすると，この火山島は 2770 万年の間に約何 km 移動したと考えられるか。最も適当なものを次の①～⑤のうちから一つ選べ。（マーク解答欄） 14

① 約 31 km　　② 約 2500 km　　③ 約 3100 km
④ 約 2.5 万 km　　⑤ 約 31 万 km

(5) 世界地図をよく見ると，南アメリカ大陸とアフリカ大陸の大西洋側の海岸線の形がよく似ていることが分かる。このことに気づいたドイツのウェゲナーが 1912 年に大陸移動説を発表した。約３億年前に存在した１つの大きな大陸を何というか。**カタカナ**で答えよ。（記述解答欄） B

［4］ 酸とアルカリについて調べるために，実験を行った。あとの問いに答えよ。

〔実験1〕 水溶液A，Bがあり，水溶液Aはうすい塩酸で，水溶液Bはうすい水酸化ナトリウム水溶液である。ビーカーに水溶液Aを100 cm^3とってBTB溶液を加え，そこに水溶液Bを加えていったところ，水溶液Bを80 cm^3加えたところで溶液が緑色になった。

(1) BTB溶液が緑色になっているときの溶液のpHの値として最も適当なものを，次の①～⑤のうちから一つ選べ。（マーク解答欄） 15

① 1　② 4　③ 7　④ 10　⑤ 14

(2) このあとさらに水溶液Bを加えたときの溶液の色として最も適当なものを，次の①～④のうちから一つ選べ。（マーク解答欄） 16

① 青色　② 赤色　③ 黄色　④ 無色

(3) （水溶液A 10 cm^3に含まれる水素イオンの数）：（水溶液B 10 cm^3に含まれる水酸化物イオンの数）を簡単な整数で表したものとして最も適当なものを，次の①～⑥のうちから一つ選べ。（マーク解答欄） 17

① 2：3　② 3：4　③ 4：5

④ 3：2　⑤ 4：3　⑥ 5：4

〔実験2〕 水溶液Cとしてうすい硫酸を用意した。別のビーカーに水溶液Cを100 cm^3 とってBTB溶液を加え，そこに水溶液Bを加えていったところ，水溶液Bを30 cm^3 加えたところで溶液が緑色になった。

(4) 水溶液，及び純水を表1のように混合させたとき，できあがる水溶液が酸性を示すものを**過不足なく含むもの**を，次の①～⑥のうちから一つ選べ。
（マーク解答欄） 18

表1

	混合する水溶液及び純水
ア	A 50 cm^3 と B 45 cm^3
イ	C 80 cm^3 と B 20 cm^3
ウ	A 30 cm^3 と B 10 cm^3 と純水 10 cm^3
エ	A 60 cm^3 と B 100 cm^3 と C 40 cm^3

① ア，ウ　② ア，エ　③ ア，ウ，エ
④ イ，ウ　⑤ イ，エ　⑥ イ，ウ，エ

(5) ビーカーに水溶液Aを40 cm^3，水溶液Cを60 cm^3 とって混合し，BTB溶液を加えたあとに，そこに水溶液Bを加えていくと，水溶液Bを何 cm^3 加えたところで溶液が緑色になるか。最も適当なものを，次の①～⑥のうちから一つ選べ。
（マーク解答欄） 19
① 30　② 50　③ 60　④ 80　⑤ 90　⑥ 110

［5］ 植物の蒸散について調べるために，実験を行った。あとの問いに答えよ。

〔実験〕 葉の枚数や大きさ，茎の太さや長さがそろっている双子葉類の植物の枝を4本用意した。水100 mLが入ったメスシリンダーに次のA～Dのように処理した枝をそれぞれさし，水面を油でおおった。光のよくあたる風通しのいい場所に3時間置き，それぞれのメスシリンダーの水の減少量を調べたところ，表1のようになった。なお，ワセリンは，水や水蒸気を通さないものとする。

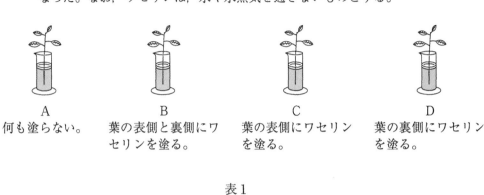

A 何も塗らない。

B 葉の表側と裏側にワセリンを塗る。

C 葉の表側にワセリンを塗る。

D 葉の裏側にワセリンを塗る。

表1

	A	B	C	D
水の減少量[mL]	2.8	X	2.4	0.7

(1) 実験に用いた植物と同じ，双子葉類に分類される植物として最も適当なものを，次の①～⑤のうちから一つ選べ。(マーク解答欄) 20

① ユリ　② ゼンマイ　③ イネ　④ ツツジ　⑤ スギゴケ

(2) 実験に用いた双子葉類の植物の根のようすと茎の断面図の組み合わせとして最も適当なものを，次の①～④のうちから一つ選べ。(マーク解答欄) 21

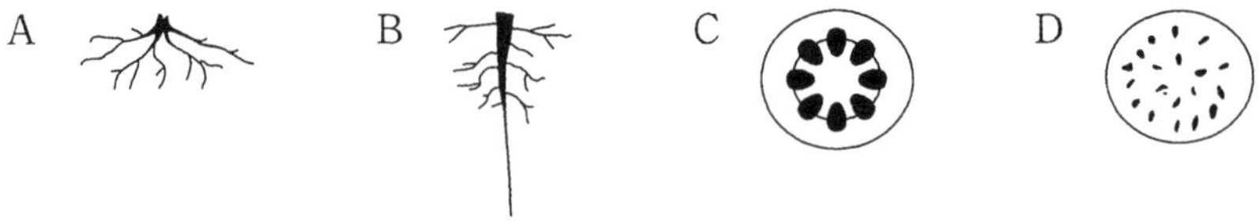

	根のようす	茎の断面図
①	A	C
②	A	D
③	B	C
④	B	D

(3) 実験の結果から考えられることとして最も適当なものを，次の①～④のうちから一つ選べ。(マーク解答欄) 22

① 気孔は葉の表側だけにある。

② 気孔は葉の裏側だけにある。

③ 気孔は葉の表側にも裏側にもあるが，表側の方が多い。

④ 気孔は葉の表側にも裏側にもあるが，裏側の方が多い。

(4) 表1のXにあてはまると考えられる数値として最も適当なものを，次の①～⑥のうちから一つ選べ。(マーク解答欄) 23

① 0.3　② 1.0　③ 1.7　④ 2.1　⑤ 3.5　⑥ 5.9

(5) 葉の裏側からの蒸散量として最も適当なものを，次の①～⑥のうちから一つ選べ。(マーク解答欄) 24

① 0.4　② 0.7　③ 1.4　④ 2.1　⑤ 2.4　⑥ 2.5

［6］ 先生が花子さんと太郎さんに水溶液に関する問題を出している。次の会話文を読んで，あとの問いに答えよ。

先生：ここに５種類の水溶液Ａ～Ｅがあります。それぞれの水溶液はうすい塩酸，水酸化ナトリウム水溶液，アンモニア水，食塩水，エタノール水溶液のどれかです。今から実験を行ってどの水溶液なのか判別してみてください。

花子：まず実験で使われる物質について確認してみよう。アンモニアは体内で［ A ］を分解したときに発生する有害な物質だよね。

太郎：そうそう，アンモニアは［ B ］で尿素という無害な物質に変えられてから，最後は［ C ］に運ばれて尿として排出されるんだったよね。

花子：エタノールは$_a$ワクチン接種のときの消毒などに使われるアルコールだよね。

太郎：そうだね。エタノールは特徴的なにおいがあるから，においだけで区別できないかなぁ。

花子：それもいいかもしれないね。でも，においがあるのはエタノールだけではないからそれだけで区別するのは難しそうだよ。

太郎：そうだね。それでは早速実験してみよう。まず電気が通るかどうか調べてみよう【実験１】。

花子：装置（図１）を使って調べてみたところ，Ａ，Ｂ，Ｃ，Ｄは電気を通したけど，Ｅは通さなかったよ。

太郎：ということは$_b$Ｅはあの水溶液だね。

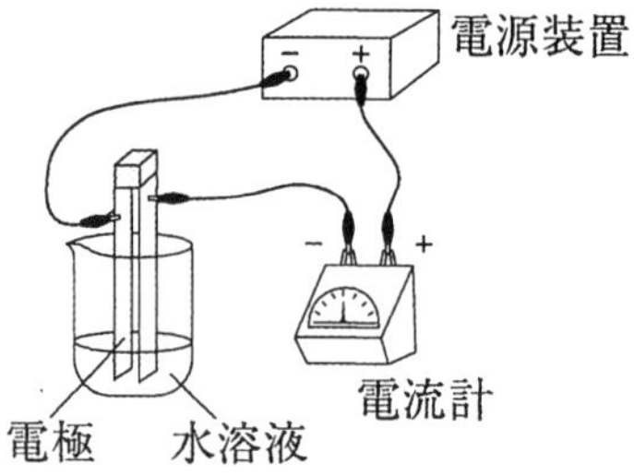

図１

花子：次はそれぞれ少しずつ蒸発皿にとって加熱して，水分を蒸発させてみようよ【実験２】。

太郎：ＡとＤでは白い固体が残ったね。ここまでの実験結果をまとめておこう（表１）。

花子：これだけではまだ区別できないよ。

太郎：$_c$次はどんな実験をしようかなぁ。

表１

	水溶液Ａ	水溶液Ｂ	水溶液Ｃ	水溶液Ｄ	水溶液Ｅ
実験１	電気を通した。	電気を通した。	電気を通した。	電気を通した。	電気を通さなかった。
実験２	白い固体が残った。	何も残らなかった。	何も残らなかった。	白い固体が残った。	何も残らなかった。

(1) 会話文中の［ A ］～［ C ］にあてはまる語句の組み合わせとして最も適当なものを，次の①～⑥のうちから一つ選べ。（マーク解答欄）［ 25 ］

	A	B	C
①	デンプン	じん臓	肝臓
②	デンプン	肝臓	じん臓
③	タンパク質	じん臓	肝臓
④	タンパク質	肝臓	じん臓
⑤	脂肪	じん臓	肝臓
⑥	脂肪	肝臓	じん臓

(2) 下線部ａのワクチン接種について，日本で新型コロナウイルス対策として2021年２月からワクチン接種が始まった。このワクチンは既存のワクチンとは異なり，ウイルスのタンパク質をつくる情報を担う物質である「m(　　　)」を注射する。このウイルスのタンパク質をつくる情報を担う物質を何というか。空欄にあてはまる**アルファベット３文字**を答えよ。（記述解答欄）［ C ］

(3) 下線部ｂについて，【実験１】の結果から水溶液Ｅは何であると考えられるか。最も適当なものを，次の①～⑤のうちから一つ選べ。（マーク解答欄）［ 26 ］

① うすい塩酸　　② 水酸化ナトリウム水溶液　　③ アンモニア水
④ 食塩水　　⑤ エタノール水溶液

(4) 下線部ｃについて，【実験１】および【実験２】を行ったのち，すべての水溶液を区別することのできる実験として最も適当なものを，次の①～⑤のうちから一つ選べ。（マーク解答欄）［ 27 ］

① それぞれの水溶液を赤色リトマス紙につけて，リトマス紙の色の変化を調べる。
② それぞれの水溶液を青色リトマス紙につけて，リトマス紙の色の変化を調べる。
③ それぞれの水溶液に石灰水を加えて，水溶液の様子を観察する。
④ それぞれの水溶液に炭酸カルシウムを加えて，水溶液の様子を観察する。
⑤ それぞれの水溶液を凍らせて，水溶液の様子を観察する。

(5) 水溶液Ｆとして炭酸水を用意して，【実験１】および【実験２】を行った場合，実験結果はどのようになると予想されるか。最も適当なものを，次の①～⑥のうちから一つ選べ。（マーク解答欄） 28

	実験１	実験２
①	電気を通した。	何も残らなかった。
②	電気を通した。	白い固体が残った。
③	電気を通した。	茶色く焦げた。
④	電気を通さなかった。	何も残らなかった。
⑤	電気を通さなかった。	白い固体が残った。
⑥	電気を通さなかった。	茶色く焦げた。

2022年度　入学試験問題

社　　会

中京大学附属中京高等学校

試験開始の合図があるまで，この問題冊子を開いてはいけません。
下記の受験上の注意事項をよく読んでください。

==================　**受 験 上 の 注 意 事 項**　==================

1　問題用紙は22ページです。
2　試験時間は 理科と合わせて60分 です。
3　解答用紙に，**氏名（フリガナ）・中学校名を記入**し，**受験番号は記入とマーク**をしなさい。
4　**マークシート記入上の注意**
　①　マークの記入は，必ず黒鉛筆またはシャープペンシルで，所定のマーク解答欄の▯を正確にぬりつぶす。
　②　記述解答の記入は，所定の記述解答欄にていねいに行う。
　③　訂正は，消しゴムできれいに消す。
　④　解答用紙を，折り曲げたり，汚したりしない。
　＊マークされていない場合または必要以上にマークがある場合は，０点です。

マークの仕方	良い例	悪い例
マークをする時	鉛筆で正確にぬりつぶす	
マークを消す時	消しゴムで完全に消す	

===

〔１〕2021年，57年ぶりに東京でのオリンピック開催が実現した。新型コロナウイルスの世界的な感染拡大により開催を１年延期するという，前例のない状況を踏まえたこの大会をテレビで観戦していた２人の中学生Ａ君とＢ君の会話文１を読み，以下の問いに答えよ。

会話文１

Ａ君：今回の大会は1964年以来，２回目の【Ａ】東京での開催だったんだね。
Ｂ君：そうだね。〔１〕前回の東京大会にはなかった新しい競技もたくさん行われたね。
Ａ君：しかもその新しい競技で日本がたくさんメダルを獲ったよね！
Ｂ君：そうだね，とても見応えがあったよね。Ａ君はどんな競技に注目していたの？
Ａ君：僕はクラブで陸上競技をやっているから，やっぱり陸上競技だね。
Ｂ君：新記録も結構出ていたよね。
Ａ君：そう。僕はハードルをやっているんだけど，ハードルで〔２〕ノルウェーの選手が世界新記録を出して金メダルを獲得していたのには興奮したね。
Ｂ君：僕はスケートボードかな。僕たちと同じくらいの歳の選手も活躍していて，スケートボードをやってみたくなったよ。
Ａ君：ところで，今回の東京大会はオリンピック史上初めて開催が延期されるなど異例づくめの大会だったけど，今までのオリンピックではどんなことがあったのかな。
Ｂ君：1980年の【Ｂ】モスクワ大会の時には，当時ソ連が〔３〕アフガニスタンに侵攻したことに抗議して，いくつかの国が参加をボイコットしたんだ。
Ａ君：当時は〔４〕冷戦の時代だったよね。日本もメダル獲得が有望視されていた選手もいたけど不参加になったんだよね。逆に次の【Ｃ】ロサンゼルス大会ではソ連をはじめとした東欧諸国などがボイコットしたんだっけ。
Ｂ君：そう。オリンピックが政治に利用されてしまっていたことが表れているね。大会自体が中止となってしまった時もあったよね。
Ａ君：どれも〔５〕世界的に大きな出来事によって開催が不可能な状況だったよね。一方で，自国が戦争や紛争などに巻き込まれていても選手個人は参加をしているというケースもあるよね。前回の【Ｄ】リオデジャネイロ大会から難民選手団が結成されたんだよ。
Ｂ君：選手たちの姿勢や意志の強さはとてもすごいよね。とても尊敬する。
Ａ君：〔６〕平和の象徴であるオリンピックがコロナ禍の中でも何とか開催されたことで，平和についてみんなで考えたり，協力し合えるようになったりしたらいいね。

問1　会話文1中の下線部〔1〕に関連して，この当時の日本について述べた文として最も適切なものを，次の①～④から1つ選んで番号で答えよ。(マーク解答欄)　1

① 中東戦争におけるアラブ諸国の石油戦略の影響で物価が上昇し，日本経済にも大きな打撃となった。
② 太平洋や瀬戸内海沿岸の各地に大規模な石油化学コンビナートが建設され，輸出の好調による貿易収支の黒字化が進んだ。
③ 平和の祭典であるオリンピック開催を，国際社会への復帰の好機とみて，アメリカやイギリスなどとのサンフランシスコ平和条約を結んだ。
④ 朝鮮戦争の勃発に伴い，日本では特需景気が起こり戦後復興が早められたが，それと並行して水俣病や四日市ぜんそくといった公害の問題も深刻化した。

問2　会話文1中の下線部〔2〕に関連して，この国の特徴的な地形である，氷河によって削られてできた入り組んだ海岸地形の名称を答えよ。(記述解答欄)　A

問3　問2の地形と同じものがみられる地方として最も適切なものを，次の①～④から1つ選んで番号で答えよ。(マーク解答欄)　2

① メキシコ湾岸　② オーストラリア東岸　③ アフリカ東岸
④ チリ西岸

問4　会話文1中の下線部〔3〕に関連して，次の地図1はアフガニスタンが属する西アジアの一部を示している。地図1中のⅠ～Ⅳの国の組み合わせとして適切なものを，①～④から1つ選んで番号で答えよ。(マーク解答欄)　3

	Ⅰ	Ⅱ	Ⅲ	Ⅳ
①	アラブ首長国連邦	クウェート	イラク	イラン
②	イラク	カタール	アラブ首長国連邦	サウジアラビア
③	イラク	クウェート	サウジアラビア	イラン
④	サウジアラビア	カタール	アラブ首長国連邦	イラク

地図1

問５　問４の地図１中のＡ・Ｂはそれぞれ緯線・経線を表している。Ａ・Ｂ線はそれぞれ何度を示しているか。その組み合わせとして最も適切なものを，次の①～④から１つ選んで番号で答えよ。(マーク解答欄) 4

① Ａ：北緯 20 度線，Ｂ：東経 80 度線
② Ａ：北緯 10 度線，Ｂ：西経 50 度線
③ Ａ：北緯 20 度線，Ｂ：東経 50 度線
④ Ａ：北緯 10 度線，Ｂ：西経 80 度線

問６　会話文１中の下線部〔４〕に関連して，次のア～エはそれぞれ冷戦の時代における出来事である。これらの出来事が起きた順序が正しく並べられているものを，①～④から１つ選んで番号で答えよ。(マーク解答欄) 5

ア．朝鮮戦争の勃発　　イ．ベルリンの壁の崩壊
ウ．ベトナム戦争の終結　　エ．ヨーロッパ共同体の発足

① ア→ウ→イ→エ　② ア→エ→ウ→イ　③ ウ→ア→エ→イ
④ ウ→ア→イ→エ

問７　会話文１中の下線部〔５〕について，近代オリンピックの歴史上で開催が中止となった夏季大会は次に示すア～ウの３つである。それぞれの大会の開催が予定されていた時期の出来事について述べたものとして最も適切なものを，①～④から１つ選んで番号で答えよ。(マーク解答欄) 6

ア．1916 年ベルリン大会　　イ．1940 年東京大会　　ウ．1944 年ロンドン大会

	ア	イ	ウ
①	シベリア出兵	世界恐慌	第二次世界大戦
②	第一次世界大戦	世界恐慌	太平洋戦争
③	第一次世界大戦	日中戦争	第二次世界大戦
④	シベリア出兵	日中戦争	太平洋戦争

問8　会話文1中の下線部〔6〕について，我が国では憲法の前文において国際協調主義や平和主義を掲げている。また，その他の条文においても平和主義に基づき戦争の放棄を定めており，次の文章はその条文の一部である。この条文は日本国憲法の第何条であるか。最も適切なものを，①～⑥から1つ選んで番号で答えよ。

（マーク解答欄） 7

> 日本国民は，正義と秩序を基調とする国際平和を誠実に希求し，国権の発動たる戦争と，武力による威嚇又は武力の行使は，国際紛争を解決する手段としては，永久にこれを放棄する。
>
> 前項の目的を達するため，陸海空軍その他の戦力は，これを保持しない。

①　3　　②　7　　③　9　　④　11　　⑤　13　　⑥　19

問９　次のア～エのグラフはそれぞれ会話文１中の波線部【A】～【D】のいずれかの都市の気温と降水量を表している。折れ線グラフは気温を，棒グラフは降水量を表している。ア～エのグラフと【A】～【D】の都市の組み合わせとして最も適切なものを，①～④から１つ選んで番号で答えよ。（マーク解答欄）［８］

ア

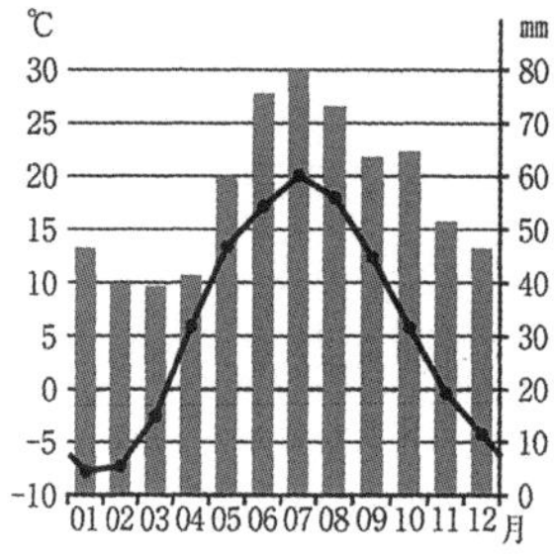

イ

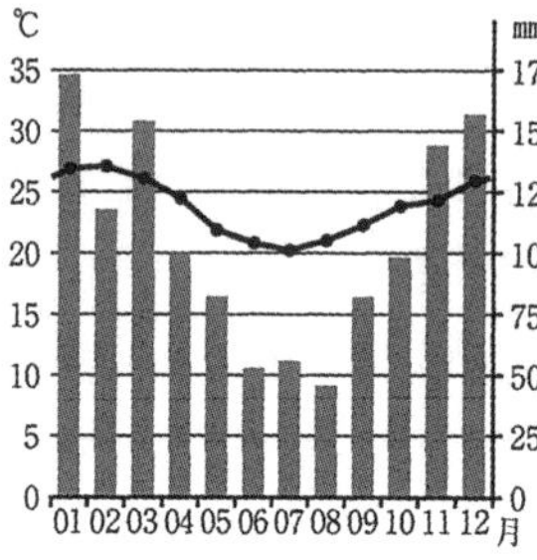

ウ

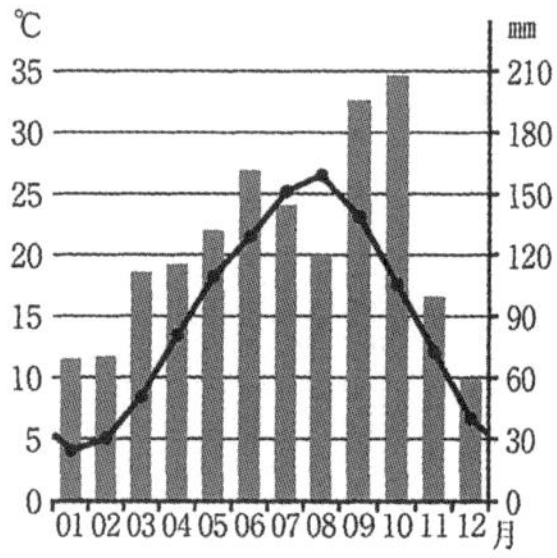

エ

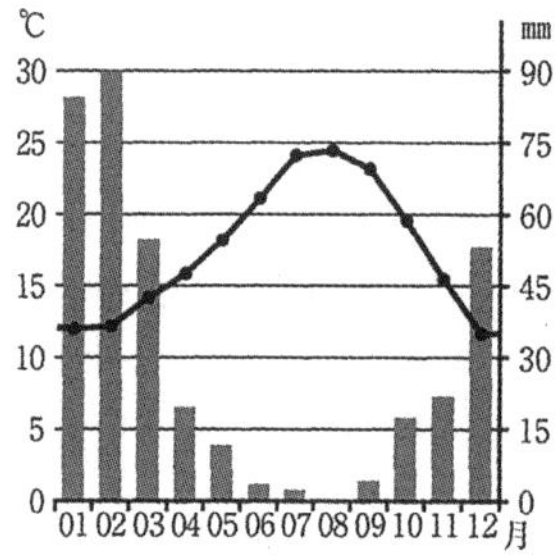

（「ja.climate-data.org」より作成）

	ア	イ	ウ	エ
①	モスクワ	ロサンゼルス	リオデジャネイロ	東京
②	東京	リオデジャネイロ	ロサンゼルス	モスクワ
③	東京	モスクワ	リオデジャネイロ	ロサンゼルス
④	モスクワ	リオデジャネイロ	東京	ロサンゼルス

次ページ以降にも問題が続きます。

〔2〕次のⅠ～Ⅵは，それぞれ2021年に何周年かを迎えた出来事である。以下のⅠ～Ⅵに関する各問いに答えよ。

Ⅰ．ナポレオンの死去	Ⅱ．秦の始皇帝による中国統一
Ⅲ．承久の乱の勃発	Ⅳ．スペインによるアステカ帝国（メキシコ）の征服
Ⅴ．湾岸戦争の勃発	Ⅵ．『御堂関白記』の現存部分までの成立

問1　Ⅰに関連して，ナポレオンの活躍と同時期の出来事として**誤っているもの**を，次の①～④から1つ選んで番号で答えよ。(マーク解答欄) 9

① ロシアの使節レザノフが日本に来航し通商を要求した。
② イギリスの軍艦フェートン号が長崎の港に侵入しオランダ商館を乗っ取った。
③ 伊能忠敬による全国の測量や間宮林蔵による蝦夷地や樺太の探査が行われた。
④ 天保のききんに苦しむ人々を救うため，大阪町奉行所の元役人大塩平八郎が反乱を起こした。

問2　Ⅱに関連して，秦の始皇帝に関する出来事として最も適切なものを，次の①～④から1つ選んで番号で答えよ。(マーク解答欄) 10

① 北方の異民族の侵入を防ぐため，現代に残る「万里の長城」の原型を築いた。
② 邪馬台国の女王卑弥呼からの使者に対し，金印と「漢委奴国王」の称号を与えた。
③ 大和政権（ヤマト王権）からの使者，小野妹子に対し，対等な関係での国交を結ぶ旨の手紙を授けた。
④ 朝鮮半島の強国であった高句麗への遠征のために，日本と同盟を結んだ。

問3　Ⅲについて，承久の乱に関する次の文章中の空欄 ア ～ ウ に入る語句の組み合わせとして最も適切なものを，①～④から1つ選んで番号で答えよ。
（マーク解答欄） 11

また，文章中の下線部について，朝廷への抵抗に戸惑う御家人らに対し，頼朝からの御恩を説き，挙兵の決意を促した人物は誰か。人物名を答えよ。
（記述解答欄） B

鎌倉幕府による執権政治の進展に対抗して，京都で院政を強化し朝廷の勢力を回復しようとしていた ア が，幕府打倒のために挙兵した。これに対し，初代将軍源頼朝からの御恩に報いようとした幕府方の御家人らは大軍で京都へ攻め上り朝廷軍を打ち破った。乱後，京都を占領した幕府は朝廷の監視のために イ を設置し，上皇方の貴族・武士らの荘園を取り上げて，そこに ウ を置いた。

	ア	イ	ウ
①	後鳥羽上皇	京都所司代	守護
②	後白河上皇	京都所司代	地頭
③	後鳥羽上皇	六波羅探題	地頭
④	後白河上皇	六波羅探題	守護

問4　Ⅳの時代のヨーロッパ各国は積極的な海外進出を展開していた。16世紀から17世紀にかけてのヨーロッパ各国とその主な進出先の組み合わせとして**誤っているもの**を，次の①～④から1つ選んで番号で答えよ。（マーク解答欄） 12

① イギリス―インド，北米大陸
② オランダ―フィリピン
③ ポルトガル―インド，中国（明）
④ スペイン―南米大陸，フィリピン

問5　Ⅴに関連して，湾岸戦争について説明した次の文中の空欄［エ］～［カ］に入る語句の組み合わせとして最も適切なものを，①～⑥から1つ選んで番号で答えよ。
（マーク解答欄）［13］

1990年8月，［エ］が石油資源を狙って隣国の［オ］に侵攻したため，国連安全保障理事会の決議に基づいてアメリカやイギリス，アラブ諸国などからなる［カ］が派遣された。

	エ	オ	カ
①	シリア	イラク	国連平和維持軍
②	サウジアラビア	クウェート	国連軍
③	イラン	イラク	多国籍軍
④	イラク	サウジアラビア	国連平和維持軍
⑤	サウジアラビア	カタール	国連軍
⑥	イラク	クウェート	多国籍軍

問6　Ⅵについて，『御堂関白記』とは，著者が33歳から56歳までの期間に記された日記であり，『小右記』と並び当時の政治の実情を知る重要な資料として，世界記憶遺産に登録されている。著者は長女の彰子をはじめ，娘たちを天皇の后にすることで天皇家にも強い影響力をもち，一族の最盛期をつくり出したことで知られている。著者でもある「御堂関白」とは誰のことか。人物名を答えよ。（記述解答欄）［C］

問7　Ⅰ～Ⅵの出来事を古いものから年代順に並べたとき，3番目に当たるものは何か。最も適切なものを，次の①～⑥から1つ選んで番号で答えよ。
（マーク解答欄）［14］

①　Ⅰ　　②　Ⅱ　　③　Ⅲ　　④　Ⅳ　　⑤　Ⅴ　　⑥　Ⅵ

次ページ以降にも問題が続きます。

〔3〕次の地図2を見て，以下の問いに答えよ。

地図2

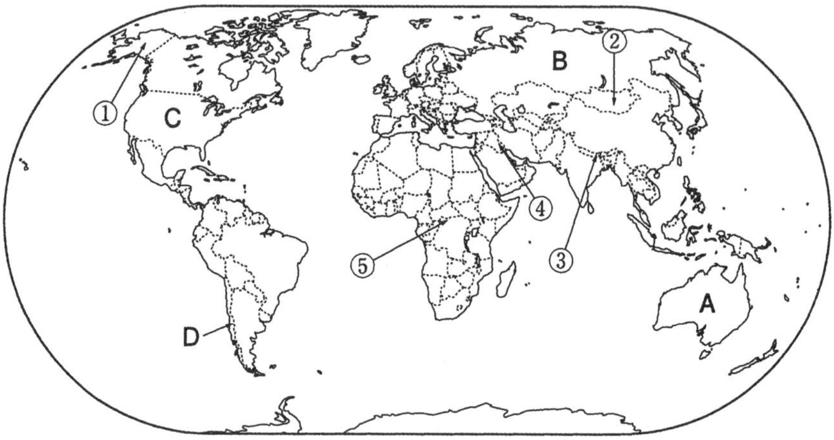

問1　次の写真はどの地域で用いられている住居か。最も適切なものを，地図2中の①～⑤から1つ選んで番号で答えよ。(マーク解答欄) 15

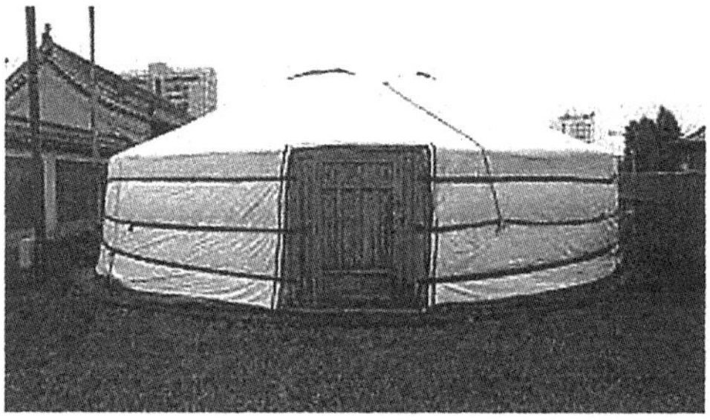

立　　　　　中学校

※100点満点
（配点非公表）

注意事項　※には、何も記入しないでください。

記述解答欄

G	F	E	D	C	B	A
				廉 白		

※

立　　　　　　　中学校

※100点満点
（配点非公表）

注意事項　※には、何も記入しないでください。

記 述 解 答 欄	※		※
3](1)			
3](2)			
3](3)			

立　　　　　　中学校

※100点満点
（配点非公表）

注意事項　※には、何も記入しないでください。

記述解答欄	※		※

立　　　　　　中学校

※75点満点
（配点非公表）

注意事項　※には、何も記入しないでください。

記述解答欄	※		※
cm			

立　　　　　　　中学校

※75点満点
（配点非公表）

注意事項　※には、何も記入しないでください。

記述解答欄	※			※
	○ ×			
	○ ×			
	○ ×			
	○ ×			
	○ ×			

中京大学附属中京高等学校
2022年度 社会解答用紙

フリガナ	
氏　名	

受験番号				
1	1	1	1	1
2	2	2	2	2
3	3	3	3	3
4	4	4	4	4
5	5	5	5	5
6	6	6	6	6
7	7	7	7	7
8	8	8	8	8
9	9	9	9	9
0	0	0	0	0

解答番号	マーク解答欄									
	1	2	3	4	5	6	7	8	9	0
1	1	2	3	4	5	6	7	8	9	0
2	1	2	3	4	5	6	7	8	9	0
3	1	2	3	4	5	6	7	8	9	0
4	1	2	3	4	5	6	7	8	9	0
5	1	2	3	4	5	6	7	8	9	0
6	1	2	3	4	5	6	7	8	9	0
7	1	2	3	4	5	6	7	8	9	0
8	1	2	3	4	5	6	7	8	9	0
9	1	2	3	4	5	6	7	8	9	0
10	1	2	3	4	5	6	7	8	9	0
11	1	2	3	4	5	6	7	8	9	0
12	1	2	3	4	5	6	7	8	9	0
13	1	2	3	4	5	6	7	8	9	0
14	1	2	3	4	5	6	7	8	9	0
15	1	2	3	4	5	6	7	8	9	0
16	1	2	3	4	5	6	7	8	9	0
17	1	2	3	4	5	6	7	8	9	0
18	1	2	3	4	5	6	7	8	9	0
19	1	2	3	4	5	6	7	8	9	0
20	1	2	3	4	5	6	7	8	9	0
21	1	2	3	4	5	6	7	8	9	0
22	1	2	3	4	5	6	7	8	9	0
23	1	2	3	4	5	6	7	8	9	0
24	1	2	3	4	5	6	7	8	9	0
25	1	2	3	4	5	6	7	8	9	0

解答番号	マーク解答欄									
	1	2	3	4	5	6	7	8	9	0
26	1	2	3	4	5	6	7	8	9	0
27	1	2	3	4	5	6	7	8	9	0
28	1	2	3	4	5	6	7	8	9	0
29	1	2	3	4	5	6	7	8	9	0

中京大学附属中京高等学校
2022年度 理科解答用紙

フリガナ	
氏　名	

	受験番号			
1	1	1	1	1
2	2	2	2	2
3	3	3	3	3
4	4	4	4	4
5	5	5	5	5
6	6	6	6	6
7	7	7	7	7
8	8	8	8	8
9	9	9	9	9
0	0	0	0	0

解答番号	マーク解答欄									
	1	2	3	4	5	6	7	8	9	0
1	1	2	3	4	5	6	7	8	9	0
2	1	2	3	4	5	6	7	8	9	0
3	1	2	3	4	5	6	7	8	9	0
4	1	2	3	4	5	6	7	8	9	0
5	1	2	3	4	5	6	7	8	9	0
6	1	2	3	4	5	6	7	8	9	0
7	1	2	3	4	5	6	7	8	9	0
8	1	2	3	4	5	6	7	8	9	0
9	1	2	3	4	5	6	7	8	9	0
10	1	2	3	4	5	6	7	8	9	0
11	1	2	3	4	5	6	7	8	9	0
12	1	2	3	4	5	6	7	8	9	0
13	1	2	3	4	5	6	7	8	9	0
14	1	2	3	4	5	6	7	8	9	0
15	1	2	3	4	5	6	7	8	9	0
16	1	2	3	4	5	6	7	8	9	0
17	1	2	3	4	5	6	7	8	9	0
18	1	2	3	4	5	6	7	8	9	0
19	1	2	3	4	5	6	7	8	9	0
20	1	2	3	4	5	6	7	8	9	0
21	1	2	3	4	5	6	7	8	9	0
22	1	2	3	4	5	6	7	8	9	0
23	1	2	3	4	5	6	7	8	9	0
24	1	2	3	4	5	6	7	8	9	0
25	1	2	3	4	5	6	7	8	9	0

解答番号	マーク解答欄									
	1	2	3	4	5	6	7	8	9	0
26	1	2	3	4	5	6	7	8	9	0
27	1	2	3	4	5	6	7	8	9	0
28	1	2	3	4	5	6	7	8	9	0

中京大学附属中京高等学校
2022年度 英語解答用紙

フリガナ	
氏　名	

受験番号				
1	1	1	1	1
2	2	2	2	2
3	3	3	3	3
4	4	4	4	4
5	5	5	5	5
6	6	6	6	6
7	7	7	7	7
8	8	8	8	8
9	9	9	9	9
0	0	0	0	0

解答番号	マーク解答欄									
	1	2	3	4	5	6	7	8	9	0
1	1	2	3	4	5	6	7	8	9	0
2	1	2	3	4	5	6	7	8	9	0
3	1	2	3	4	5	6	7	8	9	0
4	1	2	3	4	5	6	7	8	9	0
5	1	2	3	4	5	6	7	8	9	0
6	1	2	3	4	5	6	7	8	9	0
7	1	2	3	4	5	6	7	8	9	0
8	1	2	3	4	5	6	7	8	9	0
9	1	2	3	4	5	6	7	8	9	0
10	1	2	3	4	5	6	7	8	9	0
11	1	2	3	4	5	6	7	8	9	0
12	1	2	3	4	5	6	7	8	9	0
13	1	2	3	4	5	6	7	8	9	0
14	1	2	3	4	5	6	7	8	9	0
15	1	2	3	4	5	6	7	8	9	0
16	1	2	3	4	5	6	7	8	9	0
17	1	2	3	4	5	6	7	8	9	0
18	1	2	3	4	5	6	7	8	9	0
19	1	2	3	4	5	6	7	8	9	0
20	1	2	3	4	5	6	7	8	9	0
21	1	2	3	4	5	6	7	8	9	0
22	1	2	3	4	5	6	7	8	9	0
23	1	2	3	4	5	6	7	8	9	0
24	1	2	3	4	5	6	7	8	9	0
25	1	2	3	4	5	6	7	8	9	0

解答番号	マーク解答欄									
	1	2	3	4	5	6	7	8	9	0
26	1	2	3	4	5	6	7	8	9	0
27	1	2	3	4	5	6	7	8	9	0
28	1	2	3	4	5	6	7	8	9	0
29	1	2	3	4	5	6	7	8	9	0
30	1	2	3	4	5	6	7	8	9	0
31	1	2	3	4	5	6	7	8	9	0

中京大学附属中京高等学校
2022年度 数学解答用紙

フリガナ	
氏 名	

受験番号				
1	1	1	1	1
2	2	2	2	2
3	3	3	3	3
4	4	4	4	4
5	5	5	5	5
6	6	6	6	6
7	7	7	7	7
8	8	8	8	8
9	9	9	9	9
0	0	0	0	0

解答番号	マーク解答欄										
	-	0	1	2	3	4	5	6	7	8	9
ア	-	0	1	2	3	4	5	6	7	8	9
イ	-	0	1	2	3	4	5	6	7	8	9
ウ	-	0	1	2	3	4	5	6	7	8	9
エ	-	0	1	2	3	4	5	6	7	8	9
オ	-	0	1	2	3	4	5	6	7	8	9
カ	-	0	1	2	3	4	5	6	7	8	9
キ	-	0	1	2	3	4	5	6	7	8	9
ク	-	0	1	2	3	4	5	6	7	8	9
ケ	-	0	1	2	3	4	5	6	7	8	9
コ	-	0	1	2	3	4	5	6	7	8	9
サ	-	0	1	2	3	4	5	6	7	8	9
シ	-	0	1	2	3	4	5	6	7	8	9
ス	-	0	1	2	3	4	5	6	7	8	9
セ	-	0	1	2	3	4	5	6	7	8	9
ソ	-	0	1	2	3	4	5	6	7	8	9
タ	-	0	1	2	3	4	5	6	7	8	9
チ	-	0	1	2	3	4	5	6	7	8	9
ツ	-	0	1	2	3	4	5	6	7	8	9
テ	-	0	1	2	3	4	5	6	7	8	9
ト	-	0	1	2	3	4	5	6	7	8	9
ナ	-	0	1	2	3	4	5	6	7	8	9
ニ	-	0	1	2	3	4	5	6	7	8	9
ヌ	-	0	1	2	3	4	5	6	7	8	9
ネ	-	0	1	2	3	4	5	6	7	8	9
ノ	-	0	1	2	3	4	5	6	7	8	9

解答番号	マーク解答欄							
	-	0	1	2	3	4	5	6	7
ハ	-	0	1	2	3	4	5	6	7
ヒ	-	0	1	2	3	4	5	6	7
フ	-	0	1	2	3	4	5	6	7
ヘ	-	0	1	2	3	4	5	6	7
ホ	-	0	1	2	3	4	5	6	7
マ	-	0	1	2	3	4	5	6	7
ミ	-	0	1	2	3	4	5	6	7
ム	-	0	1	2	3	4	5	6	7
メ	-	0	1	2	3	4	5	6	7
モ	-	0	1	2	3	4	5	6	7
ヤ	-	0	1	2	3	4	5	6	7
ユ	-	0	1	2	3	4	5	6	7
ヨ	-	0	1	2	3	4	5	6	7
ラ	-	0	1	2	3	4	5	6	7

中京大学附属中京高等学校
2022年度 国語解答用紙

フリガナ	
氏　名	

受験番号				
1	1	1	1	1
2	2	2	2	2
3	3	3	3	3
4	4	4	4	4
5	5	5	5	5
6	6	6	6	6
7	7	7	7	7
8	8	8	8	8
9	9	9	9	9
0	0	0	0	0

解答番号	マーク解答欄									
	1	2	3	4	5	6	7	8	9	0
1	1	2	3	4	5	6	7	8	9	0
2	1	2	3	4	5	6	7	8	9	0
3	1	2	3	4	5	6	7	8	9	0
4	1	2	3	4	5	6	7	8	9	0
5	1	2	3	4	5	6	7	8	9	0
6	1	2	3	4	5	6	7	8	9	0
7	1	2	3	4	5	6	7	8	9	0
8	1	2	3	4	5	6	7	8	9	0
9	1	2	3	4	5	6	7	8	9	0
10	1	2	3	4	5	6	7	8	9	0
11	1	2	3	4	5	6	7	8	9	0
12	1	2	3	4	5	6	7	8	9	0
13	1	2	3	4	5	6	7	8	9	0
14	1	2	3	4	5	6	7	8	9	0
15	1	2	3	4	5	6	7	8	9	0
16	1	2	3	4	5	6	7	8	9	0
17	1	2	3	4	5	6	7	8	9	0
18	1	2	3	4	5	6	7	8	9	0
19	1	2	3	4	5	6	7	8	9	0
20	1	2	3	4	5	6	7	8	9	0

問２　次の表は，地図２中の**A**～**D**の国と日本の間のそれぞれの主要な輸出入品と，それらの輸出入額に占める割合（％）を示したものである。表中の①～④のうち，**D**に該当するものを１つ選んで番号で答えよ。（マーク解答欄）**16**

	日本の主要な輸出入品と，それらの輸出入額に占める割合（%）					
①	輸出	乗用車 30.5	一般機械 21.7	電気機器 14.0	自動車部品 6.1	航空機類 3.2
	輸入	電気機器 15.5	一般機械 15.0	航空機類 7.2	元素と化合物 5.7	医薬品 5.5
②	輸出	乗用車 42.8	軽油 15.1	バス・トラック 8.9	一般機械 8.5	タイヤ類 8.3
	輸入	銅鉱 46.3	さけ・ます 16.3	ウッドチップ 7.0	モリブデン鉱 4.0	ワイン 3.6
③	輸出	乗用車 45.7	一般機械 16.1	自動車部品 9.2	電気機器 5.8	タイヤ類 5.5
	輸入	原油 29.3	液化天然ガス 22.1	石炭 12.3	魚介類 9.0	アルミニウムと同合金 7.8
④	輸出	乗用車 36.6	一般機械 10.3	軽油 10.1	貴石等の製品類 8.1	バス・トラック 7.6
	輸入	石炭 32.4	液化天然ガス 27.7	鉄鉱石 13.1	牛肉 4.7	銅鉱 3.6

（『2018 データブック　オブ・ザ・ワールド』より作成）

〔４〕次の文章は「Ａさん」「Ｂさん」「Ｃさん」の３人の会話である。会話文２を読み，以下の問いに答えよ。

会話文２

Ａさん：去年の夏休みもどこにも行けなかったね。
Ｂさん：そうだね。
Ａさん：今年の夏こそは，いろんなところへ旅行に行きたいなぁ。
Ｃさん：Ａさんはどこへ行きたいの？
Ａさん：〔１〕古宇利島！
Ｃさん：特に夏場に人気の高い場所だね。
Ａさん：島内には古民家の集落やサトウキビ畑があるし，古宇利大橋という，海を横目に渡れるとても長い橋もあるよ。
Ｃさん：いいね。行ってみたいな。
Ｂさん：私は〔２〕桂浜に興味があるなぁ。
Ａさん：知ってる。坂本龍馬の像がある浜辺でしょ。
Ｂさん：そうそう。あそこから眺める景色はきれいだろうなぁ。
Ｃさん：海もいいけど，〔３〕高千穂峡も行ってみたいな。
Ｂさん：確かに。緑の豊かな自然を楽しむのも最高だね。
Ｃさん：滝もあって，神秘的な雰囲気を感じられるところだと思うよ。
Ａさん：パワースポットだね。
Ｃさん：かつては日向国と呼ばれ，天孫降臨の地，神々が降り立った地とも言われているみたい。
Ａさん：そういえば，この前テレビで見たけど，〔４〕銀山温泉も行ってみたいなぁ。
Ｃさん：温泉かぁ。
Ｂさん：その地域は，花笠祭りでも有名だよね。
Ｃさん：東北地方には，伝統的な夏祭りが各地にあって素敵だね。
Ｂさん：早く夏休みにならないかなぁ。
Ａさん：どこに行こうか迷ってきたよ。興味深い場所がたくさんあるね。

K 教英出版

問1　会話文2中の下線部〔1〕がある都道府県に関連する記述として最も適切なものを，次の①～④から1つ選んで番号で答えよ。（マーク解答欄） 17

① 「箱根駅伝」の舞台として有名な場所で，大学生たちが海を横にみながら，たすきを繋いで走る姿が思い浮かぶ場所でもある。

② 多くの島々からなっており，その1つである屋久島は世界自然遺産に登録されている。

③ 豊かな自然と独自の文化を活かした観光産業がさかんで，さんご礁は，島を波から守るとともに貴重な観光資源にもなっている。

④ 豊かな自然資源を活かした農業がさかんな地域で，石狩平野を中心に日本有数の稲作地帯が広がっている。

問2　会話文2中の下線部〔2〕がある都道府県に関連する記述として最も適切なものを，次の①～④から1つ選んで番号で答えよ。（マーク解答欄） 18

① 朝鮮半島に近く，大陸からの文化がいち早く伝わった地域で，有田焼や伊万里焼などの焼き物の生産がさかんでもある。

② 太平洋に大きく突き出る室戸半島先端の室戸岬は，台風の通り道としても知られている。

③ 浜岡原子力発電所があり，ピアノ・医療用機器・お茶・みかんの生産がさかんである。

④ この都道府県の北側には吉野川が流れ，南側には太平洋が広がっていて，鳴門の渦潮といった観光名所もある。

問3　会話文2中の下線部〔3〕がある都道府県に関連する記述として最も適切なものを，次の①～④から1つ選んで番号で答えよ。（マーク解答欄） 19

① 温暖な気候を生かして，野菜の促成栽培がおこなわれ，おもにピーマンやきゅうりなどが冬の時期に関東や関西などの大都市に出荷されている。

② 桜島がある，この地域一帯には，過去の山々の噴火による噴出物が厚く堆積しており，シラス台地が広がっている。

③ 気候が温暖で，地形的に山がちな斜面の多い地域であるため，果実栽培がさかんで，特に，みかんや梅の栽培が有名である。

④ この地域は冷（亜寒）帯に属し，冬は厳しい寒さが長く続く一方，夏は冷涼で短く，梅雨はないため湿度が低く，過ごしやすい気候である。

問4　会話文2中の下線部〔4〕がある都道府県に関連する記述として最も適切なものを，次の①～④から1つ選んで番号で答えよ。(マーク解答欄) 20

① 県の東側には，リアス海岸で有名な三陸海岸が広がり，こんぶ，わかめ，かきなどの養殖がさかんな地域でもある。

② 松尾芭蕉の『奥の細道』の俳句にうたわれている最上川が県の中枢を流れ，その河口には庄内平野が広がっている。

③ 日本海に面し，積雪が多い地域で，ユネスコの無形文化遺産に登録された「なまはげ」という年中行事がある。

④ 寒流の親潮の影響で，「やませ」と呼ばれる冷たく湿った北東の風が吹くため，農産物が十分に育たない冷害が生じることもある。

次ページ以降にも問題が続きます。

〔5〕次の文章を読み，以下の問いに答えよ。

国に国会があるように，地方公共団体にも ア 年任期の地方議会が議決機関として置かれている。都道府県議会と市（区）町村議会の議員は，住民の イ 選挙によって選ばれることになっている。地方議会には，定例会と，必要に応じておこなわれる臨時会があり，条例の制定や改正，予算の議決と決算の承認，行政の監視などをおこなっている。

執行機関のトップである ア 年任期の都道府県知事と市（区）町村長が首長である。首長もまた住民の イ 選挙によって選ばれる。このように，〔1〕住民が地方議員と首長という２種類の代表を選ぶことが，地方自治の特徴でもある。

首長は，予算案や条例案を作成して議会に提出し，議決した予算や条例を実施したり，地方公務員の指揮・監督や地方税の徴収をおこなったりする。国の政治に先がけた政策や，他の地方公共団体にはみられない独自の取り組みをおこなうなど，〔2〕首長が指導力を発揮する場面もみられる。

首長の補佐・代理として，都道府県には副知事，市（区）町村には副市（区）町村長という任期 ア 年の補助機関が置かれている。また，首長からある程度独立した機関として，選挙管理委員会や教育委員会などの行政委員会が設置されている。

議会と首長も，国会と内閣の関係と同じく，抑制と均衡の関係にあるといえる。議会は，首長の不信任決議をおこなうことができるが，可決された場合，首長は ウ 失職する。一方，首長は，議会の解散や議決された予算・条例を拒否し審議のやり直しを求めることができる。

また，地方自治法においては，〔3〕直接民主制の原理にもとづいた権利，いわゆる〔4〕直接請求権が認められている。

問1　文中の［ア］と［イ］に当てはまる語句の組み合わせとして最も適切なものを，次の①～⑧から1つ選んで番号で答えよ。（マーク解答欄）［21］

	ア	イ
①	3	直接
②	3	間接
③	4	直接
④	4	間接
⑤	5	直接
⑥	5	間接
⑦	6	直接
⑧	6	間接

問2　文中の［ウ］に当てはまる記述として最も適切なものを，次の①～③から1つ選んで番号で答えよ。（マーク解答欄）［22］

① 10日以内に地方選挙を実施しなければ
② 10日以内に住民投票を実施しなければ
③ 10日以内に議会を解散させなければ

問3　文中の下線部〔1〕に関連して，住民の選挙権および被選挙権に関する記述として最も適切なものを，次の①～④から1つ選んで番号で答えよ。
（マーク解答欄）［23］

① 地方議員の選挙権は18歳以上であるが，首長の選挙権は20歳以上である。
② 地方議員の選挙権は18歳以上で，地方議員の被選挙権は25歳以上である。
③ 市（区）町村長ならびに都道府県知事の被選挙権はともに30歳以上である。
④ 市（区）町村議会議員の被選挙権は25歳以上で，都道府県議会議員の被選挙権は30歳以上である。

問4　文中の下線部〔1〕のようなしくみを何というか。漢字5字で答えよ。
（記述解答欄）［D］

問５　文中の下線部〔２〕に関連して，近年の新型コロナウイルスの感染防止対策をめぐって全国の知事の対応力が問われ，メディアに登場する場面も多くみられた。知事とその知事が現時点で所属する都道府県の組み合わせとして**誤っているものを**，次の①～⑧から１つ選んで番号で答えよ。（マーク解答欄）［24］

① 鈴木直道知事 － 北海道　　② 吉村洋文知事 － 大阪府

③ 丸山達也知事 － 島根県　　④ 大村秀章知事 － 愛知県

⑤ 大野元裕知事 － 神奈川県　　⑥ 村井嘉浩知事 － 宮城県

⑦ 小池百合子知事 － 東京都　　⑧ 玉城デニー知事 － 沖縄県

問６　文中の下線部〔３〕を唱えた18世紀フランスの思想家に関する記述として最も適切なものを，次の①～④から１つ選んで番号で答えよ。（マーク解答欄）［25］

① 主著『法の精神』を著し，三権分立を唱えて，国王の絶対主義を批判した。

② 社会契約説を唱え，人それぞれが公共の利益を求めることで自由と平等は実現されると主張した。

③ 主著『統治二論（市民政府二論）』を著し，政府に対する人民の抵抗権を認めた。

④ 社会契約説を唱え，彼の主張する議会政治のあり方は，フランス人権宣言にも反映されている。

問7　文中の下線部〔4〕に関連して，次の表の空欄 [エ] ～ [カ] に当てはまる語句の組み合わせとして最も適切なものを，次の①～⑧から1つ選んで番号で答えよ。（マーク解答欄） [26]

表

		必要な署名数	請求先
条例の制定・改廃の請求		有権者の [エ]	首長
監査請求			監査委員
解職請求	首長・議員	有権者の [オ]	選挙管理委員会 ＊住民投票で [カ] の同意があれば解職
	その他の役職員		首長
解散請求			選挙管理委員会 ＊住民投票で [カ] の同意があれば解散

	エ	オ	カ
①	30分の1以上	5分の1以上	3分の2以上
②	30分の1以上	5分の1以上	過半数
③	5分の1以上	30分の1以上	3分の2以上
④	5分の1以上	30分の1以上	過半数
⑤	50分の1以上	3分の1以上	3分の2以上
⑥	50分の1以上	3分の1以上	過半数
⑦	3分の1以上	50分の1以上	3分の2以上
⑧	3分の1以上	50分の1以上	過半数

〔6〕次の文章はDさんが書いた「司法制度と裁判」に関する公民の授業メモである。この授業メモを読み，以下の問いに答えよ。

公民の授業メモ

裁判の種類と人権

❶民事裁判

・民事裁判のうち，国や地方公共団体に対して訴える場合は行政裁判という

❷刑事裁判

・何が犯罪でどのような処罰を受けるのかについては，あらかじめ法律によって定められている（罪刑法定主義）

❸人権保障

・〔1〕被疑者や被告人の人権を保障するために，刑事裁判で有罪が確定するまでは「罪を犯していない者」として扱わなければならない

司法制度改革

❶国民の司法参加

・〔2〕検察審査会制度（1948 年～）

・〔3〕裁判員制度（2009 年～）

❷法曹の拡大

・他国に比べて人口に対して法曹（裁判官・検察官・弁護士）の割合が低いことが問題

→専門職大学院である法科大学院（ロースクール）を設置（2004 年～）

❸身近な法律相談窓口の設置

法務省所轄の独立行政法人である ［ ア ］ が全国 50 カ所に地方事務所を設置（2006 年～）

問１　下線部〔1〕の内容として**誤っているもの**を，次の①～④から１つ選んで番号で答えよ。(マーク解答欄) ［27］

①　現行犯以外は検察が発行する令状がなければ，原則として警察は逮捕や捜索をすることができない。

②　拷問によって被疑者や被告人の自白を強要した場合は，その自白内容は裁判における証拠として扱われることはない。

③　被疑者や被告人の罪が明確であっても，弁護人を依頼する権利は保障される。

④　経済的な理由で弁護人を依頼することができない被告人には，国が費用負担をして国選弁護人をつけることになっている。

問2　下線部〔2〕の説明として最も適切なものを，次の①～④から1つ選んで番号で答えよ。(マーク解答欄) 28

① 成年未成年に関わらず，無作為に（くじなどで）選ばれた11人の有権者が検察審査員となる。

② 検察審査会が「不起訴不当」「起訴相当」と議決した場合は，検察は必ず起訴しなければならない。

③ 同一の事件で2回「起訴相当」の判断が出された場合は，強制的に起訴される。

④ 今までに検察審査会の議決によって起訴されたことはない。

問3　下線部〔3〕の説明として最も適切なものを，次の①～④から1つ選んで番号で答えよ。(マーク解答欄) 29

① 裁判員は担当する事件についての有罪か無罪かを審議の上決定するが，刑罰の内容を決めることはない。

② 裁判員が参加するのは殺人や強盗致死傷などの，最高裁判所で審議される重大な犯罪についての刑事事件のみである。

③ 裁判員は有権者の中から無作為に（くじなどで）選ばれ，選ばれた国民はいかなる理由であっても必ず裁判に参加しなければならない。

④ この制度は，裁判制度に国民の視点や感覚を取り入れたり，司法を国民にとって身近なものとして認識させたりすることを目的としている。

問4　公民の授業メモ内の空欄 ア に当てはまる語句を答えよ。
(記述解答欄) E

二〇二一年度　入学試験問題

国　語

試験開始の合図があるまで、この問題冊子を開いてはいけません。
左記の受験上の注意事項をよく読んでください。

受験上の注意事項

一　問題用紙は20ページです。

二　試験時間は四十分です。

三　解答用紙に、**氏名（フリガナ）・中学校名を記入し、受験番号は記入とマークを**しなさい。

四　**マークシート記入上の注意**

㈠　マークの記入は、必ず黒鉛筆またはシャープペンシルで、所定のマーク解答欄の⬭を正確にぬりつぶす。

㈡　記述解答の記入は、所定の記述解答欄に丁寧に行う。

㈢　訂正は、消しゴムできれいに消す。

㈣　解答用紙を、折り曲げたり、汚したりしない。

＊マークされていない場合または必要以上にマークがある場合は、０点です。

マークの仕方	良い例	悪い例
マークをする時	鉛筆で正確にぬりつぶす	
マークを消す時	消しゴムで完全に消す	

中京大学附属中京高等学校

〔一〕 次は坂井《さかい》豊貴《とよたか》の文章である。これを読んで、後の問いに答えよ。（ただし、一部変更した箇所がある）

「多数決」という言葉の字面を眺めると、いかにも多数派の意見を尊重しそうである。だからこそ少数意見の尊重も大切と言われるわけだ。だがそもそも多数決で、多数派の意見は常に尊重されるのだろうか。

一つの反例を挙げてみよう。アメリカでは四年に一度、全米をあげての大統領選挙が行われる。選挙期間中は大々的なパレードや公開討議が行われ、街中でも一般家庭が支持候補の旗を窓に飾るなど、なかばお祭り騒ぎの様相を呈する。

アメリカには共和党と民主党の二大政党があり、大統領選挙では毎回、両党が接戦を繰り広げる。なかでも二〇〇〇年の戦いは熾烈《しれつ》なものだった。共和党の候補はジョージ・W・ブッシュ、父親も大統領を務めた二世政治家のテキサス州知事だ。対する民主党の候補はアル・ゴア、環境保護と情報通信政策に通じた当時の副大統領である。

事前の世論調査ではゴアが有利、そのまま行けばおそらくゴアが勝ったはずだ。ところが結果はそうはならず、最終的にブッシュが勝った。この選挙は、票の数えミスや不正カウント疑惑など、それだけで本が一冊書けるほど問題含みのものだったが、ここでは次の点だけに注目しよう。

途中でラルフ・ネーダーが「第三の候補」として立候補したのだ。彼は、大企業や圧力団体などの特定勢力が献金やロビー活動で政治に強い影響力を持つことに対して、反対活動を長く行ってきた弁護士の社会活動家だ。政治的平等を重視する民主主義の実践家だといってもよい。一九六〇年代には自動車の安全性をめぐって巨大企業ゼネラル・モーターズに戦いを挑み、勝利を収めたこともある。

ネーダーの立候補には、二大政党制に異議申し立てをする、有権者に新たな選択肢を提供するという意義があった。とはいえ二大政党に抗して彼が取れる票はたかが知れている。話題にはなっても当選の見込みはない。

ネーダーの政策はブッシュよりもゴアに近く、選挙でネーダーはゴアの支持層を一部奪うことになる。ゴア(ア)ジンエイは「ネーダーに票を入れるのは、ブッシュに票を入れるようなものだ」とキャンペーンを張るが、十分な効果は上げられない。ゴアがリードしていたとはいえ激戦の大統領選挙である。この痛手でゴアは負け、ブッシュが勝つことになった。

特に難しい話をしているわけではない。要するに票が割れてブッシュが［甲］わけだ。ゴアにしてみれば、ネーダーは随分と余計なことをしてくれたことになる。そもそもネーダーだって一有権者としては、ブッシュとゴアなら、ゴアのほうが相対的にはマシだと思っていたのではないか。

選挙の開票に関する混乱ののち、二〇〇一年一月にジョージ・W・ブッシュは第四三代アメリカ大統領に(イ)シュウニンした。そしてその九月に、ハイジャックされた二機の飛行機がニューヨークの空をゆっくりと舞い、摩天楼にそびえ立つ世界貿易センター・ツインタワーへ続けて突撃した。アメリカは同時多発テロの襲撃を受けたのだ。

　ブッシュは報復として一連の「テロとの戦争」を始め、アフガニスタンへの侵攻を開始した。さらに彼は自分の父親が大統領だった頃から因縁深い、イラクへの侵攻も開始した。開戦の名目は、イラクのフセイン政権がテロ組織に大量破壊兵器を渡す危険性があるというものだったが、フセイン政権はテロ組織と交流がないうえ大量破壊兵器を持っていなかった（そもそも「イラク侵攻ありき」だった疑いが非常に強い）。

　アメリカはフセイン政権を倒してイラクの民主化を試みるもののうまく行かない。少数派として抑圧されるようになったイスラム教スンニ派の武装集団は、その後イラクの一部を攻め落とし、奴隷制を認め誘拐や爆弾テロを行う大規模組織ＩＳＩＬを設立、自ら国家と称するまでになった。フセイン政権による圧政《ティラニー》から過激派による無秩序《アナーキー》へと、前近代的に移行したわけである。

　ゴアが大統領ならイラク侵攻はまず起こらなかっただろうから、（※1）泡沫《ほうまつ》候補ネーダーの存在は、その後の世界情勢に少なからぬ影響を与えたことになる。

　ではネーダーは大統領選挙に安易に立候補すべきではなかったのだろうか。二大政党制のもとで「第三の候補」は立候補を慎むべきなのか。だが二大政党制とは、巨額の資金を必要とする二つの巨大な組織だけが選択肢を提供する政治形態である。選択の余地は狭い。閉塞感を抱える有権者に、新たな選択肢を与えて何が悪いのか。

　悪いのは人間ではなく多数決のほうではないだろうか。それは人々の意思を集約する仕組みとして深刻な難点があるのではなかろうか。では具体的に難点とは何か。それを知るためには概念を明確化して突き止める必要がある。それはまた難点の少ない、あるいは利点の多い代替案を探すうえで欠かせないことだ。

　投票で「多数の人々の意思をひとつに集約する仕組み」のことを集約ルールという。多数決はたくさんある集約ルールのひとつに過ぎない。そして、投票のない民主主義はない以上、民主主義を実質化するためには、性能のよい集約ルールを用いる必要がある。

　確かに多数決は単純で分かりやすく、私たちはそれに慣れきってしまっている。だがそのせいで人々の意見が適切に集約できないのなら［　乙　］であろう。それは性能が悪いのだ。もし「一人一票でルールに従い決めたから民主的だ」とでもいうのなら、形式の抜け殻だけが残り、民主的という言葉の中身は消え失《う》せてしまうだろう。投票には儀式性が伴えども、それは単なる儀式ではない。Ａ聞きたいのは神託ではなく人々の声なのだ。

　さらにいえば、有権者の無力感は、多数決という「自分たちの意思を細かく表明できない・適切に反映してくれない」集約ルールに少なからず起因するのではないだろうか。であればそれは集約ルールの変更により改善できるはずだ。

多数決を含む集約ルールの研究は、フランス革命前のパリ王立科学アカデミーで本格的にはじめられた。主導したのは二人の才人、ボルダ(※2)とコンドルセ(※3)である。

（　中　略　）

ボルダが指摘したのは次のようなことだ。いま1人の有権者が投票用紙に1人の名前を書く、いわゆる普通の多数決を考えてみよう。有権者は21人、選挙の立候補者は「Ｘ、Ｙ、Ｚ」の3名だ。そして結果は「Ｘに8票、Ｙに7票、Ｚに6票」だったとする。多数決で勝つのは最多の8票を獲得したＸだ。

この結果によれば、有権者のうち8人がＸを、7人がＹを、6人がＺを1位と判断したわけだ。だがもし彼らが2位以下を図表のように考えていたとしたら、勝者がＸとなるのは果たして適切だろうか。

	4人	4人	7人	6人
1位	Ｘ	Ｘ	Ｙ	Ｚ
2位	Ｙ	Ｚ	Ｚ	Ｙ
3位	Ｚ	Ｙ	Ｘ	Ｘ

図表

図表の読み方だが、Ｘに投票した8人、つまりＸを1位とする8人のうち4人がＸＹＺ、残る4人がＸＺＹと選択肢を順序付けている。また、Ｙを1位とする7人は皆ＹＺＸ、Ｚを1位とする6人は皆ＺＹＸである。

なるほど確かにＸは最多の1位を集めている。だがここでＸを「多数意見の尊重」と考えてよいものだろうか。というのは有権者21人のうち13人、約6割がＸを最下位の3位にしているからだ。彼らの1位がＹとＺに割れたから、Ｘが多数決で最多票を得られただけではないか。

このことをボルダは「2人のアスリートが疲れきってしまった後で、第三の最も弱い者に負けてしまうようなものだ」と表現した。ボルダはこの「第三の最も弱い者」という感覚に、次のような定式化を与える。

ボルダはＸが、Ｙにも Ｚにも、ペアごとの多数決で負けることに着目した。具体的には、ＸとＹで多数決をすると、Ｘを計8人（ＸＹＺの4人とＸＺＹの4人）が支持するが、他の13人（ＹＺＸの7人とＺＹＸの6人）はＹを支持する。つまりＸはＹに、8対13で負けるわけだ。同様に、ＸはＺにも、8対13で負ける。

つまりＸは、ペアごとの多数決で、ＹにもＺにも負けてしまう。このように、ペアごとの多数決で、他のあらゆる選択肢に負けてしまう選択肢のことを、ペア敗者という。Ｘはペア敗者という「第三の最も弱い者」であるにもかかわらず、全体での多数決だと最多票を得て勝利してしまうのだ。

ペア敗者という定式化を得たのは分析を進めるうえで大きい。これによりペア敗者を選ばない、多数決とは異なる集約ルールを見付けようという方針が明確になるからだ。

ボルダが考えたのは次の集約ルールで、今ではボルダルールと呼ばれている。それは例えば選択肢が三つだとしたら、1位には3点、2位には2点、3位には1点というように加点をして、その総和（ボルダ得点）で全体の順序を決めるやり方である。

Xのボルダ得点を計算すると、（3点×8）＋（2点×0）＋（1点×13）＝37点となる。他の選択肢にも同様に計算すると、Yは［丙］点、Zは44点である。つまりボルダルールによればYZXの順番で望ましいわけだ。ボルダルールが勝者として選ぶのは最上位のYで、ペア敗者のXは最下位になっている。

この例に限らず、有権者が何人でも、選択肢が何個でも、そして有権者の選択肢への順序付けがどのようであっても、ボルダルールはペア敗者を選ばない。つまり「いかなるときもペア敗者を選ばない」という規準、ペア敗者規準を満たすわけだ。その意味でボルダルールは集約ルールとして性能がよい。

設問の都合上、書籍名を省略した。

語注

（※1）泡沫候補…当選する見込みが極めて薄い選挙立候補者。

（※2）ボルダ…ジャン・シャルル・ド・ボルダ。一八世紀、フランスの数学者、物理学者、政治学者、航海士。

（※3）コンドルセ…ニコラ・ド・コンドルセ。一八世紀、フランスの数学者、哲学者、政治家。

問一　二重傍線部（ア）・（イ）と傍線部が同じ漢字であるものを、それぞれ次の①～⑤のうちから一つずつ選べ。

（マーク解答欄）（ア）は［1］、（イ）は［2］

（ア）ジンエイ

①　映画をサツエイする。
②　会社をケイエイする。
③　エイセイ中継で見る。
④　新進キエイの学者。
⑤　エイエンの美しさ。

（イ）シュウニン

①　切手のシュウシュウ家。
②　古いインシュウを打破する。
③　キョシュウを決めかねる。
④　前線からテッシュウする。
⑤　シュウガク旅行。

問二　空欄［甲］に入る最も適当なものを、次の①～⑤のうちから一つ選べ。（マーク解答欄）［3］

①　他山の石とした　②　漁夫の利を得た　③　画竜点睛《てんせい》を欠いた　④　一炊の夢を見た　⑤　蛍雪の功を得た

問三　空欄［乙］に入る最も適当なものを、次の①～⑤のうちから一つ選べ。（マーク解答欄）［4］

①　馬耳東風　②　一進一退　③　一長一短　④　因果応報　⑤　本末転倒

問四　傍線部Ａ「聞きたいのは神託ではなく人々の声なのだ」とあるが、どういうことか。説明として最も適当なものを、次の①～⑤のうちから一つ選べ。（マーク解答欄）［5］

①　多数決は広く用いられているから最も妥当性が高い集約ルールなのだと単純に盲信してしまうのではなく、少数派の不満の声もしっかり聞くべきだということ。

②　慣れ親しんだ多数決が形式的な集約方法であることに気づかずその結果をありがたがるのではなく、自分たちの意思を適切に表明してくれる集約方法を求めるべきだということ。

③　多数決は、自分たちの意思を適切に反映できる一定のルールに基づいていると無批判に受け入れるのではなく、一人一人の生の声を聴くことの大切さを認識すべきだということ。

④　選挙の結果が尊重されるために多数決の儀式性は重要であるが、今求められているのは形式ではなく、直接選挙によって正しく反映された民意だということ。

⑤　単純明快な仕組みで大衆にもわかりやすい多数決の結果を何の疑いもなく信じてしまうのではなく、一人一人の声に耳を傾けることが大切だということ。

問五　図表のXは、本文中のアメリカ大統領選挙の三人の候補者のどれにあてはまるか。次の①～③のうちから一つ選べ。
（マーク解答欄）　6

①　ゴア　　②　ネーダー　　③　ブッシュ

問六　空欄 丙 に当てはまる数字を答えよ。（記述解答欄）　A

問七　この文章の題名として空欄に入る最も適当な語を文中から抜き出せ。（記述解答欄）　B

「　　　を疑う」

問八　この文章の構成について述べた説明文として最も適当なものを、次の①～⑤のうちから一つ選べ。（マーク解答欄）　7

①　最初に反語表現を用いて筆者の主張を提示し、次に具体例を示して筆者の主張の正しさを印象づけることで、読者の感情に訴え、共感を得るように工夫している。

②　最初に一般論の提示と問題提起を行い、次に筆者の主張を裏づけるための例を挙げる。そして例を踏まえて問題点を指摘し、それを解決できる新たな分析方法を紹介している。

③　最初に一般論の提示と問題提起を行い、次に筆者の主張を説明するための例を挙げる。さらに具体例の歴史的側面を強調することで効果的にその後の筆者独自の分析方法へとつなげている。

④　最初に結論を述べ、次にその反例をドキュメンタリータッチで臨場感をもって紹介し、問題点が徐々に改善されてきたことを示して筆者の主張が正しいことを裏付けている。

⑤　最初に主張をし、次にその反例を二つ挙げ、それらの共通点から問題点を導き出す。そして解決策を歴史的な側面から提示し、最初の主張を裏付けている。

〔二〕　次の文章を読んで、後の問いに答えよ。

あらすじ　中学受験を控えた「朋樹《ともき》」は、七月に入ったころから塾に行けなくなり、精神的なストレスから後頭部に円形脱毛の症状が表れた。心療内科の医師の勧めから受験勉強を中断し、環境を変えて過ごすこととなり、母の実家である北海道の祖父母の家に来ている。そこで、化石採りをしている「戸川」と出会った。

昨日と同じルートで川原に下りた。キンキンキン、と例の音が聞こえる。

バックパックには、水のペットボトル、タオル、防寒着、そして板チョコを一枚入れてきた。万が一のことがあったとき、北海道の大自然をなめていた東京の小学生として報道されるのは避けたい。

祖母にはユーホロ湖までサイクリングに行くと言ってある。嘘《うそ》をついてまでここへ来た理由は二つ。一つはもちろん、リベンジだ。昨日湯船につかりながら、左手人差し指の血マメと右手にできたハンマーのマメを見て、あらためて悔しさがこみ上げてきた。アンモナイトのかけらも採れないままでは終われない。

もう一つの理由は、戸川という人物に対する興味だ。なぜ祖父は、戸川に朋樹を近づけたくないのか。あの口ぶりからして、祖父と戸川の間に確執めいたものがあるのは間違いない。二人が現役だった頃に、仕事上のトラブルでもあったのかもしれない。

昨夜布団に入ってから、スマホで博物館のサイトをチェックしてみた。スタッフは、館長、学芸員一名、非常勤職員一名――おそらく受付の若い女性――の三人だけ。年に数回、化石鑑定会や自然観察のイベントを催しているらしい。わかったのはそれぐらいで、戸川に関する情報は何も出てこなかった。

施設名に〈戸川〉の名前を加えて検索すると、十年以上前に開かれた町民講座の案内がまだ残っていて、当時館長として講演した戸川のプロフィールが載っていた。〈一九四八年、富美別町生まれ。北海道大学大学院修了後、北海道立科学博物館研究員を経て、一九九六年より現職〉――。つまり、五十歳を前に大きな博物館を辞め、生まれ故郷の博物館に館長として帰ってきたということらしい。

朋樹にはもう一つ引っかかっていることがある。ヨシエが口にした、「いろんなことを言う人がいるけどね」という言葉だ。戸川が町の人々から疎まれるようなことでもしでかしたのかと思って調べてみたが、ネット上にそのような書き込みは見当たらなかった。

いずれにせよ、朋樹が戸川についてあれこれ詮索する必要はまったくない。興味本位といえばそれまでだが、反発もあった。何の説明もなくただ戸川に近づくなといわれても、納得できない。大人の事情だといって遠ざけられることに対して、反抗心がわいたのだ。

なんで別居することになったの？　離婚するつもりなの？　親権はどうなるの？　何を訊《き》いても、「それは大人の話だから、そのうちね――」。そうやって除《の》け者にされるのは、うんざりだった。もう十二歳。そこらの小学生より知識はある。幼稚な駄々をこねたりもしない。A話してさえくれれば、何だってわかるのだ。

例えば。自分や両親のことをあの大人に――戸川に話してみたら、何と言うだろう。もちろん自分からペラペラしゃべるつもりはない。あれこれ訊かれてもうざったい。ただ、あの人なら、他の大人たちとは違うことを言いそうな気がした。

キンキンキン。もうすぐそこで響いている。崖の向こうに、戸川の姿が見えた。

昨日と同じ場所を一時間近く掘ったが、ノジュール(※1)は出てこなかった。

少し離れた斜面にはりついていた戸川は、その間に二つノジュールを叩《たた》き割り、アンモナイトを一つ手にしている。

戸川はノジュールを見つけても、朋樹に譲ろうとはしなかった。大人げないジジイ――。こちらを気づかう素振りさえ見せない戸川に、ついそんな(ア)アクタイをつきたくなる。

ハンマーを置き、ペットボトルの水を喉に流し込んだ。斜面の前で小さなノートを開いていた戸川に、うしろから声をかける。

「あの、ちょっといいすか」

「何だ」戸川は振り向きもしない。

「僕の母が子どもの頃に化石を採ったときは、もっと簡単だったみたいなんですけど。ノジュールなんか割らなかったって」

「お母さんは、ここの出身なのか」

「はい」

「昔は、子どもでも気軽に化石採りが楽しめる露頭(※2)が、いくつもあった」

「ハンマーも使わずにですか」

「ああ。無論、状態のいい化石は出ないが」

「そういうイージーな場所、もうなくなっちゃったんですかね」

つかの間の沈黙のあと、戸川は億劫《おっくう》そうに言った。「博物館に行けば、そのことについて書かれたパネルがある」

「いや、昨日帰りに寄ってみたんですけど。そんなパネル、なかったような……」

「あると言ったらある。パネルを作った本人がそう言ってるんだ」

「あ、ヨシエさんて人から聞きました。あそこの館長さんだったって」

戸川がやっとこちらに首を回した。「君、名前は何というんだ」
「内村朋樹です」ここでジャブを打ってみることにした。「母の旧姓は、楠田っていうんですけど」
「楠田？」戸川が眉を持ち上げる。「もしかして君は、楠田重雄さんの、親戚か」
「楠田重雄は、僕の祖父です」
「――そうだったのか」戸川はこちらに近づいてきながら、眼鏡に手をやった。「言われてみれば、どことなく似ているな。重雄さんは、お元気か」
B「ええ、元気ですけど……」
想像していた反応と違う。戸川の表情にも声にも、険のようなものは感じられない。祖父との間でいざこざがあったというのは、思い過ごしなのだろうか――。
そのまま二人とも川のほうを向いて座り込み、休憩するような形になった。
「何年生だ」戸川が水筒のふたを開けながら言った。
「六年」
「中学受験するんだろう。夏休みの間も塾があるんじゃないのか」
「ありますけど……今ちょっと休んでて」
「――そうか」
見透かすような戸川の視線を受け、無意識にキャップの後頭部に手をやった。C無理に声を明るくする。
「でも大丈夫ですよ。僕、これでも結構成績いいんで。どれぐらい休んだらヤバくなるかは、自分でわかります。そう簡単には追いつかれない」
「上に追いつくこともできないんじゃないのか」
「いや、偏差値の高い学校ならいいってわけじゃないんで。やっぱ、偏差値と校風のバランスっていうか。ほら、人に聞いたりネットで調べたりしたら、その学校のリアルな校風って、わかるじゃないですか」
言っているうちに、胃のあたりに不快感が広がった。
「大人びてるな」戸川は水筒の中身をひと口含んだ。「いい学校を出て、将来は何になりたいんだ」
「母は、医者か弁護士ってずっと言ってますね。でもこの先、弁護士は生き残り競争が厳しくなるってこと、わかりきってるし。リスクが少ないのは、やっぱ医者かな。父も同じ意見だと思いますよ。具体的な話まではしませんけど、父が考えてそうなことはわかるんで」

「私が訊いているのは――」

「僕自身はどうなのかってことですよね？」朋樹は先回りした。「でもそれって、今決めることじゃなくないですか。大学に入るまでの間に考えだって変わるだろうし。とにかく、今から勉強しとけば将来の選択肢が増えるってことはわかってるんで。でも母はそこがよくわかってないんですよね。自慢できるような職についてほしいって気持ちは、わかりますけど」

言い訳でもするようにまくしたてる朋樹を、戸川はじっと見つめていた。

「君は、何でも　D　んだな」

不意の言葉に、胃がぎゅっと締めつけられた。戸川に悟られぬようわずかに身をかがめ、浅い呼吸を繰り返す。

痛みが和らぐにつれ、胸の奥底に沈めていたことが、あぶり出しのように浮かび上がってくる。E塾に行けなくなった本当の理由だ。

朋樹は今、泥の中にいる。海底の泥にとらわれたアンモナイトのように、身動きがとれないでいる。何が問題かということは、全部わかっているはずなのに――。

朋樹には、ずっと憧れている学校がある。鎌倉にある中高一貫の私立男子校だ。父方のいとこが通っていて、以前から学内の様子を詳しく聞かされていた。伝統校でありながら、自由な雰囲気。教師陣は個性的で、受験一辺倒の授業はしない。それでも進学実績は素晴らしく、最近ではアメリカの一流大学に進む生徒も増えている――。

そんな話を刷り込まれていれば、当然自分もその学校に、と思うようになる。朋樹は何ら疑問を抱くことなく、四年生から進学塾に通い始めた。成績は順調に伸び、すぐに最上位のA1クラスに上がることができた。

五年生になると、状況に二つ変化が起きた。一つは、両親の別居。父親が帰宅しない日がだんだん増えていたので、その気配は感じていた。父親のことは好きだったし、父親も多忙ながら朋樹には精いっぱいのことをしようとしてくれていたと思う。だから、「明日からパパとは別々に暮らすんだよ」と母親に告げられたときの衝撃は、今なお(イ)ザンキョウとして朋樹の胸の奥にある。二、三ヵ月は勉強に手がつかず、もう少しでA2クラスに落ちるところだった。

もう一つ変わったのは、鎌倉の学校の受験資格だ。来春の入試から、「通学時間が片道九十分以内であること」という制限が設けられることになったのだ。豊洲の自宅から学校まで、どんなに急いでも百分以上かかる。他の学校が眼中になかった朋樹は、愕然《がくぜん》とした。

それを知った父親が、ある提案をしてきた。高校を卒業するまで、自分と一緒に暮らせばいいというのだ。家を出た父親は、川崎市内の賃貸マンションから品川の会社に通勤していた。確かに川崎からなら、鎌倉の学校まで一時間もかからない。

母親は反対した。あの人には栄養管理ができない、毎晩帰りが遅すぎる、マンションが手狭だ――などと難点を並べ立てていたが、それらはみな些末《さまつ》なことだ。母親の頭の大半を占めているのは、息子と離れて暮らすことへの不安と寂しさだろうと朋樹は思っていた。朋樹としても、母親を一人にするのは心配だ。二人の反応をみた父親は、週末だけ豊洲に帰ればいいじゃないかと、新たな提案をしてきている。

そして、二ヶ月ほど前。母親がもっと大きな懸念《けねん》を抱えていることを、朋樹は知った。ある晩リビングで母親が祖母と電話で話しているのを、偶然聞いてしまったのだ。食卓に頬づえをついた母親は、こう言っていた。「――ただね、あの人が、朋樹と一緒に住んでるってことを理由にして親権を主張してくる可能性は、あると思うんだよね――」

意味はすぐにわかった。そんな話を祖母としているということは、離婚はもう避けられないのだろう。それは朋樹も覚悟していた。だが、自分が鎌倉の学校に入ることが両親の間にさらなる争いを引き起こすかもしれないなんて、想像もしていなかった。

眠れない夜が続いた。自分はどうするべきか、母親にも父親にも訊くことはできない。追い討ちをかけるように、塾から通知がきた。夏期講習の最終日までに第一志望を決めて届け出るように、というのだ。九月からいよいよ志望校別の試験対策が始まるからだ。

朋樹の頭と心は、中に泥でもつまったかのように、機能を停止してしまった。あふれ出した泥は、とうとう体まで侵し始めている。朋樹が化石になってしまうのは、もはや時間の問題だった――。

（伊《い》与《よ》原《はら》新《しん》「アンモナイトの探し方」『月まで三キロ』所収　新潮社刊より　ただし一部変更した箇所がある）

語注

（※1）ノジュール…化石の入った丸い石。

（※2）露頭…岩石や地層が土壌などにおおわれないで、直接地表に現れているところ。

問一　二重傍線部（ア）・（イ）と傍線部が同じ漢字であるものを、それぞれ次の①～⑤のうちから一つずつ選べ。
（マーク解答欄）（ア）は 8 、（イ）は 9

（ア）アクタイ

① 彼女はニンタイ強い性格だ。
② タイダな生活を送る。
③ ジュウタイに巻き込まれる。
④ ギタイゴを多用する。
⑤ 教室でタイキする。

（イ）ザンキョウ

① 創立者のキョウゾウ。
② ボウキョウの念を抱く。
③ 新たなキョウチに至る。
④ ソッキョウで曲を作る。
⑤ 意外なハンキョウに驚く。

問二　傍線部Ａ「話してさえくれれば、何だってわかるのだ」について、「朋樹」の心情の説明として**適当でないもの**を、次の①～⑤のうちから一つ選べ。（マーク解答欄） 10

① 子ども扱いしてほしくないと、不満を抱いている。
② 駄々をこねていると思われることを、恐れている。
③ 自分だけ仲間外れにされていて、ふてくされている。
④ 大人と同じ立場に立ち、冷静に対応しようとしている。
⑤ 何も話してくれない大人に対して、反発している。

問三　傍線部B「想像していた反応と違う」とあるが、どんな反応を想像していたのかを説明した次の文章の空欄を補って、完成させよ。なお、【Ⅰ】は、本文中から二字で抜き出し、【Ⅱ】は後の《語群》①～⑤のうちから、最も適当なものを一つ選べ。

【Ⅰ】は（記述解答欄）[C]、【Ⅱ】は（マーク解答欄）[11]

朋樹は、戸川と祖父の間に【Ⅰ】があったと思い込んでおり、楠田の孫であることがわかったならば、【Ⅱ】態度をとられると想像していた。

《語群》①　とげとげしい　②　しらじらしい　③　ふてぶてしい　④　よそよそしい　⑤　なれなれしい

問四　傍線部C「無理に声を明るくする」について、この時の「朋樹」の心情として最も適当なものを、次の①～⑤のうちから一つ選べ。

（マーク解答欄）[12]

①　「戸川」に受験生にも関わらず塾を休んで遊んでいることがばれてしまい、居心地が悪くなっている。

②　「戸川」に自分の抱えている問題を見抜かれる気がして、とりつくろって本心を必死に隠そうとしている。

③　「戸川」に塾を休むような落ちこぼれだと思われていることを感じ、言い訳できずに恥ずかしくなっている。

④　「戸川」に自分の身体的な悩みを見抜かれそうな気がして、余計な心配をされたくないとあせっている。

⑤　「戸川」に進路のことを相談する機会を探っていたが、急に自信がなくなり、はぐらかそうとしている。

問五　空欄 [D] に当てはまるひらがな三字を本文中から抜き出して答えよ。（記述解答欄）[D]

問六　傍線部E「塾に行けなくなった本当の理由」について、端的に述べている部分を「～から。」に続くように、本文中から三十字以上四十字以内で抜き出し、はじめと終わりの三字を答えよ。（記述解答欄）[E]

問七　「戸川」と「朋樹」の人物像の説明として最も適当なものを、次の①～⑤のうちから一つ選べ。（マーク解答欄）　13

①　「戸川」は、化石採りに夢中で一つのことに熱中すると周りが全く見えなくなる人物であり、「朋樹」は負けず嫌いで一度決めたことは最後までやり通そうとする人物。

②　「戸川」は、一度決めたことは他人に譲らず、周りの意見に耳を傾けない頑固な人物であり、「朋樹」は優柔不断で、周りの大人の目を必要以上に気にしている人物。

③　「戸川」は、自分勝手な行動により周りの人から避けられている人物であり、「朋樹」は受験勉強のストレスから、人とうまく関わることのできない人物。

④　「戸川」は、無愛想で多くは語らないが、核心を見抜く人物であり、「朋樹」はおしゃべりで、相手の気持ちを考えずに思いついたことを口走ってしまう人物。

⑤　「戸川」は、小学生相手でも子ども扱いせず正面から向き合う人物であり、「朋樹」は強がりで大人びた態度をとってしまうが、行き場のない不安を抱えている人物。

〔三〕　次の文章は『方丈記』の一節である。これをもとに資料A～Cを参考にして話し合った〈中学生の会話〉について、後の問いに答えよ。

また、養和（※1）のころとか、久しくなりて覚えず《養和のころであったか、長い年月がたったので（正確には）記憶していないが》、二年があひだ、世の中飢渇して《食料が乏しくて》、あさましきことはべりき《驚きあきれるようなことがありました》。或は春夏日照り、或は秋、大風、洪水など、よからぬ事どもうちつづきて、五穀（※2）ことごとくならず。むなしく春かへし《田畑を耕し》、夏植うるいとなみ《田植えの仕事》ありて、秋刈り、冬収むるぞめき《にぎわい》はなし。これによりて、国々の民、或は地をすてて境（※3）を出で、或は家を忘れて山に住む。さまざまの御祈りはじまりて、なべてならぬ法ども行《並み並みならぬ（特別な）、お祈りも行われ》はるれど、さらにそのしるしなし《るが、まったくその効果がない》。京のならひ《ならわし》、何わざにつけても《何事につけても》、みなもとは田舎をこそ頼めるに、絶えて上るものなければ、さのみやは《そういつまでも世間体》操もつくりあへん《ばかりとりつくろっていられようか》。念じわびつつ《我慢しきれなくなって》、さまざまの財物かたはしより捨つるがごとくすれども《売ろうとしても》、さらに目見立つる人なし《誰も振り向いてくれない》。たまたま換ふるものは、金を軽くし、粟を重くす《金を軽く、穀物を重く考える》。乞食、路のほとりに多く、愁へ悲しむ声耳に満てり。

前の年、かくのごとく、からうじて暮れぬ《ようやく暮れた》。あくる年は、立ち直るべきかと思ふほどに、あまりさへ、疫癘《えきれい》うちそひて、まさざまに、あとかたなし《そのうえ、流行病まで加わって、惨状はまさっていくばかりで、良くなる形跡はまったくない》。世人みなけいしぬれば《飢えきってしまったので》、日を経つつきはまりゆくさま《切迫してゆく様子》、少水の魚のたとへにかなへり《わずかしかない水の中の魚のたとえにあてはまる》。はては笠うち着、足ひきつつみ《きちんと笠をかぶり、足をおおうものをつけた》、よろしき姿したる者《相当な身なりをしている者》、ひたすらに家ごとに乞ひ歩く。かくわびしれたるものども《このように困り果ててぼけたようになった人たちが》、歩くかと見れば、すなはち倒れ伏しぬ。築地《ついじ》のつら《土塀沿いに》、道のほとりに、飢ゑ死ぬる者のたぐひ、数も知らず、取り捨つるわざ《片付ける方法》も知らねば、くさき香《死臭》世界に満ち満ちて、変りゆくかたちありさま、目もあてられぬ事多かり。いはむや《まして》、河原（※4）などには、馬、車の行き交ふ道だに《さえ》なし。

（中略）

またいとあはれなる事もはべりき。さりがたき妻をとこ《離れられない妻や夫》持ちたる者は、その思ひまさりて深き者、必ず、先立ちて死ぬ。その故は、わが身は次にして、人をいたはしく思ふあひだに《相手のことをかわいそうに思うので》、稀々《たまに》得たる食ひ物をも、かれに譲るによりてなり。されば、親子ある者は、定まれる事にて《決まって》、親ぞ先立ちける。また、母の命尽きたるを知らずして、いとけなき子のなほ《幼い子がなおも》乳を吸ひつつ臥せるなどもありけり。

仁和寺（※5）に隆暁法印（※6）といふ人、かくしつつ《このように》数も知らず死ぬる事を悲しみて、その首の見ゆるごとに額に阿字（※7）を書きて、縁を結ばしむるわざをなんせられける《仏縁を結んで成仏させることをなさった》。人数を知らむとて、四五両月《四月から五月にかけて》を数へたりければ、京のうち一条よりは南、九条より北、京極よりは西、朱雀よりは東の路のほとりなる頭、すべて四万二千三百余りなんありける。いはむや、その前後に《この二か月の前や後に》死ぬる者多く、また、河原、白河、西の京、もろもろの辺地《へんぴな土地》などを加へていはば、際限もあるべからず、いかにいはんや、七道諸国をや《ましてや、日本全土ではなおさらである》。

語注

（※1）養和のころ…一一八一年、養和と改元。

（※2）五穀　…重要な穀物の意。米・麦・粟・きび・豆など。

（※3）境　…国・村などの境。

（※4）河原　…鴨川の河原。

（※5）仁和寺《にんなじ》　…京都市右京区御室にある真言宗御室派の総本山。

（※6）隆暁《りゅうぎょう》法印　…源俊隆の子。大僧正寛暁の弟子。

（※7）額に阿字～…阿字は一切の根源として尊ばれ、これを死者の額に記すことで成仏できるとされた。

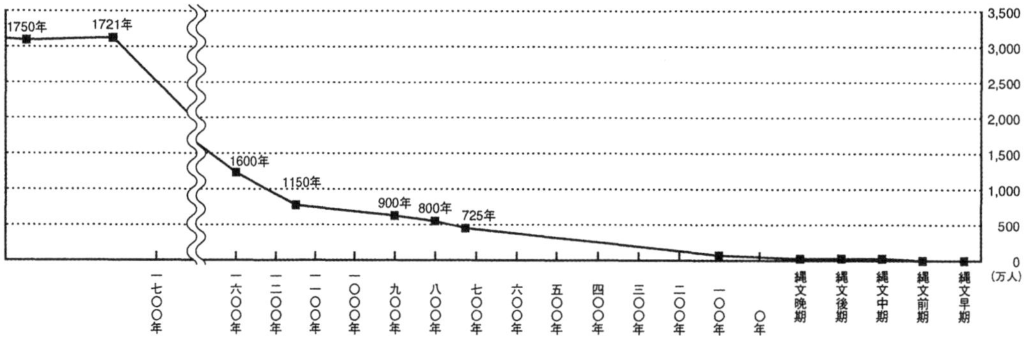

資料Ａ　「人口の推移（推定）」ただし北海道（江戸以前）と沖縄は含まれていない

〈中学生の会話〉

高橋　四万二千三百人以上の死者が出たなんて、今考えてもすごく多いよね。

田中　当時の日本の人口は、えーと、八百万人くらいかな……。

高橋　『方丈記』が書かれたのは、［ア］時代だよね？　だからその時代を見たらわかるよね……。

田中　でも、この話は養和のころで、語注では一一八一年とあるから、その年のデータを見ないといけないよ。

高橋　そっか。じゃあ、八百万人くらいだね。資料を見るときはきちんと年代を確認しないといけないね。

木村　全人口の〇・五三％が亡くなったのか。現代の日本の人口は一億二千六百万人だから、同じ割合で考えると……。えっ？　今だったら六十六万七千八百人くらいが亡くなったってこと？

鈴木　しかも四万二千三百人っていうのは、資料Ｂでいうと、当時の平安京の［イ］だけの数字だよね。それ以外の地域の死者を加えるといったい何人になるのかな。

木村　それに、この人数はたったの二か月分だと書かれているよ。これが二年間続いたとも書いてあるから、とても悲惨な状況だと推測できるね。

鈴木　土塀沿いや鴨川の河原を馬や車が通れない理由は、［ウ］とあるね。

田中　人々が自分の国や村などの境を出て、他国や他郷に放浪したのは［エ］という理由だと書かれているね。

高橋　自分の家を捨ててしまうなんてよっぽどのことだったろうね。政治家は一体何をしていたんだろう。

田中　当時の政治家が行った対策は［オ］と書かれているね。科学的根拠に欠けるように感じるな。

鈴木　昔は、大変なことが起こると、仏教の末世だからと考えていたんだよ。

高橋　今以上に自分の身は自分で守るしかなかったんだね。

鈴木　だから、家財を売ろうとしたみたいだけど、そもそも食料がないんだからどうしようもないよね。

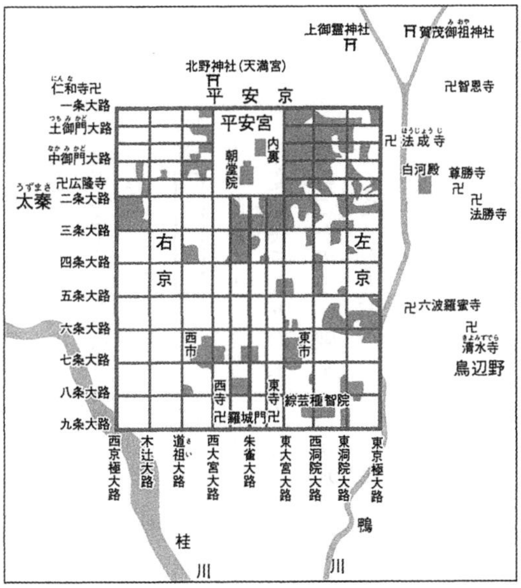

資料B　「平安京平面図」

資料C　「阿字」

田中　でもそんなつらい状況の中でも「あはれなる事」もあったらしいよ。

鈴木　「あはれ」って［カ］という意味の古語だね。

高橋　「親子だったら必ず親の方が先に死んじゃう」っていうところだよね。それはやっぱり［キ］からだとあるね。これは現代にも通じることだよ。読んでいて泣きそうになっちゃった。

田中　だから、隆暁法印のような行いをすることにとても価値があったっていうことか。

木村　資料Cのこれが「阿字」か。現代でも、コロナ禍のとき、アイヌの魔除《まよ》けの紋様のついたマスクをしている政治家もいたね。科学的根拠はないけど、こういうものに頼りたくなる気持ちはとってもわかるなあ。

鈴木　『方丈記』という随筆は無常観がテーマだと習ったけれど、自然に対する人間の無力さは現代に通じるね。

木村　そうだね、現代の私たちと受け取り方が違う部分もあるけれど、八百年も前の記録を残した筆者の［ク］は偉大で、『方丈記』はとても価値ある書物だと思うよ。現代の出来事をきちんと記録して後世に残すことは価値のあることなんだね。

問 〈中学生の会話〉の空欄［ア］～［キ］に入る最も適当なものを、それぞれの選択肢のうちから一つ選べ。また、空欄［ク］に当てはまる人名を漢字で答えよ。

(1) 空欄［ア］（マーク解答欄）［14］

① 奈良　② 鎌倉　③ 室町　④ 安土桃山　⑤ 江戸

(2) 空欄［イ］（マーク解答欄）［15］

① 東側　② 西側　③ 南側　④ 北側

(3) 空欄［ウ］（マーク解答欄）［16］

① もともと河原には道が整備されていなかったから
② 飢饉《ききん》による死人を正式に葬ることができず、仕方なく河原で弔い、仮の墓場としていたから
③ 多くの病人が収容されているため、疫病に感染する危険性が高く、それを避けるため
④ 死者が片付けられずそのまま放置され、目も当てられない惨状だったから
⑤ 死者を弔うことなく放置していたので、疫病に感染するおそれがあったから

(4) 空欄［エ］（マーク解答欄）［17］

① 雨が降らなかったり、台風や洪水など良くないことが続いて、飢饉が起こったから
② 天変地異で人々の生活が苦しいのに、相変わらず、税金は高かったから
③ やむことのない戦乱で都が荒れ果てたので、都にやってくる人が全くいなくなったから
④ 亡くなった人がたくさんいたのにほったらかしにされるなど、秩序が失われてしまったから
⑤ 自分の住む地域で疫病が広がったので、感染しないように他国へ逃げようとしたから

(5)空欄 オ （マーク解答欄） 18

① 神や仏にひたすら頼り、特別なお祈りも一生懸命させた
② 田舎から多くの米を寄進させるよう命令した
③ 雨ごいをして、なんとか雨を降らせようとしたり、収穫祭を執り行ったりした
④ 取り急ぎ、家財を売り払って、米などと物々交換するように推奨した
⑤ 当時力を持ち始めた、関東地方の源氏一族を頼った

(6)空欄 カ （マーク解答欄） 19

① 心が浮き立つようなこと　② 深く心が動かされること　③ 希望の持てること　④ みじめなこと

(7)空欄 キ （マーク解答欄） 20

① 親は極楽浄土を信じているので、死ぬことがこわくない
② 親の方が子どもより年老いている分、体力がない
③ 親は子どもを守るため、日々体を張って戦っている
④ 子どもが親より先に死ぬのは仏教の定めでは罪となる
⑤ 親というものは自分より子どもの命を優先する

(8)空欄 ク に入る人名を漢字で答えよ。（記述解答欄） F

2021年度　入学試験問題

数　　　学

中京大学附属中京高等学校

試験開始の合図があるまで，この問題冊子を開いてはいけません。
下記の受験上の注意事項をよく読んでください。

=================== **受験上の注意事項** ===================

1　問題用紙は８ページです。
2　試験時間は 40分 です。
3　解答用紙に，**氏名（フリガナ）・中学校名を記入し，受験番号は記入とマークを**しなさい。
4　定規，分度器，計算機は使用できません。
5　問題文中の図は概略図であり，必ずしも正確ではありません。
6　**マークシート記入上の注意**
　①　マークの記入は，必ず黒鉛筆またはシャープペンシルで，所定のマーク解答欄の ▯ を正確にぬりつぶす。
　②　記述解答の記入は，所定の記述解答欄にていねいに行う。
　③　訂正は，消しゴムできれいに消す。
　④　解答用紙を，折り曲げたり，汚したりしない。
　＊マークされていない場合または必要以上にマークがある場合は，０点です。

マークの仕方	良い例	悪い例
マークをする時	 鉛筆で正確にぬりつぶす	
マークを消す時	 消しゴムで完全に消す	

==

＜注意＞

1．問題［1］の文中の $\boxed{\text{ア}}$，$\boxed{\text{イ}}\boxed{\text{ウ}}$ などには，符号(−)又は数字(０〜９)が入る。それらを解答用紙のア，イ，ウ，… で示された解答欄にマークして答えよ。

例　$\boxed{\text{ア}}\boxed{\text{イ}}\boxed{\text{ウ}}$ に　−24 と答えたいとき

ア	●	⓪	①	②	③	④	⑤	⑥	⑦	⑧	⑨
イ	⊖	⓪	①	●	③	④	⑤	⑥	⑦	⑧	⑨
ウ	⊖	⓪	①	②	③	●	⑤	⑥	⑦	⑧	⑨

2．問題［1］で分数形で解答する場合，分数の符号は分子につけ，分母につけてはいけない。

例　$\dfrac{\boxed{\text{エ}}\boxed{\text{オ}}}{\boxed{\text{カ}}}$ に $-\dfrac{2}{7}$ と答えたいときは，$\dfrac{-2}{7}$ としてマークする。

3．分数形で解答する場合，それ以上約分できない形で答えよ。また，分母に根号を含む場合，分母を有理化せよ。

<注意>1. 円周率は π を用いること。

［1］ 次の $\boxed{\text{ア}}$ ～ $\boxed{\text{ミ}}$ に当てはまる適切な符号または数字を選び，マークせよ。

(1) $(-6)^2 \div \dfrac{4}{3} \times (2-4) + 40 = \boxed{\text{ア}}\boxed{\text{イ}}\boxed{\text{ウ}}$ である。

(2) $(\sqrt{15}+2\sqrt{2})(\sqrt{15}-2\sqrt{2}) = \boxed{\text{エ}}$ である。

(3) 下の図のように，直線 l と直線 m が平行であるとき，$\angle x$ の大きさは $\boxed{\text{オ}}\boxed{\text{カ}}$° である。

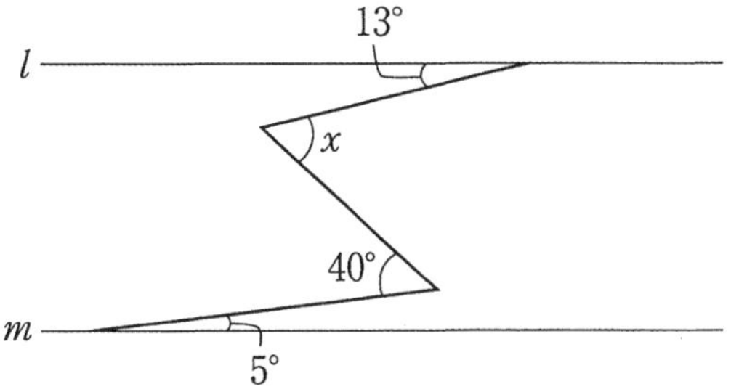

(4) 大小2個のさいころを同時に投げるとき，出た目の数の積が5の倍数となる確率は，$\dfrac{\boxed{\text{キ}}\boxed{\text{ク}}}{\boxed{\text{ケ}}\boxed{\text{コ}}}$ である。

(5) 比例式 $(11+x):(61-x)=1:3$ を解くと，$x=\boxed{\text{サ}}$ である。

(6) $x=\sqrt{3}+1$，$y=\dfrac{\sqrt{5}-1}{3}$ のとき，$x^2y-2xy-8y=\boxed{\text{シ}}-\boxed{\text{ス}}\sqrt{\boxed{\text{セ}}}$ である。

(7) $ab<0$，$a-b>0$ のとき，次の4つの不等式の中から，必ず成り立つものを1つ番号で選ぶと，$\boxed{\text{ソ}}$ である。

① $a<0$　② $b<0$　③ $a \div b>0$　④ $a+b>0$

(8) 連続する3つの正の整数がある。3つの数の和と，真ん中の数を2乗した数から88をひいた数が等しいとき，真ん中の数は $\boxed{\text{タ}}\boxed{\text{チ}}$ である。

(9) 次の連立方程式の解は，$x=$ [ツ]，$y=$ [テ] である。

$$\begin{cases} \dfrac{x}{12}+\dfrac{y}{3}=\dfrac{9}{4} \\ 2(x+y)=9+3y \end{cases}$$

(10) $\dfrac{\sqrt{105n}}{\sqrt{28}}$ の値が自然数となるような自然数 n のうち，最小のものは [ト][ナ] である。

(11) 1個のさいころを何回か投げ，出た目の数を得点として記録しヒストグラムを作成したところ，下の図のようになった。ただし，3点の回数はかかれていない。中央値が3点，最頻値が6点のみの場合，3点の回数は [ニ][ヌ] 回である。

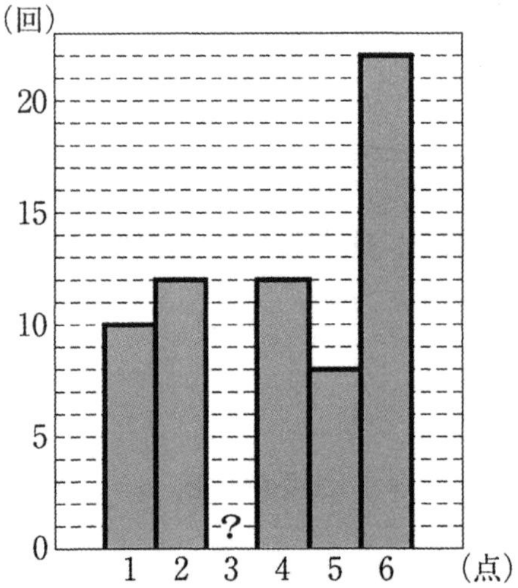

(12) y は x に反比例し，$x=-4$ のとき，$y=-5$ である。このとき，x と y の関係を式で表すと，

$$y=\frac{[ネ][ノ]}{x}$$

である。

(13) 2次方程式 $x^2+ax+51=0$ の解の1つが3であるとき，a の値は [ハ][ヒ][フ] である。
また，もう1つの解は [ヘ][ホ] である。

(14) AB＝10 cm，AD＝15 cm の長方形 ABCD があり，辺 AD 上に AF＝5 cm となるように点 F をとる。点 A を中心とし，AB を半径とする円の円周と辺 AD との交点を G，点 F を中心とし，FD を半径とする円の円周と辺 BC との接点を E とする。このとき，図の斜線部分の面積は，マ ミ cm^2 である。

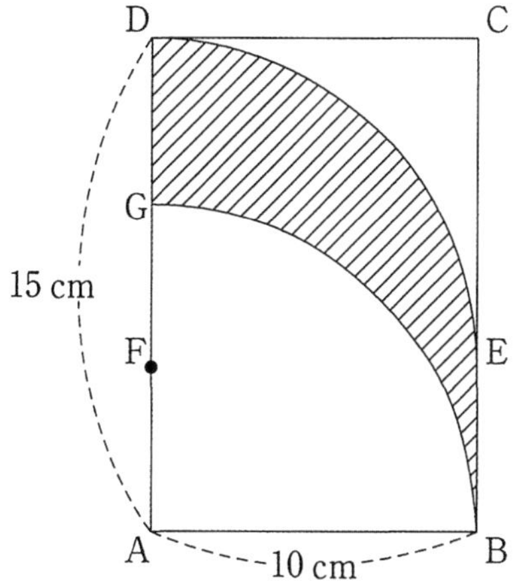

※[2],[3]の解答は解答用紙の「記述解答欄」のA～Eに記入せよ。

[2] 下の図のように，関数 $y=ax^2$ のグラフと直線 $y=-\frac{1}{3}x+5$ は2点で交わり，そのうちの1点の座標は(3，4)である。
このとき，次の各問いに答えよ。

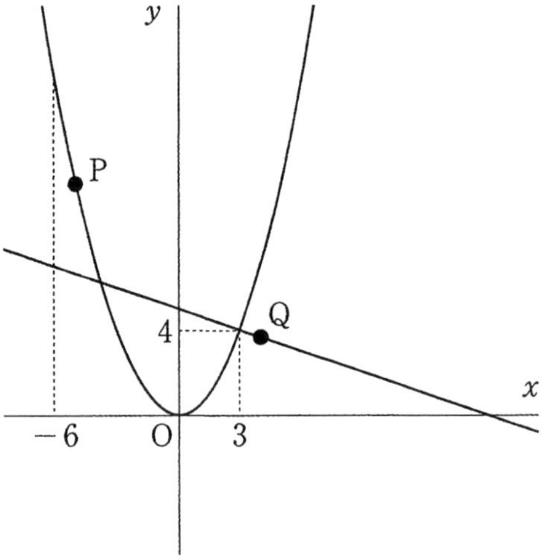

(1) a の値を求めよ。 A

(2) 関数 $y=ax^2$ のグラフ上の点をP，直線 $y=-\frac{1}{3}x+5$ 上の点をQとする。
2点P，Qは，点Pの x 座標を t とすると，点Qの x 座標が $t+9$ となるように動く。
直線PQが x 軸と平行となる t の値を求めよ。 B

次ページ以降にも問題が続きます。

［3］ 杁中《いりなか》さんと中京さんが次の【問題】について考えている。〈会話文〉を読み，次の各問いに答えよ。

【問題】

辺 AB の長さが $\sqrt{5}$，辺 AD の長さが $2\sqrt{5}$，対角線 AC の長さが 5 の長方形 ABCD がある。長方形 ABCD を，対角線 BD を軸として回転させたときにできる立体の体積を求めよ。

〈会話文〉

杁中さん：この問題は，何から考えれば良いのかな。

中京さん：私は，長方形 ABCD を，対角線 BD を軸として回転させたときにできる立体を横から見た図を想像してみたよ。
これをヒントに使えないかな。

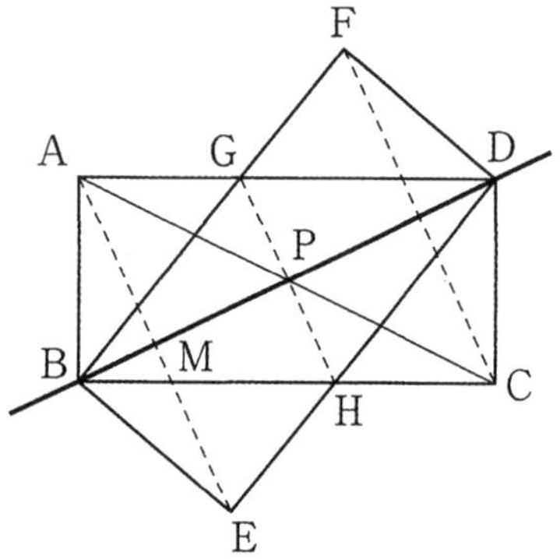

杁中さん：すごい図だね…。この図の三角形 ABE と三角形 CDF の部分は同じ円錐《すい》になりそう。まず，線分 AE の中点を M としたとき，三角形 ABM を回転させたときにできる立体の体積を求めよう。
相似を利用すると線分 AM の長さは（ア）だから…，三角形 ABM を回転させてできる立体の体積は（イ）になりそうだ！

中京さん：杁中さんすごい！私は，絵は描けたけど相似は見つけられなかったな。

杁中さん：あとは，線分 MD の長さを求めれば，四角形 AMPG を回転させたときにできる立体の体積が求められそうだね。

中京さん：線分 MD の長さなら分かるわ！ MD＝(ウ) だよ！

杁中さん：ということは，長方形 ABCD を，対角線 BD を軸として回転させたときにできる立体の体積を求められそうだね！

(1) 長方形ABCDの対角線ACとBDの交点をPとする。このときAPの長さを求めよ。 C

(2) （ア），（イ），（ウ）に当てはまる値として正しい組み合わせを，次の①～⑥から1つ選び，番号で答えよ。 D

	①	②	③	④	⑤	⑥
（ア）	2	2	2	$\frac{5}{2}$	$\frac{5}{2}$	$\frac{5}{2}$
（イ）	$\frac{2}{3}\pi$	$\frac{4}{3}\pi$	$\frac{5}{3}\pi$	$\frac{2}{3}\pi$	$\frac{4}{3}\pi$	$\frac{5}{3}\pi$
（ウ）	4	4	4	$\frac{10-\sqrt{5}}{2}$	$\frac{10-\sqrt{5}}{2}$	$\frac{10-\sqrt{5}}{2}$

(3) 長方形ABCDを，対角線BDを軸として回転させたときにできる立体の体積を求めよ。 E

2021年度　入学試験問題

英　　語

中京大学附属中京高等学校

試験開始の合図があるまで，この問題冊子を開いてはいけません。
下記の受験上の注意事項をよく読んでください。

=================== 受 験 上 の 注 意 事 項 ===================

1　問題用紙は11ページです。
2　試験時間は 40分 です。
3　解答用紙に、**氏名（フリガナ）・中学校名を記入**し、**受験番号は記入とマーク**をしなさい。
4　**マークシート記入上の注意**
　①　マークの記入は、必ず黒鉛筆またはシャープペンシルで、所定のマーク解答欄の ⬯ を正確にぬりつぶす。
　②　記述解答の記入は、所定の記述解答欄にていねいに行う。
　③　訂正は、消しゴムできれいに消す。
　④　解答用紙を、折り曲げたり、汚したりしない。
　＊マークされていない場合または必要以上にマークがある場合は、０点です。

マークの仕方	良い例	悪い例
マークをする時	鉛筆で正確にぬりつぶす	
マークを消す時	消しゴムで完全に消す	

===

［1］次の問Aと問Bに答えよ。

問A　各文の空所に入る最も適切な語を選び、その番号をマークせよ。
（マーク解答欄）［1］～［5］

(1)　My brother was born (　　　) the morning of July 28th.　［1］

①　at　　②　on　　③　in　　④　for

(2)　(　　　) I am in Brazil, I have never been to the Amazon.　［2］

①　Because　　②　During　　③　Though　　④　Until

(3)　Go (　　　) this street for two blocks and turn left at the second corner.　［3］

①　at　　②　along　　③　in　　④　with

(4)　I'm going to the library to (　　　) some books on science.　［4］

①　buy　　②　borrow　　③　lend　　④　sell

(5)　(　　　) do you think of your new English teacher?　［5］

①　How　　②　Which　　③　What　　④　Why

問B （　　）に入る語を答えよ。ただし先頭にくる文字は指定されている。解答欄には先頭の文字も含めて書くこと。（記述解答欄） A ～ E

(1) I was born in (F　　), the second month of the year, between January and March. A

(2) He is the most (p　　) singer. He is liked by a lot of people. B

(3) An (a　　) is a car used for taking sick or injured people to a hospital. C

(4) I am going to see her at the station tomorrow (a　　), the part of the day after the morning and before the evening. D

(5) My computer was broken yesterday. I have to buy a new one, but it is (e　　). It costs a lot of money. E

［2］［　　　］内の語（句）を並べ替え、意味の通る文を完成させたとき、一つだけ不要な語（句）がある。その番号をマークせよ。ただし、文頭に来るものも小文字にしてある。なお、選択肢の中に同一語（句）が複数あり、その語（句）が不要となる場合は、若い方の番号をマークせよ。（マーク解答欄） 6 ～ 10

問1　People［ ① hard / ② too / ③ keep / ④ work / ⑤ may / ⑥ working / ⑦ tired / ⑧ become / ⑨ to / ⓪ working ］. 6

問2　［ ① out / ② to / ③ not / ④ in / ⑤ is / ⑥ such weather / ⑦ going ］ a good idea. 7

問3　［ ① the / ② the / ③ Tom / ④ all / ⑤ in / ⑥ tallest / ⑦ students / ⑧ is / ⑨ of ］. 8

問4　［ ① people / ② yesterday / ③ the meeting / ④ how / ⑤ came / ⑥ many / ⑦ did / ⑧ to ］? 9

問5　A：My father has worked in a foreign country for five years.

B：Really?［ ① keep / ② with / ③ on / ④ do / ⑤ how / ⑥ touch / ⑦ you / ⑧ in ］ him? 10

［3］以下の会話文は、田中家（The Tanaka family）の父（Mr. Tanaka）、母（Mrs. Tanaka）、娘（Emi）、息子（Yuji）の会話である。会話と、その次の広告文（flyer）を読み、以下の問に答えよ。

Emi：　Yuji, can I use your English dictionary?

Yuji：　(　　A　　)

Emi：　(　　B　　)

Yuji：　(　　C　　)

Emi：　(　　D　　)

Yuji：　(　　E　　)

Emi：　(　　F　　)

Yuji：　(　　G　　)

Emi：　(　　H　　)

Yuji：　(　　I　　)

Emi：　OK, then I will ask her.

TWO HOURS LATER

Yuji：　Have you finished your homework, Emi?

Emi：　Yes. I've just finished it. I don't like being a junior high school student anymore. We have too much homework. Mom, I finally finished my homework with your dictionary. Thank you very much.

Mrs. Tanaka：　You're welcome.

Yuji：　It's already 11 am. I'm very hungry. Let's eat lunch.

Mr. Tanaka：　It's Saturday. I don't want to make lunch today. Shall we eat out?

Mrs. Tanaka：　That's a good idea but it's very cold today. How about ordering delivery service?

Mr. Tanaka：　Delivery service?

Mrs. Tanaka：　They will bring food from a shop to our house if we order delivery service.

Yuji：　Sounds nice. I want to eat pizza!

Emi：　Me too. I found this flyer in today's newspaper. They have free delivery. It means it doesn't cost any money for delivery.

Mr. Tanaka：　We can also get the student *discount and family discount!

Mrs. Tanaka：　Read the flyer carefully.

Mr. Tanaka：　You're right. But we can still get a good discount thanks to our children.

Yuji： What shall we eat?

Mr. Tanaka： I want to eat a honey pizza. I've never eaten that one before.

Emi： I want to eat a Margherita pizza. It is a simple one and everyone likes it.

Yuji： You can choose any pizza. I like every one of them. I want to eat fried chicken, too.

Mrs. Tanaka： Then, I think Set (ア) is the best for us.

Yuji： Wait. Our cousins Satoru and Maki are going to visit us soon. We need more food.

Mr. Tanaka： That's true.

Emi： They like *mushrooms. How about ordering an M size mushroom pizza and Set (ア)?

Mrs. Tanaka： But I want to eat salad, and you like french fries, Emi, don't you?

Emi： Yes, you're right. That means we need Set (イ). Then M may be too big. We can order Set (イ) and an S size mushroom pizza. Now we can eat everything we want.

Yuji： Sounds perfect. Let's call the pizza shop now.

Flyer

HAPPY DELIVERY PIZZA

SPECIAL DISCOUNTS

<Pizza>

	Margherita	Sausage	Mushroom	Honey
S (18 cm)	1,400 yen	1,500 yen	1,600 yen	1,400 yen
M (25 cm)	2,200 yen	2,300 yen	2,300 yen	2,200 yen
L (36 cm)	3,200 yen	3,400 yen	3,400 yen	3,200 yen

<Side Menu>

	S	M	L
Fried Chicken	200 yen	500 yen	1,000 yen
French Fries	150 yen	250 yen	320 yen
Salad	450 yen	600 yen	800 yen

<Set Menu> (You can choose any pizza from the pizza list)

Set A	3,500 yen	A Pizza (M) + Fried Chicken (L) + Salad (M)
Set B	3,900 yen	A Pizza (L) + French Fries (M) + Salad (M)
Set C	4,900 yen	Two pizzas (M) + Fried Chicken (L)
Set D	5,800 yen	Two pizzas (M) + Fried Chicken (M) + French Fries (L) + Salad (M)

Free Delivery

All the prices *include 8% *tax

Student Discount : 10% off if you are under 18 years old

Family Discount : 5% off if you are family

Weekend Discount : 500 yen off (From the total price after discounts)

You cannot use both the student discount and family discount. You have to choose one of them. Choose the one which gives you a bigger discount.

Call 0123-3456-6789 or order online: www.happypizza.com

注) discount：割引　mushroom：マッシュルーム　include：～を含む
tax：税

問1　初めのEmiの言葉に続いて、EmiとYujiの会話が成立するように、①～⑨を最も適切な順番に並べ替え、空所（　A　）～（　I　）に入る言葉を答え、その番号をマークせよ。(マーク解答欄）11 ～ 19

① When will he bring it back to you?

② He lost his one week ago.

③ What? Where is it then?

④ I guess so. She is an English teacher.

⑤ I don't know. But I will see him at school tomorrow.

⑥ Why does he have your dictionary?

⑦ Sorry, I don't have it now.

⑧ My friend Jun has it now.

⑨ Tomorrow? It's too late. Do you think Mom has one?

（　A　）11

（　B　）12

（　C　）13

（　D　）14

（　E　）15

（　F　）16

（　G　）17

（　H　）18

（　I　）19

問2　空所（　ア　）に入る最も適切なものを一つ選び、その番号をマークせよ。
(マーク解答欄）20

① A　　② B　　③ C　　④ D

問3　空所（　イ　）に入る最も適切なものを一つ選び、その番号をマークせよ。
(マーク解答欄）21

① A　　② B　　③ C　　④ D

問4　The Tanaka familyは最終的にいくら払うことになるか、その金額として正しいものを一つ選び、その番号をマークせよ。(マーク解答欄）22

① 5,025円　　② 5,225円　　③ 5,350円

④ 5,790円　　⑤ 6,160円　　⑥ 6,290円

問5　以下のア～カの各文について、本文の内容と一致している場合は①を、矛盾している場合は②を、本文からは判断できない場合は③とマークせよ。

（マーク解答欄）［23］～［28］

ア　Mr. and Mrs. Tanaka's children are students.

イ　Emi doesn't like mushrooms.

ウ　The Tanaka family can get two different discounts.

エ　No one from the Tanaka family wants to eat salad.

オ　Emi finished her homework with no dictionary.

カ　Yuji is not interested in choosing a pizza because he doesn't like pizza.

ア　［23］

イ　［24］

ウ　［25］

エ　［26］

オ　［27］

カ　［28］

［4］野球部のトモヤは夏休みの自由研究で、黒人初のメジャーリーガー、ジャッキー・ロビンソンについて調べた。次の英文はトモヤがクラスで発表したときの原稿である。原稿を読んで問に答えよ。

April 15th is a special day. We should remember it. ①(day / know / is / you / do / what / it)? Yes, it's my birthday! I am proud (ア) it because on this day in 1947, Jackie Robinson became the first black man to play major-league baseball in the 20th *century.

Today about 25% of all major-league players are black. But in 1947 the world was very different. Many hotels did not give rooms to black people. Many restaurants did not *serve food to black people. For more than fifty years major-league baseball was for whites only. I was very surprised to know ②that. My dream is to play there (イ) the future. I want to say "Thank you" to Robinson. Now I'll talk about him.

Jackie Robinson was born in 1919 and *grew up in California. His family was poor, but he was *smart and he was good at sports. In college he was a star on the football team, the *track team, the basketball team and the baseball team. In World War Ⅱ, he became an *officer of an all-black *unit in the *army. He was one of the very first black officers. He always stood up for his (あ) rights. (ウ) that time blacks had to sit in the back of city buses, in the worst seats. But on army buses blacks could sit *wherever they wanted. One day Jackie got (エ) an army bus. The driver told him to get to the back. But he *refused to ③do it. ④(do / happened / think / you / what)? The bus driver called a *police officer and he was *arrested!

He did not follow the bus driver's words. He was that kind of person. He always did what was (い) right. This was important to Branch Rickey. He wanted Robinson for his major-league team, Brooklyn Dodgers. When he met Robinson, he talked with him for more than three hours. He said, "A lot of people don't want you to play. Many bad things will happen to you. Don't *respond to any of these." Robinson said, "Do you want a player who's afraid to fight back?" "I want a player (オ) the *guts not to fight back," Branch answered. "If you give me a chance, I'll try," Robinson said.

He did his best. For ten seasons he played for the team. He played in six *World Series. He became the *Most Valuable Player in 1949. In 1962 he was chosen for the Baseball *Hall of Fame. It was another first. He finally opened the door to other black players. He died in 1972. He was not just a hero for black people. He was a hero for the whole country. Of course, he is my hero.

注） century：世紀　serve：（食べ物）を出す　grow up：育つ
smart：賢い　track：陸上競技の　officer：将校　unit：部隊
army：陸軍　wherever ～：～はどこでも　refuse：～を断る
police officer：警察官　arrest：～を逮捕する
respond to ～：～に反応する　guts：根性
World Series：ワールド・シリーズ（メジャーリーグの年間優勝チームを決める試合）
Most Valuable Player：最高殊勲選手　Hall of Fame：殿堂

問1　空所（　ア　）～（　オ　）に入る前置詞を①～⑤から選び、その番号をマークせよ。ただし、それぞれの語は、一度しか使えない。また、文頭に来るものも小文字にしてある。（マーク解答欄） 29 ～ 33

① at　② in　③ of　④ on　⑤ with

（　ア　） 29
（　イ　） 30
（　ウ　） 31
（　エ　） 32
（　オ　） 33

問2　下線部①、④を意味の通る文になるように並べかえ、3番目と5番目に来る語をそれぞれ答えよ。ただし文頭に来る語も小文字にしてある。
（記述解答欄） F ～ G

① F
④ G

問3　下線部②の内容を最も端的に表す1文の最初の3語を抜き出せ。 H

問4　下線部③の指すものを本文から4語で抜き出せ。 I

問5　下線部（あ）と（い）の意味として適切なものをそれぞれ選び、番号で答えよ。
（マーク解答欄） 34 ～ 35

① 正しい　② 権利　③ 正確な　④ 右側
⑤ ライト（野球の守備位置）

（あ） 34
（い） 35

問6　次の①～⑥の記述のうち本文の内容と一致するものはいくつあるか。その数をマークせよ。例えば、一致するものが一つの場合は、マークシートの1をマークせよ。（マーク解答欄）36

① April 15th, 1947 is Tomoya's birthday.

② Black people could not stay at many hotels more than fifty years ago.

③ Robinson played baseball for more than fifty years.

④ Robinson was very good at four kinds of sports in college.

⑤ Robinson always sat in the back of an army bus.

⑥ Branch told Robinson that Robinson could fight back when he needed to do it.

2021年度　入学試験問題

理　　　科

中京大学附属中京高等学校

試験開始の合図があるまで，この問題冊子を開いてはいけません。
下記の受験上の注意事項をよく読んでください。

==================== **受験上の注意事項** ====================

1　問題用紙は14ページです。
2　試験時間は 社会と合わせて60分 です。
3　解答用紙に，**氏名（フリガナ）・中学校名を記入**し，**受験番号は記入とマークを**しなさい。
4　計算は問題用紙の余白を利用しなさい。
5　計算機は使用できません。
6　**マークシート記入上の注意**
　①　マークの記入は，必ず黒鉛筆またはシャープペンシルで，所定のマーク解答欄の[ ]を正確にぬりつぶす。
　②　記述解答の記入は，所定の記述解答欄にていねいに行う。
　③　訂正は，消しゴムできれいに消す。
　④　解答用紙を，折り曲げたり，汚したりしない。
　＊マークされていない場合または必要以上にマークがある場合は，０点です。

マークの仕方	良い例	悪い例
マークをする時	鉛筆で正確にぬりつぶす	
マークを消す時	消しゴムで完全に消す	

==

［1］ 物体の運動について調べるために，実験を行った。あとの問いに答えよ。

〔実験1〕 図1のような斜面と水平面がなめらかにつながった台を用いて，ボールと木片の運動を調べた。ボールは斜面上の点Oから静かにはなして転がした。図2はボールの運動のようすをグラフにしたものである。また，木片は手で押して勢いをつけ，点Oで手をはなした。図3は木片の運動のようすをグラフにしたものである。ただし，図1の点Aは斜面と水平面の接続部で，点Bは水平面上の点であり，図2の点Aを過ぎた後のグラフは隠されている。なお，空気抵抗ははたらかないものとし，ボールが受ける摩擦力は非常に小さいので無視できると考える。

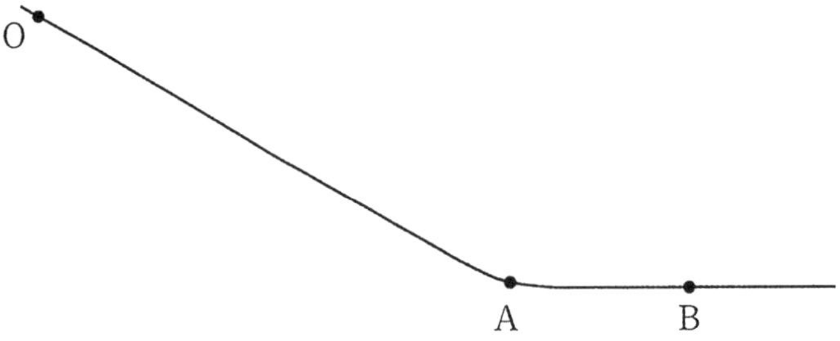

図1

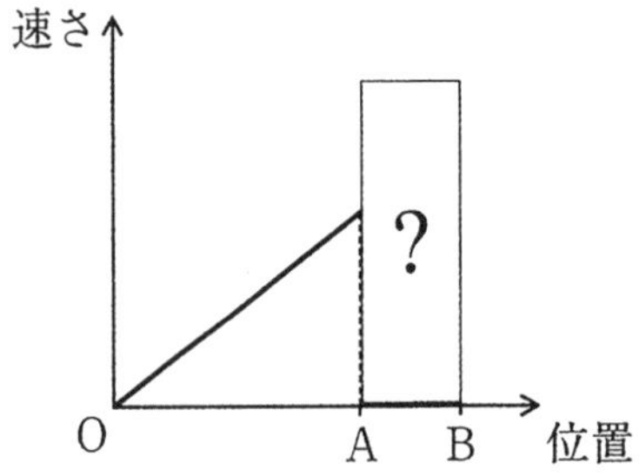

図2

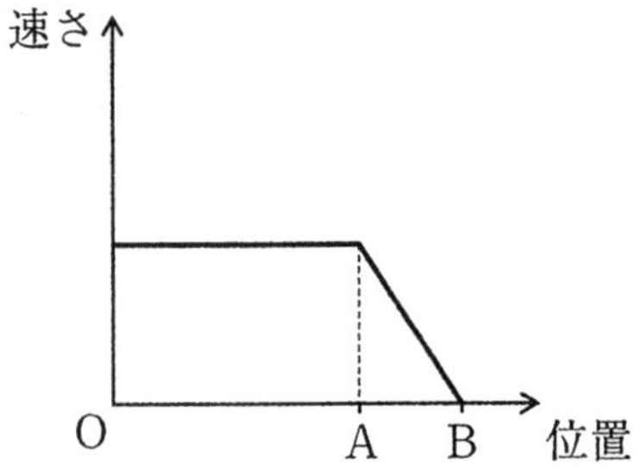

図3

(1) ボールが斜面を転がっているときに，ボールにはたらく重力の，斜面に沿《そ》う分力を矢印で表した図として最も適当なものを，次の①～③のうちから一つ選べ。
（マーク解答番号） 1

①

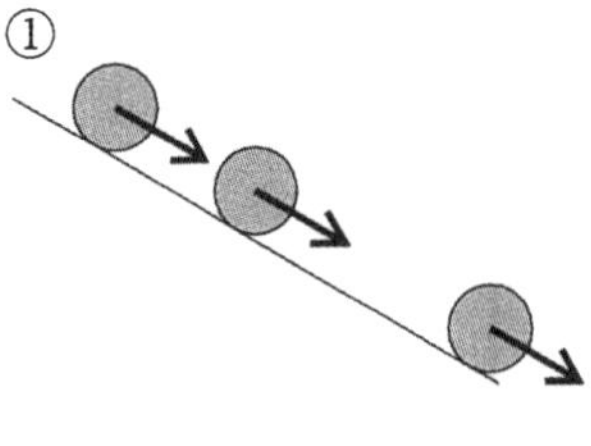

②

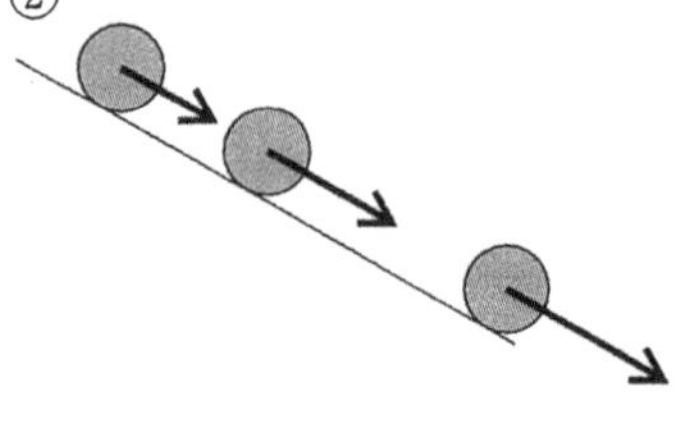

③

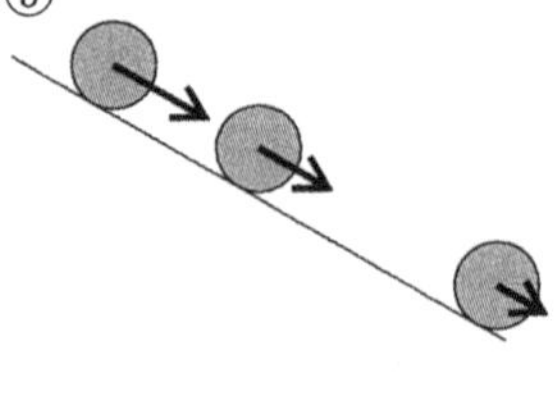

(2) 図2について，ボールが点Aを過ぎた後のグラフを描け。(記述解答欄) A

(3) AB間で木片にはたらく力を矢印で表した図として最も適当なものを，次の①～⑨のうちから一つ選べ。ただし，木片は図の右向きに運動している。

(マーク解答番号) 2

①

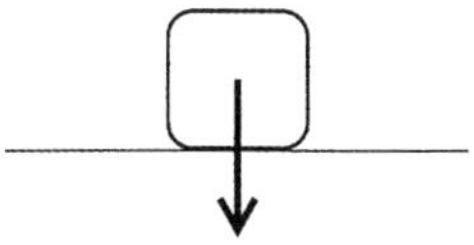

②

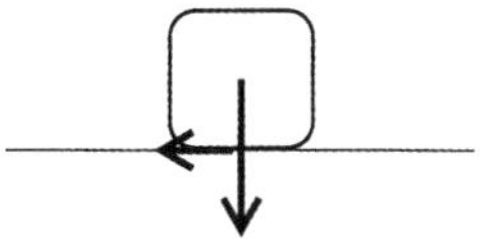

③

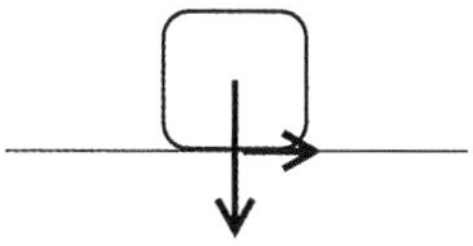

④

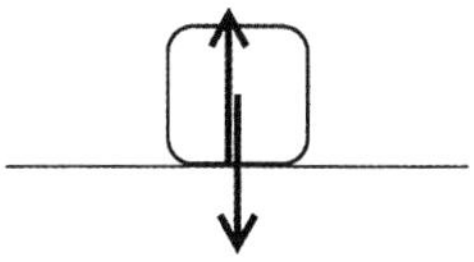

⑤

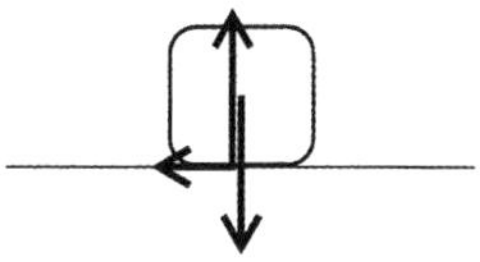

⑥

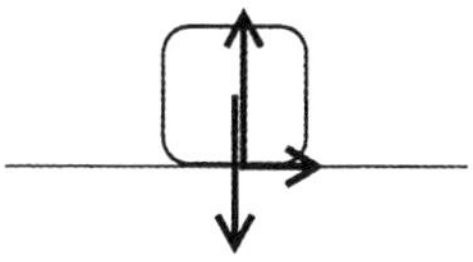

⑦

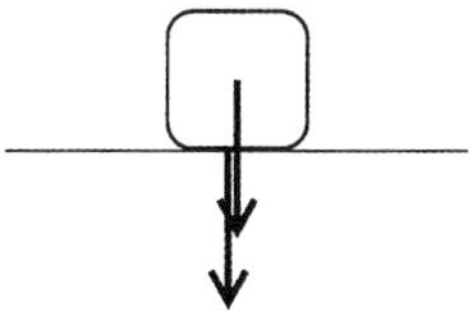

⑧

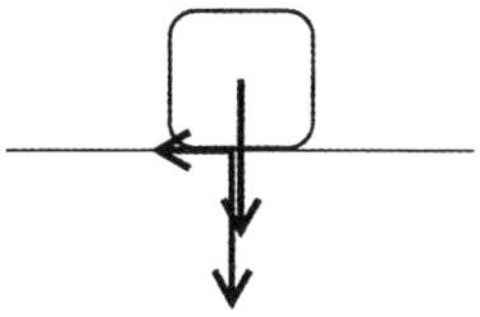

⑨

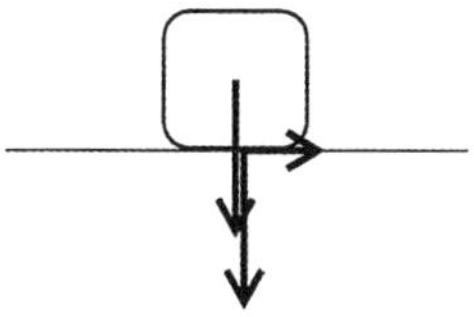

(4) 図3のグラフからわかることについて書かれた次の考察のうち，適切なものはいくつあるか。最も適当なものを，下の①～⑤のうちから一つ選べ。

(マーク解答番号) 3

(考察1) 木片が台の斜面を滑ると，速さがどんどん速くなる。

(考察2) 木片が台の斜面を滑っているとき，木片にはたらく力はつり合っている。

(考察3) 木片は台の点Bで止まった。

(考察4) 点Aから点Bの間では，木片には運動の向きに力がはたらいている。

① 1つ　② 2つ　③ 3つ　④ 4つ　⑤ すべて適切でない

〔実験２〕 図４のように静止している電車に人が乗っており，空気より軽いヘリウムガスを入れた風船Ｃが糸で手すりにつながれて浮かんでいる。また，風船Ｄには空気と少量の水を入れ，風船Ｃと同じ大きさにして糸で手すりにつるした。

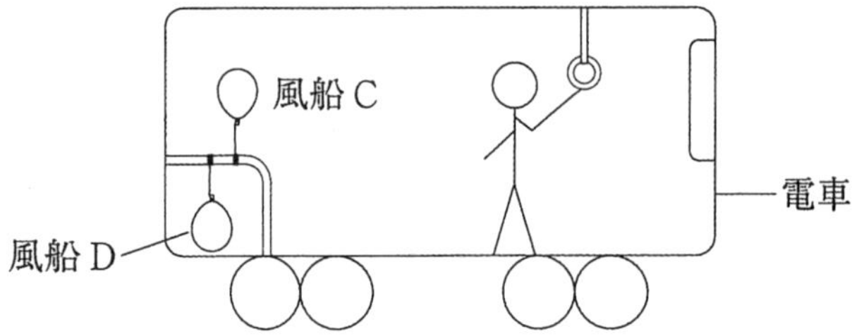

図４

(5) この電車が右へ急に動きだしたとき，人は左に傾いたが，風船Ｃは右に傾いた。風船Ｄはどちらに傾くと考えられるか。最も適当なものを，次の①～③のうちから一つ選べ。(マーク解答番号) [4]

① 右向き　　② 左向き　　③ 傾かない

［2］ 物質の変化について，さまざまな実験を行った。あとの問いに答えよ。

〔実験1〕 加熱による物質の変化を調べるために，図1のような装置を用いて，図2の試験管A～Cをそれぞれ加熱し，気体を発生させる実験を行った。

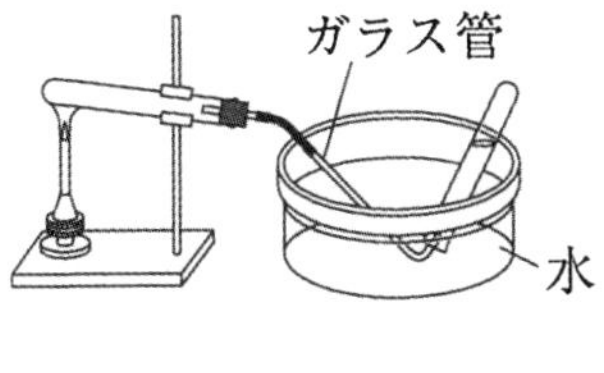

図1

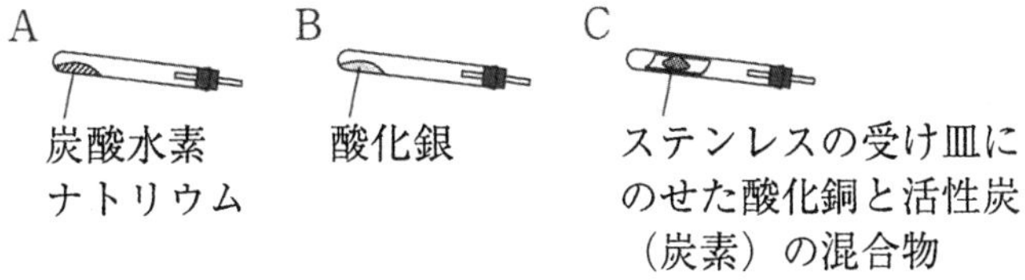

図2

(1) ガスバーナーに火をつけるときの操作が次の①～⑤に書かれている。操作する手順に並べかえたとき，3番目にする操作として最も適当なものを，次の①～⑤のうちから一つ選べ。（マーク解答番号） 5

① マッチに火をつけ，ガス調節ねじを少しずつ開いて点火する。
② ガスの元栓を開き，コックも開く。
③ ガス調節ねじを回して炎の大きさを調節する。
④ ガス調節ねじと空気調節ねじが閉まっているか確認する。
⑤ ガス調節ねじを押さえ，空気調節ねじを少しずつ開いて青い炎にする。

(2) 試験管A～Cのうち，いずれかの試験管で生じた物質の特徴を調べるために，操作1，2を行った。

操作1：試験管に残った物質を取り出して薬さじでこすると，金属光沢が観察できた。
操作2：発生した気体を取り出して石灰水に通すと，白くにごった。

操作1，2で観察できたこの二つの特徴にあてはまる物質が生じた試験管として最も適当なものを，次の①～③のうちから一つ選べ。（マーク解答番号） 6

① A　② B　③ C

(3) 気体の種類が異なる場合でも，同じ集め方をすることがある。水上置換法では集められず，上方置換法でのみ集められる気体に共通する特徴として**過不足なく含むもの**を，次の①～⑧のうちから一つ選べ。(マーク解答番号) [7]

ア． 水にとけやすい

イ． 水にとけにくい

ウ． 密度が空気よりも小さい

エ． 密度が空気よりも大きい

オ． 無色である

①	ア，ウ
②	ア，エ
③	イ，ウ
④	イ，エ
⑤	ア，ウ，オ
⑥	ア，エ，オ
⑦	イ，ウ，オ
⑧	イ，エ，オ

〔実験２〕 マグネシウム粉末と酸素の反応を調べるため，図３のような装置を用いて実験手順１～４を行った。ただし，用いたステンレス皿の質量はすべて100.00 gであり，加熱によってステンレス皿の質量は変化しないものとする。

手順１：加熱する前にマグネシウム粉末を含めたステンレス皿の質量を測定した。

手順２：マグネシウム粉末を十分に加熱した。

手順３：ステンレス皿が冷めたのち，加熱後の物質を含めたステンレス皿の質量を測定した。

手順４：マグネシウム粉末の量を変えて，手順１～３を繰り返した。

得られた結果を，下の表１にまとめた。

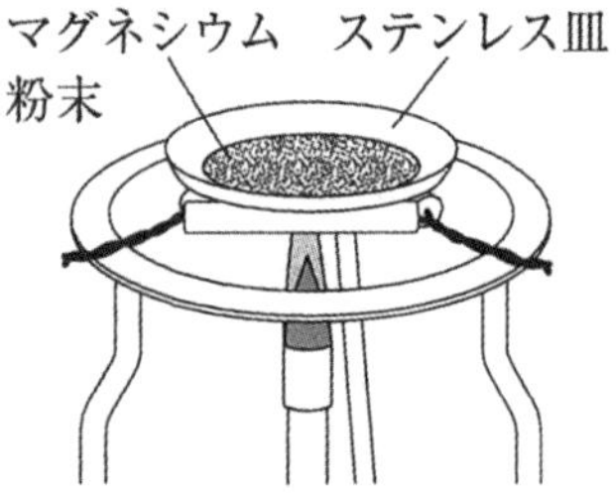

図３

表１

	１回目	２回目	３回目	４回目
加熱前の質量 [g]	100.41	100.84	100.65	101.15
加熱後の質量 [g]	100.68	101.40	101.08	101.92

(4) 上の実験の結果からマグネシウムと反応した酸素の質量比を最も簡単な１桁《けた》の整数比で答えよ。(記述解答欄) [B]

〔実験３〕　電気分解による物質の変化を理解するために，図４のような装置を用いて実験を行った。

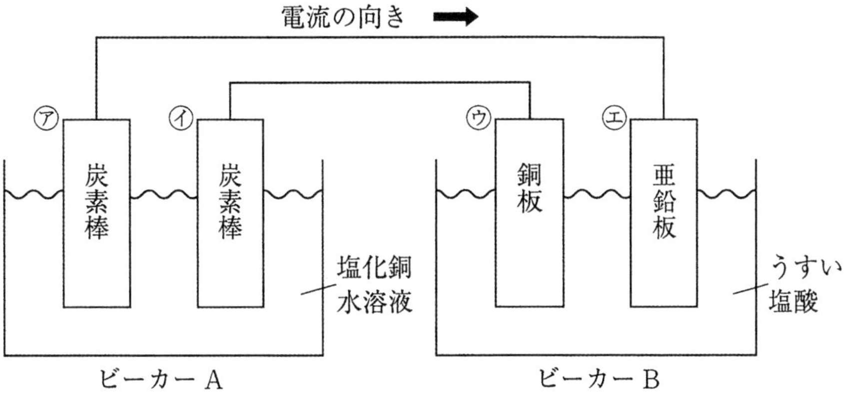

図４

(5)　電池としてはたらくビーカーと㋑の炭素棒で起こる化学変化の組み合わせとして最も適当なものを，次の①～⑧のうちから一つ選べ。（マーク解答番号）［ 8 ］

	電池としてはたらくビーカー	㋑の炭素棒で起こる化学変化 （e^-は電子とする）
①	A	$2Cl^- \longrightarrow Cl_2 + 2e^-$
②	A	$C + 2e^- \longrightarrow C^{2-}$
③	A	$C \longrightarrow C^{2+} + 2e^-$
④	A	$Cu^{2+} + 2e^- \longrightarrow Cu$
⑤	B	$2Cl^- \longrightarrow Cl_2 + 2e^-$
⑥	B	$C + 2e^- \longrightarrow C^{2-}$
⑦	B	$C \longrightarrow C^{2+} + 2e^-$
⑧	B	$Cu^{2+} + 2e^- \longrightarrow Cu$

［3］ 細胞分裂について調べるために，次の実験を行った。あとの問いに答えよ。

〔実験〕 体細胞分裂を顕微鏡で観察するために，図1のように発根させたタマネギの根の3つの部分A，B，Cをそれぞれ切り取ってプレパラートをつくった。図2は，このとき観察した細胞のようすをスケッチしたものである。ただし，分裂の順に並んでいるとは限らない。

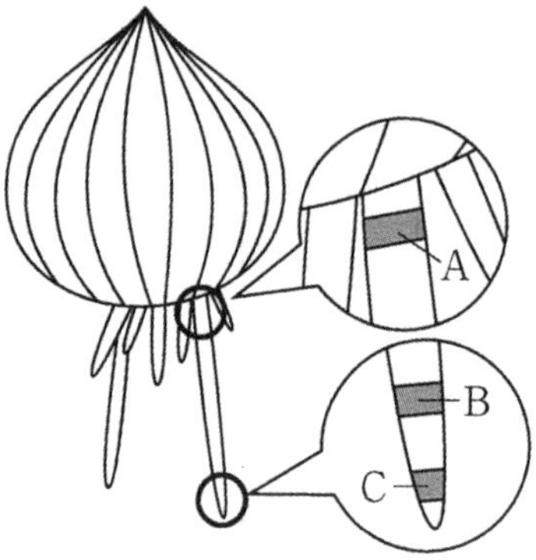

図1

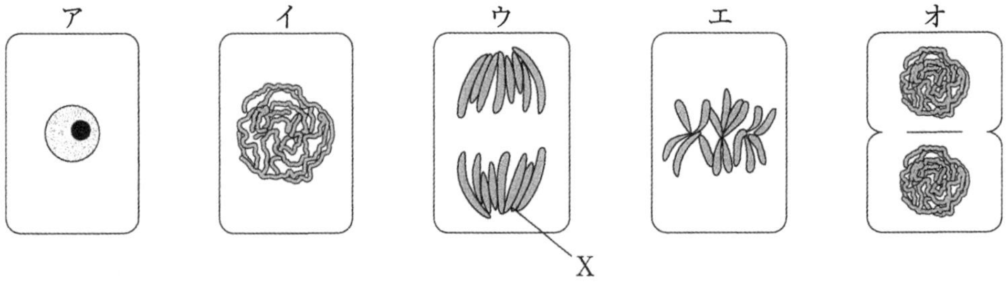

図2

(1) A～Cのプレパラートをそれぞれ同じ倍率で観察したとき，細胞の大きさに違いが見られた。細胞の大きい順番に並んでいるものとして最も適当なものを，次の①～⑥のうちから一つ選べ。(マーク解答番号) 9

① A＞B＞C　② A＞C＞B　③ B＞A＞C
④ B＞C＞A　⑤ C＞A＞B　⑥ C＞B＞A

(2) 図2のXで示されたひも状のものを何というか，漢字で答えよ。
(記述解答欄) C

(3) 図2のア～オを体細胞分裂の順に並べたとき，正しい順序として最も適当なものを，次の①～⑥のうちから一つ選べ。(マーク解答番号) 10

①	ア → イ → ウ → エ → オ
②	ア → イ → エ → ウ → オ
③	ア → ウ → イ → エ → オ
④	ア → ウ → エ → イ → オ
⑤	ア → エ → イ → ウ → オ
⑥	ア → エ → ウ → イ → オ

(4) タマネギの細胞が20時間ごとに1回体細胞分裂をするとき，200時間後には1個の細胞が何個に分裂しているか。最も適当なものを，次の①～⑧のうちから一つ選べ。ただし，すべての細胞が体細胞分裂を繰り返し行っているものとする。
(マーク解答番号) 11

① 10個　② 11個　③ 20個　④ 100個
⑤ 256個　⑥ 512個　⑦ 1024個　⑧ 2048個

(5) 植物の細胞と動物の細胞に関する次の記述a，b，cのうち正しい記述を**過不足なく含むもの**を，下の①～⑦のうちから一つ選べ。(マーク解答番号) 12

a 動物の細胞には細胞質があるが，植物の細胞には細胞質がない。
b 植物の細胞には，細胞膜の内側に細胞壁がある。
c 動物の細胞には，葉緑体がない。

① a　② b　③ c　④ a，b
⑤ a，c　⑥ b，c　⑦ a，b，c

［4］ 日常生活には科学に結びつく内容がたくさん含まれている。中京花子さんの日記を読み，あとの問いに答えよ。

> 2020 年○月△日　くもり
> 今日はいつもより気温が低く，肌寒い。
> 最近は感染症予防のためにマスクをしていることが多く，$_{a}$眼鏡がくもってしまい大変だ。
> くもり止めを買って，一度試してみた方がいいかもしれないな。
> 入学当初は高校までの上り坂で$_{b}$息が上がっていたが，今では軽々と上ることができる。小さいことではあるが，成長を実感できた。
> ３限目の体育の時間に潜水のテストを行った。最初は息が続くかどうかではなく，深く潜ること自体が難しかった。でも，練習をしているうちに，$_{c}$息を吐いてから潜った方が体が沈みやすいことに気付いた。最後の測定では良い結果を残せて良かった。
> 学校から帰る際に，日直だったので換気や$_{d}$消毒を行った。

(1) 下線部ａのように，「眼鏡がくもる」という現象は，水の状態変化の一例である。状態変化を模式的に表した図１の中で，この変化を表している矢印として適当なものを，次の①～⑥のうちから一つ選べ。ただし，固体・液体・気体は，粒子の運動のようすで表されている。(マーク解答番号) **13**

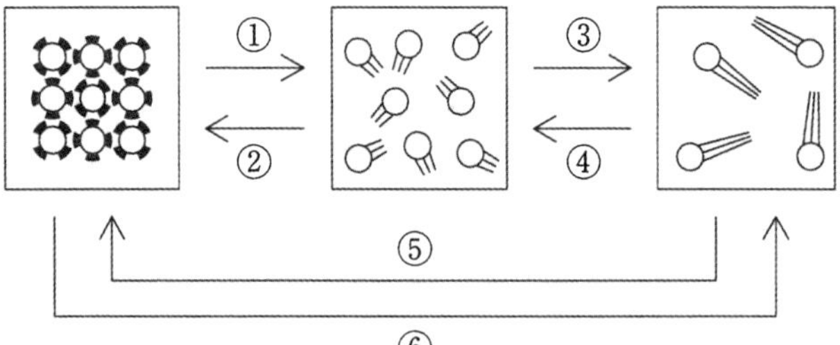

図１

(2) 下線部bでは，酸素を全身に供給するため心拍数が上昇している。図2のア～カにおいて動脈血が流れている部分を**過不足なく含むもの**を，次の①～⑤のうちから一つ選べ。ただし，図2中の矢印は血液の流れる向きとする。

（マーク解答番号） 14

① ア，イ，ウ

② ア，エ，カ

③ イ，ウ，オ

④ イ，ウ，カ

⑤ エ，オ，カ

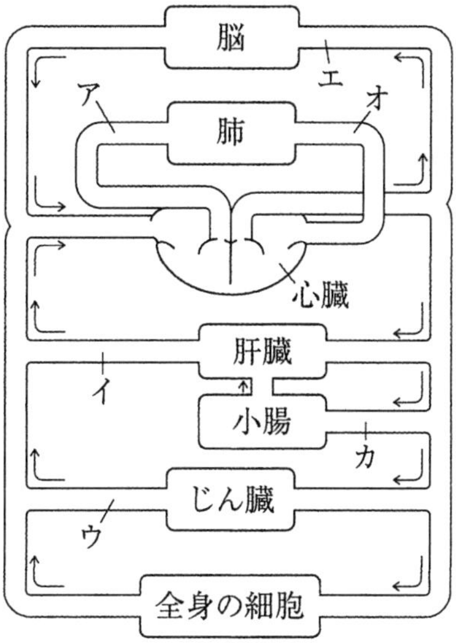

図2

(3) 下線部cの理由として最も適切なものを，次の①～④のうちから一つ選べ。

（マーク解答番号） 15

① 息を吐いたときに横隔膜は**上がる**ので，肺の体積が**小さくなる**。このため，浮力が小さくなり沈みやすくなる。

② 息を吐いたときに横隔膜は**上がる**ので，肺の体積が**大きくなる**。このため，浮力が小さくなり沈みやすくなる。

③ 息を吐いたときに横隔膜は**下がる**ので，肺の体積が**小さくなる**。このため，浮力が小さくなり沈みやすくなる。

④ 息を吐いたときに横隔膜は**下がる**ので，肺の体積が**大きくなる**。このため，浮力が小さくなり沈みやすくなる。

(4) 下線部dのように，消毒をする際には質量パーセント濃度70%以上のエタノール水溶液の使用がすすめられている。そこで，90%のエタノール水溶液をもとに水で薄めて，70%のエタノール水溶液を100 mLつくろうとした。このときに必要な90%のエタノール水溶液の体積は約何mLか。最も適当なものを，次の①～⑥のうちから一つ選べ。ただし，エタノール水溶液の密度は濃度によらず0.80 g/cm^3とする。

（マーク解答番号） 16

① 20 mL　② 35 mL　③ 50 mL

④ 65 mL　⑤ 80 mL　⑥ 95 mL

［５］ ある日，積乱雲が発生し，雷をともなう強い雨が降った。あとの問いに答えよ。

(1) Ａさんが部屋から外のようすを見ていると，遠くでいなずまが光り，その４秒後に雷の音が聞こえた。いなずまが光ったところからＡさんの部屋までの距離は何 km か。ただし，空気中での光が伝わる速さを 30 万 km/s，空気中での音が伝わる速さを 340 m/s として，小数第２位を四捨五入して小数第１位まで求めよ。

（記述解答欄） D

(2) 図１の前線について，地点ア～エのどこに積乱雲が発生していると考えられるか。最も適当なものを，次の①～④のうちから一つ選べ。（マーク解答番号） 17

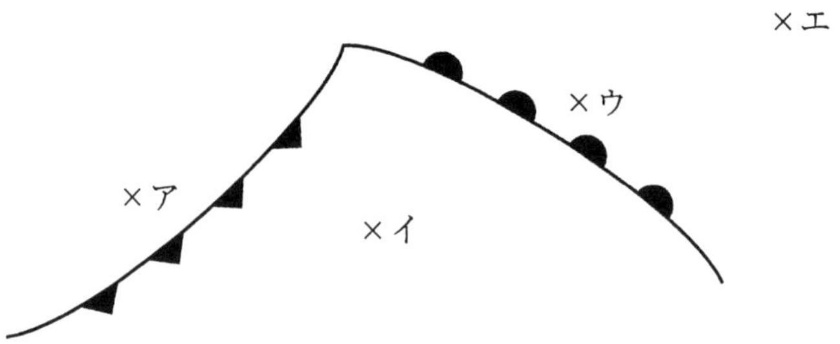

図１

① ア　　② イ　　③ ウ　　④ エ

(3) 前線のでき方を調べるために，実験を行った。図2のように，水槽をしきり板で2つに分け，一方に着色した冷たい水，他方に無色透明な温かい水を入れた。しきり板を上に引きぬいた数秒後の水槽の中のようすとして最も適切なものを，次の①～⑤のうちから一つ選べ。(マーク解答番号) [18]

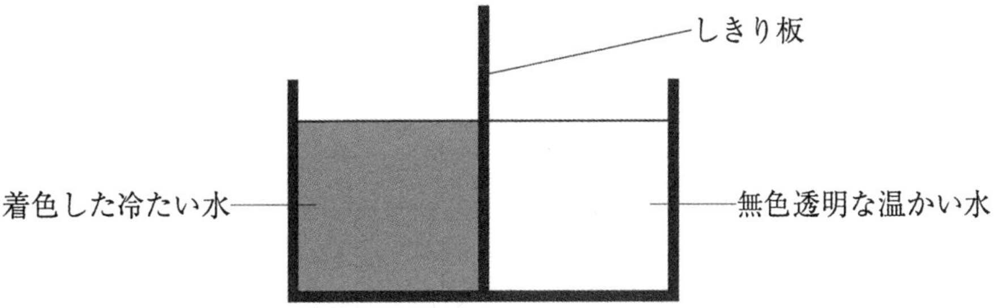

図2

①
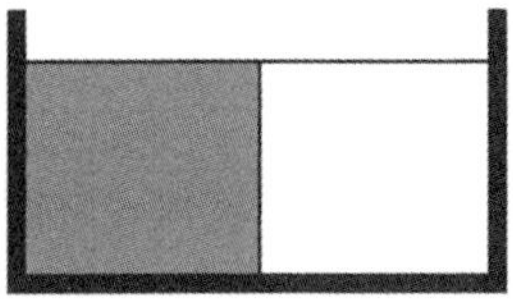

②

③
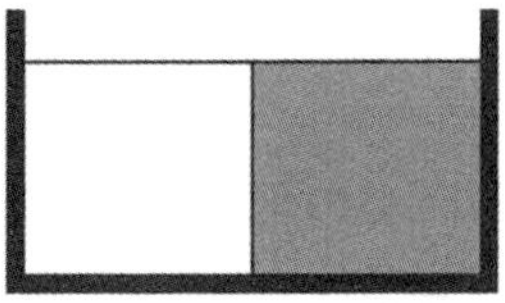

④
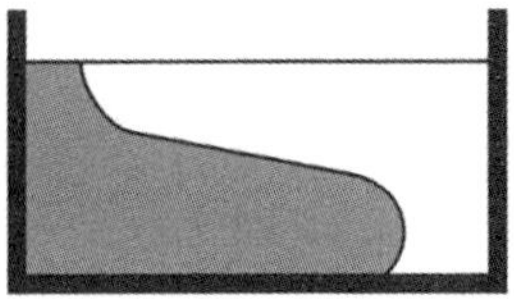

⑤
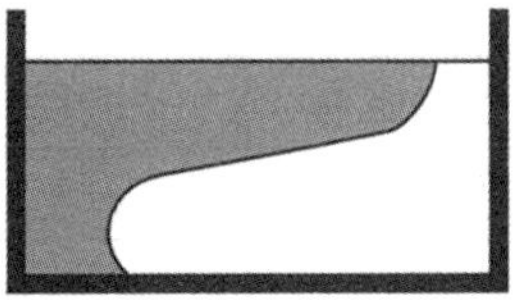

(4) ある雷で放出されたエネルギーが20億Jであったとする。この雷のエネルギーは，1つの家庭で消費される電力量のおよそ何日分になるか。ただし，1日あたりに1つの家庭で消費される電力量を15 kWhとする。最も適当なものを，次の①～⑥のうちから一つ選べ。(マーク解答番号) [19]

① 5日　② 10日　③ 20日
④ 40日　⑤ 100日　⑥ 200日

(5) 雷雨の中で凧《たこ》を揚げる実験を行い，雷が電気であることを最初に発表した人物は誰か。最も適当なものを次の①～⑤のうちから一つ選べ。(マーク解答番号) [20]

① ガリレイ　② フランクリン　③ ボルタ
④ エジソン　⑤ ファラデー

［6］ 次の示準化石ア～ウと，ドイツ南部の1億5千万年前の地層から発見された化石エについて，あとの問いに答えよ。

ア

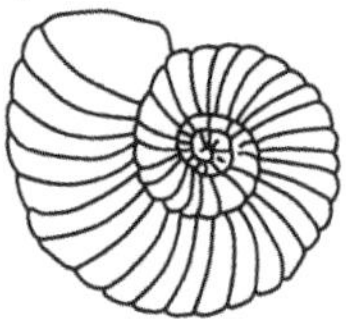

イ

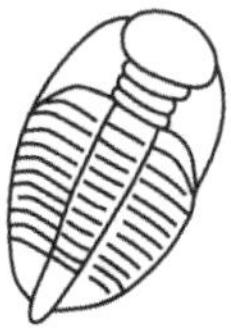

ウ

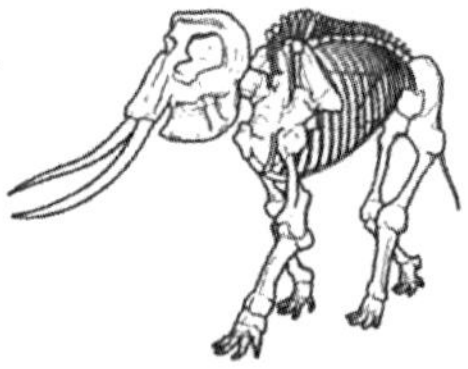

エ

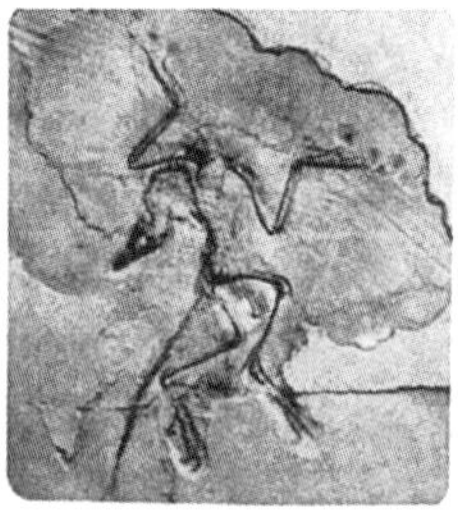

(1) ア～エのうち，同じ地質年代に生きていた生物の化石の組み合わせとして最も適当なものを，次の①～⑥のうちから一つ選べ。(マーク解答番号) 21

① アとイ　② アとウ　③ アとエ

④ イとウ　⑤ イとエ　⑥ ウとエ

(2) アの化石の生物が生きていたころの地質年代の名称と，その時代が終わった時期の組み合わせとして最も適当なものを，次の①～⑥のうちから一つ選べ。

(マーク解答番号) 22

	地質年代の名称	その時代が終わった時期
①	古生代	2.5億年前
②	古生代	6600万年前
③	中生代	2.5億年前
④	中生代	6600万年前
⑤	新生代	2.5億年前
⑥	新生代	6600万年前

(3) エの化石の生物の特徴に関する次の文中の（　オ　）にあてはまる語句として最も適当なものを，下の①～④のうちから一つ選べ。(マーク解答番号) 23

鳥類の特徴と，（　オ　）の特徴を合わせもっている。

① 魚類　② 両生類　③ ハチュウ類　④ ホニュウ類

(4) 2020年1月，地磁気の逆転が特徴である約77万～約12万年前の地質年代について，日本のある都道府県に由来する名前が付けられた。この地質年代の名前をカタカナで答えよ。(記述解答欄) E

(5) 現在の地球を大きな磁石とみなすと，北極と南極はそれぞれＮ極，Ｓ極のどちらか。最も適当なものを，次の①～②のうちから一つ選べ。（マーク解答番号）24

① 北極がＮ極，南極がＳ極

② 北極がＳ極，南極がＮ極

2021年度　入学試験問題

社　　会

中京大学附属中京高等学校

試験開始の合図があるまで，この問題冊子を開いてはいけません。
下記の受験上の注意事項をよく読んでください。

==================== **受験上の注意事項** ====================

1　問題用紙は19ページです。
2　試験時間は 理科と合わせて60分 です。
3　解答用紙に，**氏名（フリガナ）・中学校名を記入**し，**受験番号は記入とマークを**しなさい。
4　**マークシート記入上の注意**
　①　マークの記入は，必ず黒鉛筆またはシャープペンシルで，所定のマーク解答欄の▯を正確にぬりつぶす。
　②　記述解答の記入は，所定の記述解答欄にていねいに行う。
　③　訂正は，消しゴムできれいに消す。
　④　解答用紙を，折り曲げたり，汚したりしない。
　＊マークされていない場合または必要以上にマークがある場合は，０点です。

マークの仕方	良い例	悪い例
マークをする時	鉛筆で正確にぬりつぶす	
マークを消す時	消しゴムで完全に消す	

==

〔1〕次の地図1・2を見て，以下の問いに答えよ。

地図1

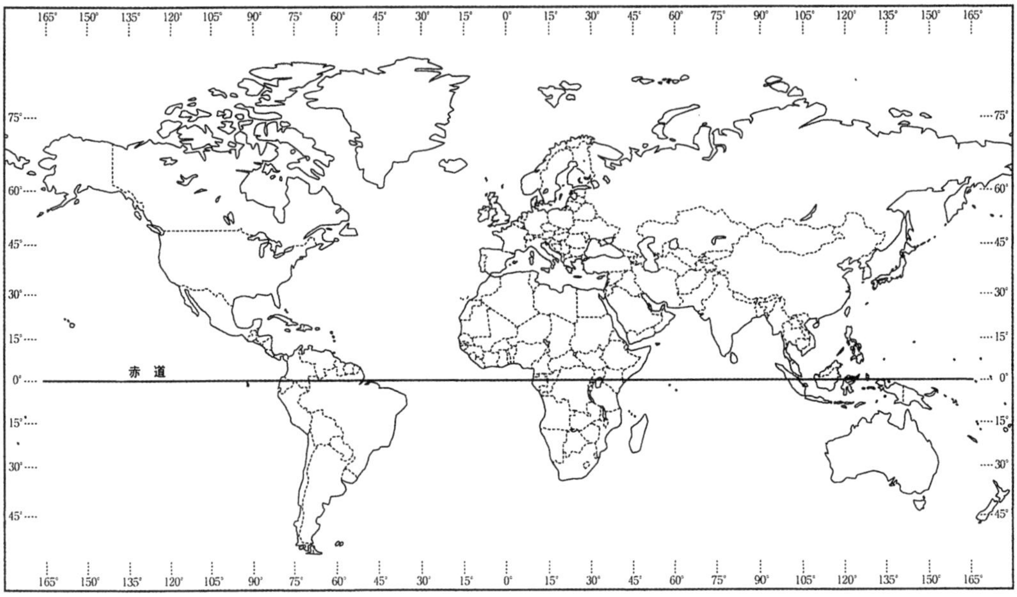

問1　地図1の経度を参考にして，日本が2月5日午前9時の場合，2月4日の午後9時である地域を含む国として最も適切なものを，次の①～⑤から1つ選んで番号で答えよ。(マーク解答欄) 1

①　ブラジル　　②　アメリカ　　③　イギリス　　④　オーストラリア

⑤　インド

地図2

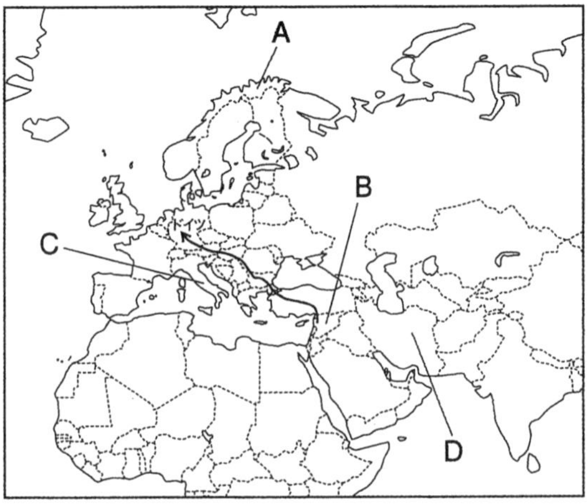

問２　地図２のＡ国はノルウェーであるが，この国には地理的に特徴のある地形が多くみられる。そうした特徴について述べた文として最も適切なものを，次の①～④から１つ選んで番号で答えよ。（マーク解答欄）［2］

①　山地の谷に湧水が入り込んでできた狭い湾が複雑に入り組んだ海岸
②　浅い海底にすむ生物がつくる石灰岩が積み重なってできた地形
③　河川が山地から平野などに移るところにみられる土砂などが堆積した地形
④　氷河によって削られた谷に海水が侵入してできた細長く深い入り江

問３　地図２にあるＢの国はシリアである。この国は現在厳しい内戦状況にあり，多くの国民が難民として国外へと脱出している。現在，シリアからの難民を多く受け入れている国としてドイツがあるが，シリア難民がドイツへと向かった場合の一例として地図中の矢印のように移動した場合，通過しない国を，次の①～④から１つ選んで番号で答えよ。（マーク解答欄）［3］

①　ポーランド　　②　ブルガリア　　③　トルコ　　④　オーストリア

問４　地図２のＣは地中海沿岸の国である。この国について述べた文として**誤っているもの**を，次の①～④から１つ選んで番号で答えよ。（マーク解答欄）［4］

①　国土をアペニン山脈が縦断している。
②　カトリック教会のサン・ピエトロ大聖堂があるヴァチカン（バチカン）市国が国内に位置している。
③　南北の経済格差が大きく，主に南部が産業・政治の中心である。
④　繊維・衣料や自動車が主要産業であり，世界有数のワインの生産国でもある。

問５　地図２のＤはイスラム教シーア派の多く住む国で，周辺のアラブ諸国や核合意をめぐりアメリカとの対立が続いている。この国の名称を答えよ。
（記述解答欄）［A］

〔2〕次の年表を見て，以下の問いに答えよ。

西暦	アジア(中国)世界	アジア(中東世界)	ヨーロッパ世界
		ササン朝ペルシア(224～)	
	三国時代(魏・呉・蜀)の成立(3C)		
300			
			ゲルマン人の大移動(375～)
400			
			【1】フランク王国成立(486)
500			
	隋王朝中国統一(589)		
600			
	唐王朝成立(618) 遣唐使第1回派遣(630)	イスラーム教成立(7世紀前半) ニハーヴァンドの戦い(642)	
700			
		トゥール・ポワティエ間の戦い(732)	
	【2】タラス河畔の戦い(751)		
800			カールの戴冠(800)
	黄巣の乱(875～884) 日本からの遣唐使停止(894)		メルセン条約により フランク王国分裂(870)
900	【3】唐王朝滅亡(907)		
1000			

問1　表中の下線部【1】の国は下記地図の斜線部に位置している国である。この国は870年のメルセン条約によって分かれることになるが，この条約によって分かれた地域は，現在のどの国となっているか。地図を参考にして最も適切な組み合わせとして正しいものを，次の①～⑥から1つ選んで番号で答えよ。(マーク解答欄) 5

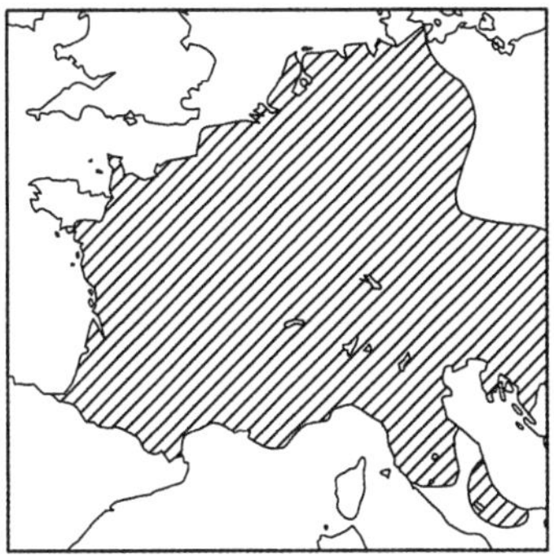

①　ギリシア，ドイツ，スウェーデン　　②　ドイツ，フランス，スウェーデン
③　ギリシア，イタリア，フランス　　④　ドイツ，イタリア，フランス
⑤　ギリシア，ドイツ，イタリア　　⑥　ドイツ，イタリア，スウェーデン

問2　表中の下線部【2】について，この戦いでは，中国の唐とイスラーム国が戦火を交えたが，このことに関連して唐について述べた文章として最も適切なものを，次の①～④から1つ選んで番号で答えよ。(マーク解答欄) 6

①　明を倒した一族によって新たに建国された。
②　唐の中期には洪秀全が登場して，一時期政治が乱れた。
③　シルクロードを通じて広く世界各国との交流が盛んだった。
④　唐末期にはチンギス・ハンに指導された反乱によって滅亡した。

問3　下線部【3】に関連して，唐の滅亡後多くの国が乱立したが，その後に中国を統一した国は何か漢字で答えよ。(記述解答欄) B

〔3〕次の年表は19世紀頃の世界を示したものである。以下の問いに答えよ。

西暦	アジア(中国)世界	ヨーロッパ・アメリカ世界	アジア(中東)世界
1800			
		ナポレオンが皇帝になる(1804・仏)	
		【　2　】即位(1837・英)	
	【1】アヘン戦争(1840～42)		
1850			
	アロー戦争(1856～60)		【3】インド大反乱(1857～59)
		南北戦争(1861～65・米)	
			インド帝国成立(1877)
	日清戦争(1894～95)		
1900		【　2　】死去(1901・英)	
		日露戦争(1904～05)	青年トルコ革命(1908)

問1　表中の下線部【1】の説明として**誤っているものを**，次の①～④から1つ選んで番号で答えよ。(マーク解答欄)　7

①　この戦争の直接の契機は，清朝が大量のアヘンの密輸を取り締まった結果，イギリスが反発したためである。

②　この戦争以前には，イギリスは清朝から多くの茶を輸入していた。

③　この戦争に負けた結果，清朝は不平等な内容のヴェルサイユ（ベルサイユ）条約を結び，開国をさらに広げることになった。

④　戦後の賠償金などに苦しんだ清朝では，洪秀全が太平天国を設立して農民の救済に立ち上がった。

問2　【2】にはイギリスの皇帝名が入る。次の資料は夏目漱石がイギリス滞在中に書き残した日記の一部である。この日記中にある「女皇」「Queen」とは【2】の皇帝のことである。この人物として最も適切なものを，次の①～④から１つ選んで番号で答えよ。（マーク解答欄）［8］

> 一月二十一日　女皇危篤ノ由ニテ衆庶皆眉ヲヒソム
>
> 一月二十三日　昨夜六時半女皇オズボーンニテ死去ス
> 一月二十四日　Edward Ⅶ即位ノ Proclamation アリ，妻より無事ノ書状来ル，返事ヲ認ム，夜入浴ニ行ク
> 終日散歩セヌト腹工合ガ悪イ　散歩スレバ二圓位ノ金ハ必ズ使ッテ帰ル此デ困ルナー
>
> 二月二日　Queen ノ葬儀ヲ見ントテ朝九時 Mr.　Brett ト共ニ出ズ
> Oval ヨリ地下電氣ニテ Bank ニ至リ夫ヨリ Twopence　Tube ニ乗リ換フ Marble　Arch ニテ降レバ甚ダ人ゴミアラン故 next station にて下ラント宿ノ主人云フ其言ノ如クシテ　Hyde Park　ニ入ルサスガノ大公園モ人間ニテ波ヲ打チツヽアリ　園内ノ樹木皆人ノ實ヲ結ブ漸クシテ通路ニ至ルニ到底見ルベカラズ　宿ノ主人余ヲ肩車ニ乗セテ呉レタリ　漸クニシテ行列ノ胸以上ヲ見ル，棺ハ白ニ赤ヲ以テ掩ハレタリ King, German Emperor 等随フ

（いずれも，1901年部分を抜粋　一部現代語に変更　国立国会図書館データより）

①　ヴィクトリア（ビクトリア）　　②　アンネ・フランク
③　ハンムラビ王　　④　ムハンマド

問3　下線部【3】に関連して，インドについて述べた文として最も適切なものを，次の①～④から１つ選んで番号で答えよ。（マーク解答欄）［9］

①　この国では，紀元前６世紀頃には仏教が中国から伝わり，現在までインドでは主要な宗教となっている。
②　この国では，現在，キリスト教が最大の信者を持つ。
③　この国では，人口の約８割がヒンドゥー教徒である。
④　この国では，イスラム教徒はほとんど存在しない。

〔4〕次の文章を読み，以下の問いに答えよ。

慶長五年（1600）九月十五日，美濃国（岐阜県）関ヶ原には，徳川家康の率いる東軍七万，【　1　】の呼びかけに応じた西軍八万という大軍が相対峙し，その後の日本の運命を決することになる関ヶ原の合戦が展開された。

豊臣家の天下から，徳川家と徳川幕府による天下支配への推転の画期をなしたものとして知られるこの一大会戦であるが，子細に検討していくならば，同合戦の意義は単純に【2】豊臣家と【3】徳川家との覇権闘争としてのみ捉えることは正しくない。

中略

全国の諸大名を総動員し，かつそれらを二分して相戦うことになった関ヶ原合戦という一大戦争は，以下に挙げるような様々な対立軸によって構成される複合的な性格の事件であり豊臣政権に内在し胎胚した諸矛盾が競合して引き起こされた巨大な分裂であった。

（笠原和比古『戦争の日本史17　関ヶ原合戦と大坂の陣』 吉川弘文館）

問1　本文中【1】には豊臣政権内で五奉行という役職についていた人物が入る。この人物名を答えよ。（記述解答欄） C

問2　下線部【2】に関連して，豊臣秀吉が行った政策を説明した文として最も適切なものを，次の①～⑤から1つ選んで番号で答えよ。（マーク解答欄） 10

①　長さや体積の単位を統一させ，支配した土地の検地を行った。
②　土地からとれる米の収穫量を調べ，すべての農民から同じ量の年貢を徴収した。
③　自由な営業を認めて，商工業の発展をうながす楽市・楽座を実施した。
④　朝鮮半島へ兵を送る朝鮮出兵を行ったが，李成桂らの抵抗にあい失敗した。
⑤　海外との貿易を禁止したが，キリスト教の布教については例外として認めた。

問3　下線部【3】に関連して徳川幕府が行った政策として正しいものを，次の①～⑤から1つ選んで番号で答えよ。（マーク解答欄） 11

①　征夷大将軍に任命された家康は，将軍職を家光にゆずり，徳川家が代々将軍職を継ぐことを内外に示した。
②　幕府は，幕藩体制という政治体制を敷き，徳川氏の一族である親藩，古くからの家臣である外様大名，新たに従った譜代大名に分けて全国を統治した。
③　武家諸法度や参勤交代の制度などを整え，大名の統制をはかった。
④　徳川綱吉は，日本の商船に海外へ渡ることを認め，朱印船貿易を行った。
⑤　幕府は天皇家との交流を活発に行い，文化的な活動のみならず，政治的にも友好関係を保つことで，国家政策についても協力関係を築いていた。

問4　次の表をみて，大目付が行っていた役割として最も適切なものを，次の①～⑥から1つ選んで番号で答えよ。（マーク解答欄）[12]

表

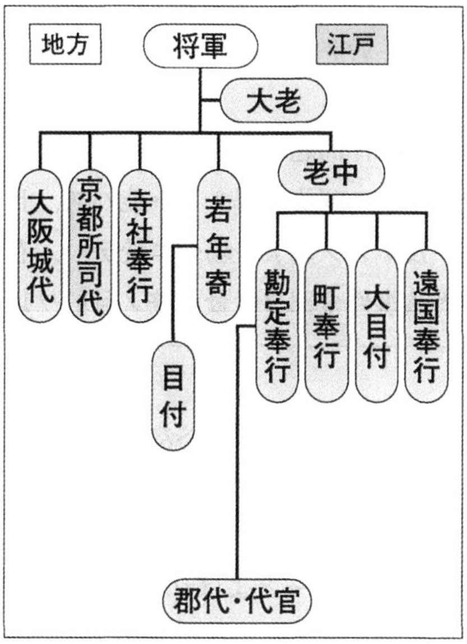

① 大名の監視　② 幕府の財政の管理　③ 朝廷の監視
④ 西国大名の監視　⑤ 旗本の監視　⑥ 臨時の役職

〔５〕次の資料は，今からちょうど100年前の1921年にワシントン会議で締結された四か国条約の一部である。この資料を見ながら以下の問いに答えよ。

> 第１条
> 締約国ハ互ニ太平洋方面ニ於ケル其ノ島嶼タル属地及島嶼タル領地ニ関スル其ノ権利ヲ尊重スヘキコトヲ約ス
> 締約国ノ何レカノ間ニ太平洋問題ニ起因シ，且ツ前記ノ権利ニ関スル争議ヲ生シ，外交手段ニ依リテ満足ナル解決ヲ得ルコト能ハス，且ツ其ノ間ニ幸ニ現存スル円満ナル協調ニ影響ヲ及ホスノ虞アル場合ニ於テハ，右締約国ハ共同会議ノ為他ノ締約国ヲ招請シ，当該事件全部ヲ考量調整ノ目的ヲ以テ其ノ議ニ付スヘシ

問１　この条約が結ばれた頃の日本について述べた文として**誤っているもの**を，次の①～④から１つ選んで番号で答えよ。（マーク解答欄）［13］

①　1920年代は大正デモクラシーとよばれる民主主義の流れが強まっていた。
②　平塚らいてうらによって全国水平社が設立され，差別からの解放を求める運動を進めた。
③　加藤高明内閣のもとで普通選挙法と治安維持法が同じ年に成立した。
④　1920年には日本初のメーデーが行われ，1922年には日本共産党が設立された。

問２　この会議によって決定された日本に関する内容として**誤っているもの**を，次の①～⑤から１つ選んで番号で答えよ。（マーク解答欄）［14］

①　海軍の主力艦の保有量を制限することとなった。
②　太平洋地域の現状維持を定めた。
③　朝鮮半島の主権尊重・領土保全などを取り決めた。
④　山東省の権益が中国へ返還された。
⑤　日英同盟が解消（廃止）された。

立　　　　　中学校

※100点満点
（配点非公表）

注意事項　※には、何も記入しないでください。

記述解答欄					
F	E	D	C	B	A
	～				
× ○	× ○	× ○	× ○	× ○	× ○

※

立　　　　　　中学校

※100点満点
(配点非公表)

注意事項　※には、何も記入しないでください。

記述解答欄	※	
[2](1)	○ ×	
[2](2)	○ ×	
[3](1)	○ ×	
[3](2)	○ ×	
[3](3)	○ ×	

	※

立　　　　　　中学校

※100点満点
(配点非公表)

注意事項　※には、何も記入しないでください。

記述解答欄	※		※

	5番目	
	5番目	

立　　　　　　中学校

※75点満点
（配点非公表）

注意事項　※には、何も記入しないでください。

記述解答欄	※		※
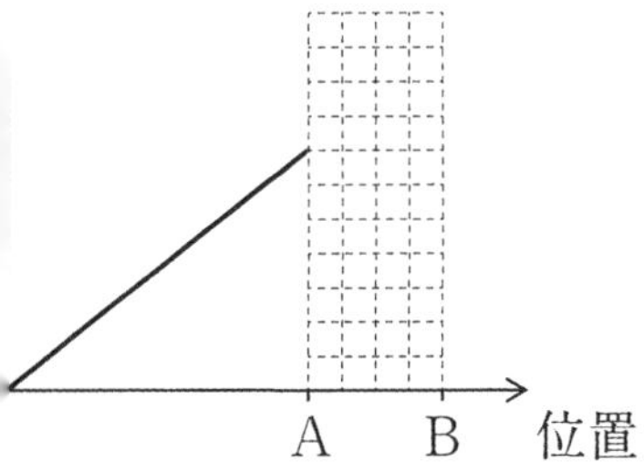			
：O＝　　　　：			
km			

立　　　　　　中学校

※75点満点
(配点非公表)

注意事項　※には、何も記入しないでください。

記述解答欄	※		※
	○ ×		
	○ ×		
	○ ×		
	○ ×		

中京大学附属中京高等学校
2021年度 社会解答用紙

フリガナ	
氏　名	

受験番号

1	1	1	1	1
2	2	2	2	2
3	3	3	3	3
4	4	4	4	4
5	5	5	5	5
6	6	6	6	6
7	7	7	7	7
8	8	8	8	8
9	9	9	9	9
0	0	0	0	0

解答番号	マーク解答欄									
	1	2	3	4	5	6	7	8	9	0
1	1	2	3	4	5	6	7	8	9	0
2	1	2	3	4	5	6	7	8	9	0
3	1	2	3	4	5	6	7	8	9	0
4	1	2	3	4	5	6	7	8	9	0
5	1	2	3	4	5	6	7	8	9	0
6	1	2	3	4	5	6	7	8	9	0
7	1	2	3	4	5	6	7	8	9	0
8	1	2	3	4	5	6	7	8	9	0
9	1	2	3	4	5	6	7	8	9	0
10	1	2	3	4	5	6	7	8	9	0
11	1	2	3	4	5	6	7	8	9	0
12	1	2	3	4	5	6	7	8	9	0
13	1	2	3	4	5	6	7	8	9	0
14	1	2	3	4	5	6	7	8	9	0
15	1	2	3	4	5	6	7	8	9	0
16	1	2	3	4	5	6	7	8	9	0
17	1	2	3	4	5	6	7	8	9	0
18	1	2	3	4	5	6	7	8	9	0
19	1	2	3	4	5	6	7	8	9	0
20	1	2	3	4	5	6	7	8	9	0
21	1	2	3	4	5	6	7	8	9	0
22	1	2	3	4	5	6	7	8	9	0
23	1	2	3	4	5	6	7	8	9	0
24	1	2	3	4	5	6	7	8	9	0
25	1	2	3	4	5	6	7	8	9	0

解答番号	マーク解答欄									
	1	2	3	4	5	6	7	8	9	0
26	1	2	3	4	5	6	7	8	9	0
27	1	2	3	4	5	6	7	8	9	0
28	1	2	3	4	5	6	7	8	9	0
29	1	2	3	4	5	6	7	8	9	0
30	1	2	3	4	5	6	7	8	9	0

中京大学附属中京高等学校
2021年度 理科解答用紙

フリガナ	
氏　名	

受験番号

1	1	1	1	1
2	2	2	2	2
3	3	3	3	3
4	4	4	4	4
5	5	5	5	5
6	6	6	6	6
7	7	7	7	7
8	8	8	8	8
9	9	9	9	9
0	0	0	0	0

解答番号	マーク解答欄										
	1	2	3	4	5	6	7	8	9	0	
1	1	2	3	4	5	6	7	8	9	0	
2	1	2	3	4	5	6	7	8	9	0	
3	1	2	3	4	5	6	7	8	9	0	
4	1	2	3	4	5	6	7	8	9	0	
5	1	2	3	4	5	6	7	8	9	0	
6	1	2	3	4	5	6	7	8	9	0	
7	1	2	3	4	5	6	7	8	9	0	
8	1	2	3	4	5	6	7	8	9	0	
9	1	2	3	4	5	6	7	8	9	0	
10	1	2	3	4	5	6	7	8	9	0	
11	1	2	3	4	5	6	7	8	9	0	
12	1	2	3	4	5	6	7	8	9	0	
13	1	2	3	4	5	6	7	8	9	0	
14	1	2	3	4	5	6	7	8	9	0	
15	1	2	3	4	5	6	7	8	9	0	
16	1	2	3	4	5	6	7	8	9	0	
17	1	2	3	4	5	6	7	8	9	0	
18	1	2	3	4	5	6	7	8	9	0	
19	1	2	3	4	5	6	7	8	9	0	
20	1	2	3	4	5	6	7	8	9	0	
21	1	2	3	4	5	6	7	8	9	0	
22	1	2	3	4	5	6	7	8	9	0	
23	1	2	3	4	5	6	7	8	9	0	
24	1	2	3	4	5	6	7	8	9	0	

中京大学附属中京高等学校
2021年度 英語解答用紙

フリガナ	
氏　名	

	受験番号			
1	1	1	1	1
2	2	2	2	2
3	3	3	3	3
4	4	4	4	4
5	5	5	5	5
6	6	6	6	6
7	7	7	7	7
8	8	8	8	8
9	9	9	9	9
0	0	0	0	0

解答番号	マーク解答欄									
	1	2	3	4	5	6	7	8	9	0
1	1	2	3	4	5	6	7	8	9	0
2	1	2	3	4	5	6	7	8	9	0
3	1	2	3	4	5	6	7	8	9	0
4	1	2	3	4	5	6	7	8	9	0
5	1	2	3	4	5	6	7	8	9	0
6	1	2	3	4	5	6	7	8	9	0
7	1	2	3	4	5	6	7	8	9	0
8	1	2	3	4	5	6	7	8	9	0
9	1	2	3	4	5	6	7	8	9	0
10	1	2	3	4	5	6	7	8	9	0
11	1	2	3	4	5	6	7	8	9	0
12	1	2	3	4	5	6	7	8	9	0
13	1	2	3	4	5	6	7	8	9	0
14	1	2	3	4	5	6	7	8	9	0
15	1	2	3	4	5	6	7	8	9	0
16	1	2	3	4	5	6	7	8	9	0
17	1	2	3	4	5	6	7	8	9	0
18	1	2	3	4	5	6	7	8	9	0
19	1	2	3	4	5	6	7	8	9	0
20	1	2	3	4	5	6	7	8	9	0
21	1	2	3	4	5	6	7	8	9	0
22	1	2	3	4	5	6	7	8	9	0
23	1	2	3	4	5	6	7	8	9	0
24	1	2	3	4	5	6	7	8	9	0
25	1	2	3	4	5	6	7	8	9	0

解答番号	マーク解答欄									
	1	2	3	4	5	6	7	8	9	0
26	1	2	3	4	5	6	7	8	9	0
27	1	2	3	4	5	6	7	8	9	0
28	1	2	3	4	5	6	7	8	9	0
29	1	2	3	4	5	6	7	8	9	0
30	1	2	3	4	5	6	7	8	9	0
31	1	2	3	4	5	6	7	8	9	0
32	1	2	3	4	5	6	7	8	9	0
33	1	2	3	4	5	6	7	8	9	0
34	1	2	3	4	5	6	7	8	9	0
35	1	2	3	4	5	6	7	8	9	0
36	1	2	3	4	5	6	7	8	9	0

中京大学附属中京高等学校
2021年度 数学解答用紙

フリガナ	
氏　名	

受験番号				
1	1	1	1	1
2	2	2	2	2
3	3	3	3	3
4	4	4	4	4
5	5	5	5	5
6	6	6	6	6
7	7	7	7	7
8	8	8	8	8
9	9	9	9	9
0	0	0	0	0

解答番号	マーク解答欄										
	−	0	1	2	3	4	5	6	7	8	9
ア	−	0	1	2	3	4	5	6	7	8	9
イ	−	0	1	2	3	4	5	6	7	8	9
ウ	−	0	1	2	3	4	5	6	7	8	9
エ	−	0	1	2	3	4	5	6	7	8	9
オ	−	0	1	2	3	4	5	6	7	8	9
カ	−	0	1	2	3	4	5	6	7	8	9
キ	−	0	1	2	3	4	5	6	7	8	9
ク	−	0	1	2	3	4	5	6	7	8	9
ケ	−	0	1	2	3	4	5	6	7	8	9
コ	−	0	1	2	3	4	5	6	7	8	9
サ	−	0	1	2	3	4	5	6	7	8	9
シ	−	0	1	2	3	4	5	6	7	8	9
ス	−	0	1	2	3	4	5	6	7	8	9
セ	−	0	1	2	3	4	5	6	7	8	9
ソ	−	0	1	2	3	4	5	6	7	8	9
タ	−	0	1	2	3	4	5	6	7	8	9
チ	−	0	1	2	3	4	5	6	7	8	9
ツ	−	0	1	2	3	4	5	6	7	8	9
テ	−	0	1	2	3	4	5	6	7	8	9
ト	−	0	1	2	3	4	5	6	7	8	9
ナ	−	0	1	2	3	4	5	6	7	8	9
ニ	−	0	1	2	3	4	5	6	7	8	9
ヌ	−	0	1	2	3	4	5	6	7	8	9
ネ	−	0	1	2	3	4	5	6	7	8	9
ノ	−	0	1	2	3	4	5	6	7	8	9

解答番号	マーク解答欄								
	−	0	1	2	3	4	5	6	7
ハ	−	0	1	2	3	4	5	6	7
ヒ	−	0	1	2	3	4	5	6	7
フ	−	0	1	2	3	4	5	6	7
ヘ	−	0	1	2	3	4	5	6	7
ホ	−	0	1	2	3	4	5	6	7
マ	−	0	1	2	3	4	5	6	7
ミ	−	0	1	2	3	4	5	6	7

中京大学附属中京高等学校
2021年度 国語解答用紙

フリガナ	
氏　名	

	受験番号			
1	1	1	1	1
2	2	2	2	2
3	3	3	3	3
4	4	4	4	4
5	5	5	5	5
6	6	6	6	6
7	7	7	7	7
8	8	8	8	8
9	9	9	9	9
0	0	0	0	0

解答番号	マーク解答欄									
	1	2	3	4	5	6	7	8	9	0
1	1	2	3	4	5	6	7	8	9	0
2	1	2	3	4	5	6	7	8	9	0
3	1	2	3	4	5	6	7	8	9	0
4	1	2	3	4	5	6	7	8	9	0
5	1	2	3	4	5	6	7	8	9	0
6	1	2	3	4	5	6	7	8	9	0
7	1	2	3	4	5	6	7	8	9	0
8	1	2	3	4	5	6	7	8	9	0
9	1	2	3	4	5	6	7	8	9	0
10	1	2	3	4	5	6	7	8	9	0
11	1	2	3	4	5	6	7	8	9	0
12	1	2	3	4	5	6	7	8	9	0
13	1	2	3	4	5	6	7	8	9	0
14	1	2	3	4	5	6	7	8	9	0
15	1	2	3	4	5	6	7	8	9	0
16	1	2	3	4	5	6	7	8	9	0
17	1	2	3	4	5	6	7	8	9	0
18	1	2	3	4	5	6	7	8	9	0
19	1	2	3	4	5	6	7	8	9	0
20	1	2	3	4	5	6	7	8	9	0

問3　次の資料1，2は，この条約が締結された頃に日本で発生したある事件を記録したものである。この2つの資料が示している事件とは何か。次の①～④から1つ選んで番号で答えよ。(マーク解答欄) 15

資料1

資料2

女房連《にようばうれん》の一揆《き》

米高に堪り兼ね窮死するを口々に喚き立て

三百餘名米屋へ押しかく

①　第一次護憲運動　　②　関東大震災　　③　島原・天草一揆

④　米騒動

問4　この条約が結ばれたのと同じ時期に起こった出来事として**誤っているもの**を，次の①～④から1つ選んで番号で答えよ。(マーク解答欄) 16

①　ソビエト社会主義共和国連邦（ソ連）の成立

②　ヴェルサイユ（ベルサイユ）条約の締結

③　国際連盟の設立

④　バスティーユ（バスチーユ）牢獄の襲撃

〔6〕次の文章を読んで，以下の問いに答えよ。

国会と内閣にはどのような役割があり，どのような関係で成り立っているのだろうか。

国会の重要な役割の１つが［A］である。民法や刑法はじめさまざまな社会の基本的なルールや政治の方針を定める役割を担っている。第二に，予算の審議と議決である。政府は，国民の［1］税金などで集めた財源について，毎年，どの程度の収入があり，どのように使うかという見積もりを立てる。それが予算である。国会は内閣が作成した予算を審議し，議決している。第三は，［B］である。内閣は公務員からなる行政各部を指揮監督し，それによって行政が行われるため，国会は［B］を通じて，行政をコントロールしていることになる。

国会が定めた法律や予算にもとづいて，国の政治を行うことを行政とよぶ。行政は，国の行政と地方の行政とに分けられ，国の行政は，総務省や財務省などの各行政機関が分担して行っている。内閣の最も重要な役割は，行政の各部門の仕事を指揮監督し，法律で定められたことを実行することである。また，内閣は，法律案や予算案を作って国会に提出したり，条約を結んだりする役割も担っている。

国会と内閣の関係について，日本国憲法は［C］を採用している。それは，内閣は国会の信任にもとづいて成立し，国会に対して責任を負うというしくみである。［C］のもとで，内閣の行う行政が信頼できなければ，［2］衆議院は内閣不信任の決議を行うことができる。また，内閣は衆議院の解散権も持っており，これは，衆議院の内閣不信任決議に対して，内閣が衆議院をコントロールする手段であり，国会と内閣との均衡をはかる［C］の一つの要素となっている。

［C］では，政党が重要なはたらきをする。政党は，選挙のときに国民と国会をつなぐ役割を果たすが，新しい内閣を組織するときにも，国会での多数派の形成や組閣にあたって，国会と内閣を結びつけるはたらきをする。一般的に，衆議院で多数の議席を占めた政党の党首が内閣総理大臣に選ばれ，内閣を組織している。他方で，野党の立場も重要となる。野党は，与党の行う政治を監視し批判することで，政治の方向を修正する。与党による政治が国民の信任を得られず，与党が選挙で敗北すると，［3］政権交代がおこる。

現実の政治においては，さまざまな課題が数多く生じてきているが，それを迅速かつ適切に解決していく実行力のある内閣が求められている。

問１　文中の［A］と［B］と［C］に当てはまる語句の組み合わせとして最も適切なものを，次の①～⑧から１つ選んで番号で答えよ。（マーク解答欄）［17］

①　A＝条約の締結　B＝内閣総理大臣の任命　C＝議院内閣制
②　A＝条約の締結　B＝内閣総理大臣の任命　C＝大統領制
③　A＝条約の締結　B＝内閣総理大臣の指名　C＝議院内閣制
④　A＝条約の締結　B＝内閣総理大臣の指名　C＝大統領制
⑤　A＝法律の制定　B＝内閣総理大臣の任命　C＝議院内閣制
⑥　A＝法律の制定　B＝内閣総理大臣の任命　C＝大統領制
⑦　A＝法律の制定　B＝内閣総理大臣の指名　C＝議院内閣制
⑧　A＝法律の制定　B＝内閣総理大臣の指名　C＝大統領制

問２　文中の下線部［１］に関して，2019年10月から消費税が10%へ増税となったが，同時に生活に欠かせないもの（例えば，お酒や外食を除く飲食料品など）については税率を８%のまま据え置きにする制度が導入された。このしくみを何というか。漢字４字で答えよ。（記述解答欄）［D］

問３　文中の下線部［２］に関して，内閣不信任決議に関わる記述として**誤っているもの**を，次の①～④から１つ選んで番号で答えよ。（マーク解答欄）［18］

①　内閣不信任決議が可決されると，内閣は10日以内に衆議院を解散するか，総辞職をしなければならない。
②　内閣不信任決議が可決されても，内閣は衆議院を解散すれば，総辞職することはない。
③　内閣不信任決議権は，衆議院にはあるが，参議院にはない。
④　内閣不信任決議権は，アメリカの議会にはない。

問4　文中の下線部［3］に関して，2009年に政権交代し，民主党を中心とする政治が2012年までつづいた。この間，3代の内閣が誕生したが，その内閣の組み合わせとして最も適切なものを，次の①～⑧から1つ選んで，番号で答えよ。

（マーク解答欄）19

①　麻生太郎内閣　－　安倍晋三内閣　－　菅直人内閣
②　麻生太郎内閣　－　安倍晋三内閣　－　菅義偉内閣
③　鳩山由紀夫内閣　－　菅直人内閣　－　野田佳彦内閣
④　鳩山由紀夫内閣　－　菅義偉内閣　－　野田佳彦内閣
⑤　麻生太郎内閣　－　菅直人内閣　－　安倍晋三内閣
⑥　麻生太郎内閣　－　菅義偉内閣　－　安倍晋三内閣
⑦　鳩山由紀夫内閣　－　野田佳彦内閣　－　菅直人内閣
⑧　鳩山由紀夫内閣　－　野田佳彦内閣　－　菅義偉内閣

〔7〕日本国憲法に関する以下の問いに答えよ。

問1　平和主義に関して，次の枠内の [A] と [B] に当てはまる語句の組み合わせとして最も適切なものを，次の①〜⑧から1つ選んで番号で答えよ。
（マーク解答欄）[20]

日本国憲法第9条

> 日本国民は，正義と秩序を基調とする国際平和を誠実に希求し，国権の発動たる戦争と，[A] による威嚇又は [A] の行使は，国際紛争を解決する手段としては，永久にこれを放棄する。
> 前項の目的を達するため，陸海空軍その他の [B] は，これを保持しない。国の交戦権は，これを認めない。

①	A＝核兵器	B＝自衛隊	②	A＝核兵器	B＝軍隊
③	A＝武力	B＝自衛隊	④	A＝武力	B＝軍隊
⑤	A＝核兵器	B＝防衛力	⑥	A＝核兵器	B＝戦力
⑦	A＝武力	B＝防衛力	⑧	A＝武力	B＝戦力

問2　平和主義に関わる記述として**誤っているもの**を，次の①〜④から1つ選んで番号で答えよ。（マーク解答欄）[21]

① 日本は，日米安全保障条約の中で，アメリカ軍が日本の領域内に駐留し，軍事基地を利用することを認めている。

② 「持たず，作らず，持ち込ませず」の基本方針からなる非核三原則は佐藤栄作首相が打ち出したものである。

③ 日本の防衛だけであった自衛隊の任務は近年拡大し，国連の平和維持活動や災害派遣など国際貢献活動としての自衛隊の海外派遣が増加してきている。

④ 日本と密接な関係にある国が攻撃を受け，日本の存立が脅かされた場合において，集団的自衛権を行使することは，憲法第9条に違反するため日本では認められていない。

問３　憲法改正に関して，次の枠内の [A] と [B] に当てはまる語句の組み合わせとして最も適切なものを，次の①～⑧から１つ選んで番号で答えよ。
（マーク解答欄）[22]

日本国憲法第 96 条

> この憲法の改正は，各議院の [A] の賛成で，国会がこれを発議し，国民に提案してその承認を経なければならない。この承認には，特別の国民投票又は国会の定める選挙の際行われる投票において，その [B] の賛成を必要とする。

①	A＝総議員の３分の２以上	B＝過半数
②	A＝総議員の３分の２以上	B＝３分の１以上
③	A＝出席議員の３分の２以上	B＝過半数
④	A＝出席議員の３分の２以上	B＝３分の１以上
⑤	A＝総議員の過半数	B＝３分の１以上
⑥	A＝総議員の過半数	B＝３分の２以上
⑦	A＝出席議員の過半数	B＝３分の１以上
⑧	A＝出席議員の過半数	B＝３分の２以上

問４　憲法改正に関わる記述として**誤っているもの**を，次の①～④から１つ選んで番号で答えよ。（マーク解答欄）[23]

① 憲法の改正手続きは，一般の法律改正とは異なり，慎重な手続きが定められている。
② 憲法改正の承認を経れば，天皇が国民の名において公布することになっている。
③ 憲法改正案についての国民投票の具体的な手続きは国民投票法に定められており，その投票年齢は満 20 歳以上となっている。
④ 日本国憲法はこれまで一度も改正されたことがない。

問５　次の表は，小選挙区選挙を行った際の３つの選挙区の有権者数を示したものである。この表から読み取れることとして最も適切なものを，次の①～④から１つ選んで番号で答えよ。（マーク解答欄）**24**

選挙区	有権者数（人）
Ａ　区	500,000
Ｂ　区	125,000
Ｃ　区	250,000

①　Ａ区の１票は，Ｃ区の１票よりも２倍の価値があることになる。
②　Ａ区の１票の価値は，Ｂ区を１票とした場合の0.25票分しかないことになる。
③　Ｂ区の１票は，Ｃ区の１票よりも４倍の価値があることになる。
④　Ｂ区の１票の価値は，Ｃ区を１票とした場合の0.5票分しかないことになる。

問６　次の㋐～㋓のうち，選挙に関わる記述として正しいものの組み合わせを，次の①～⑥から１つ選んで番号で答えよ。（マーク解答欄）**25**

㋐　小選挙区制より大選挙区制のほうが，少数意見も反映されやすくなる一方で，死票が多く出やすい特徴がある。
㋑　衆議院議員の任期は参議院議員の任期より短く，衆議院議員には任期途中でも解散がある。
㋒　衆議院解散後の総選挙の日から30日以内に開かれる臨時国会にて，内閣総理大臣の指名がおこなわれ，新しい内閣が誕生する。
㋓　知事や市長といった地方公共団体の首長は，住民の直接選挙において選ばれる。

①　㋐と㋑　　②　㋐と㋒　　③　㋐と㋓
④　㋑と㋒　　⑤　㋑と㋓　　⑥　㋒と㋓

〔8〕次の地図3を見て，以下の問いに答えよ。

地図3

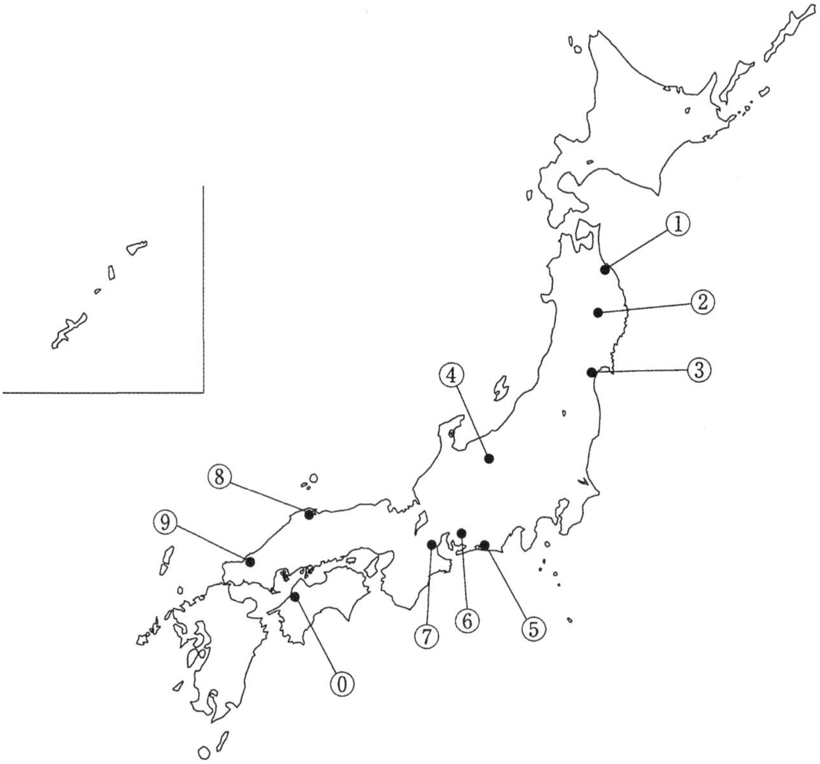

問1　次の表は，中国地方と四国地方の県庁所在地の人口を示したものである。表中のZに当てはまる都市を，地図3の①～⓪から1つ選んで番号で答えよ。
（マーク解答欄）26

広島市	119
X　市	72
Y　市	51
高松市	42
高知市	34
徳島市	26
Z　市	21
山口市	20
鳥取市	19

［2015年　単位：万人］

問２　次の文章は，ある都市についてのＡ君とＢさんの会話である。会話中の（ あ ）に当てはまる都市を，地図３の①～⓪から１つ選んで番号で答えよ。
（マーク解答欄） 27

Ａ君	「（ あ ）市は，かつて挙母という地名だったらしいよ。1959年に市の中心的な企業である自動車会社の名前を採って（ あ ）市と改名したみたい。」
Ｂさん	「へ～，知らなった。そんな由来があるんだね。」
Ａ君	「その会社は，もともと，せんい工業で使う織機という機械をつくっていて，その技術を生かして自動車の製造を始めたんだって。その後，自動車部門を分離して，現在までつづく自動車会社の本社や工場がつくられていったんだ。」 「そして，その工場を中心に関連工場や下請け工場が集まり，現在は（ あ ）市を含むその県の西部一帯で自動車が生産されているんだよ。」
Ｂさん	「（ あ ）市には，そんな歴史があるんだね。」

問３　次の枠内には，東北新幹線の駅名が起点側から並べられている。（ い ）に当てはまる都市（駅名）を，地図３の①～⓪から１つ選んで番号で答えよ。
（マーク解答欄） 28

新白河　⇒　郡山　⇒　福島　⇒　白石蔵王　⇒　仙台　⇒　古川　⇒　くりこま高原　⇒　一ノ関　⇒　水沢江刺　⇒　北上　⇒　新花巻　⇒　（ い ）　⇒　いわて沼宮内　⇒　二戸　⇒　八戸　⇒　七戸十和田　⇒　新青森

問４　近畿地方に関わる記述として**誤っているもの**を，次の①～⑤から１つ選んで番号で答えよ。（マーク解答欄） 29

① 近畿地方は２府５県からなる。
② 近畿地方の北部は，なだらかな山地で冬に北西の季節風の影響で雨や雪が多く降りやすい地域となっている。
③ 近畿地方の南部は，黒潮や夏の季節風の影響で比較的雨が少ない地域となっている。
④ 近畿地方の中央低地には，日本最大の湖である琵琶湖がある。
⑤ 近畿地方の中で，大阪市，神戸市，京都市，堺市の４市が政令指定都市となっている。

問5　関東地方に関わる記述として**誤っているもの**を，次の①～⑤から1つ選んで番号で答えよ。（マーク解答欄）［30］

①　東京への通勤・通学圏は郊外にますます拡大したことで，都心部では昼間人口が増え，郊外では夜間人口が増えている。

②　流域面積が日本最大の利根川が，日本で一番広い関東平野を流れている。

③　関東地方の大部分は太平洋側の気候で，夏は南東の湿った季節風で蒸し暑くなり，冬は北西の冷たい季節風で乾燥した晴天がつづきやすい。

④　東京湾岸の西側に，石油化学コンビナートや製鉄所，火力発電所などが集まる京葉工業地域が広がっている。

⑤　関東地方の面積は全国の10％未満であるが，人口は全国の約3分の1を占めている。

二〇二〇年度　入学試験問題

国　語

試験開始の合図があるまで、この問題冊子を開いてはいけません。
左記の受験上の注意事項をよく読んでください。

受験上の注意事項

一　問題用紙は17ページです。

二　試験時間は四十分です。

三　解答用紙に、**氏名（フリガナ）・受験番号・中学校名**を記入し、**受験番号をマーク**しなさい。

四　**マークシート記入上の注意**

㈠　マークの記入は、必ずＨＢの黒鉛筆で、所定のマーク解答欄の⬯を正確にぬりつぶす。

㈡　記述解答の記入は、所定の記述解答欄に丁寧に行う。

㈢　訂正は、プラスチック製消しゴムできれいに消す。

㈣　解答用紙を、折り曲げたり、汚したりしない。

＊マークされていない場合または必要以上にマークがある場合は、０点です。

マークの仕方	良い例	悪い例
マークをする時	鉛筆で正確にぬりつぶす	
マークを消す時	消しゴムで完全に消す	

中京大学附属中京高等学校

〔一〕　次の文章を読んで、後の問いに答えよ。

社会との境界で不調和を生み出すに至った近代科学は、ソフィアの歴史的展開のうちに、強固な力をもつにいたったシステムである。アリストテレス（※1）はソフィアを純粋な個人の知的活動、それ自体として求められる活動であると考えたが、近代西洋科学は複雑かつ巨大な技術と融合した。この科学技術は、個人のもつ能力というよりも、巨大なシステムとして、私たちの世界を劇的に改変する力をもった。この力は、たんに世界の真理を認識するだけの力ではなく、知の対象を変化させ、また、わたしたちの生きる環境をも過激に改変する技術とセットになっていた。この科学技術を技術（テクネー）とソフィアの融合ということで、「近代テクノソフィア」と呼ぶことにしよう。

二十世紀になって自覚された環境問題とは、近代テクノソフィアの働きの結果であった。ただし、この結果は、近代テクノソフィアが目標として達成した結果ではなく、また意図した結果でもなかった。人間は自分の生きる環境を破壊しようという意図をもって行為を選択したのではないからである。わたしたちが直面している地球環境問題とは、人間の選択したさまざまな行為による環境の劣化が人間自身の生存の根幹、すなわち「生命」に対するキョウイ（ア）として現れた、意図せざる結果として生じた出来事である。すなわち、人間は自分の行為が自らの生存をおびやかすという結果を生み出しているということを、その結果に直面することによってはじめて知ったのである。

わたしたちが気づいたのは、地球環境に危機が迫っているということだけではなく、[a]この危機をもたらしたのがわたしたち自身の知によるものだったということである。しかも、近代的ソフィアの活動によってもたらされた結果に気づいたのは、二十世紀になってからであり、この結果をもたらした行為の選択を人間が行ったときには、想定していなかったのである。いわば「想定外」の結果である。近代テクノソフィアが想定していなかった事態である。

（　中　略　）

科学技術と社会の不調和という事態の認識は、ますますその重要度を高めているが、二十一世紀に入り、課題の広がりと深さは計り知れないものへと変化しつつある。とくに、情報技術がより巨大な影響力をもつに至ったことは重大な変化で、インターネットの発達によって形成された、人間のいわば外部記憶装置としてのグローバルなネットワークは、個人という単位をはるかに超越して、巨大な知的装置として機能するに至っている。

わたしたちはインターネットによって、自分の脳のなかに蓄積されていない知識や情報に手元のスマートフォンから直接アクセスできるようになった。［　Ⅰ　］、巨大な百科事典や辞典を操作できるようになったのである。意味の分からないことばや、学んだことのない出来事などについても、検索すれば、簡単に情報に接することができる。音声入力によっても操作できるようになり、［　Ⅱ　］スマートフォンが一個の人格であるかのような錯覚に(イ)オチイってしまう。

インターネットに入力した情報は、その巨大なネットワークのどこかに蓄積されている。一般的で[X]的な情報も個人データもこのネットワークのどこかにある。

さらに、b SNSでは、「書く」という行為も大きくその意味を変えることになった。[Ⅲ]、わたしはこの本を書いているが、書き手は自分の考えを文字で表し、それをインクと紙という物質・物体に[Y]化する。印刷する人たち、出版する人たち、販売する人たちの手を経て、購入した人が読んだとき初めて、コミュニケーションが成立する。ただ、このコミュニケーションは一方向である。読み手が書き手にメッセージを伝えるとすれば、本に挟まれた読者カードがあるとき、そのカードを読み手が出版社に送ったときである。どのくらいの読者に書き手の考えが届いたかは、販売された部数によるが、それはあくまで売れた本の数であり、読まれた本の数ではない。

他方、SNSでは、情報の発信は、読み手が閲覧し、「いいね」を返せば、そのメッセージは書き手のもとに戻る。メールで感想を送り返すのも簡単である。情報の受け手は、即座に情報の発信者となって、双方向の情報交換が可能になる。それだけではない。受け手はたちどころに情報を多数の他者へ発信する主体に変化する。情報は簡単に拡散してゆく。

双方向のコミュニケーションから拡散する情報へと展開する現代の情報環境は、さまざまな観点から「便利」であるが、こうした情報技術には、その裏側にリスクも潜んでいる。その例をいえば、個人へのメールやSNSによる悪意ある書き込みである。あるいは、悪意なく書き込んだものでも、受け取り手によっては悪意を感じてしまうこともある。ネット上の書きことばは、書き手の意図ではなく、読み手の[ア]コミュニケーションである。悪意ある表現、あるいは悪意と受け取れる表現も簡単にやりとりすることができる。受け取った情報は、容易に拡散してゆく。ネット空間は、思いもよらない膨大なリスク空間であることをわたしたち一人ひとりが認識しておかなくてはならない。

こうした巨大ネットワークがAIやロボット技術と連動して[Z]的に機能するようになると、アリストテレスが区分したソフィアと(※2)フロネーシスの境界領域に踏み込んでくるようにも見える。人工知能が[Z]的に判断し、選択することができるようになると、これはこれで一種のフロネーシスのようにも見えるからである。この人工擬似フロネーシスは、グローバルなネットワークのなかで[Z]的な行為選択の機能をもつことになると、人間の選択にかかわるフロネーシスを簡単に超えてしまうであろう。この人工擬似フロネーシスを備えた近代テクノソフィアをメガテクノソフィアと呼ぶならば、この知は、巨大ソフィアと融合して、人類の生活環境そのものを選択することも考えられる。しかし、このメガテクノソフィアは、生身の人間ではなく、その環境は生身の人間の生きる環境ではない。いずれにせよ、そのようなメガテクノソフィアという知能、知性が近い将来に出現することは十分予想することができる。

わたしたちの生きる現実が科学技術の進展によって、そしてまた科学技術を用いた人間の[イ]によってどのような行く末をもたらすか、その(※3)帰趣《きすう》を正確に予測することはできないであろう。どんな思慮深さをもってしても、現代の科学者が「想定外」と呼んだり、自分たちの考えを(※4)「神話だった」といったりすることがあるということを東日本大震災は教えてくれたのである。だから、わたしたちは、この上なく思慮深くあるべきである。しかも、その思慮深さは、人間という存在が抱えている制約に対する自覚を含んでいなければならない。

（桑子敏雄《くわことしお》「何のための『教養』か」ちくまプリマー新書より　ただし一部変更した箇所がある）

語注

（※1）アリストテレス…古代ギリシアの哲学者。

（※2）フロネーシス…アリストテレスが説いた知性的徳の一つ。善悪を分別し、行動や態度の適切さを判断する能力。知慮。本文では「フロネーシスは、行為にかかわる思慮深さである。」と述べられている。

（※3）帰趣…行き着くところ。

（※4）「神話だった」…「神話」とは、ここでは「実体は明らかではないのに、長い間人々によって絶対のものと信じこまれてきたもの」という意味。問題本文より前の部分で、東日本大震災における東京電力福島第一原子力発電所の事故について、次のように述べられている。

かれら（技術者や科学者：引用者注）は、かれらのもっていた科学技術が自然災害にも十分対応できると科学的に信じていたにもかかわらず、その信念が崩れたときに、それを「自分たちの科学認識が誤っていた」とか「認識が不十分であった」といわずに、「安全神話にオチイっていた」と語ったのである。科学的想定を超える事態が生じたとき、かれらが「神話」ということばを使ったことがわたしの耳には異様に聞こえたのであった。そこには、科学は誤らず、誤っていたとすれば、科学ではなく、神話であるという、科学者たちの科学観があった。

問一　二重傍線部（ア）・（イ）と傍線部が同じ漢字であるものを、それぞれ次の①～⑤のうちから一つずつ選べ。（マーク解答欄）
（ア）は 1 、（イ）は 2

（ア）キョウイ
① イサイは後日お話しします。
② 斬新なイショウのパソコン。
③ 国のイシンをかけて守る。
④ 超常現象のカイイ。
⑤ イケイの念を抱く。

（イ）オチイって
① 世の悪にカンゼンと立ち向かう。
② 今場所は幕下にカンラクした。
③ イカンながら出席できません。
④ プレゼントで彼女のカンシンを買う。
⑤ 目標のカンスイに努力する。

問二　空欄 Ⅰ ～ Ⅲ に入る言葉として最も適当なものを、それぞれ次の①～⑤のうちから一つずつ選べ。ただし同じものを選んではならない。
（マーク解答欄） Ⅰ は 3 、 Ⅱ は 4 、 Ⅲ は 5
① たとえば　② ゆえに　③ しかしながら　④ いわば　⑤ あたかも

問三　傍線部ａ「この危機をもたらしたのがわたしたち自身の知によるものだった」とはどういうことか。三十字（句読点を含む）で本文から抜き出し、始めと終わりの三字を答えよ。（記述解答欄） A

問四　空欄 X ～ Z に当てはまる語を、それぞれ次の①～⑧のうちから一つずつ選べ。ただし同じものを選んではならない。
（マーク解答欄） X は 6 、 Y は 7 、 Z は 8
① 普遍　② 特殊　③ 自律　④ 他律　⑤ 具体　⑥ 抽象　⑦ 主観　⑧ 客観

問五　傍線部ｂ「ＳＮＳでは、『書く』という行為も大きくその意味を変えることになった」とあるが、「『書く』という行為」が現代ではどのようなものであるかについて端的に述べられた表現を、本文から三十字以内（句読点を含む）で抜き出し、始めと終わりの三字を答えよ。（記述解答欄）　B

問六　空欄　ア　に当てはまる表現として最も適当なものを、次の①～⑤のうちから一つ選べ。（マーク解答欄）　9

①　誤解による　　②　過剰な反応による　　③　受け取り方による
④　気分による　　⑤　道徳心による

問七　空欄　イ　に当てはまる表現を、本文から五字以内（句読点は含まない）で抜き出せ。（記述解答欄）　C

問八　本文の内容と合致するものを、次の①～⑤のうちから一つ選べ。（マーク解答欄）　10

①　近代テクノソフィアは、人間の生きる環境を破壊した。それは科学技術の進歩のスピードが想定以上に速かったからである。
②　情報技術が発達し巨大なネットワークが生まれたことによって、書籍などの古い媒体は衰退し、コミュニケーションのあり方が変化した。
③　メガテクノソフィアは、巨大ソフィアと融合することによって、その巨大なネットワークを活用して人間より優れた判断を行う。
④　近代テクノソフィアは、人間に「想定外」の結果をもたらしたが、近い将来に出現するメガテクノソフィアは、さらに危機をもたらす可能性がある。
⑤　科学に誤りはないという考えは「神話」であり、人間の思慮深さには限界があるという制約を自覚して科学技術に関わるべきである。

次ページ以降にも問題が続きます。

〔二〕　次の文章を読んで、後の問いに答えよ。

あらすじ　「わたし」には詩人である姉がいる。その姉の詩集について話したことをきっかけにしてクラスメイトの男子に好意を抱いた。しかし、デートの最中、彼に姉の才能を馬鹿にされた「わたし」は、彼をひどく罵ってしまう。その翌日、一人暮らしの姉が実家へ帰ってきた。

「おなかすいた」
姉がひとりごち、むっくりと起きあがった。ソファを離れ、ダイニングテーブルの横にすえられた戸棚に手をかける。
「あれ、あるよね?」
質問というより念押しだった。わたしは姉の体温がほのかに残るソファに腰かけて、あると思うよ、と短く答えた。
「この大袋、ひさしぶり」
姉が戸棚からひっぱり出した袋をかかげ、はしゃいだ声を上げた。スナック菓子のような袋に入った乾燥のいりこが、うちには常備されている。姉がいるときから切らさないようにしていたそれを、母は今でもよく買ってくる。大事そうに袋を抱えて戻ってきた姉は、わたしの隣に座っていそいそと封を切った。
「ちょっとちょうだい」
わたしが手のひらを差し出すと、姉は首をかしげた。
「もしかして、カルシウム不足?」
わたしは手をひっこめた。
「ねえ、ほんとに元気なの?」
「元気だよ」
a邪険な口ぶりになってしまったのが、自分でもわかった。姉は無言で袋の中へ手を差し入れた。
どこの家庭にも、家の中でだけ通用する合言葉というか符牒《ふちょう》(※)というか、独特の言い回しのようなものはあると思う。bうちの場合は、カルシウム、というのがそのひとつだ。

カルシウムを最初に必要としたのは、姉だった。背が伸びると母に教わって、大きらいだった牛乳と小魚を食べはじめ、やがてそれが習慣になったという。まだわたしが生まれる前の話だ。

成長期を過ぎてしまってからも、カルシウム、カルシウム、と呪文のように唱えながら、姉は毎日牛乳を飲み、小魚を食べていた。それを骨ごと噛《か》みくだく、ぱりぱりという軽やかな響きは、だからわたしにとっては姉の音だ。わたしたち家族はこの健康的なおやつのことを、小魚でもいりこでもなく「ぱりぱり」と呼んでいる。

正直にいえば、今も昔も、わたしはぱりぱりがあまり好きではない。しょっぱくてのどがかわくし、あごがくたびれるし、じっとこちらを見つめている小さな目玉も気味が悪い。それでも口さびしいときには姉の横からつまんでいたところ、皮肉にもわたしの方がぐんぐん背が伸びた。あんたはもういらないでしょう、お姉ちゃんにあげなさいな、と母は笑ったものだった。

ところが反対に、わたしは成長するにつれて、より(ア)ヒンパンにぱりぱりを食べるようになった。背を高くする以外にも、カルシウムが役に立つと知ったのだ。

カルシウムが足りないといらいらしやすくなる、というのは中学で聞いた。いつも牛乳をがぶ飲みしているクラスメイトに、別の友達が言っているのを小耳に挟んだのだった。カルシウムをいっぱいとると、いらいらしなくなるらしいよ。いや、おれは別にいらいらなんかしてないよ、背が高くなりたいだけだって。

わたしがさっそく新知識を持ち帰って以降、我が家では、背が伸びることより、いらだちを鎮めることがカルシウムの主な効用とみなされるようになった。「カルシウム」という言葉自体にも、新たな用法が加わった。カルシウムがほしいなと言えば、いらいらする、むしゃくしゃするという意味になる、なかなか使い勝手のいい言い回しだった。いらつく、むかつく、などと直截《ちょくせつ》に表現するよりもずっと気がきいている。

家族に定着した、この穏便な意思表示を、誰よりもわたしが重宝した。ことに中学時代は実に出番が多かった。

なにしろ、わたしはいらいらしていたから。

もともと、教室でのどうということのない雑談が耳にとまったのも、「カルシウム」と「いらいら」という言葉の組み合わせのせいだっただろう。どちらの単語も、わたしに姉を連想させた。

成長し、いわば世の中を知るにつれて、幼かった頃の純粋なあこがれが薄れた後も、わたしは姉の気まぐれな言動を受け入れていた。それが愛すべきものではなくただの自分勝手と感じられるようになったのは、中学に入ったあたりからだろうか。本人に迷惑をかけている自覚が足りない、というかまったくないところも、たちが悪い。振り回される周りの人間のことを、姉はちっとも考えていない。

姉さえいなければ。

自分がそんなふうに考えているとはじめて気づいたときは、うろたえた。根が小心者なのだ。それからは一定の周期で、強気になったり弱気になったりを繰り返した。わたしには姉を(イ)キュウダンする権利がある、と開き直ってみたり、実の姉を疎ましがるなんて人間としてどうなんだろうか、と落ち込んだりもした。

姉さえいなければ。強気なときも、弱気なときも、そのひと言はなにかにつけて脳裡《のうり》をよぎった。よぎるたびに、わたしの心をぐしゃぐしゃとかき乱した。

気になるのはいつだって、ささいなことだった。大雨の中、傘を持たない姉を図書館まで迎えにいく。ソファの上に置き去りにされた靴下を洗濯機に放りこむ。空になったぱりぱりの大袋が、さも中身が入っているかのように、戸棚にしまってある。家の鍵を忘れて出かけた姉のために、部活を早引けして駆け戻る。辛いものが苦手な姉の分だけ別鍋に甘口のカレーが用意され、しかもわざわざにんじんが抜いてある。どれもささいなことなのに、気になりはじめたらもうだめなのだった。わたしがカレーを作るわけでも、別ににんじんがきらいなわけでもないのに。

中学の三年間を思い起こすとき、わたしの頭には暗黒時代という言葉が浮かんでくる。姉に怒りをぶつけては自己嫌悪におちいり、嫉妬しては罪悪感にさいなまれ、心がすっきり晴れるということがなかった。自分で自分を持て余していることへの恐怖も、あっただろう。

もっとも、振り返ってみればそんな気がするというだけの話で、当時はそう冷静にはなれなかった。ただ混乱していた。得体の知れない感情がいくつもまじりあい、ぐるぐると渦巻き、わたしを揺さぶった。c常に船酔いしているようなものだった。

わたしはしばしば、小さい頃の家族旅行を思い出した。

あれは、どこの海だったのだろう。わたしたちは四人でフェリーに乗った。出航してまもなく、わたしは甲板にへたりこんで身動きできなくなった。すぐ乗りものに酔う姉のほうは珍しくけろりとしていて、ねえどうしたの、気持ち悪いの、と気遣いというよりは好奇心をにじませてまとわりついてきた。

視界はぼやけていたのに、姉がかぶっていた麦藁《むぎわら》帽子の、赤いリボンがちらちらと揺れている様子だけは、どういうわけかやけにくっきりと覚えている。色違いの、紺のリボンがついた帽子をかぶっていたはずのわたしは、満足に返事もできなかった。ぐったりしていたら、さすがの姉も気の毒になってきたのか、不器用に背中をさすってくれたのだった。大丈夫？　ねえ、大丈夫？

「大丈夫？」

いつかと同じように、姉が言った。現実にひきもどされたわたしの腕をとって、ぱりぱりをひとつかみ、手のひらにのせてくれた。

「やっぱりいいや」

わたしはぱりぱりを袋に返して、ソファの上で膝を抱いた。姉が心配そうにこちらをのぞきこむ。

d「無理しないほうがいいよ」

頬がかっと熱くなった。顔をそむけ、交差させた腕に力をこめる。

「無理なんか、してない」

姉というよりも、自分に言い聞かせるように、e確かめるように、答えた。

姉は悪くない。昨日わたしが失恋したばかりだということを、知らないのだ。それに姉自身が少しだけ関係していることも。

「クッキーの続き、やってくるね」

わたしは立ち上がり、キッチンに向かった。

（瀧《たき》羽《わ》麻《あさ》子《こ》「ぱりぱり」より　ただし一部変更した箇所がある）

語注

（※）符牒…仲間だけにしかわからない言葉や記号。

問一　二重傍線部（ア）・（イ）と傍線部が同じ漢字であるものを、それぞれ次の①～⑤のうちから一つずつ選べ。
（マーク解答欄）（ア）は 11 、（イ）は 12

（ア）ヒンパン

① 無料でハンプする。
② ジュウハンの部数を決める。
③ ショハンの事情がある。
④ 即座にハンショウを挙げる。
⑤ 草木がハンモする。

（イ）キュウダン

① 会議がフンキュウする。
② カキュウの用事がある。
③ キュウチに立たされる。
④ 暴動がハキュウする。
⑤ キュウリョウを歩く。

問二　傍線部ａ「邪険な口ぶりになってしまった」とあるが、「わたし」はなぜこのような態度になったのか。その説明として最も適当なものを、次の①～⑤のうちから一つ選べ。（マーク解答欄）［13］

① 失恋に姉が関係しているにもかかわらず、その姉に心配されたことが気にくわなかったから。
② 気づかないふりをして人の失恋の痛手に興味本位で踏み込んでくる姉が許せなかったから。
③ いりこを欲する姉のペースに巻き込まれそうになり、平常の自分を取り戻したかったから。
④ 自分自身が気づかないうちにいらいらしていたことを姉に指摘され、恥ずかしく思ったから。
⑤ 姉の発言を聞いて、かつて姉の無神経さにうんざりしていたことを思い出し、嫌悪感を抱いたから。

問三　傍線部ｂ「うちの場合は、カルシウム、というのがそのひとつだ」とあるが、「カルシウム」という言葉は「わたし」にとってどのようなものだったのか。本文から七字で抜き出せ。（記述解答欄）［D］

問四　傍線部ｃ「常に船酔いしているようなものだった」とはどういうことか。その説明として最も適当なものを、次の①～⑤のうちから一つ選べ。（マーク解答欄）［14］

① 姉に対する怒りとひそかなあこがれという相反する感情が同居して混乱しているということ。
② 姉をいらだたしく思う反面、不憫《ふびん》に思ってしまう気持ちも生じ、右往左往しているということ。
③ 風変わりな姉に振り回され、つかみどころのない負の感情にさいなまれ続けているということ。
④ 姉の軽率な言動をそれとなく戒めようとするが思うようにいかず、疲弊しているということ。
⑤ 姉さえいなければという思いを抱く自分を責め、悲観的になっているということ。

問五　傍線部ｄ「頬がかっと熱くなった」・ｅ「確かめるように、答えた」について、「わたし」の心情の説明として最も適当なものを、次の①～⑤のうちから一つ選べ。（マーク解答欄）15

① 一番心をかき乱されたくない姉に、失恋の傷を悟られるのが嫌で強がってみせたが、何も知らない姉に罪はないことが分かり、怒りが収まった。

② 心配を装って好奇心をにじませている姉に対していら立ちを覚えたが、悪いのは姉の才能を馬鹿にした彼であって、怒りの矛先を間違えたことに気づき、反省した。

③ 失恋したことを姉に同情されたと思い恥ずかしくなったが、誤解だと気づき、今は姉の才能を馬鹿にした彼のことは考えないようにしようと必死に自分を落ち着かせた。

④ 姉の存在に悩まされてきた自分の気も知らないで発する姉の一言に怒りがこみ上げたが、これまで姉のせいにしてきた自分を冷静に見つめようとした。

⑤ 失恋のきっかけとなった姉から自分を気遣う言葉をかけられて動揺したが、姉は失恋のことを知るはずもなく、黙っていればこの気持ちは知られずに済むと安堵《あんど》した。

問六　「姉」に対する「わたし」の心情として最も適当なものを、次の①～⑤のうちから一つ選べ。（マーク解答欄）16

① 幼い頃の「わたし」は、姉という存在を無条件に慕っていたが、自我が確立していくにつれて、気まぐれな姉に振り回されることに対して不満を抱くようになった。

② 幼い頃あこがれていた姉は、実は自己中心的な尊敬に値しない人間であったことがわかり、これまで姉の言うことを聞いてきた自分を情けなく思い悲観的になっている。

③ 幼い頃から、姉の方が家族から優遇されていたことから、家族に対して不信感があり、姉さえいなければ、家族に自分を認めてもらえたのではないかと孤独を感じている。

④ 自由奔放に生きる姉をどこかで羨ましく思っており、姉のように生きたいと心の中で思う反面、姉を目の前にすると強く当たってしまう自分に嫌気がさしている。

⑤ 思春期の「わたし」は、姉に対して強い反抗心があり、姉の気遣いも嫌味にしか受け取れず、ひどい態度を取ってしまう自分自身をうまくコントロールできずに心を乱している。

問七　この文章の表現に関する説明として最も適当なものを、次の①～⑤のうちから一つ選べ。（マーク解答欄）17

①　本文は登場人物である「わたし」の視点から描かれ、姉の言動をきっかけにして揺れ動く「わたし」の心情が客観的に表現されている。

②　本文の会話表現に着目すると、会話表現であっても「　」がつけられているものと「　」がつけられていないものとがあり、それは過去の出来事の回想場面か現在の場面かによって区別されている。

③　「姉さえいなければ」という「わたし」の心情表現が二度用いられている。それは「わたし」の姉に対する憎悪が繰り返し湧き起こってくることを表現している。

④　「あれは、どこの海だったのだろう。」という問いかけは、読者を過去の回想場面に誘う契機となり、それによって読者に「わたし」の心情に親しみを持たせようとしている。

⑤　「姉がかぶっていた麦藁帽子の、赤いリボンがちらちらと揺れている様子」は、自由奔放な姉を暗に表現し、それに対し「わたし」の「紺のリボンがついた帽子」は姉と対照的な孤独な「わたし」を暗に表現している。

次ページ以降にも問題が続きます。

〔三〕　次の文章を読んで、後の問いに答えよ。

この晴明(※1)、ある時、広沢(※2)の僧正の御房(※3)に参りて物申し承りける間、若き僧どもの晴明にいふやう、「式神(※4)《しきがみ》を使ひ給《たま》ふなるは、たちまちに人をば殺し給ふや」といひければ、「やすくはえ殺さじ。［X］殺してん」といふ。「さて虫なんどをば、［Y］必ず殺しつべし。さて生くるやうを知らねば、罪を得つべければ、[a]<u>さやうの事よしなし</u>」といふ程に、庭に蛙《かはづ》の出《い》で来て、五つ六つばかり躍りて池の方ざまへ行きけるを、「あれ一つ、[b]<u>さらば殺し給へ</u>。試みん」と僧のいひければ、「罪を作り給ふ御坊かな。[c]<u>されども試み給へば、殺して見せ奉《たてまつ》らん</u>」とて、草の葉を摘み切りて、物を誦(※5)《よ》むやうにして蛙の方へ投げやりければ、その草の葉の、蛙の上にかかりければ、蛙真平にひしげて死にたりけり。これを見て、僧どもの色変《かは》りて、［Z］と思ひけり。

家の中に人なき折は、[d]<u>この式神を使ひけるにや</u>、人もなきに蔀(※6)《しとみ》を上げ下《おろ》し、門をさしなどしけり。

（「宇治《うじ》拾《しゅう》遺《い》物語《ものがたり》」より）

語注

（※1）晴明・・・安倍晴明《あべのせいめい》。平安中期の陰陽師。

（※2）広沢の僧正・・・遍照寺《へんじょうじ》（真言宗）の僧。

（※3）御房・・・僧の住む部屋。

（※4）式神・・・陰陽師の使役する鬼神。

（※5）物を誦む・・・呪文を唱える。

（※6）蔀・・・平安時代から住宅や社寺建築において使われた、格子を取り付けた板戸。

問一　空欄 X ・ Y に入る語句として最も適当なものを、それぞれ次の①・②から一つずつ選べ。ただし同じものを選んではならない。（マーク解答欄） X は 18 、 Y は 19

①　力を入れて　　②　少しの事せんに

問二　傍線部ａ「さやうの事よしなし」・ｂ「さらば」の現代語訳として最も適当なものを、それぞれ次の①～⑤のうちから一つずつ選べ。（マーク解答欄）ａは 20 、ｂは 21

ａ「さやうの事よしなし」

①　式神を使役するのは、造作もないことです。
②　僧が殺生の罪を犯すのは、無体なことです。
③　生き物の命を奪うのは、無益なことです。
④　罪を犯すのは、生きる甲斐《かい》のないことです。
⑤　仏教の教えに背くのは、理不尽なことです。

ｂ「さらば」

①　みごとに　　②　本当ならば　　③　あっという間に　　④　けれども　　⑤　きっと

問三　傍線部ｃ「されども試み給へば、殺して見せ奉らん」は、「しかし私をお試しになるのですから、殺してお見せいたしましょう」と訳される。現代語訳を参照して（１）「給へ（給ふ）」、（２）「奉ら（奉る）」の敬語の種類を、それぞれ漢字二字で答えよ。（記述解答欄）（１）は E 、（２）は F

問四　空欄 Z に入る語として最も適当なものを、次の①～⑤のうちから一つ選べ。（マーク解答欄） 22

①　ゆかし　　②　恐ろし　　③　かなし　　④　悔し　　⑤　をかし

問五　傍線部ｄ「この式神を使ひけるにや」の主語として最も適当なものを、次の①～⑤のうちから一つ選べ。（マーク解答欄） 23

①　晴明　　②　広沢の僧正　　③　若き僧ども　　④　御坊　　⑤　語り手

問六　本文の出典「宇治拾遺物語」は「今昔物語集」と同じジャンル（文学形態）で、人の口から口へと語り継がれる世の中の珍しい物語を集めた作品である。そのジャンル名を、次の①～⑤のうちから一つ選べ。（マーク解答欄）24

①　浮世草子　②　随筆　③　口承文学　④　説話文学　⑤　作り物語

2020(R2) 中京大学附属中京高
教英出版

2020年度　入学試験問題

数　　学

中京大学附属中京高等学校

試験開始の合図があるまで，この問題冊子を開いてはいけません。
下記の受験上の注意事項をよく読んでください。

==================== 受 験 上 の 注 意 事 項 ====================

1　問題用紙は６ページです。
2　試験時間は 40分 です。
3　解答用紙に，**氏名（フリガナ）・受験番号・中学校名を記入**し，**受験番号をマーク**しなさい。
4　定規，分度器，計算機は使用できません。
5　問題文中の図は概略図であり，必ずしも正確ではありません。
6　**マークシート記入上の注意**
　①　マークの記入は，必ずHBの黒鉛筆で，所定のマーク解答欄の▯を正確にぬりつぶす。
　②　記述解答の記入は，所定の記述解答欄にていねいに行う。
　③　訂正は，プラスチック製消しゴムできれいに消す。
　④　解答用紙を，折り曲げたり，汚したりしない。
　＊マークされていない場合または必要以上にマークがある場合は，０点です。

マークの仕方	良い例	悪い例
マークをする時	鉛筆で正確にぬりつぶす	
マークを消す時	消しゴムで完全に消す	

==

解答の中で，以下の定理を用いてもよい。

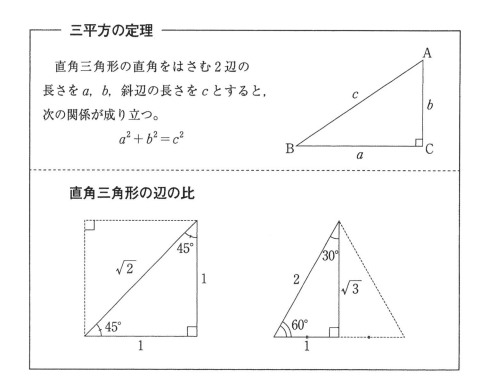

三平方の定理

直角三角形の直角をはさむ2辺の長さを a，b，斜辺の長さを c とすると，次の関係が成り立つ。

$$a^2+b^2=c^2$$

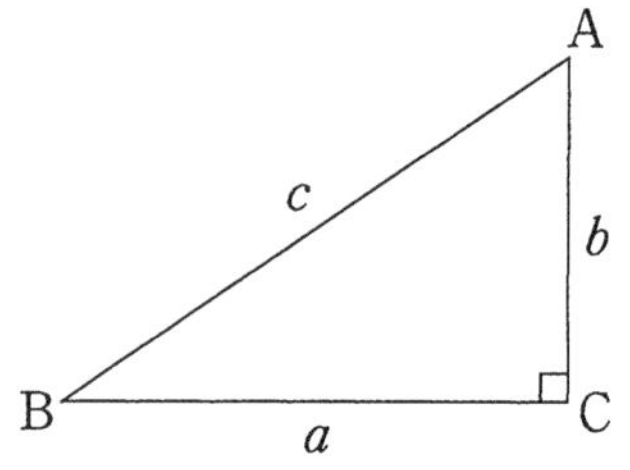

直角三角形の辺の比

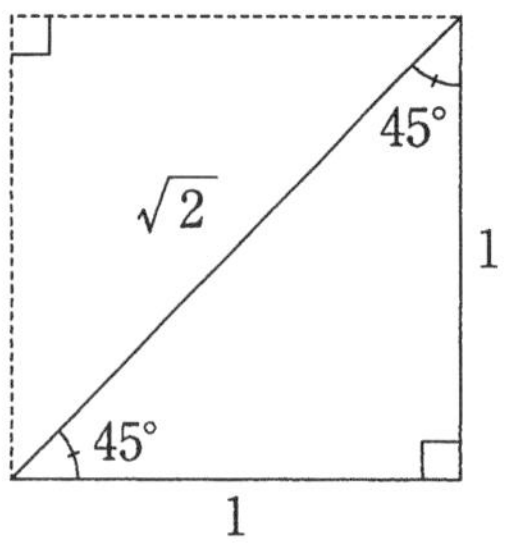

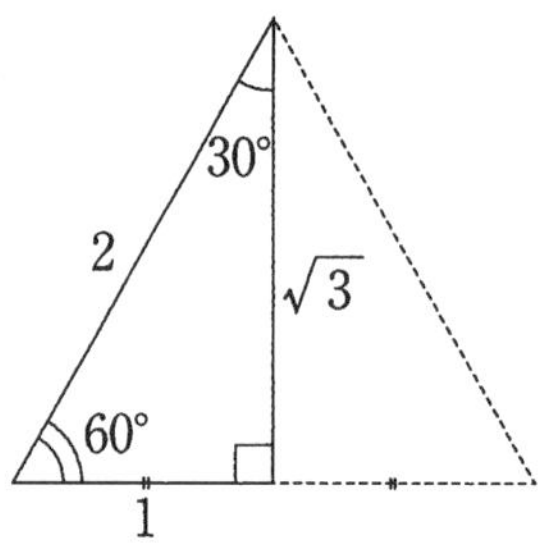

＜注意＞

1．問題［1］の文中の ア ， イ ウ などには，符号(−)又は数字(0～9)が入る。それらを解答用紙のア，イ，ウ，… で示された解答欄にマークして答えよ。

例 ア イ ウ に −24 と答えたいとき

ア	●	⓪	①	②	③	④	⑤	⑥	⑦	⑧	⑨
イ	⊖	⓪	①	●	③	④	⑤	⑥	⑦	⑧	⑨
ウ	⊖	⓪	①	②	③	●	⑤	⑥	⑦	⑧	⑨

2．問題［1］で分数形で解答する場合，分数の符号は分子につけ，分母につけてはいけない。

例 $\dfrac{\text{エ}\ \text{オ}}{\text{カ}}$ に $-\dfrac{2}{7}$ と答えたいときは，$\dfrac{-2}{7}$ としてマークする。

3．分数形で解答する場合，それ以上約分できない形で答えよ。また，分母に根号を含む場合，分母を有理化せよ。

<注意>円周率は π を用いること。

［1］ 次の $\boxed{\text{ア}}$ ～ $\boxed{\text{フ}}$ に当てはまる適切な符号または数字を選び，マークせよ。

(1) $\left\{(-12)\times\left(-\frac{5}{3}\right)-6\right\}\times\left(-\frac{1}{2}\right)=\boxed{\text{ア}}\boxed{\text{イ}}$ である。

(2) $\frac{n}{6}$，$\frac{n^2}{84}$，$\frac{n^3}{245}$ がすべて自然数となるような最小の n は $\boxed{\text{ウ}}\boxed{\text{エ}}\boxed{\text{オ}}$ である。

(3) $x=3+\sqrt{2}$，$y=3-\sqrt{2}$ のとき，$x^2-y^2=\boxed{\text{カ}}\boxed{\text{キ}}\sqrt{\boxed{\text{ク}}}$ である。

(4) 関数 $y=\frac{\boxed{\text{ケ}}}{\boxed{\text{コ}}}x^2$ で，x の変域が $-4\leqq x\leqq 3$ のとき，y の最大の値は 8 である。

(5) $\dfrac{\dfrac{\boxed{\text{サ}}}{\boxed{\text{シ}}}+2}{\dfrac{11}{3}-\dfrac{5}{2}}=4$ である。

(6) 1 個のさいころを続けて 3 回投げるとき，3 回とも同じ目が出る確率は $\frac{\boxed{\text{ス}}}{\boxed{\text{セ}}\boxed{\text{ソ}}}$

である。

(7) n を素数とする。$100<n^2<360$ を満たす n は $\boxed{\text{タ}}$ 個ある。

(8) 連立方程式 $2x+y=5x-5y=5$ の解は，$x=\boxed{\text{チ}}$，$y=\boxed{\text{ツ}}$ である。

(9) 点A(4, 2)を，点P(−3, 5)を中心として点対称移動させた点をBとすると，点Bの座標は(テ ト ナ , ニ)である。

(10) 25人の生徒がそれぞれさいころを1回投げ，出た目の数をそれぞれの得点として記録する。下の表は23人目までの生徒の得点を整理したものである。

得点(点)	1	2	3	4	5	6	計
人数(人)	4	3	5	3	5	3	23

25人の生徒全員がさいころを投げ終わったとき，

(i) 平均値が3.56点となる確率は $\dfrac{\boxed{ヌ}}{\boxed{ネ}}$ である。

(ii) 中央値が4点となる確率は $\dfrac{\boxed{ノ}}{\boxed{ハ}}$ である。

(iii) 最頻値が3点のみとなる確率は $\dfrac{\boxed{ヒ}}{\boxed{フ}}$ である。

※[２],[３]の解答は解答用紙の「記述解答欄」のＡ～Ｆに記入せよ。

［２］　右の図のように，点Ａと点Ｃのy座標が等しく，点Ｂと点Ｃのx座標が等しくなるように，$y=\dfrac{5}{x}$のグラフ上に点Ａと点Ｂを，$y=\dfrac{15}{x}$のグラフ上に点Ｃをとる。また，点Ａのx座標を$a(a>0)$とする。このとき，次の各問いに答えよ。

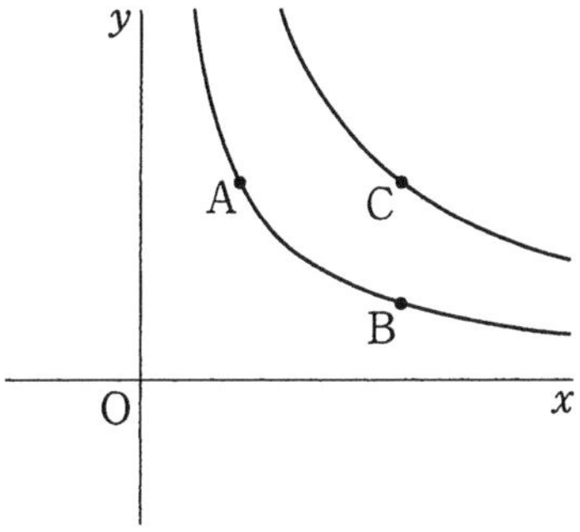

(1)　点Ｂの座標をaを用いて表せ。 [A]

(2)　点Ｃを通り，傾き$\dfrac{1}{3}$の直線lをひく。直線l上にあって，点Ａとx座標が等しい点を点Ｄとする。

(i)　△BCDの面積を求めよ。 [B]

(ii)　$a=\dfrac{1}{2}$のとき，直線lを軸として△BCDを１回転してできる立体の体積を求めよ。 [C]

［3］ 点Oを中心とする円を円Oとする。円Oの外側に接する円を，円Oをちょうど一周するようにいくつかかく。ただし，外側の円は互いに接しており，半径がすべて等しい。例えば，図1は8個，図2は23個の場合である。このとき，次の各問いに答えよ。

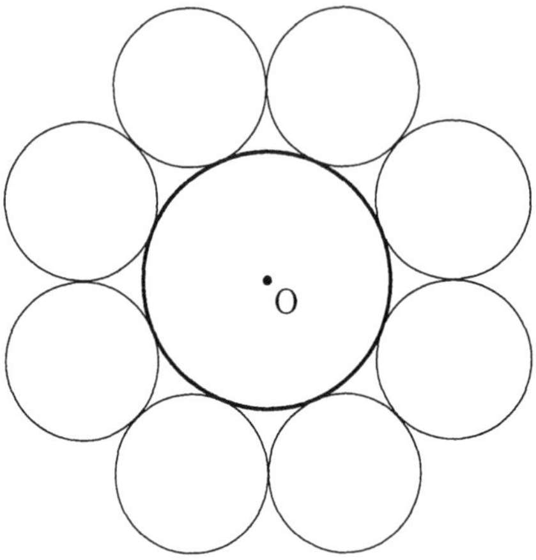

図1

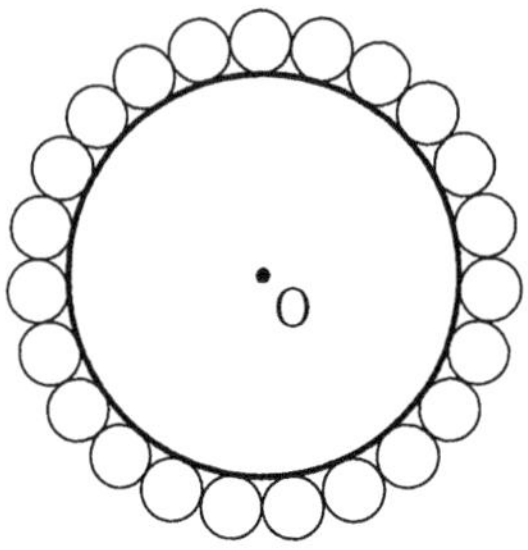

図2

(1) 問題の条件を満たすように，円Oの外側に半径rの円を4つかく。円Oの半径が$\sqrt{2}-1$のとき，円Oの外側にかいた円の半径rを求めよ。 [D]

(2) 問題の条件を満たすように，円Oの外側に円Oと半径の等しい円をいくつかかく。このとき，円Oの外側にはいくつの円がかけるか。 [E]

(3) 円Oおよび円Oの外側のすべての円の面積と，円Oの外側の円をかくときに生じるすべての隙《すき》間《ま》の面積の和（図3のようにかげ「▭」をつけた部分の面積の和）をSとする。(2)の場合で，円Oの半径が1のときのSを求めよ。 [F]

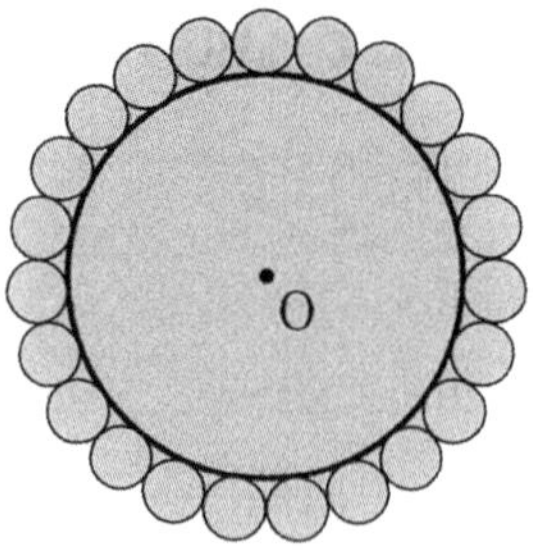

図3

（以下，余白）

2020年度　入学試験問題

英　　　語

中京大学附属中京高等学校

試験開始の合図があるまで，この問題冊子を開いてはいけません。
下記の受験上の注意事項をよく読んでください。

==================== **受験上の注意事項** ====================

1　問題用紙は10ページです。
2　試験時間は 40分 です。
3　解答用紙に、**氏名（フリガナ）・受験番号・中学校名を記入**し、**受験番号をマーク**しなさい。
4　**マークシート記入上の注意**
①　マークの記入は、必ずHBの黒鉛筆で、所定のマーク解答欄の ⌷ を正確にぬりつぶす。
②　記述解答の記入は、所定の記述解答欄にていねいに行う。
③　訂正は、プラスチック製消しゴムできれいに消す。
④　解答用紙を、折り曲げたり、汚したりしない。
＊マークされていない場合または必要以上にマークがある場合は、０点です。

マークの仕方	良い例	悪い例
マークをする時	 鉛筆で正確にぬりつぶす	
マークを消す時	 消しゴムで完全に消す	

==

［1］次の各組の（　　）には共通の単語が入る。その単語を答えよ。ただし、解答はすべて小文字で書くこと。(記述解答欄) A ～ E

問1　(a)　There is someone (　　) him.
　　　(b)　He pushed me from (　　). A

問2　(a)　Spring is just (　　) the corner.
　　　(b)　The teacher looked (　　) in the classroom. B

問3　(a)　By what (　　) do you say that?
　　　(b)　She came from the (　　) side of the stage. C

問4　(a)　(　　) of the letters are written in English.
　　　(b)　The town is the (　　) beautiful in the country. D

問5　(a)　The man (　　) in a very big house.
　　　(b)　AI can make our (　　) better. E

［2］［　　　］内の語（句）を並べかえて意味の通る文を完成させ、［　　　］内で3番目と5番目にくる語（句）の記号の組み合わせとして正しいものを①～⑥から一つ選び、その番号をマークせよ。**ただし、使用しない語（句）が一つある。**
（マーク解答欄）[1]～[5]

問1　My mother [ア must / イ always / ウ to / エ me / オ using / カ stop / キ told] my smartphone. [1]

①　3番目エ　5番目カ　②　3番目エ　5番目オ　③　3番目カ　5番目エ
④　3番目カ　5番目ア　⑤　3番目イ　5番目オ　⑥　3番目エ　5番目ウ

問2　I read a book about the earthquake which hit Japan in 2011. I learned [ア preparing / イ becoming / ウ from / エ food and water / オ important / カ is]. [2]

①　3番目オ　5番目エ　②　3番目ア　5番目イ　③　3番目カ　5番目オ
④　3番目ウ　5番目エ　⑤　3番目イ　5番目カ　⑥　3番目イ　5番目エ

問3　Can you [ア after / イ the / ウ me / エ book / オ mine / カ send] you finish reading it? [3]

①　3番目ア　5番目エ　②　3番目イ　5番目オ　③　3番目エ　5番目オ
④　3番目エ　5番目ア　⑤　3番目イ　5番目ア　⑥　3番目イ　5番目エ

問4　A：Who [ア think / イ came / ウ when / エ this / オ into / カ room] I was out?
B：Mr. Smith did. [4]

①　3番目オ　5番目カ　②　3番目オ　5番目ウ　③　3番目イ　5番目オ
④　3番目カ　5番目イ　⑤　3番目エ　5番目ウ　⑥　3番目エ　5番目ア

問5　A：Do you like this movie?
B：Yes. I [ア movie / イ ever / ウ such / エ have / オ an impressive / カ seen / キ never] before. [5]

①　3番目エ　5番目イ　②　3番目カ　5番目ア　③　3番目ア　5番目キ
④　3番目カ　5番目オ　⑤　3番目カ　5番目ウ　⑥　3番目イ　5番目カ

［3］次の英文は、Yumiがペットについて調べ、クラスで発表をしたときのYumiとクラスメイトとの会話である。よく読んで問いに答えよ。

Yumi ： Hi, everyone. Today, I'm going to talk about pets. In Japan many people have pets. So I asked my classmates about their pets. I'm going to ask some questions. Let's start! Question No. 1. What are the most popular pets in our class?

Ken ： Dogs!

Yumi ： No! They are the second.

Mio ： Cats?

Yumi ： Yes!

Ken ： Really? I am surprised. I thought dogs were more popular than cats.

Yumi ： I was surprised, too. But look at the Graph 1 and Graph 2. In Japan, cats have been more popular than dogs since （ ① ）. Then, question No. 2. What are the third most popular pets in our class?

Mio ： Rabbits?

Yumi ： No. Only two of us have rabbits.

Ryota ： Birds?

Yumi ： Birds are the fourth!

Ken ： Fish!

Yumi ： Great! Let's look at the Graph 3. There are ②40 students in our class. Eleven students have cats, but ten have dogs.

Ken ： There is only one ③difference. *By the way, why are cats more popular than dogs?

Yumi ： I couldn't find ④the reason on the Internet. So I asked my classmates. ⑤Some (to / a dog / said / walk / so / were / busy / they / too). *On the other hand, cats' *owners don't need to take them for a walk （ ⑥ ） dogs. Cats go around *freely and come back home *by themselves. They don't want us ⑦walk them. They enjoy their time by themselves!

Ken ： I have a dog named Coco. She is really cute and she is a member of our family. When I am tired, I don't want to walk her, but I hope more people will have dogs.

Mrs. Kato ： Excuse me. In fact, I have a dog. So if you add me, （ ⑧ ）. I like dogs, too. I walk my dog to do *exercise.

Yumi ： I'm sorry, Mrs. Kato. Thank you. I have two cats now, but I hope to have a dog someday.

Graph 1

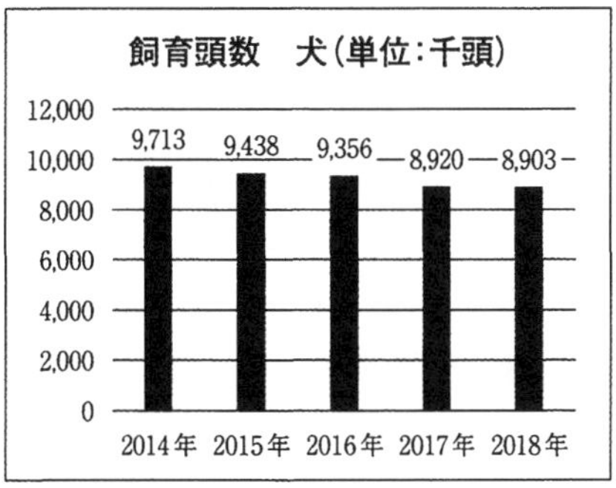

Graph 2

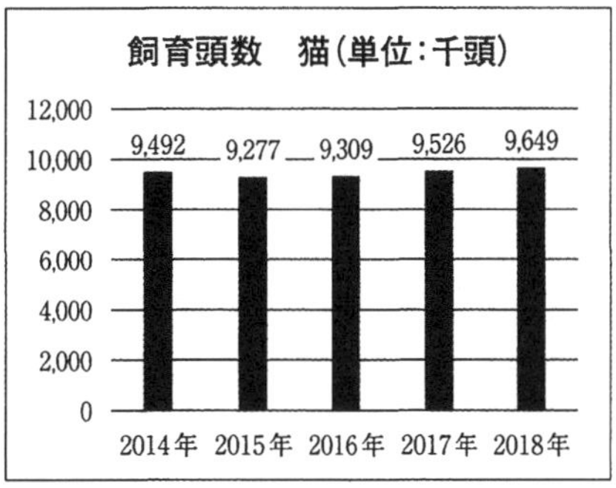

Graph 3

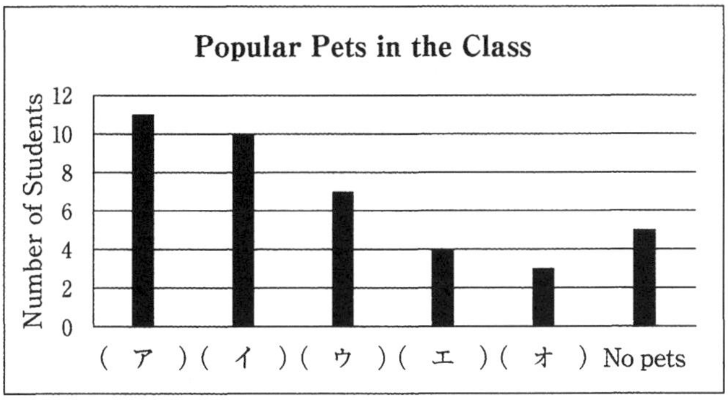

注）　by the way：ところで　　on the other hand：もう一方では

owner：飼い主　　freely：自由に　　by themselves：自分たちで

exercise：運動

問1　空所①に入る、本文の内容に合う数字を一つ選び、その番号をマークせよ。

（マーク解答欄）［6］

① 2014　　② 2015　　③ 2016　　④ 2017　　⑤ 2018

問2　下線部②の数字を英語に直せ。（記述解答欄）［F］

問3　下線部③の意味として最も適切なものを一つ選び、その番号をマークせよ。

（マーク解答欄）［7］

① 差　　② 難しさ　　③ 種類　　④ 人

問4　下線部④の内容として最も適切なものを一つ選び、その番号をマークせよ。
（マーク解答欄） 8

① 犬が猫より人気がある理由　② 猫が犬より人気がある理由
③ 犬と猫が同じくらい人気がある理由　④ 猫を散歩に連れて行かない理由

問5　下線部⑤が意味の通る文になるように（　　）内の語（句）を並べかえたとき、不要となる語（句）を一つ答えよ。（記述解答欄） G

問6　空所⑥に入る最も適切なものを一つ選び、その番号をマークせよ。
（マーク解答欄） 9

① make　② like　③ get　④ find

問7　下線部⑦を適切な形にせよ。ただし、1語とは限らない。（記述解答欄） H

問8　空所⑧に入る最も適切な英文を一つ選び、その番号をマークせよ。
（マーク解答欄） 10

① dogs are more popular than cats in the class
② dogs are the most popular pets in the class
③ dogs are not as popular as cats in the class
④ dogs are as popular as cats in the class

問9　Graph 3の（ ア ）～（ オ ）に入る語を一つずつ選び、その番号をマークせよ。（マーク解答欄） 11 ～ 15

① Fish　② Dogs　③ Others　④ Cats　⑤ Birds　⑥ Rabbits

（ ア ） 11
（ イ ） 12
（ ウ ） 13
（ エ ） 14
（ オ ） 15

次ページ以降にも問題が続きます。

［4］次の英文は、Ryota さんが英語の授業で行ったスピーチの原稿である。Ryota さんはアメリカの文学作品『トム・ソーヤの冒険』の主人公であるトムが通っていた学校について調べた。原稿をよく読んで問いに答えよ。

What are your *hobbies? Listening to music? Reading? Playing soccer? My hobby is reading and my favorite book is "*The Adventures of Tom Sawyer.*" It was [あ] write by a famous American writer, Mark Twain. He wrote this book in 1876. Tom Sawyer was a boy who was about ten years old and went to school. His school is different (ア) our school. His school is "a one-room school". Have you ever heard "one-room school"? I am interested (イ) one-room schools. So I'd like to talk about one-room schools. Tom lived in a town [い] call St. Petersburg, but it is *fictional. Mark Twain *grew up in *Hannibal in *Missouri.

Tom and the other children of St. Petersburg went to a one-room school. There were many one-room schools in small towns in the United States during the 18th and 19th *centuries. During the late 1880s there were about ①190,000 one-room schools, and today there are about 400.

What was the one-room school like? The school looked like a small house with one big room. (ウ) top of the *roof of the school there was a school *bell. In the big room there were small *wooden desks and chairs for the students. The teacher's desk and a big *blackboard were in front (エ) the room. The students' parents usually made the desks and chairs. Every one-room school had a *stove. During the winter the teacher burned wood in the stove to make the room (A). The children who sat near the stove were often too (B), and the children who sat near the windows were often too (C).

The girls sat on one side of the room and the boys sat on the other. The younger students sat in the front near the teacher and the older students sat in the back. The youngest students were about six years old, and the oldest were about 14 or 15. There were between 6 to 40 students in the one-room school. The teacher had to teach them all!

Some children walked to school and others [う] ride a *horse. The school day began (オ) 8 a.m. and ended (オ) 4 p.m. The first subject was always reading. Then there were games for fifteen minutes. The second subject was math and then writing. After an hour's *break for lunch it was time for *spelling and *grammar, and then history. The last subject was *geography. The teacher [え] teach the younger students first and then the older students. The older students ②(the younger students / reading and math / with / helped). There was no homework because most students had to work on the family farm when they got home.

Are you interested (イ) one-room schools? I want to go to a one-room school because I don't have any brothers or sisters. It is fun if I can teach younger students. Thank you for [お] listen.

表

School timetable

1	(カ)
15 minutes	(キ)
2	(ク)
3	(ケ)
1 hour	Lunch
4	Spelling and Grammar
5	(コ)
6	Geography

教室の図

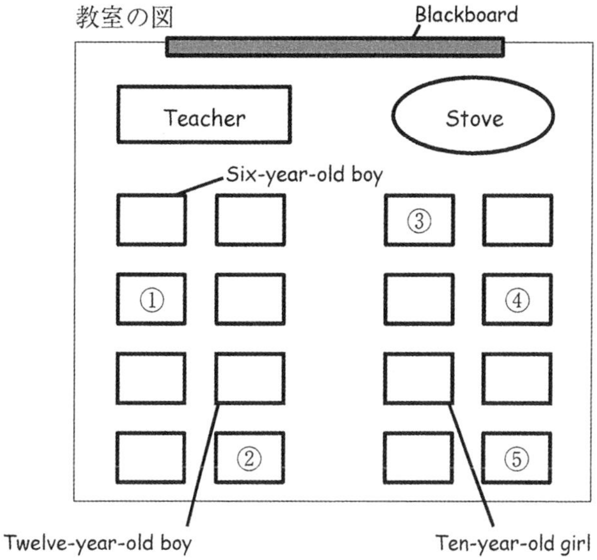

注) hobby：趣味　fictional：架空の　grow up：育つ
Hannibal：ハンニバル（町の名前）　Missouri：ミズーリ（アメリカ合衆国の州）
century：世紀　roof：屋根　bell：鐘　wooden：木製の
blackboard：黒板　stove：ストーブ　horse：馬　break：休憩
spelling：つづり方　grammar：文法　geography：地理

問１ 下線部[あ]～[お]を正しい形にしたものを一つ選び、その番号をマークせよ。
(マーク解答欄) [16] ～ [20]

[あ] ① write　② wrote　③ written　④ writing　⑤ to write
[16]

[い] ① calls　② called　③ calling　④ to call　⑤ to be called
[17]

[う] ① ride　② rode　③ ridden　④ riding　⑤ to ride
[18]

[え] ① teaches　② taught　③ teaching　④ to teach　⑤ to be taught
[19]

[お] ① listen　② listened　③ listening　④ to listen　⑤ to be listened
[20]

問２　（　ア　）～（　オ　）に入る語を一つずつ選び、その番号をマークせよ。ただし、どれも一度しか使えない。また、文頭にくる語も小文字で示してある。
(マーク解答欄) 21 ～ 25

① at　② on　③ from　④ in　⑤ of

（　ア　） 21
（　イ　） 22
（　ウ　） 23
（　エ　） 24
（　オ　） 25

問３　下線部①の読み方として正しいものを一つ選び、その番号をマークせよ。
(マーク解答欄) 26

① nineteen hundred thousand　② nineteen thousand
③ one hundred and nineteen thousand　④ one hundred and ninety thousand

問４　（　A　）～（　C　）に入る語の組み合わせとして最も適切なものを一つ選び、その番号をマークせよ。(マーク解答欄) 27

① (A) warm　(B) hot　(C) cold　② (A) warm　(B) cold　(C) hot
③ (A) cool　(B) hot　(C) cold　④ (A) cool　(B) cold　(C) hot

問５　下線部②を意味の通じる英語になるように並べかえよ。(記述解答欄) Ⅰ

問６　表の "School timetable" の、（　カ　）～（　コ　）に入る語を一つずつ選び、その番号をマークせよ。(マーク解答欄) 28 ～ 32

① History　② Writing　③ Reading　④ Games　⑤ Math

（　カ　） 28
（　キ　） 29
（　ク　） 30
（　ケ　） 31
（　コ　） 32

問７　「教室の図」は本文をもとに描かれている。次の２人の生徒は、①～⑤のどの座席に座っていたと思われるか。最も適切な座席を選び、その番号をマークせよ。
(マーク解答欄) 33 、 34

生徒１：He is eight years old. 33
生徒２：She is thirteen years old. 34

問8　次の①～⑦の記述のうち本文の内容と一致するものはいくつあるか。その数をマークせよ。例えば、一致するものが一つの場合はマークシートの1をマークせよ。(マーク解答欄) **35**

① Mark Twain is a famous American writer who wrote "*The Adventures of Tom Sawyer.*"

② Tom Sawyer lived in Hannibal in Missouri.

③ Today about 400 children go to one-room school.

④ Parents built the school building.

⑤ Children from six to fifteen went to one-room school.

⑥ Students went to school on foot or by train.

⑦ Students had to do a lot of homework every day.

2020年度　入学試験問題

理　　科

中京大学附属中京高等学校

試験開始の合図があるまで，この問題冊子を開いてはいけません。
下記の受験上の注意事項をよく読んでください。

受験上の注意事項

1　問題用紙は17ページです。
2　試験時間は 社会と合わせて60分 です。
3　解答用紙に，**氏名（フリガナ）・受験番号・中学校名を記入**し，**受験番号をマーク**しなさい。
4　計算は問題用紙の余白を利用しなさい。
5　計算機は使用できません。
6　**マークシート記入上の注意**
　①　マークの記入は，必ずHBの黒鉛筆で，所定のマーク解答欄の⬯を正確にぬりつぶす。
　②　記述解答の記入は，所定の記述解答欄にていねいに行う。
　③　訂正は，プラスチック製消しゴムできれいに消す。
　④　解答用紙を，折り曲げたり，汚したりしない。
　＊マークされていない場合または必要以上にマークがある場合は，０点です。

マークの仕方	良い例	悪い例
マークをする時	鉛筆で正確にぬりつぶす	
マークを消す時	消しゴムで完全に消す	

［1］ ふりこの運動や，コイルのまわりの磁界について実験，考察を行った。あとの問いに答えよ。ただし，ふりこのおもりや糸には空気抵抗ははたらかないものとし，力学的エネルギーは常に一定に保たれているものとする。

〔実験1〕 図1のように，図の位置aからふりこのおもりを静かにはなすと，位置b，最下点である位置c，位置dを通り，おもりは位置aと同じ高さの位置eまで上がった。

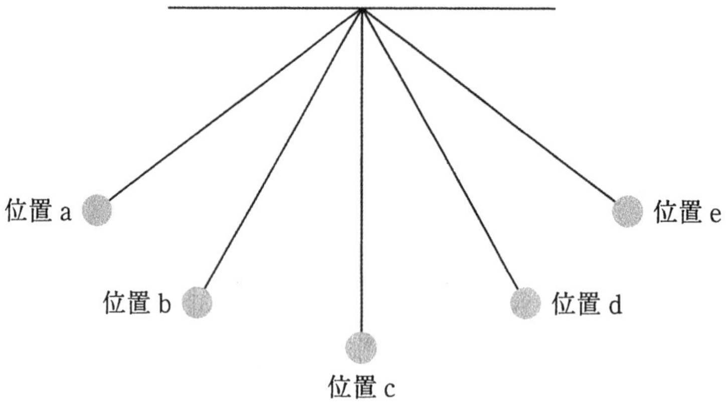

図1

(1) 位置aから位置cまで移動する間に減少する，おもりがもつ位置エネルギーと大きさが等しいものはどれか。それらを過不足なく含むものを，下の①～⑦のうちから一つ選べ。(マーク解答欄) [1]

ア　位置cでおもりがもつ運動エネルギーの大きさ

イ　位置eでおもりがもつ運動エネルギーの大きさ

ウ　位置cから位置eまで移動する間に増加する，おもりがもつ位置エネルギーの大きさ

①　ア	②　イ	③　ウ	④　ア，イ
⑤　ア，ウ	⑥　イ，ウ	⑦　ア，イ，ウ	

(2) この実験のある位置において，おもりがもつ位置エネルギーの大きさが，力学的エネルギーの大きさの25％のときがあった。このとき，おもりがもつ運動エネルギーの大きさは，位置エネルギーの大きさの何倍であるか答えよ。(記述解答欄) [A]

(3) 図1で，おもりが位置eにきたとき，おもりをつるしていた糸が切れると，おもりはどの向きに運動するか。最も適当なものを，図2の①〜⑥のうちから一つ選べ。
(マーク解答欄) 2

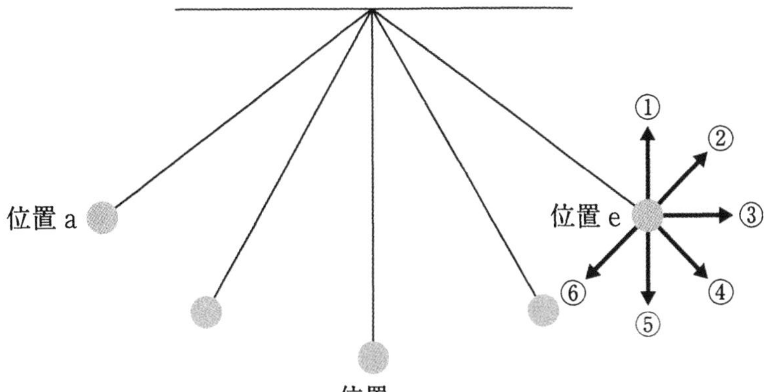

図2

〔実験2〕 実験1のふりこのおもりを棒磁石にとりかえ，最下点の位置cの下にふりこの中心軸とコイルの中心軸が一致するようにコイルを設置し，棒磁石を位置aから運動させた（図3）。コイルには端子Aと端子Bがあり，端子Aから抵抗器Rを通って端子Bに電流が流れるときを +（プラス）とする。

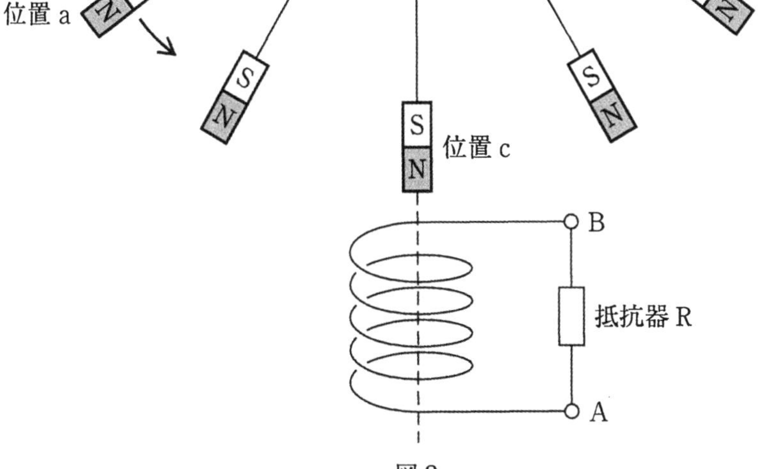

図3

(4) この実験で，棒磁石が位置 a にある瞬間を時刻 0 としたとき，コイルに流れる電流の時間変化のようすを表すグラフとして最も適当なものを，次の①～⑤のうちから一つ選べ。ただし，棒磁石の N 極がコイルに近づくと，＋ の向きに電流が流れるものとする。(マーク解答欄) 3

①
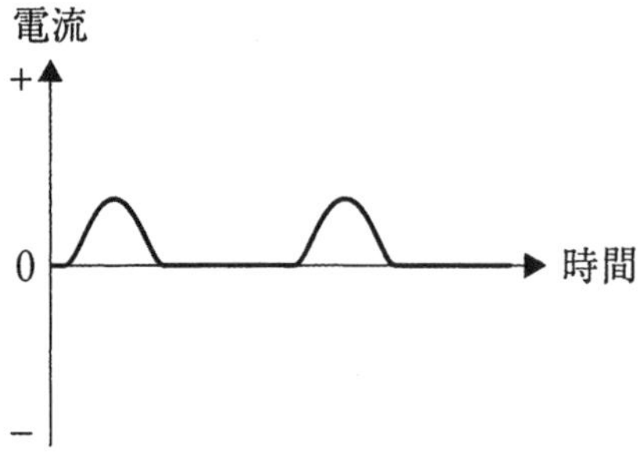

②
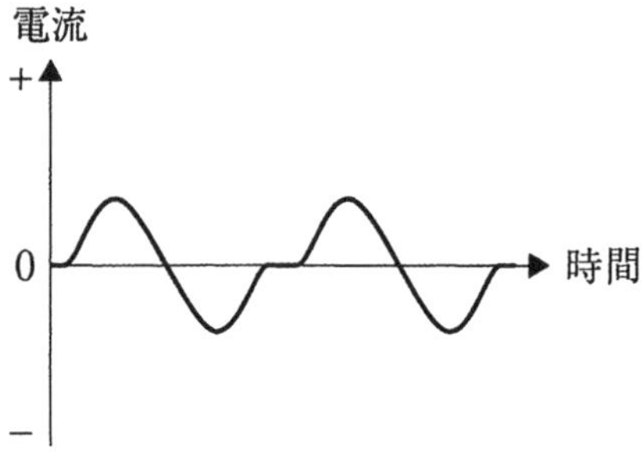

③
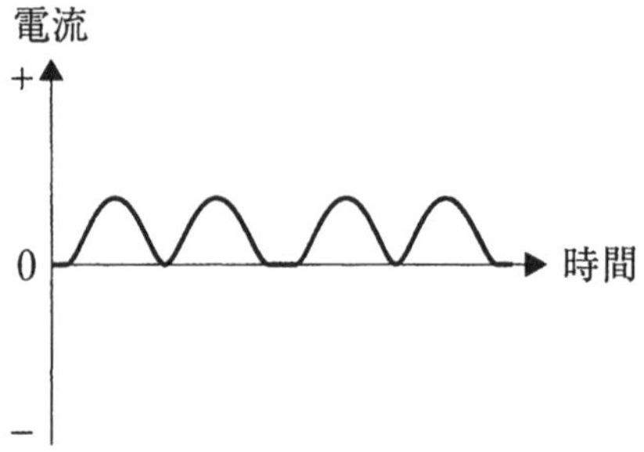

④
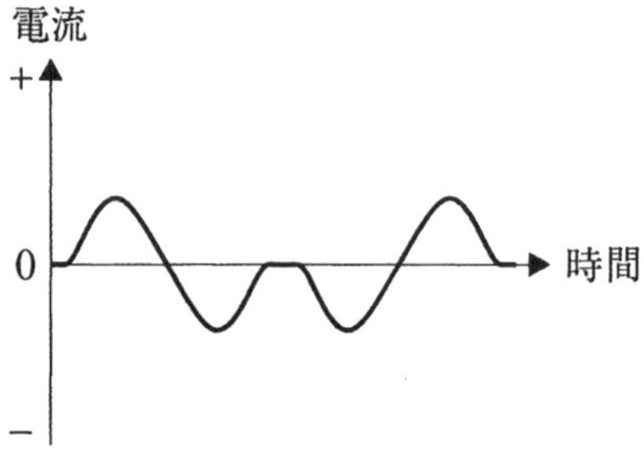

⑤
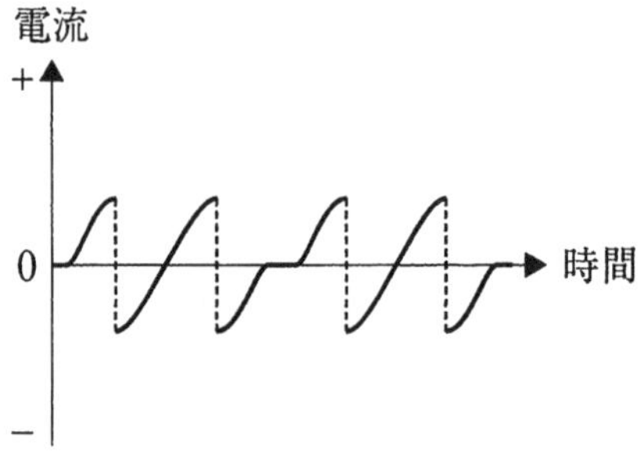

〔実験3〕　コイルのまわりの磁界を調べるために，図4のように，コイルのまわりに2つの方位磁針を置き，コイルにA，Bいずれかの向きの電流を流したところ，2つの方位磁針のN極は，図4のような向きを指した。図4では，方位磁針のN極を黒色で表している。

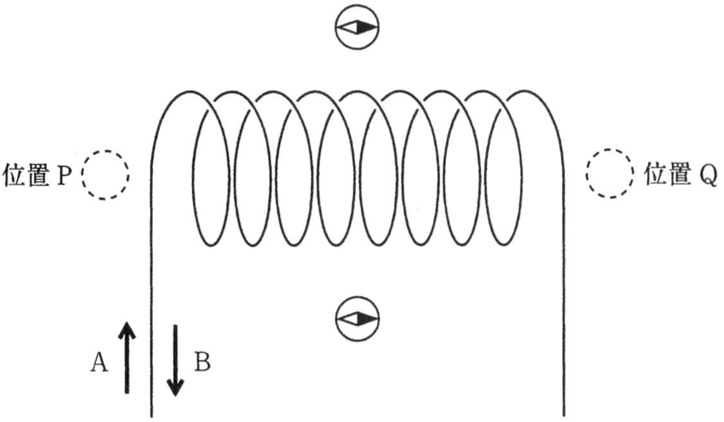

図4

(5)　実験3でコイルに流れている電流の向きと，図4の位置Pおよび位置Qに方位磁針を置いたときにN極が指す向きを組み合わせたものとして最も適当なものを，次の①～⑧のうちから一つ選べ。（マーク解答欄）［4］

	コイルに流れている電流の向き	位置P	位置Q
①	図4のAの向き		
②	図4のAの向き		
③	図4のAの向き		
④	図4のAの向き		
⑤	図4のBの向き		
⑥	図4のBの向き		
⑦	図4のBの向き		
⑧	図4のBの向き		

［2］ Aさんは，休日に屋外でのフィールドワークを行った。Aさんの調査対象は主に火山と火成岩，太陽や月についての観察であった。あとの問いに答えよ。

Aさんは川原でいくつかの火成岩を採取することができた。ルーペでよく観察すると次の4つのグループに分類することができた。

〔火成岩a〕 白っぽい色，小さな粒からなる部分と比較的大きな鉱物の部分からできている

〔火成岩b〕 白っぽい色，比較的大きな鉱物だけでできている

〔火成岩c〕 黒っぽい色，小さな粒からなる部分と比較的大きな鉱物の部分からできている

〔火成岩d〕 黒っぽい色，比較的大きな鉱物だけでできている

(1) 次の文中の（ ア ）～（ ウ ）にあてはまる語句の組み合わせとして最も適当なものを，下の①～⑧のうちから一つ選べ。(マーク解答欄) 5

火成岩の色から，火成岩となったマグマの（ ア ）がわかる。また，火成岩のつくりから，火成岩となったマグマの（ イ ）がわかる。これらのことから考えると，火成岩a～dのグループのうち，ねばりけの弱いマグマが急に冷えてできたのは，（ ウ ）のグループと考えられる。

	ア	イ	ウ
①	冷え方	ねばりけの強さ	火成岩a
②	冷え方	ねばりけの強さ	火成岩b
③	冷え方	ねばりけの強さ	火成岩c
④	冷え方	ねばりけの強さ	火成岩d
⑤	ねばりけの強さ	冷え方	火成岩a
⑥	ねばりけの強さ	冷え方	火成岩b
⑦	ねばりけの強さ	冷え方	火成岩c
⑧	ねばりけの強さ	冷え方	火成岩d

(2) 〔火成岩 b〕のグループに関する記述として最も適当なものを，次の①～⑧のうちから一つ選べ。(マーク解答欄) [6]

① 斑状組織をしており，流紋岩に分類される
② 斑状組織をしており，花こう岩に分類される
③ 斑状組織をしており，はんれい岩に分類される
④ 斑状組織をしており，玄武岩に分類される
⑤ 等粒状組織をしており，流紋岩に分類される
⑥ 等粒状組織をしており，花こう岩に分類される
⑦ 等粒状組織をしており，はんれい岩に分類される
⑧ 等粒状組織をしており，玄武岩に分類される

(3) A さんは，さらに採取した火山灰の粒をルーペでよく観察したところ，セキエイやチョウ石などの無色鉱物がほとんどで，有色鉱物は少なかった。このことから推定できる火山灰を噴出した当時の火山の形と，その形に近い火山の組み合わせとして最も適当なものを，次の①～⑥のうちから一つ選べ。(マーク解答欄) [7]

	火山の形	その形に近い火山
①	おわんをふせたような形	有珠山
②	おわんをふせたような形	三原山（伊豆大島）
③	おわんをふせたような形	浅間山
④	傾斜のゆるやかな形	キラウエア山
⑤	傾斜のゆるやかな形	雲仙普賢岳
⑥	傾斜のゆるやかな形	富士山

(4) Aさんは，日中に図1の天体望遠鏡をつかって，太陽を直接見ないように注意しながら，太陽の観察を行った。太陽の像を太陽投影板にうつしたところ，図2のように，太陽投影板上に取りつけた記録用紙の円よりも太陽の像が大きくうつり，像はa側にずれてしまった。この太陽の像を記録用紙の円に大きさと位置を合わせる方法として最も適当なものを，下の①～④のうちから一つ選べ。(マーク解答欄) [8]

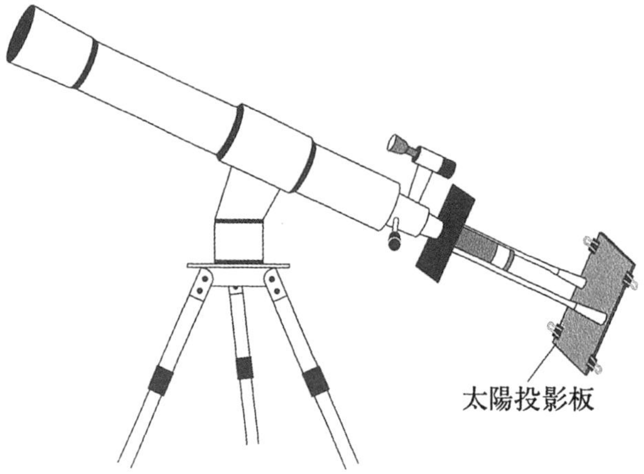

図1

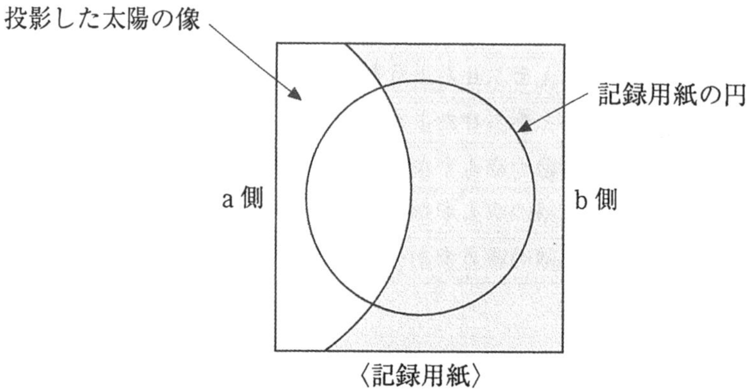

図2

① 太陽投影板を接眼レンズに近づけ，望遠鏡の向きを東にずらす
② 太陽投影板を接眼レンズから遠ざけ，望遠鏡の向きを東にずらす
③ 太陽投影板を接眼レンズに近づけ，望遠鏡の向きを西にずらす
④ 太陽投影板を接眼レンズから遠ざけ，望遠鏡の向きを西にずらす

(5) (4)ののち，Aさんは，太陽の像を記録用紙の円の大きさに合わせて投影することができた。記録用紙の円の直径は12cmであり，ちょうど円の中心に1つの黒点が観察された。観察された黒点はほぼ円形で直径は3mmであった。黒点の実際の直径は，地球の直径の何倍か。小数第2位を四捨五入して小数第1位まで求めよ。ただし，太陽の直径は地球の直径の109倍とする。(記述解答欄) [B]

(6) Aさんは，フィールドワークのしめくくりとして，この日の月の見え方を観察した。図3は午後6時頃に日本のある地点でAさんが月を観察したスケッチである。図3のスケッチを描いたときの地球に対する月の位置として最も適当なものを，図4の①～⑧のうちから一つ選べ。(マーク解答欄) **9**

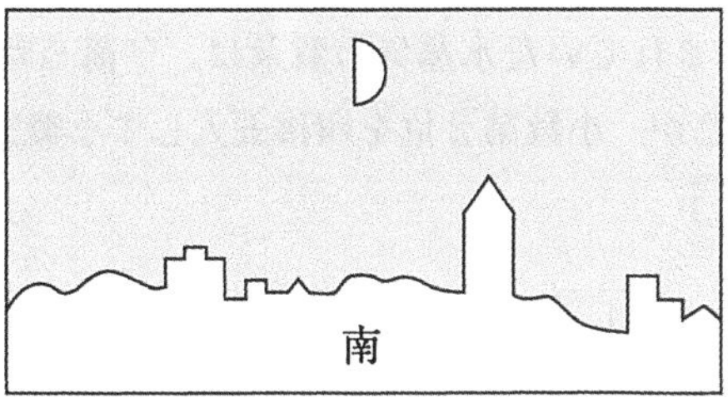

図3

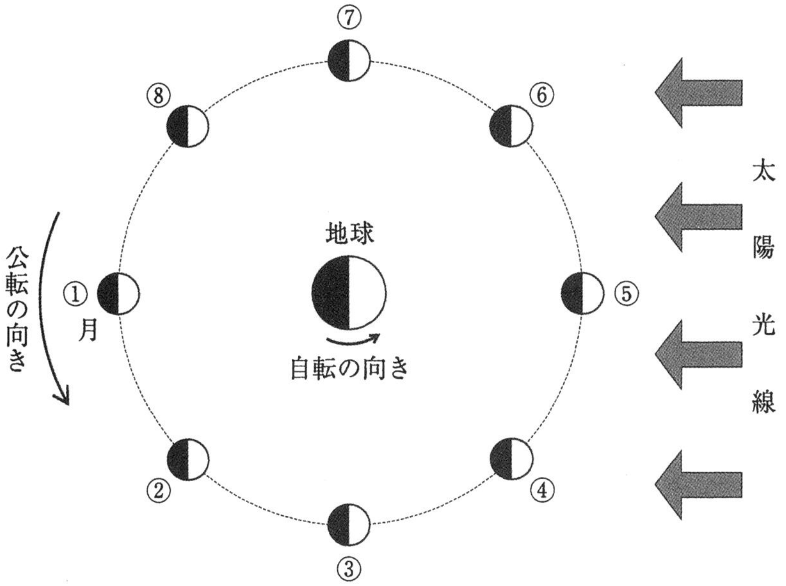

〈地球の北極側から見た太陽，地球，月の位置関係を模式的に表している〉

図4

［3］ 身のまわりの大気の状態や大気圧について，あとの問いに答えよ。

(1) ある日の午前6時，家のまわりには霧が発生していて，気温は2℃，湿度は90％であった。その後，霧が消えて快晴となり，午前8時の気温は10℃，湿度は70％であった。表1は，気温と飽和水蒸気量の関係を示したものである。この日，家のまわりの空気1 m^3 中に含まれていた水蒸気の質量は，午前6時と午前8時では，どちらの時刻が何g多かったか，小数第2位を四捨五入して小数第1位まで求めよ。
(記述解答欄) C

気温〔℃〕	飽和水蒸気量〔g/m^3〕
2	5.6
4	6.4
6	7.3
8	8.3
10	9.4
12	10.7
14	12.1

表1

(2) 図1のように断面積が1.0 cm^2 で一端を閉じた太さが一様な長いガラス管に水銀を満たし，水銀の入った容器の中で口を下にして，空気が管内に入らないようにして垂直に立てたところ，水銀柱の液面が，容器の水銀の液面から $h = 76.0$ cm の高さまで下がったところで静止した。大気による圧力は何 N/cm^2 か。ただし，100 gの物体にはたらく重力の大きさを1.0 Nとし，水銀の密度は13.6 g/cm^3 とする。解答は小数第2位を四捨五入して小数第1位まで求めよ。(記述解答欄) D

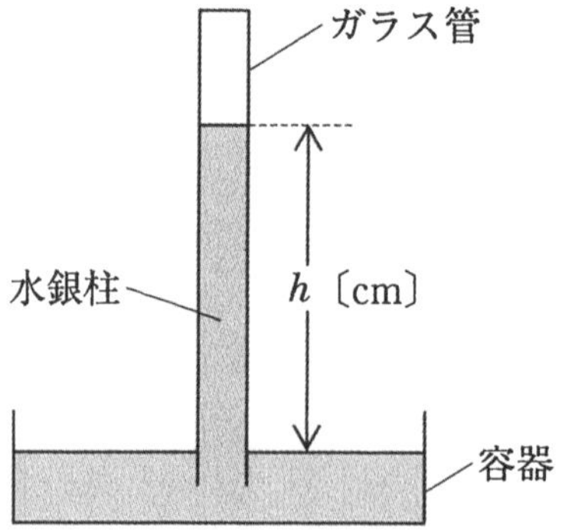

図1

問題は次ページへ続きます

［4］ 化学変化と質量の関係を調べる実験を行った。あとの問いに答えよ。

〔実験〕 図1のように，炭素の粉末0.15 g と，さまざまな質量の酸化銅の粉末を乳ばちの中でよく混ぜ合わせてから，すべて試験管に入れた。この試験管をガスバーナーで十分に加熱して，混合物を反応させた。しばらく経ってから反応後の試験管に残ったものを取り出し，質量を測定したところ，表1の結果を得た。5回目の実験を行ったとき，酸化銅と炭素がどちらも余ることなく反応するようすが観察できた。ただし，炭素の粉末は酸化銅とのみ反応するものとする。

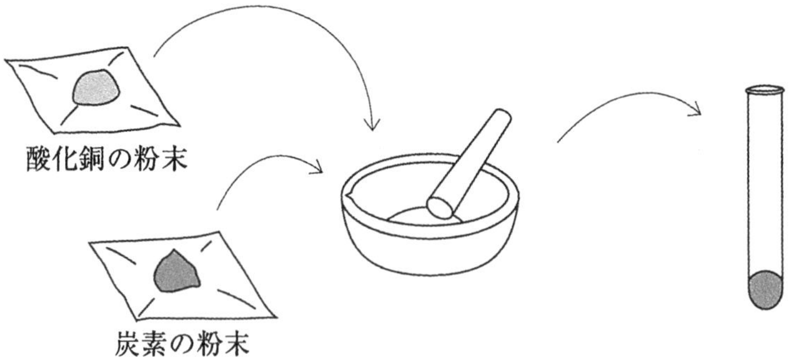

図1

表1

	1回目	2回目	3回目	4回目	5回目	6回目
用意した酸化銅の質量〔g〕	0.40	0.80	1.20	1.60	2.00	2.40
反応後の試験管に残ったものの質量〔g〕	0.44	0.73	1.02	1.31	1.60	2.00

⑴ この実験では，酸化銅の粉末は酸素がうばわれる化学変化が起きた。このような化学変化を何というか。漢字2文字で答えよ。(記述解答欄) [E]

⑵ この実験では，反応がはじまると気体Aが発生した。気体Aの化学式を答えよ。(記述解答欄) [F]

K 教英出版

(3)　この実験とは別の方法で気体Aが発生していると考えられるものはどれか。最も適当なものを，次の①～⑥のうちから一つ選べ。(マーク解答欄) 10

① 水の電気分解において陽極から発生
② 水の電気分解において陰極から発生
③ 塩酸の電気分解において陽極から発生
④ 塩酸の電気分解において陰極から発生
⑤ メタンなどの有機物を燃焼させると水とともに発生
⑥ 植物が光合成するときに発生

(4)　1回目の実験を行ったとき，発生した気体Aは何gか。最も適当なものを，次の①～⓪のうちから一つ選べ。(マーク解答欄) 11

① 0.06 g	② 0.07 g	③ 0.08 g	④ 0.09 g	⑤ 0.10 g
⑥ 0.11 g	⑦ 0.12 g	⑧ 0.13 g	⑨ 0.14 g	⓪ 0.15 g

(5)　5回目の実験のようすから，6回目の実験では酸化銅の粉末は一部反応せずに残っていると考えられる。これを完全に反応させるためには，炭素の粉末があと何g必要であるか。最も適当なものを，次の①～⓪のうちから一つ選べ。
(マーク解答欄) 12

① 0.01 g	② 0.03 g	③ 0.05 g	④ 0.07 g	⑤ 0.10 g
⑥ 0.12 g	⑦ 0.14 g	⑧ 0.16 g	⑨ 0.18 g	⓪ 0.20 g

［5］ 次の図1は，ヒトの消化に関する器官を模式的に示している。あとの問いに答えよ。

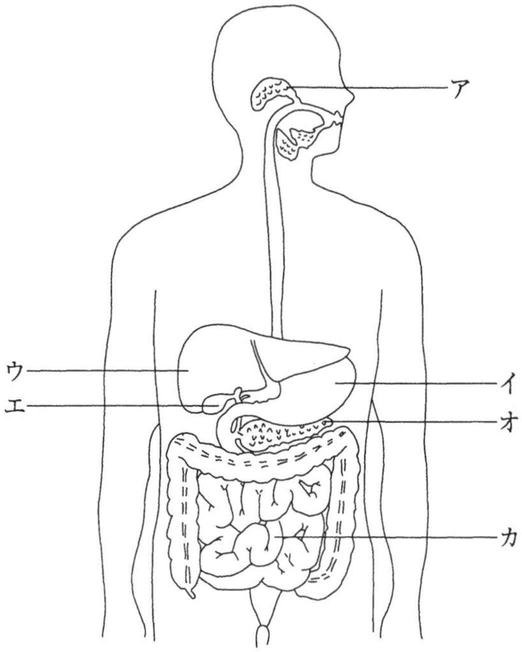

図1

(1) 図1のア～カの器官のはたらきに関する記述として最も適当なものを，次の①～⑥のうちから一つ選べ。（マーク解答欄） 13

① デンプンにはたらく消化酵素を含む液を出すのは，アのみである。

② イから出る消化液によって，タンパク質はすべてアミノ酸に分解される。

③ 体内に吸収された養分のうち，ブドウ糖の一部はウや筋肉でグリコーゲンに変えられてたくわえられる。

④ タンパク質の分解を助けるはたらきをする胆汁は，エにたくわえられる。

⑤ オから出る消化液は，タンパク質にはたらく消化酵素と，脂肪にはたらく消化酵素を含むが，デンプンにはたらく消化酵素は含まない。

⑥ 消化によって吸収されやすい物質に変化した養分や水分は，すべてカで吸収される。

(2) 図1のイの消化液には塩酸が含まれている。塩酸はある物質が水に溶けたものである。ある物質の名称を答えよ。（記述解答欄） G

(3) 次の物質のうち，小腸で直接毛細血管に取り込まれるものはどれか。それらを過不足なく含むものを，下の①～⓪のうちから一つ選べ。(マーク解答欄) 14

a 麦芽糖　　b タンパク質　　c 脂肪　　d モノグリセリド
e アミノ酸　　f ブドウ糖　　g 脂肪酸　　h デンプン

① a　　② b，e　　③ b，f　　④ c，d　　⑤ c，g
⑥ d，g　　⑦ e，f　　⑧ a，e，f　　⑨ a，f，h　　⓪ d，e，g

(4) 次の文章は，食物を分解する消化酵素について述べたものである。(W)～(Z)にあてはまる語句の組み合わせとして最も適当なものを，下の①～⑥のうちから一つ選べ。(マーク解答欄) 15

中川くんは，朝食で鶏肉のささみをゆでたものを食べ，京野さんは朝食でトーストにバターをぬり，粒あんをのせた小倉トーストを食べた。鶏肉のささみの主な成分を分解する消化酵素は(W)と(X)であり，小倉トーストの主な成分を分解する消化酵素は(Y)と(Z)である。

	W	X	Y	Z
①	アミラーゼ	トリプシン	ペプシン	リパーゼ
②	アミラーゼ	リパーゼ	ペプシン	トリプシン
③	リパーゼ	トリプシン	アミラーゼ	ペプシン
④	リパーゼ	ペプシン	トリプシン	アミラーゼ
⑤	ペプシン	トリプシン	アミラーゼ	リパーゼ
⑥	ペプシン	アミラーゼ	トリプシン	リパーゼ

(5) 吸収されたブドウ糖は，全身の細胞に運ばれ，呼吸により酸素を使って分解される。このときに生じる物質の化学式の組み合わせとして最も適当なものを，次の①～⑨のうちから一つ選べ。(マーク解答欄) 16

① O_2，CO_2　　② O_2，H_2O　　③ O_2，NH_3
④ CO_2，H_2O　　⑤ CO_2，NH_3　　⑥ H_2O，NH_3
⑦ N_2，CO_2　　⑧ N_2，H_2O　　⑨ N_2，NH_3

［6］ 家庭科の授業で調理実習をした際の会話文を読み，あとの問いに答えよ。

A子：今日のメニューはカレーライスとグリーンピースのサラダね。

B男：グリーンピースか。僕，ちょっと苦手だな。
同じ豆でも，スナップエンドウのサラダなら大好物なんだけどな。

A子：何言っているの。グリーンピースもスナップエンドウも，同じエンドウマメでしょう。

B男：えっ，そうなの？

A子：グリーンピースは実エンドウとも呼ばれて，エンドウの未熟な種子を食用としたものよ。スナップエンドウは，エンドウのなかでも，豆が成長して大きくなってもアさやごと食べられるように，アメリカで改良された品種よ。

B男：エンドウって，どういう植物だっけ？

A子：エンドウは被子植物の中でも双子葉類に分類されるから，葉脈は［イ］，維管束は［ウ］，根は［エ］という特徴をもっているわね。

B男：オメンデルの実験では遺伝の研究に使われていたよね？

A子：そうね。種子の形やさやの色についての実験があったわね。

B男：カ身のまわりのものとむすびつけて考えれば，理科の勉強も楽しくなるかな。

問1　会話文中の下線部アについて，エンドウのさやはどの部分が成長したものか。最も適当なものを，次の①～⑧のうちから一つ選べ。（マーク解答欄）［17］

①　花弁　　②　がく　　③　おしべ　　④　胚珠
⑤　子房　　⑥　葉　　⑦　根　　⑧　茎

問2　会話文中の空欄［イ］～［エ］にあてはまる特徴の組み合わせとして最も適当なものを，次の①～⑧のうちから一つ選べ。（マーク解答欄）［18］

	イ	ウ	エ
①	網状脈	輪状にならんでいる	ひげ根
②	網状脈	輪状にならんでいる	主根と側根
③	網状脈	ばらばらに分布している	ひげ根
④	網状脈	ばらばらに分布している	主根と側根
⑤	平行脈	輪状にならんでいる	ひげ根
⑥	平行脈	輪状にならんでいる	主根と側根
⑦	平行脈	ばらばらに分布している	ひげ根
⑧	平行脈	ばらばらに分布している	主根と側根

問3　会話文中の下線部オについて，次の文章を読み，あとの問いに答えよ。

メンデルが調べたエンドウの7つの形質のうち，子葉の色については黄色と緑色の2つが対立形質になっていて，黄色の子葉か緑色の子葉しか現れない。図1のように，子葉の色が黄色になる純系のエンドウと緑色になる純系のエンドウを親の代としてできる子の代の子葉の色は，すべて黄色になる。また，子の代を自家受粉させると，孫の代の子葉の色は黄色と緑色の両方の個体が生じる。エンドウの子葉の色を黄色にする遺伝子をB，緑色にする遺伝子をbとすると，図1の親の代の黄色と緑色の個体の遺伝子の組み合わせは，それぞれBB，bbである。

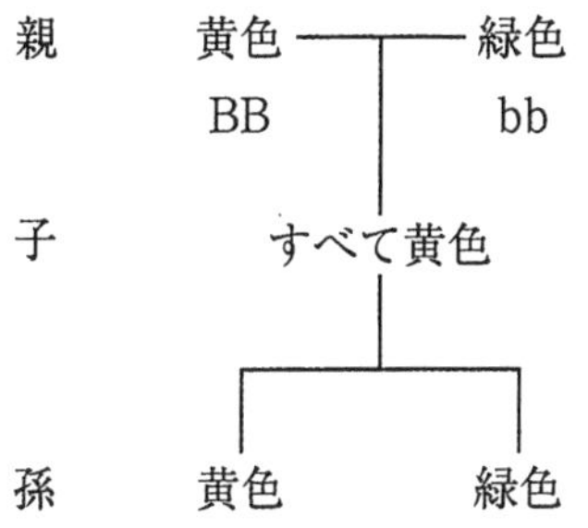

図1

(1)　遺伝子の本体は何という物質か。アルファベット3文字で答えよ。
（記述解答欄）H

(2)　子の代の遺伝子の組み合わせはどのようになるか。また，子の代の子葉の色がすべて黄色になるのはなぜか。正しい記述を過不足なく含むものを，下の①〜⑨のうちから一つ選べ。（マーク解答欄）19

【　子の代の遺伝子の組み合わせ　】
キ　BB　　ク　Bb

【　子の代の子葉の色がすべて黄色になる理由　】
ケ　緑色の遺伝子が消失してしまったから
コ　緑色の遺伝子が黄色の遺伝子に変化してしまったから
サ　黄色の遺伝子は緑色の遺伝子に対して優性の形質だから

①　キ，ケ	②　キ，コ	③　キ，サ
④　ク，ケ	⑤　ク，コ	⑥　ク，サ
⑦　キ，ク，ケ	⑧　キ，ク，コ	⑨　キ，ク，サ

問４　会話文中の下線部カに関する記述として**誤りを含むもの**を，次の①～④のうちから一つ選べ。（マーク解答欄）［20］

①　うがいをするために質量パーセント濃度が0.9％の食塩水を200 g つくるとき，必要な食塩は1.8 g である。

②　１円硬貨は密度2.7 g/cm^3のアルミニウムでできており，質量は１g であるから，その体積はおよそ0.37cm^3と推定できる。

③　10 km 離れた公園に行くため，午後１時に自転車に乗って自宅を出発した。自転車の平均の速さを12 km/h とすると，公園に到着するのは午後１時50分頃である。

④　５倍希釈と書かれているめんつゆの原液30 mL を表示どおりにうすめるには，水は150 mL 必要である。

問５　会話文中の下線部カについて，身のまわりにあるさまざまな電池のうち，携帯電話やノートパソコンなどに使われる電池は小型軽量で，充電可能な電池（二次電池）として知られている。その開発にあたっては環境問題への貢献なども評価され，2019年，アメリカのジョン・グッドイナフ，スタンリー・ウィッティンガム，および日本の吉野彰の３名がノーベル化学賞を受賞した。この電池の名称を答えよ。

（記述解答欄）［Ｉ］電池

2020年度　入学試験問題

社　　会

中京大学附属中京高等学校

試験開始の合図があるまで，この問題冊子を開いてはいけません。
下記の受験上の注意事項をよく読んでください。

================== **受 験 上 の 注 意 事 項** ==================

1　問題用紙は16ページです。
2　試験時間は 理科と合わせて60分 です。
3　解答用紙に，**氏名（フリガナ）・受験番号・中学校名を記入**し，**受験番号をマーク**しなさい。
4　**マークシート記入上の注意**
　①　マークの記入は，必ずHBの黒鉛筆で，所定のマーク解答欄の▯を正確にぬりつぶす。
　②　記述解答の記入は，所定の記述解答欄にていねいに行う。
　③　訂正は，プラスチック製消しゴムできれいに消す。
　④　解答用紙を，折り曲げたり，汚したりしない。
　＊マークされていない場合または必要以上にマークがある場合は，０点です。

マークの仕方	良い例	悪い例
マークをする時	鉛筆で正確にぬりつぶす	
マークを消す時	消しゴムで完全に消す	

==

〔1〕次の表は日本の歴史上，何らかの理由で外国との関わりが深かった人物A～Eとその事績である。A～Eの人物に関わる以下の問いに答えよ。

記号	人物名	事績
A	北条時宗	文永・弘安の役で中国とa．朝鮮の連合軍の2度の襲来をうけながらも，武士たちの必死の防戦と暴風雨により，2度とも退却させた。
B	大村純忠	開港した長崎を海外貿易とキリスト教布教の一大中心地とし，b．他のキリシタン大名らと共に4人の少年をローマ教皇のもとに派遣した。
C	小野妹子	南北が統一されたばかりの中国へ派遣され，c．聖徳太子からの国書を持参して，対等の立場での国交の成立を試みた。
D	足利義満	室町幕府第3代将軍。d．中国と朝貢形式での貿易を行い，その利益を幕府の財源とした。
E	阿倍仲麻呂	留学生として中国の優れたe．律令制度や文化を学び，活躍した。50年以上中国に留まり，帰国することなく一生を終えた。

問1　表中のA・C・D・Eはいずれも中国との関係が深かった人物である。A・C・D・Eそれぞれが関わった時代の中国の王朝の組み合わせとして最も適当なものを，①～⑥から1つ選んで番号で答えよ。(マーク解答欄) 1

	A	C	D	E		A	C	D	E
①	魏	隋	宋	唐	②	魏	秦	宋	隋
③	宋	唐	隋	明	④	元	隋	明	唐
⑤	元	隋	唐	宋	⑥	元	魏	唐	宋

問2　表中の下線部aについて，この時の朝鮮は何という国家であったか。その名称として最も適当なものを，①～④から1つ選んで番号で答えよ。
(マーク解答欄) 2

①　高句麗　　②　高麗　　③　百済　　④　新羅

問３　表中の下線部ｂについて，この使節の名称を答えよ。（記述解答欄）A

問４　表中の下線部ｃについて，聖徳太子の建立した法隆寺の構造として最も適当なものを，①〜③から１つ選んで番号で答えよ。（マーク解答欄）3

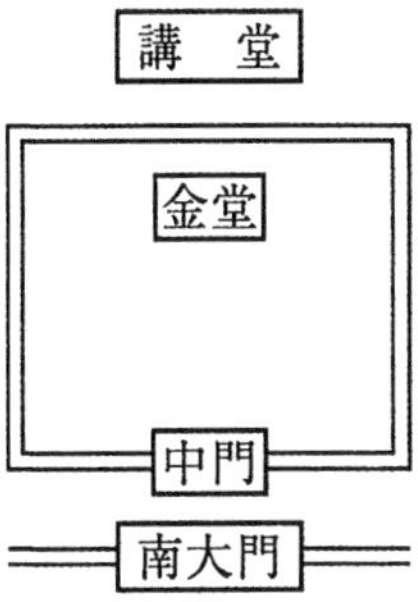

①

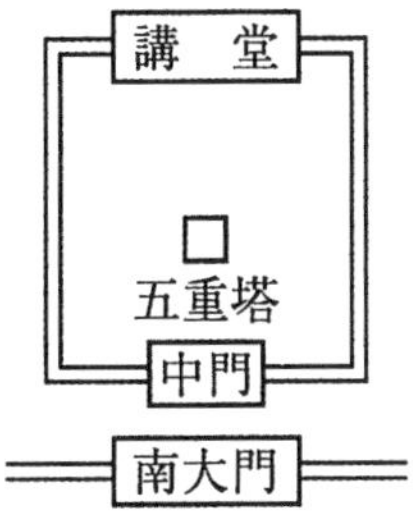

②

③

問５　表中の下線部ｄについて，この時代の中国との貿易の名称として最も適当なものを，①〜④から１つ選んで番号で答えよ。（マーク解答欄）4

①　南蛮貿易　　②　勘合貿易　　③　朱印船貿易　　④　日宋貿易

問６　表中の下線部ｅについて，律令制度が成立した頃の日本に関する文として**誤っているもの**を，①〜④から１つ選んで番号で答えよ。（マーク解答欄）5

①　701年，中国の法律にならって大宝律令が制定され，中央に神祇官と太政官の二官がおかれた。

②　708年，和同開珎が鋳造されたが，この貨幣は役人の給与として与えられた程度で，一般の商業においてはほとんど普及・流通しなかった。

③　農民には租・調・庸や雑徭などの負担があり，負担の大部分は成年男子にかけられていた。

④　710年，平城京に都が移されたが，この都は唐の長安にならって建設され，東西南北に道路が走っていた。

〔2〕次の表は近現代の主な出来事を取り上げたものである。表を見て以下の問いに答えよ。

西暦	日本の出来事	世界の出来事
1789		フランス革命が起こる・・・a
1853	ペリーが浦賀に来航する・・・b	
1867	王政復古の大号令が出される・・・c	
	A	
1914	第一次世界大戦に参戦する	第一次世界大戦が始まる
		B
1939		第二次世界大戦が始まる

問1　表中のaの出来事について，下の絵は革命の前後で人々の税負担が変化したことを示しており，①～③は当時の3つの身分の人々を描いている。3つの身分のうち，革命の担い手となった身分として最も適当なものを，①～③から1つ選んで番号で答えよ。(マーク解答欄) 6

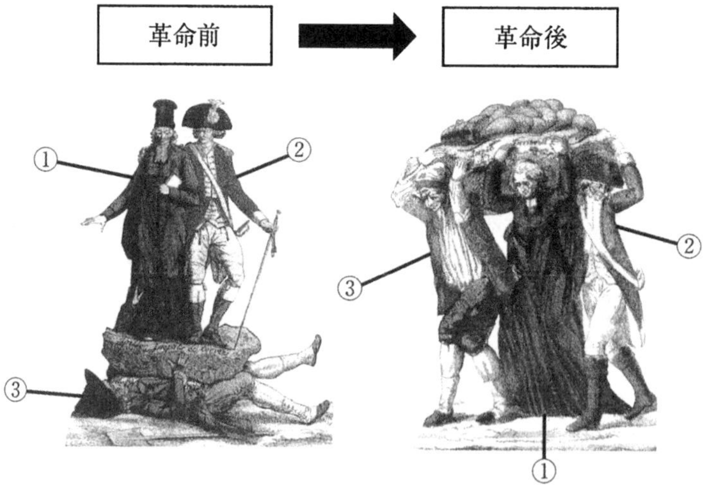

問2　問1の革命の担い手となった身分の人々が目指した社会について説明した文として最も適当なものを，①～④から1つ選んで番号で答えよ。(マーク解答欄) 7

① 国王や皇帝に統治の権限があり，国王や皇帝の思うままの政治が行われる社会
② 自由・平等などの基本的人権を尊重し，人民主権の考えに基づく社会
③ 労働者が労働組合をつくって団結し，労働者を中心とする平等な社会
④ 民族と国家の利益を最優先とし，軍国主義的な独裁政治を行う社会

問3　表中のbの出来事について，これをきっかけに開国を決断する日本に大きな影響を与えた世界の出来事として最も適当なものを，①～④から1つ選んで番号で答えよ。(マーク解答欄) 8

① インド大反乱　② アメリカ南北戦争
③ 甲午農民戦争　④ アヘン戦争

問4　表中のcの出来事について説明した文として最も適当なものを，①～④から1つ選んで番号で答えよ。(マーク解答欄) 9

① 薩長を中心とする倒幕派が朝廷の実権を握り，天皇を中心とする新政府の樹立を宣言した。
② 徳川慶喜は政権を維持していくのは困難と判断し，朝廷に政権の返上を願い出た。
③ 坂本龍馬の仲立ちにより，薩摩藩と長州藩が同盟を結び，倒幕運動を開始した。
④ 江戸を東京と改称し，年号を明治と改めて，政治の中心を京都から東京に移した。

問5　表中の A の時期の出来事として年代順に正しく並べられたものを，①～④から1つ選んで番号で答えよ。但し出来事は日本だけでなく世界も含むものとする。(マーク解答欄) 10

① 安政の大獄→廃藩置県の実施→日露戦争→義和団事件
② 戊辰戦争→地租改正条例の制定→日清戦争→辛亥革命
③ 五箇条の御誓文の提示→大日本帝国憲法の発布→ポーツマス条約の締結→三国干渉
④ 西南戦争→岩倉使節団の欧米派遣→日英同盟の成立→ベルサイユ条約の成立

問６　次のア～エは，表中の [B] の時期に起こった出来事である。ア～エを年代順に正しく並べかえたものとして最も適当なものを，①～④から１つ選んで番号で答えよ。(マーク解答欄) [11]

ア　満州事変　　イ　世界恐慌　　ウ　ロシア革命　　エ　ワイマール憲法制定

①　ア→イ→ウ→エ　　②　イ→エ→ウ→ア
③　ウ→エ→イ→ア　　④　エ→イ→ウ→ア

〔3〕次の地図を見て以下の問いに答えよ。

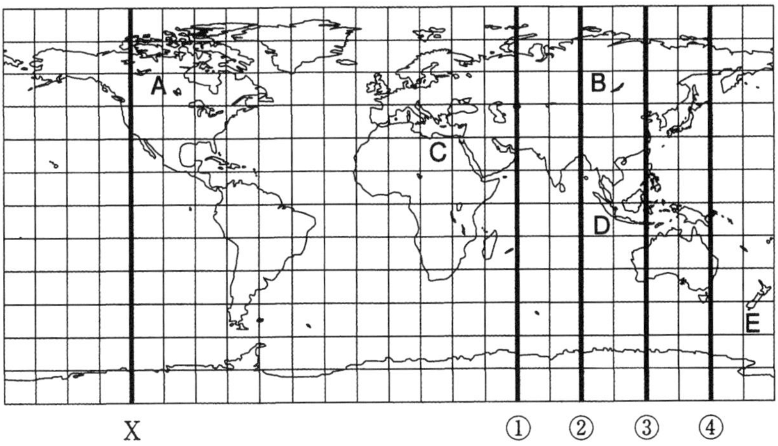

問1　地図中のXは，西経120度を示している。Xの経線に対して地球の反対側を通る東経60度を示すものとして最も適当なものを，地図中の①～④から1つ選んで番号で答えよ。(マーク解答欄) 12

問2　中京大輔君は，冬休みにX線上にあるロサンゼルスに家族で旅行に行った。12月23日の午後5時に成田国際空港を出発し現地空港に到着した時，時刻を現地時間に合わせていなかった大輔君の時計は12月24日の午前3時を指していた。現地時間として最も適当なものを，①～⑥から1つ選んで番号で答えよ。
(マーク解答欄) 13

① 23日午前10時　② 24日午前10時　③ 25日午前10時
④ 23日午後10時　⑤ 24日午後10時　⑥ 25日午後10時

問３　地図中の**Ａ～Ｅ**の国はそれぞれカナダ，ロシア，エジプト，インドネシア，ニュージーランドを示している。また，次の表は**Ａ～Ｅ**国の１人当たりの国内総生産とおもな輸出品及び輸出総額を表している。**Ｄ**国に当てはまるものを，表中の①～⑤から１つ選んで番号で答えよ。（マーク解答欄）［14］

Ａ～Ｅ国の１人当たりの国内総生産とおもな輸出品及び輸出総額（2015年）

		①	②	③	④	⑤
１人当たりの国内総生産（ドル）		9,243	3,452	43,206	3,346	38,294
おもな輸出品	第１位	原油	野菜・果実	自動車	石炭	酪農品
	第２位	石油製品	原油	原油	パーム油	肉類
	第３位	天然ガス	機械類	機械類	機械類	野菜・果実
	第４位	鉄鋼	石油製品	金(非貨幣用)	衣類	木材
	第５位	機械類	繊維品	石油製品	液化天然ガス	機械類
輸出総額（百万ドル）		343,908	21,967	408,804	150,366	34,357

（世界国勢図会 2017/18 年版より作成）

〔4〕次の表を見て以下の問いに答えよ。

県名	面積（百㎢）（2014 年）	人口（万人）（2014 年）	人口増減率（%）（2016 年 10 月～2017 年 9 月）	生産量全国第 1 位の品目（2010 ～ 2013 年）
ア	52	620	0.16	落花生
イ	38	724	0.28	金・同合金展伸材
ウ	78	371	－0.33	ピアノ
エ	24	84	－0.55	陶磁器製置物
オ	42	79	－0.49	眼鏡フレーム

（国土地理院資料，統計局資料，e-Stat をもとに作成）

問 1　表中のア～オは，埼玉県，千葉県，福井県，静岡県，佐賀県のうちのどれかを示している。そのうち，イとエの県名の組み合わせとして最も適当なものを，①～⑧から 1 つ選んで番号で答えよ。（マーク解答欄） 15

① イ：埼玉県　エ：千葉県　　② イ：埼玉県　エ：佐賀県
③ イ：福井県　エ：静岡県　　④ イ：福井県　エ：佐賀県
⑤ イ：佐賀県　エ：千葉県　　⑥ イ：佐賀県　エ：静岡県
⑦ イ：千葉県　エ：静岡県　　⑧ イ：千葉県　エ：福井県

問 2　次の，ある都道府県を切り抜いたもの（縮尺・方位は同じではない）のうち，表中のオを示すものとして最も適当なものを，①～⑤から 1 つ選んで番号で答えよ。（マーク解答欄） 16

①	②	③	④	⑤
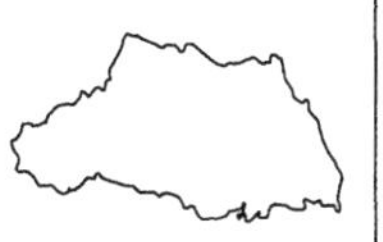				

〔5〕次の地図は，愛知県名古屋市昭和区近辺を東西南北に点線で北東部，北西部，南東部，南西部の4地域に分けたものである。この地図を見て以下の問いに答えよ。

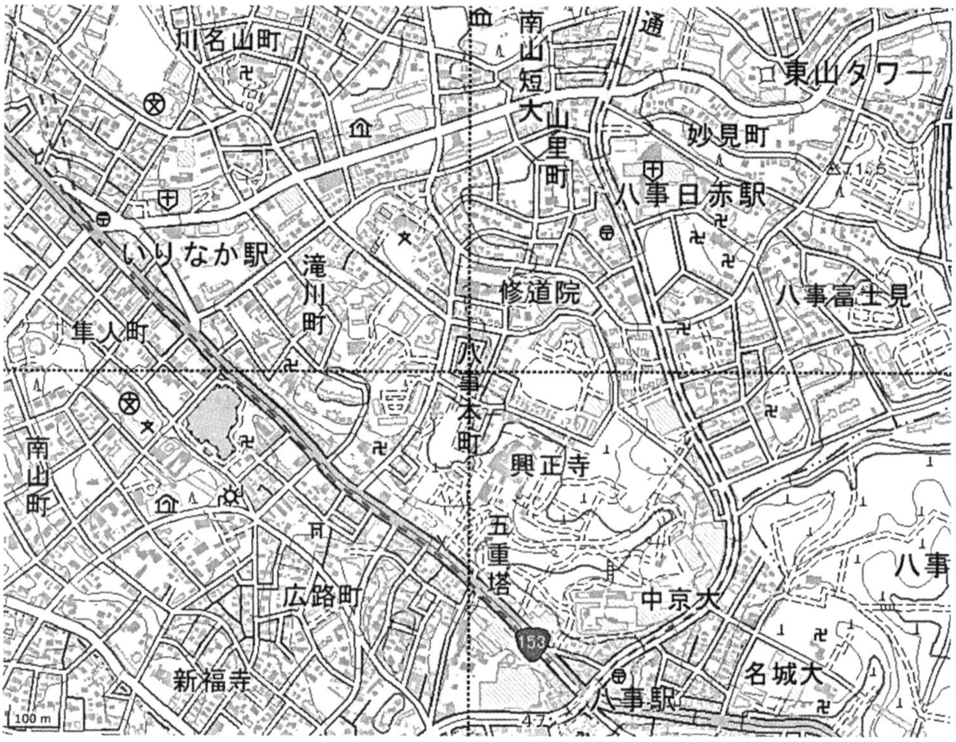

（国土地理院資料より）

問1　この地図からわかることを説明した文章①～④から適当なものを**すべて**選び，番号で答えよ。ただし，1つもなければ「なし」と答えよ。（記述解答欄）B

①　北東部に針葉樹林があるが，他の3地域には見られない。北東部は土地の起伏が大きいところを中心に針葉樹林があるが，駅や郵便局，短期大学もあり自然と人工物が交わり合っているといえる。

②　4地域すべてにおいて小・中学校もしくは大学，短期大学などの教育機関のいずれかがあることがわかる。また，郵便局も同様に4地域すべてにある。しかし，消防署は北西部にしかないことや，北東部，北西部にしか病院がないため，緊急時の救助体制が不安視される。

③　4地域すべてにおいて寺院がある。また南東部を除く3地域には老人ホームがあることがわかる。

④　南東部には興正寺や五重塔がある。それ以外にも，史跡の地図記号が数多くあり，歴史を感じる場所が点在しているといえる。

立　　　　　　中学校

※100点満点
（配点非公表）

注意事項　※には、何も記入しないでください。

記述解答欄					
F	E	D	C	B	A
				〜	〜

※

立　　　　中学校

※100点満点
（配点非公表）

注意事項　※には、何も記入しないでください。

記　述　解　答　欄	※		※
[2](1)　（　　　，　　　）			
[2](2)(i)			
[2](2)(ii)			
[3](1)　r =			
[3](2)　　　　個			
[3](3)　S =			

立　　　　　　中学校

※100点満点
（配点非公表）

注意事項　※には、何も記入しないでください。

記述解答欄	※		※

立　　　　　　中学校

※75点満点
(配点非公表)

注意事項　※には、何も記入しないでください。

記述解答欄	※		※
倍			
倍			
前　　時が　　g 多かった			
N/cm²			
電池			

立　　　中学校

※75点満点
(配点非公表)

注意事項　※には、何も記入しないでください。

記述解答欄	※		※

中京大学附属中京高等学校
2020年度 **社会解答用紙**

フリガナ	
氏　名	

受験番号				
1	1	1	1	1
2	2	2	2	2
3	3	3	3	3
4	4	4	4	4
5	5	5	5	5
6	6	6	6	6
7	7	7	7	7
8	8	8	8	8
9	9	9	9	9
0	0	0	0	0

解答番号	マーク解答欄									
	1	2	3	4	5	6	7	8	9	0
1	1	2	3	4	5	6	7	8	9	0
2	1	2	3	4	5	6	7	8	9	0
3	1	2	3	4	5	6	7	8	9	0
4	1	2	3	4	5	6	7	8	9	0
5	1	2	3	4	5	6	7	8	9	0
6	1	2	3	4	5	6	7	8	9	0
7	1	2	3	4	5	6	7	8	9	0
8	1	2	3	4	5	6	7	8	9	0
9	1	2	3	4	5	6	7	8	9	0
10	1	2	3	4	5	6	7	8	9	0
11	1	2	3	4	5	6	7	8	9	0
12	1	2	3	4	5	6	7	8	9	0
13	1	2	3	4	5	6	7	8	9	0
14	1	2	3	4	5	6	7	8	9	0
15	1	2	3	4	5	6	7	8	9	0
16	1	2	3	4	5	6	7	8	9	0
17	1	2	3	4	5	6	7	8	9	0
18	1	2	3	4	5	6	7	8	9	0
19	1	2	3	4	5	6	7	8	9	0
20	1	2	3	4	5	6	7	8	9	0
21	1	2	3	4	5	6	7	8	9	0
22	1	2	3	4	5	6	7	8	9	0
23	1	2	3	4	5	6	7	8	9	0
24	1	2	3	4	5	6	7	8	9	0
25	1	2	3	4	5	6	7	8	9	0

解答番号	マーク解答欄									
	1	2	3	4	5	6	7	8	9	0
26	1	2	3	4	5	6	7	8	9	0
27	1	2	3	4	5	6	7	8	9	0

中京大学附属中京高等学校
2020年度 理科解答用紙

フリガナ	
氏　名	

受験番号				
1	1	1	1	1
2	2	2	2	2
3	3	3	3	3
4	4	4	4	4
5	5	5	5	5
6	6	6	6	6
7	7	7	7	7
8	8	8	8	8
9	9	9	9	9
0	0	0	0	0

解答番号	マーク解答欄									
	1	2	3	4	5	6	7	8	9	0
1	1	2	3	4	5	6	7	8	9	0
2	1	2	3	4	5	6	7	8	9	0
3	1	2	3	4	5	6	7	8	9	0
4	1	2	3	4	5	6	7	8	9	0
5	1	2	3	4	5	6	7	8	9	0
6	1	2	3	4	5	6	7	8	9	0
7	1	2	3	4	5	6	7	8	9	0
8	1	2	3	4	5	6	7	8	9	0
9	1	2	3	4	5	6	7	8	9	0
10	1	2	3	4	5	6	7	8	9	0
11	1	2	3	4	5	6	7	8	9	0
12	1	2	3	4	5	6	7	8	9	0
13	1	2	3	4	5	6	7	8	9	0
14	1	2	3	4	5	6	7	8	9	0
15	1	2	3	4	5	6	7	8	9	0
16	1	2	3	4	5	6	7	8	9	0
17	1	2	3	4	5	6	7	8	9	0
18	1	2	3	4	5	6	7	8	9	0
19	1	2	3	4	5	6	7	8	9	0
20	1	2	3	4	5	6	7	8	9	0

中京大学附属中京高等学校
2020年度 英語解答用紙

フリガナ	
氏　名	

受験番号				
1	1	1	1	1
2	2	2	2	2
3	3	3	3	3
4	4	4	4	4
5	5	5	5	5
6	6	6	6	6
7	7	7	7	7
8	8	8	8	8
9	9	9	9	9
0	0	0	0	0

解答番号	マーク解答欄									
	1	2	3	4	5	6	7	8	9	0
1	1	2	3	4	5	6	7	8	9	0
2	1	2	3	4	5	6	7	8	9	0
3	1	2	3	4	5	6	7	8	9	0
4	1	2	3	4	5	6	7	8	9	0
5	1	2	3	4	5	6	7	8	9	0
6	1	2	3	4	5	6	7	8	9	0
7	1	2	3	4	5	6	7	8	9	0
8	1	2	3	4	5	6	7	8	9	0
9	1	2	3	4	5	6	7	8	9	0
10	1	2	3	4	5	6	7	8	9	0
11	1	2	3	4	5	6	7	8	9	0
12	1	2	3	4	5	6	7	8	9	0
13	1	2	3	4	5	6	7	8	9	0
14	1	2	3	4	5	6	7	8	9	0
15	1	2	3	4	5	6	7	8	9	0
16	1	2	3	4	5	6	7	8	9	0
17	1	2	3	4	5	6	7	8	9	0
18	1	2	3	4	5	6	7	8	9	0
19	1	2	3	4	5	6	7	8	9	0
20	1	2	3	4	5	6	7	8	9	0
21	1	2	3	4	5	6	7	8	9	0
22	1	2	3	4	5	6	7	8	9	0
23	1	2	3	4	5	6	7	8	9	0
24	1	2	3	4	5	6	7	8	9	0
25	1	2	3	4	5	6	7	8	9	0

解答番号	マーク解答欄									
	1	2	3	4	5	6	7	8	9	0
26	1	2	3	4	5	6	7	8	9	0
27	1	2	3	4	5	6	7	8	9	0
28	1	2	3	4	5	6	7	8	9	0
29	1	2	3	4	5	6	7	8	9	0
30	1	2	3	4	5	6	7	8	9	0
31	1	2	3	4	5	6	7	8	9	0
32	1	2	3	4	5	6	7	8	9	0
33	1	2	3	4	5	6	7	8	9	0
34	1	2	3	4	5	6	7	8	9	0
35	1	2	3	4	5	6	7	8	9	0

2020(R2) 中京大学附属中京高
教英出版

中京大学附属中京高等学校
2020年度 数学解答用紙

フリガナ	
氏　名	

	受験番号			
1	1	1	1	1
2	2	2	2	2
3	3	3	3	3
4	4	4	4	4
5	5	5	5	5
6	6	6	6	6
7	7	7	7	7
8	8	8	8	8
9	9	9	9	9
0	0	0	0	0

解答番号	マーク解答欄										
	−	0	1	2	3	4	5	6	7	8	9
ア	−	0	1	2	3	4	5	6	7	8	9
イ	−	0	1	2	3	4	5	6	7	8	9
ウ	−	0	1	2	3	4	5	6	7	8	9
エ	−	0	1	2	3	4	5	6	7	8	9
オ	−	0	1	2	3	4	5	6	7	8	9
カ	−	0	1	2	3	4	5	6	7	8	9
キ	−	0	1	2	3	4	5	6	7	8	9
ク	−	0	1	2	3	4	5	6	7	8	9
ケ	−	0	1	2	3	4	5	6	7	8	9
コ	−	0	1	2	3	4	5	6	7	8	9
サ	−	0	1	2	3	4	5	6	7	8	9
シ	−	0	1	2	3	4	5	6	7	8	9
ス	−	0	1	2	3	4	5	6	7	8	9
セ	−	0	1	2	3	4	5	6	7	8	9
ソ	−	0	1	2	3	4	5	6	7	8	9
タ	−	0	1	2	3	4	5	6	7	8	9
チ	−	0	1	2	3	4	5	6	7	8	9
ツ	−	0	1	2	3	4	5	6	7	8	9
テ	−	0	1	2	3	4	5	6	7	8	9
ト	−	0	1	2	3	4	5	6	7	8	9
ナ	−	0	1	2	3	4	5	6	7	8	9
ニ	−	0	1	2	3	4	5	6	7	8	9
ヌ	−	0	1	2	3	4	5	6	7	8	9
ネ	−	0	1	2	3	4	5	6	7	8	9
ノ	−	0	1	2	3	4	5	6	7	8	9

解答番号	マーク解答欄								
	−	0	1	2	3	4	5	6	7
ハ	−	0	1	2	3	4	5	6	7
ヒ	−	0	1	2	3	4	5	6	7
フ	−	0	1	2	3	4	5	6	7

中京大学附属中京高等学校
2020年度 国語解答用紙

フリガナ	
氏　名	

	受験番号			
1	1	1	1	1
2	2	2	2	2
3	3	3	3	3
4	4	4	4	4
5	5	5	5	5
6	6	6	6	6
7	7	7	7	7
8	8	8	8	8
9	9	9	9	9
0	0	0	0	0

解答番号	マーク解答欄									
	1	2	3	4	5	6	7	8	9	0
1	1	2	3	4	5	6	7	8	9	0
2	1	2	3	4	5	6	7	8	9	0
3	1	2	3	4	5	6	7	8	9	0
4	1	2	3	4	5	6	7	8	9	0
5	1	2	3	4	5	6	7	8	9	0
6	1	2	3	4	5	6	7	8	9	0
7	1	2	3	4	5	6	7	8	9	0
8	1	2	3	4	5	6	7	8	9	0
9	1	2	3	4	5	6	7	8	9	0
10	1	2	3	4	5	6	7	8	9	0
11	1	2	3	4	5	6	7	8	9	0
12	1	2	3	4	5	6	7	8	9	0
13	1	2	3	4	5	6	7	8	9	0
14	1	2	3	4	5	6	7	8	9	0
15	1	2	3	4	5	6	7	8	9	0
16	1	2	3	4	5	6	7	8	9	0
17	1	2	3	4	5	6	7	8	9	0
18	1	2	3	4	5	6	7	8	9	0
19	1	2	3	4	5	6	7	8	9	0
20	1	2	3	4	5	6	7	8	9	0
21	1	2	3	4	5	6	7	8	9	0
22	1	2	3	4	5	6	7	8	9	0
23	1	2	3	4	5	6	7	8	9	0
24	1	2	3	4	5	6	7	8	9	0

〔6〕次の地図を見て，以下の問いに答えよ。

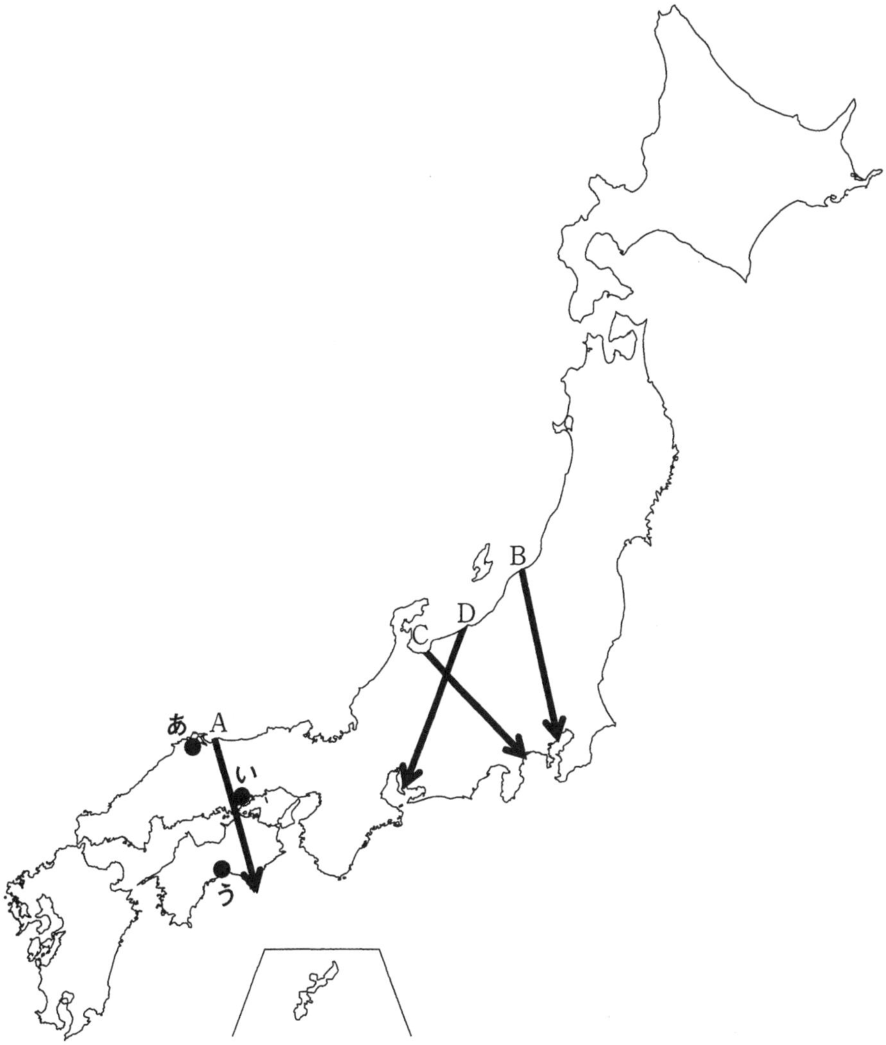

問１　次の断面図ア，イは，地図中のＡ～Ｄの４本の矢印のいずれかの断面を示している。その組み合わせとして最も適当なものを，①～⑧から１つ選んで番号で答えよ。（マーク解答欄）［17］

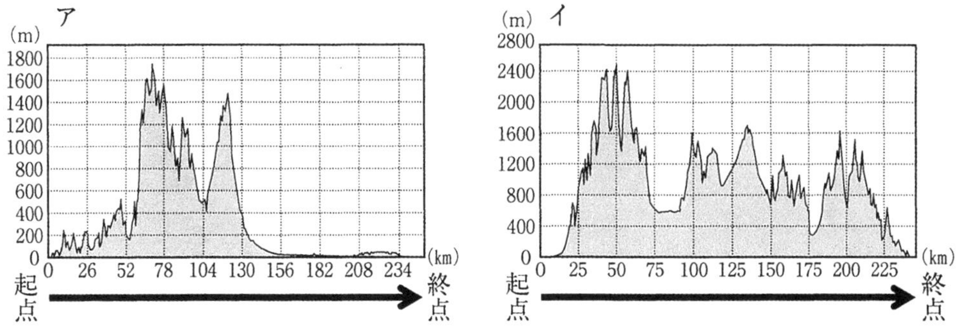

①　ア―Ａ　イ―Ｂ　　②　ア―Ｂ　イ―Ａ　　③　ア―Ｃ　イ―Ｄ
④　ア―Ｄ　イ―Ｃ　　⑤　ア―Ｂ　イ―Ｃ　　⑥　ア―Ｃ　イ―Ｂ
⑦　ア―Ａ　イ―Ｄ　　⑧　ア―Ｄ　イ―Ａ

問２　次の雨温図ア，イは地図中の黒点**あ・い・う**のいずれかを示す。雨温図を読み取り，地図中の黒点が示す地点の組み合わせとして最も適当なものを，①～⑥から１つ選んで番号で答えよ。（マーク解答欄）［18］

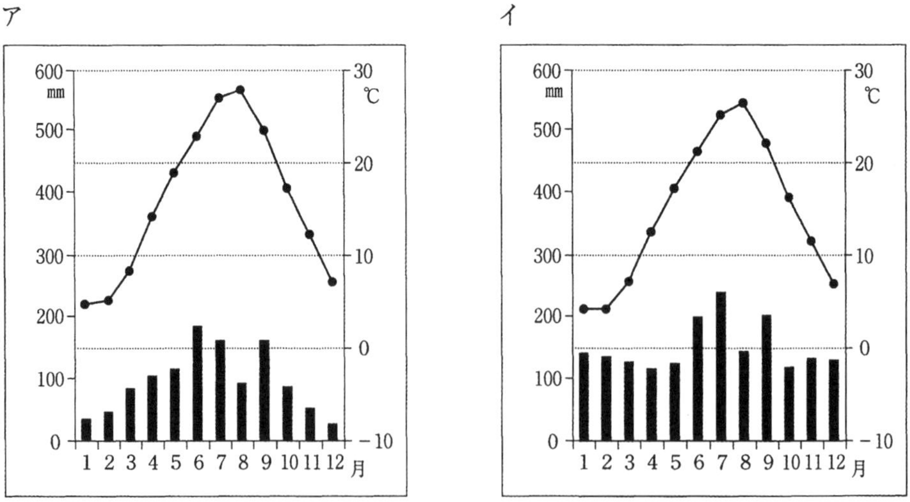

①　ア―あ　イ―い　　②　ア―あ　イ―う　　③　ア―い　イ―あ
④　ア―い　イ―う　　⑤　ア―う　イ―あ　　⑥　ア―う　イ―い

〔7〕次の資料を読み，以下の問いに答えよ。

・・・(略)

そこでこんどの憲法では，日本の國が，けっして二度と戰爭をしないように，二つのことをきめました。その一つは，兵隊も軍艦も飛行機も，およそ戰爭をするためのものは，いっさいもたないということです。これからさき日本には，陸軍も海軍も空軍もないのです。これを戰力の放棄といいます。「放棄」とは「すててしまう」ということです。しかしみなさんは，けっして心ぼそく思うことはありません。日本は正しいことを，ほかの國よりさきに行ったのです。世の中に，正しいことぐらい強いものはありません。

もう一つは，よその國と爭いごとがおこったとき，けっして戰爭によって，相手をまかして，じぶんのいいぶんをとおそうとしないということをきめたのです。おだやかにそうだんをして，きまりをつけようというのです。なぜならば，いくさをしかけることは，けっきょく，じぶんの國をほろぼすようなはめになるからです。また，戰爭とまでゆかずとも，國の力で，相手をおどすようなことは，いっさいしないことにきめたのです。これを戰爭の放棄というのです。そうしてよその國となかよくして，世界中の國が，よい友だちになってくれるようにすれば，日本の國は，さかえてゆけるのです。

みなさん，あのおそろしい戰爭が，二度とおこらないように，また戰爭を二度とおこさないようにいたしましょう。

(以下略)・・・

注) 國…「国」のこと　　戰爭…「戦争」のこと　　爭い…「争い」のこと

(1947年 文部省『あたらしい憲法のはなし』より)

問1　資料の内容を説明する文として最も適当なものを，①～④から1つ選んで番号で答えよ。(マーク解答欄) 19

① 兵隊や軍艦など，戦争をするためのものを一切持たないことを「戦力の放棄」という。

② 自国の主張で他国を言い負かすことを一切しないことを「戦争の放棄」という。

③ イラストには列車や船舶，建造物を解体し，その鉄を活用して巨大な兵器を作ろうとしている政府の方針が示されている。

④ イラストには「戦争放棄」と書かれた大きなつぼの中に，列車や船舶，建造物が投入されており，戦後の世の中で鉄資源が再利用されるほど貴重なものであったことがわかる。

問2　日本国憲法の平和主義に関する条文として最も適当なものを，①～④から1つ選んで番号で答えよ。(マーク解答欄) 20

① 「恒久制度としての軍隊は廃止する。公共秩序の監視と維持のために必要な警察力は保持する。」
② 「正義と秩序を基調とする国際平和を誠実に希求し，国権の発動たる戦争と，武力による威嚇又は武力の行使は，国際紛争を解決する手段としては，永久にこれを放棄する。」
③ 「諸国民の平和的共同生活を妨げ，特に侵略戦争の遂行を準備するのに役立ち，かつ，そのような意図をもってなされる行為は，違憲である。」
④ 「平和政策を追求し，合法的な防衛の場合にのみ武力に訴える。すべての国の軍縮を支持する。」

問3　日本の自衛隊に関する説明として**誤っているもの**を，①～④から1つ選んで番号で答えよ。(マーク解答欄) 21

① 自国の平和と安全を守るために組織されたものであるが，現在では海外への災害派遣や国際協力の任務も担っている。
② 歴代の日本政府は，すべての主権国家には自衛権があり，「自衛のための必要最低限度の実力」を保持することは，日本国憲法第9条で禁じている「戦力」ではないという考えを示しているため，自衛隊という組織自体は憲法違反とはいえないという立場にある。
③ 1954年の自衛隊発足以降，国内で戦争が起こったことが一度もないのは，核兵器を保有しているという抑止力をもっているからである。
④ 国連平和維持活動（PKO）の一環として，1992年，PKO協力法の成立後に自衛隊はカンボジアに派遣された。

問4　日本では，内閣総理大臣や防衛大臣を含む国務大臣は「軍人」ではなく「文民」でなければならないとされている。この原則を何というか。カタカナ11文字で答えよ。
(記述解答欄) C

〔8〕次の資料を読み，以下の問いに答えよ。

2019年7月5日『参院選の「1票の格差」縮小　2.998倍に』

総務省は4日，参院選の有権者となる3日現在の選挙人名簿登録者数を発表した。国内有権者は2016年の前回参院選より8096人少ない1億648万人だった。在外投票制度を利用するため有権者登録した在外邦人は4338人減の10万1192人で，国内外合わせた有権者総数は1億658万人だった。

日本経済新聞社の試算によると，議員1人あたりの有権者数の格差を示す「1票の格差」は最大2.998倍で，前回の3.077倍から縮小した。隣接する鳥取・島根両県と徳島・高知両県を1つの選挙区にする合区を導入した前回の参院選から格差がさらに縮まった。

最高裁は1票の格差をめぐり，最大格差が5.00倍だった10年参院選と同4.77倍だった13年の参院選を「違憲状態」と判断した。格差縮小のために合区を導入した16年参院選については「合憲」と判断している。

18年に成立した改正公職選挙法では1票の格差を是正するため参院定数の6増を決めた。今回と22年の参院選で3ずつ増やし，最終的に選挙区148，比例代表100の248になる。

(2019年7月5日 日本経済新聞より)

問1　この資料に関する説明として**誤っているもの**を，①～④から1つ選んで番号で答えよ。(マーク解答欄) 22

①　有権者であっても選挙期間中に日本国内にいない場合は，国政選挙に参加することはできない。

②　「1票の格差」とは，各選挙区において議員1人あたりの有権者数が異なることを示す。

③　最高裁判所は今までに「1票の格差」問題に関して，「違憲」判決を出したことがある。

④　有権者数の少ない選挙区ほど1票の価値は高くなるため，鳥取・島根両県と徳島・高知両県を1つの選挙区にする合区を導入したことは格差是正につながっている。

問２　次の表は，選挙制度についてまとめたものである。表中ア・イ・ウの選挙制度の組み合わせとして最も適当なものを，①〜⑥から１つ選んで番号で答えよ。

（マーク解答欄）23

	特　　徴
ア	・死票が生まれにくく，国民の多様な意見を反映しやすい。 ・多党制になりやすく，議会に責任ある多数派ができにくい。
イ	・参議院議員選挙の際に行う。 ・１つまたは２つの都道府県で得票数の多い候補者から当選する。
ウ	・いずれかの政党が単独で議会の過半数の議席を獲得しやすいため，政権の安定が図れる。 ・少数意見が反映されにくく，死票が多くなる傾向にある。

① ア—選挙区制　イ—比例代表制　ウ—小選挙区制
② ア—選挙区制　イ—小選挙区制　ウ—比例代表制
③ ア—比例代表制　イ—選挙区制　ウ—小選挙区制
④ ア—比例代表制　イ—小選挙区制　ウ—選挙区制
⑤ ア—小選挙区制　イ—選挙区制　ウ—比例代表制
⑥ ア—小選挙区制　イ—比例代表制　ウ—選挙区制

問３　次の表は，ある比例代表選挙の得票数を示している。この結果を活用して，定数５人のうち，４番目の当選者と５番目の当選者の組み合わせとして最も適当なものを，①〜⑨から１つ選んで番号で答えよ。（マーク解答欄）24

政党名	A党	B党	C党
得票数	1200	900	480

① ４番目—A党　５番目—B党　② ４番目—A党　５番目—C党
③ ４番目—B党　５番目—A党　④ ４番目—B党　５番目—C党
⑤ ４番目—C党　５番目—A党　⑥ ４番目—C党　５番目—B党
⑦ ４番目—A党　５番目—A党　⑧ ４番目—B党　５番目—B党
⑨ ４番目—C党　５番目—C党

〔9〕次の表は，日本国内の政治や制度に関する様々な年齢についてまとめたものである。表を見て，以下の問いに答えよ。

（ア）歳から	・犯罪行為をした場合に刑事上の責任を問われる。
18 歳から	・（イ）
20 歳から	・飲酒や喫煙が認められる。
25 歳から	・（A）
30 歳から	・（B）

問1　表中（ア）に当てはまる数字として最も適当なものを，①～⑦から1つ選んで番号で答えよ。（マーク解答欄）［25］

① 11　② 12　③ 13　④ 14　⑤ 15　⑥ 16　⑦ 17

問2　表中（イ）に当てはまる文として**誤っているもの**を，①～⑥から1つ選んで番号で答えよ。（マーク解答欄）［26］

① 国政選挙の選挙権を有する。
② 地方公共団体の議員選挙の選挙権を有する。
③ 地方公共団体の首長の選挙権を有する。
④ 地方公共団体への直接請求権を有する。
⑤ 国民審査の権利を有する。
⑥ 国や地方公共団体に対して請願する権利を有する。

問3　表中（A）（B）に当てはまる文の組み合わせとして最も適当なものを，①～④から1つ選んで番号で答えよ。（マーク解答欄）［27］

① A―衆議院議員と市区町村長の被選挙権を有する。
　 B―参議院議員の被選挙権を有する。
② A―衆議院議員の被選挙権を有する。
　 B―参議院議員と市区町村長の被選挙権を有する。
③ A―参議院議員と都道府県知事の被選挙権を有する。
　 B―衆議院議員の被選挙権を有する。
④ A―参議院議員の被選挙権を有する。
　 B―衆議院議員と都道府県知事の被選挙権を有する。

2020(R2) 中京大学附属中京高
K 教英出版

2020(R2) 中京大学附属中京高
K 教英出版